Q&A 社外取締役 社外監査役 ハンドブック

岩田合同法律事務所 編
田子 真也 編著

日本加除出版株式会社

はしがき

　コーポレートガバナンスに関する重要な改正を含む「会社法の一部を改正する法律」（平成26年法律第90号）が平成26年6月20日に成立し（同月27日公布），平成27年5月1日からいよいよ施行される。平成26年は，会社法の改正の他にも，2月26日付で金融庁から「日本版スチュワードシップ・コード」が公表されたほか，12月12日付で「コーポレートガバナンス・コード原案」が公表されるなど，コーポレートガバナンスの強化に向けた取組みが加速した1年であった。その後，平成27年3月5日には「コーポレートガバンナンス・コード原案」が最終的に取りまとめられ，平成27年は，各企業において，コーポレートガバナンスの強化に向けた取組みが具体化・本格化していく年になると思われる。

　社外取締役・社外監査役については，コーポレートガバナンスの向上という文脈において，主として社外取締役について，その要件，選任の義務付け，人数などについての議論が深まり，改正会社法では，社外取締役の選任が法的には義務付けられなかったものの，上場会社等では「社外取締役を置くことが相当でない」理由の説明・開示義務が課されることとなった。一方，上記「コーポレートガバナンス・コード原案」等独立した社外取締役の複数選任を求める動きが顕著となっており，将来的に各企業は，複数の独立社外取締役を選任することを前提として，各社外取締役にどのような役割を担ってもらうのが最も実効的なコーポレートガバナンスの実現に資するかという観点からの検討が必要になってくるものと思われる。

　本書では，取締役・監査役の方々がそれぞれの業務の遂行に当たり手軽に参照できる「実務的なハンドブック」となることを目指した。そこで，以下の点に留意した。

　第1に，設問を作成するに当たっては，前半部分に取締役・監査役の基本的な事項についての設問を設け，後半部分に社外取締役・社外監査役の方々が遭遇し得る具体的な場面（就任，退任，取締役会，株主総会，競業取引，利益相反取引，組織再編，企業不祥事，代表訴訟など）をできるだけ多く設定した。

第2に，各設問に対する解説を作成するに当たっては，多種多様な企業法務に精通した岩田合同法律事務所（山根室）の各弁護士による実務的な解説を心掛けた。

　第3に，改正会社法の成立により，大会社かつ公開会社（上場会社を含む。）は，監査役会設置会社・監査等委員会設置会社・指名委員会等設置会社の3通りの機関設計を選択することができることとなったが，本書はそのいずれの機関設計にも対応した内容とした。また，監査役の監査範囲が会計監査に限られる監査役非設置会社かつ会計監査人非設置会社に関する設問・解説も加えた。

　第4に，本書では，取締役と監査役の対比ができるように，なるべく両者で共通の設問を設けるようにした。

　第5に，本書は，主として社外取締役・社外監査役について解説したものであるが，一貫して社内取締役と社外取締役，社内監査役と社外監査役の異なる点は何かという視点から解説をしており，社内取締役及び社内監査役の方々にとっても理解が深まるように工夫をした。

　本書が，取締役・監査役の方々のみならず，会計監査人の方々や，企業のコーポレートガバナンスに関わるセクションの方々にとって，取締役・監査役実務に対する理解を深める一助になれば幸いである。

　本書の出版に当たっては，日本加除出版株式会社企画部の朝比奈耕平氏，編集部の藤本博之氏に多大なるご尽力をいただいたことに心より感謝したい。

　　平成27年3月

　　　　　　　　　　　　　　　　　　　　岩田合同法律事務所
　　　　　　　　　　　　　　　　　　　弁護士　田子　真也

凡　例

1　法令等
(1) 会社法等の略称
会社（法）　　　　平成26年法律第90号による改正後の会社法
　　　　　　　　　＊「旧会社法」と対比する場合は「新会社法」という。
旧会社（法）　　　平成26年法律第90号による改正前の会社法
会社法改正法　　　会社法の一部を改正する法律（平成26年法律第90号）

(2) 法令の略称
会社規　　　　　　会社法施行規則
会社計算　　　　　会社計算規則
監査証明府令　　　財務諸表等の監査証明に関する内閣府令
企業内容等開示府令　企業内容等の開示に関する内閣府令
金商（法）　　　　金融商品取引法
刑　　　　　　　　刑法
独占禁止法　　　　私的独占の禁止及び公正取引の確保に関する法律
内部統制府令　　　財務計算に関する書類その他の情報の適正性を確保するための体制に関する内閣府令
民　　　　　　　　民法
民訴費　　　　　　民事訴訟費用等に関する法律
民保　　　　　　　民事保全法

(3) その他の略称（ゴシック体は略語表示）
監査基準　　　　　監査役監査基準（日本監査役協会，平23・3・10）
監査実施要領　　　監査役監査実施要領（日本監査役協会，平23・7・7）
企業等不祥事における**第三者委員会ガイドライン**（日弁連，平22・12・17）
社外取締役ガイドライン（日弁連，平25・2・14）
上場管理等に関するガイドライン（東証，平26・3・24施行）
上場規程　　　　　有価証券上場規程（東証，平26・12・1施行）
上場規程施行規則　有価証券上場規程施行規則（東証，平26・12・1施行）
内部統制監査基準　財務報告に係る内部統制の評価及び監査の基準
内部統制実施基準　財務報告に係る内部統制の評価及び監査に関する実施基準

2 判例

（例） 最一小判平21・7・9　→　最高裁判所第一小法廷判決平成21年7月9日

［裁判例略語］

最大判	最高裁判所大法廷判決
最一小判	最高裁判所第一小法廷判決
最二小判	最高裁判所第二小法廷判決
最三小判	最高裁判所第三小法廷判決
最三小決	最高裁判所第三小法廷決定
高判	高等裁判所判決
高決	高等裁判所決定
地判	地方裁判所判決

［判例集略語］

民集	最高裁判所民事判例集		商事	旬刊商事法務
集民	最高裁判所裁判集民事		資料商事	資料版商事法務
金判	金融・商事判例		判時	判例時報
金法	金融法務事情		判タ	判例タイムズ
ジュリ	ジュリスト			

3 文献

江頭会社法	江頭憲治郎『株式会社法〔第5版〕』（有斐閣，2014）
社外監査役	大阪弁護士会・日本公認会計士協会近畿会編『社外監査役の理論と実務』（商事法務，2012）
社外取締役	日本弁護士連合会司法制度調査会社外取締役ガイドライン検討チーム編『「社外取締役ガイドライン」の解説』（商事法務，2013）

4 組織

東京証券取引所（東証）	株式会社東京証券取引所
日弁連	日本弁護士連合会
日本監査役協会	公益社団法人日本監査役協会
日本取締役協会	一般社団法人日本取締役協会

目　次

第1章　総　論 ─────────────────────── 1
- Q 1　社外取締役選任の動向 ─────────────────── 1
  - コラム　社外役員と弁護士業務　3
- Q 2　取締役と監査役の役割の相異点 ───────────── 4
  - コラム　社外役員等に関するガイドライン　5
- Q 3　社外役員に関する会社法改正の動向 ──────────── 6
  - コラム　指名委員会等設置会社　11
- Q 4　独立役員制度 ─────────────────────── 12
  - コラム　日本版スチュワードシップ・コード　16
  - コラム　コーポレートガバナンス・コード　17

第2章　社外取締役 ───────────────────── 19

1　社外取締役の意義及び資格要件 ──────────────── 19
- Q 5　社外取締役の意義及び資格要件 ──────────────── 19
- Q 6　社外取締役の設置義務 ───────────────────── 22
- Q 7　社外取締役の登記 ─────────────────────── 24
- Q 8　取締役の員数・任期，社外取締役の員数が欠けた場合の措置 ── 26
- Q 9　社外取締役の選任・終任手続 ──────────────── 29

2　社外取締役にふさわしい人物，職務内容 ─────────── 31
- Q10　社外取締役にふさわしい人物 ──────────────── 31
  - コラム　ダイバーシティー・マネジメント　34
- Q11　社外取締役の独立性，専門性 ──────────────── 35
- Q12　社内取締役と社外取締役の職務の差異 ──────────── 38
- Q13　社外取締役の情報収集 ───────────────────── 40

3　社外取締役の責任 ──────────────────────── 43
- Q14　取締役の会社に対する責任の概要 ────────────── 43
  - コラム　代表訴訟　45
- Q15　任務懈怠 ───────────────────────────── 46

- Q16 取締役に対する責任免除と責任限定契約 ———————— 49
- Q17 取締役の賠償責任保険（D＆O保険）———————————— 51
- Q18 取締役の第三者に対する責任 ————————————————— 52
- Q19 有価証券報告書等の不実記載と取締役の責任 ————— 54
- Q20 取締役に対する罰則 ————————————————————— 56

4 社外取締役の金融商品取引法上の責任 ———————— 58
- Q21 有価証券届出書の提出に関する留意点 ————————— 58
- Q22 有価証券報告書等の提出に関する留意点 —————— 62

5 報　酬 ———————————————————————————————— 66
- Q23 取締役（監査等委員会設置会社及び指名委員会等設置会社以外）の報酬の決定方法 ———————————————————————— 66
- Q24 監査等委員会設置会社及び指名委員会等設置会社における取締役の報酬の決定方法 ———————————————————————— 68
- Q25 社外取締役の報酬額 ————————————————————— 70
- Q26 社外取締役と業績連動報酬等 ———————————————— 72
- Q27 社外取締役の退職慰労金 ——————————————————— 74

6 社外取締役の具体的活動の指針 ————————————————— 76
（1）就任時に留意すべき事項 ———————————————— 76
- Q28 社外取締役就任時の留意点 ———————————————— 76
- Q29 弁護士等が社外取締役に就任する場合の留意点 ———— 80
- Q30 責任限定契約 ———————————————————————— 82

（2）内部統制部門，監査役（会），会計監査人等との連携の留意事項 ———— 84
- Q31 内部統制部門等との連携 —————————————————— 84

（3）取締役会での留意事項，モニタリング項目 —————— 86
- Q32 取締役会への出席に当たっての留意事項 ——————— 86
  - **コラム** 取締役会の運営　88
- Q33 取締役会での審議に当たっての留意事項 ——————— 89
- Q34 継続審議を進言すべき場合 ———————————————— 91
- Q35 取締役会議事録に署名するに当たって留意すべき事項 ———— 93
- Q36 取締役会におけるモニタリング項目 ————————— 95
  - **コラム** 経営判断の原則　97

Q37	競業取引・利益相反取引	98
	コラム 取締役兼務の場合における利益相反取引と取締役会の承認　102	

(4) 株主総会での役割，参考書類での社外取締役の開示事項 ……… 103

Q38	社外取締役の株主総会での役割	103
Q39	監査等委員選任等への関与	107
	コラム 監査等委員会の職務・権限　108	
	コラム 監査等委員会の運営　109	
Q40	株主総会における社外取締役の選任に関する質問に対する答弁	110
Q41	株主総会参考書類及び事業報告における社外取締役に関する記載	112

(5) 株式取引（インサイダー取引，ＴＯＢの場面等）における留意点 ……… 118

Q42	株式会社や社外取締役による株式取引	118
	コラム インサイダー取引の概要　119	
	コラム 重要事実等　120	
Q43	自己株式の取得と社外取締役	121
	コラム クロクロ取引　123	

(6) 組織再編（特に支配株主との取引，ＭＢＯ等経営陣又は支配株主と一般株主との利害が対立する場面）における留意点 ……… 124

Q44	社外取締役のＭ＆Ａの場面における留意事項	124
	コラム 買収監査（Due Diligence）　126	
Q45	社外取締役のＭＢＯの場面における留意事項	127
	コラム ＭＢＯ株主代表訴訟事件（神戸地判平26・10・16）　129	

(7) 敵対的買収防衛策についての留意点 ……… 131

Q46	敵対的買収防衛策	131
Q47	敵対的買収防衛策の導入時の社外取締役の留意点	132
	コラム 買収防衛策の導入状況　133	
Q48	敵対的買収防衛策の発動手続への社外取締役の関与	134
	コラム 独立委員会　135	
Q49	社外取締役による敵対的買収防衛策の発動手続の意思決定過程での留意点	136
	コラム 高裁四類型　137	
Q50	社外取締役の独立委員会委員としての活動	138

(8) 決算手続における留意事項 ……… 140

Q51	会計不祥事に関する内部通報があった場合の対応	140

viii　目　次

(9) 企業不祥事発生時の対応 ·· 142
　Q52　企業不祥事発覚時における社外取締役の対応 ··· 142
　Q53　企業不祥事における社外取締役の法的責任 ··· 147
　Q54　社外取締役の第三者委員会への関わり方 ·· 149
　Q55　企業不祥事発覚後の株主総会における社外取締役の留意点 ······················· 152
　　コラム　独占禁止法に関する社外取締役及び社外監査役の留意事項　153

(10) 任期満了・退任に当たっての留意事項 ··· 155
　Q56　社外取締役の任期 ··· 155
　Q57　社外取締役の解任 ··· 157
　Q58　社外取締役の退任 ··· 159

第3章　社外監査役 ─────────────────── 161

1　社外監査役の意義及び資格要件 ────────────── 161
　Q59　社外監査役の意義及び資格要件 ·· 161
　　コラム　監査役の英文呼称　163
　　コラム　自己監査　165
　Q60　会計参与との違い ··· 166
　Q61　監査委員会との違い ··· 168
　Q62　社外監査役の設置義務 ··· 170
　Q63　社外監査役の登記 ··· 171
　Q64　常勤監査役・非常勤監査役との違い ·· 173
　Q65　「常勤」の定義について ··· 174
　Q66　監査役の員数・任期 ··· 176
　Q67　社外監査役の選任・終任手続 ·· 177

2　社外監査役の員数が欠けた場合 ───────────── 179
　Q68　社外監査役の員数が欠けた場合 ·· 179
　　コラム　補欠監査役　180
　Q69　法令・定款に定める社外監査役の員数を満たさない場合の罰則 ··············· 181

3　社外監査役にふさわしい人物，職務内容 ──────── 182
　Q70　社外監査役の役割 ··· 182
　Q71　社外監査役の資質 ··· 184

Q72	顧問弁護士の社外監査役への就任	186
Q73	主要な取引先の関係者と社外監査役	189
Q74	財務・会計に関する知見の要否	191
Q75	社内監査役と社外監査役の役割	193

4 監査役会の構成，職務分担，権限 —— 195

(1) 監査役と監査役会の役割，構成，活動 …… 195

Q76	監査役会設置会社	195
Q77	監査役会と各監査役の関係	196
Q78	監査役会の構成	197
Q79	監査役会の職務	198
Q80	監査役会の開催時期	199
Q81	監査役会の運営	200

(2) 監査役間の職務分担と社外監査役 …… 202

Q82	社外監査役の職務の分担	202
Q83	社外監査役の分担外の職務に係る責任	204

(3) 監査役の権限 …… 205

Q84	監査役の監査の対象	205

　コラム 監査役設置会社と限定監査役設置会社の相異　206

Q85	監査役による業務監査権限の範囲	207

　コラム 適法性監査と妥当性監査　208

Q86	監査役の業務遂行のための権限	209
Q87	監査役による取締役の行為の差止め	210
Q88	監査役による子会社に対する権限行使	211

5 社外監査役の責任 —— 212

Q89	監査役の会社に対する責任の概要	212
Q90	任務懈怠	214
Q91	監査役に対する責任免除と責任限定契約	216

　コラム セイクレスト監査役責任追及事件（大阪地判平25・12・26）　217

Q92	監査役の賠償責任保険（D＆O保険）	219
Q93	監査役の第三者に対する責任	220
Q94	有価証券報告書等の不実記載と監査役の責任	222
Q95	監査役に対する罰則	224

6 社外監査役の金融商品取引法上の責任 —— 226
- Q96 有価証券届出書等の提出に関する留意点 —— 226

7 報酬 —— 232
- Q97 監査役の報酬の決定方法 —— 232
- Q98 社外監査役と業績連動報酬等 —— 234
- Q99 社外監査役が業務に関して報酬を取得することの可否 —— 236
- Q100 社外監査役の退職慰労金 —— 237

8 社外監査役の具体的活動の指針 —— 238
(1) 就任時に留意すべき事項 —— 238
- Q101 社外監査役就任時の留意点 —— 238
- Q102 就任前に準備すべき事項 —— 242

(2) 社内監査役・他の社外監査役等との連携における留意事項 —— 244
- Q103 社内監査役との連携における留意事項 —— 244
- Q104 他の社外監査役との連携における留意事項 —— 246
- Q105 内部監査部門の監査と監査役監査 —— 247
- Q106 内部監査部門との連携における留意事項 —— 248
- Q107 会計監査人との連携の留意事項 —— 250

(3) 内部統制システムの構築と運用状況に関する監査 —— 253
- Q108 会社法上の内部統制システム —— 253
  - コラム 大和銀行株主代表訴訟事件（大阪地判平12・9・20） 258
- Q109 金融商品取引法上の内部統制報告制度 —— 259
- Q110 内部統制システム構築上の留意点 —— 261
- Q111 内部統制システムの監査における留意点 —— 265

(4) 取締役会への出席に当たっての留意事項 —— 268
- Q112 取締役会への出席に当たっての留意事項 —— 268
- Q113 取締役会における監査の留意事項 —— 270
- Q114 取締役会において意見を述べる場合の留意事項 —— 273
- Q115 取締役会以外の営業会議等に関する留意事項 —— 275

(5) 株主総会での役割，参考書類での社外監査役の開示事項 —— 277
- Q116 社外監査役の株主総会での役割 —— 277
- Q117 監査役・会計監査人選任等への関与 —— 280

- Q118　株主総会における社外監査役の選任に関する質問に対する答弁 …… 283
- Q119　株主総会参考書類及び事業報告における社外監査役に関する記載 …… 284

(6) 事業報告の監査 …… 287
- Q120　事業報告の監査 …… 287

(7) 会計監査における留意事項 …… 289
- Q121　売掛金の実在性 …… 289
- Q122　貸倒引当金の妥当性 …… 291

(8) 剰余金配当における留意事項 …… 293
- Q123　剰余金の配当 …… 293

(9) 子会社（海外も含む。）監査の留意事項 …… 295
- Q124　子会社監査の分担 …… 295
- Q125　現地法人の設立に伴う監査体制の整備 …… 298

(10) 自己株式の取得及び株式取引における留意点（インサイダー取引ほか） …… 300
- Q126　株式会社や社外監査役による株式取引 …… 300
- Q127　自己株式の取得と社外監査役 …… 302

(11) 組織再編（特に支配株主との取引、ＭＢＯ等経営陣又は支配株主と一般株主との利害が対立する場面）における留意点 …… 304
- Q128　社外監査役の新株発行の場面における留意事項 …… 304

(12) 代表訴訟における対応――具体的手続、弁護士の選定、提訴の判断 …… 306
- Q129　代表訴訟における社外監査役の役割 …… 306

(13) 敵対的買収防衛策についての留意点 …… 308
- Q130　敵対的買収防衛策の導入時の社外監査役の留意点 …… 308
- Q131　敵対的買収防衛策と監査の対象 …… 309
- Q132　敵対的買収防衛策と社外監査役の選任 …… 312
- Q133　敵対的買収防衛策の発動手続への社外監査役の関与 …… 313
- Q134　社外監査役による敵対的買収防衛策の発動手続の意思決定過程での留意点 …… 314
- Q135　社外監査役の独立委員会委員としての活動 …… 315

(14) 企業不祥事発生時の対応 …… 316
- Q136　企業不祥事発覚時における社外監査役の対応 …… 316
  - コラム　ダスキン株主代表訴訟事件（大阪高判平18・6・9）　320
- Q137　企業不祥事における社外監査役の法的責任 …… 321
- Q138　社外監査役の調査委員会への関わり方 …… 325

- Q139 企業不祥事発覚後の株主総会における社外監査役の留意点 328
- (15) 任期満了・退任に当たっての留意事項 331
  - Q140 任期満了・退任に当たっての留意事項 331

9 監査報告書，監査費用，スタッフ 333
- Q141 監査役スタッフと監査役の関係 333
- Q142 監査報告書の記載事項 335
- Q143 監査業務の執行における費用 340

10 中小規模会社の監査役監査 341
- Q144 中小規模会社の内部統制 341
- Q145 監査範囲の限定がある監査役による会計監査 343
- Q146 監査役の監査の範囲に関する登記を求める会社法改正（法）の影響 345

第4章 資料編 347
- 資料1 社外取締役ガイドライン（日本弁護士連合会，平25・2・14） 347
- 資料2 社外役員等に関するガイドライン（経済産業省，平26・6・30） 366
- 資料3 企業等不祥事における第三者委員会ガイドライン（日本弁護士連合会，平22・12・17） 376
- 資料4 監査役監査基準（日本監査役協会，平23・3・10） 384
- 資料5 監査役会規則（ひな型）（日本監査役協会，平21・7・9） 410

条文索引 421

判例索引 429

事項索引 431

第1章　総　論

Q1　社外取締役選任の動向

社外取締役選任の動向はどのようになっているか。

A　社外取締役を選任する会社は今後も増加していくことが予想され，今後は社外取締役の複数化等が焦点となっていくものと思われる。

解　説

　昨今のコーポレート・ガバナンスの強化の動き[1]，取引所規則や会社法改正の動向，海外投資家の意見を紹介するメディアの論調などを背景として，投資家との対話の窓口となる社外取締役を選任する企業は増加傾向にある。平成26年7月25日発表の東京証券取引所「東証上場会社における社外取締役の選任状況〈確報〉」によれば，平成26年において，東証第一部上場会社1814社の74.3％が，同第二部上場会社545社の55.2％が，同マザーズ上場会社194社の67.5％が，JASDAQ上場会社861社の48.9％が，社外取締役を選任しており，一部上場企業では前年比で導入企業の比率が12％上昇した。

　社外取締役を複数名体制にした一部上場企業は622社の34.3％であるが，コーポレートガバナンス・コードや東京証券取引所の上場規則案において社外役員を少なくとも2名以上選任することを促すなどの動きがあり，今後は社外取締役の複数化等が焦点となっていくものと思われる。

---

[1] 平25・3・15法務大臣「産業競争力会議における提案に対する法務省の考え方」。

《社外取締役の選任会社数》　　　　　　　　　　　　　（括弧内は前年比）

	上場会社	社外取締役選任会社	比　率
東証第一部	1,814社	1,347社（＋255社）	74.3%（＋12.0%）
東証第二部	545社	301社（＋37社）	55.2%（＋8.9%）
マザーズ	194社	131社（＋11社）	67.5%（＋2.3%）
JASDAQ	861社	421社（＋57社）	48.9%（＋7.9%）
全上場会社	3,414社	2,200社（＋360社）	64.4%（＋10.2%）

平26・7・25東京証券取引所「東証上場会社における社外取締役の選任状況〈確報〉」より作成

《1社当たりの社外取締役人数》

	上場会社	社外取締役人数			
		平均	0人	1人	2人以上
東証第一部	1,814社	1.79人	467社（25.7%）	725社（40.0%）	622社（34.3%）
東証第二部	545社	1.50人	244社（44.8%）	205社（37.6%）	96社（17.6%）
マザーズ	194社	1.75人	63社（32.5%）	69社（35.6%）	62社（32.0%）
JASDAQ	861社	1.58人	440社（51.1%）	276社（32.1%）	145社（16.8%）
全上場会社	3,414社	1.71人	1,214社（35.6%）	1,275社（37.3%）	925社（27.1%）

平26・7・25東京証券取引所「東証上場会社における社外取締役の選任状況〈確報〉」より作成

> **コラム** 社外役員と弁護士業務

　社外役員増加の傾向を受け，今後は，弁護士が，社外監査役や社外取締役に選任される機会も増えることが予想されます。日本監査役協会の「役員等の構成の変化などに関するアンケート集計結果─第15回インターネット・アンケート」によりますと，平成26年11月現在，社外取締役のうち弁護士の割合は，監査役設置会社では4.9％，委員会設置会社では9.3％，他方，監査役設置会社における社外監査役のうち弁護士の割合は15.9％，委員会設置会社における社外監査委員のうち弁護士の割合は16.7％とされています。

　企業法務に携わる弁護士は，取締役の善管注意義務や経営判断の原則に関する深い法的知識を有し，日常的に株主総会，取締役会，監査役会の運営方法について法的なアドバイスを行っています。また，会社の組織再編やM&A，第三者割当増資などに関わることも多く，会社の支配権の異動を伴うようなケースにおける利益相反の問題についても知見を有しています。加えて，紛争解決を重要な使命としていることから，有事と平時を見分ける能力にも長けていることが一般です。

　社外役員がその責任を正しく果たすためには，経営判断の原則，内部統制，取締役の監視義務，職務分担と信頼の原則などの重要な法概念を理解することが必要です。

　このため弁護士としての知識・経験は社外役員としての業務を担っていく上で有益なものといえ，弁護士資格を有する社外役員は，このような法律的な知識や経験を背景に，社外という立場から会社に自由に意見を具申できる人材として期待されています。

Q2 取締役と監査役の役割の相違点

取締役と監査役の役割の相違点は何か。

A 取締役と監査役に期待される役割は基本的には異なるが，会社経営に関する事項につきどの程度意見を述べるかは，具体的な場面ごとに判断されることになる。

解　説

　監査役は，取締役の職務執行を監査し，問題を発見した場合に，これを取締役会に報告し，取締役の職務執行に関する不正の行為又は法令若しくは定款に違反する重大な事実に関する意見を述べることが期待されている。一方，取締役は，監査役の意見を尊重しつつも，経営判断の原則（97頁コラム参照）に従い，監査役が期待する経営判断とは異なる判断をする場合もある。このように，取締役の職務執行上の問題点を指摘するという監査役の役割と，株主からの信認義務を取締役が尽くすという視点から経営判断の健全性を確保するという取締役の役割は，基本的には異なるものといえる。

　このため，監査役としては，一般に，取締役の意思決定の内容まで踏み込んで意見を述べることなく，意思決定の前提となった資料が十分か，資料の検討が十分になされているか，内容に不明確な点はないか，といった観点から意見を述べるにとどまることが多い。

　ただし，取締役又は監査役として経営に関する事項につきどの程度意見を述べるかは，当該監査役が期待される役割や監査役の監査は適法性監査にとどまるのか，妥当性監査にまで及ぶのかなどの問題とも関連し，必ずしも定説のないところである。実際には，会社の業務内容，事案の性質等に照らして，ケース・バイ・ケースで判断することになろう。

> **コラム** 社外役員等に関するガイドライン

　経済産業省は平成26年6月30日，「社外役員を含む非業務執行役員の役割・サポート体制等に関する中間取りまとめ」及び「社外役員等に関するガイドライン」を公表しました。

　同中間取りまとめは，社外役員等に関するベストプラクティスとそこから得られる示唆をまとめた性格を持つものですが，実務において活用できるように，「社外役員等に関するガイドライン」が取りまとめられました。同ガイドラインは，同中間取りまとめに記載の示唆，つまり，社外役員等の導入・活用に際して考慮すべき事項のみを抜粋して記載しており，

　① 社外役員をはじめ非業務執行役員自身が職務を執行する際，
　② 企業，特に経営者が社外取締役の選任を検討する際，
　③ 企業が，既に導入している又はこれから導入しようとする社外役員等の活用を検討する際，

などに手軽に参照され，各社が自社にふさわしい実効的なコーポレート・ガバナンス・システムを構築するためのツールとなることが期待されています。

　同ガイドラインは，企業が，多様な価値観に基づく経営アドバイス，経営の監督を可能とするため，取締役会の構成員の人選における多様性（ダイバーシティ）に配慮すること，非業務執行役員の人選に当たって非業務執行役員に期待する役割を非業務執行役員と株主に対して明らかにすべきこと，非業務執行役員の独立性に関して，法定の基準とは別に，その企業にとっての具体的な基準を定めること，監査の実効性と独立性のバランスを考慮して，非業務執行役員の最長在任期間を検討することが望ましいことなどを規定しています。

　「社外役員等に関するガイドライン」は第4章資料編資料2（366頁）をご参照ください。

Q3 社外役員に関する会社法改正の動向

社外役員に関する会社法改正の動向はどのようになっているか。

A「会社法の一部を改正する法律」(平成26年法律第90号。以下「会社法改正法」という。)における社外役員に関する主要な改正点は,以下のとおりである。

① 社外取締役の選任の義務化は見送られたものの,社外取締役を置くことが相当でない理由の開示等が求められるようになった。
② 社外役員の要件が変更された。
③ 監査等委員会設置会社制度が導入された。

解説

1 社外取締役の選任の義務化について

社外取締役の選任義務については,平成26年会社法改正では見送られたものの,再検討することが予定されている。すなわち,政府は,この法律の施行後2年を経過した場合において,社外取締役の選任状況その他の社会経済情勢等を勘案し,企業統治に係る制度の在り方について検討を加え,必要があると認めるときは,その結果に基づいて,社外取締役を置くことの義務付け等所要の措置を講ずるものとされている(会社法改正法附則25条参照)。

2 社外取締役を置くことが相当でない理由の開示等

事業年度の末日において監査役会設置会社(公開会社であり,かつ,大会社であるものに限る。)であって金商法24条1項の規定によりその発行する株式について有価証券報告書を内閣総理大臣に提出しなければならないものが社外取締役を置いていない場合には,取締役は,当該事業年度に関する定時株主総会において,社外取締役を置くことが相当でない理由を説明しなければならないとされている(会社327条の2)。

また,事業年度の末日において社外取締役を置いていない監査役設置会社(大会社に限る。)であってその発行する様式につき有価証券報告書を提出しなければならないものが,社外取締役を置いていない場合は,社外取締役を置

くことが相当でない理由を事業報告の内容に含めなければならない（会社規124条2項）。

さらに，社外取締役を置いていない一定の株式会社等が取締役の選任議案を株主総会に提出する場合に，社外取締役となる見込みである者を候補者とする取締役の選任議案を当該株主総会に提出しないときは，株主総会参考書類に，社外取締役を置くことが相当でない理由を記載しなければならないこととされる（会社規74条の2第1項）。

これら事業報告や株主総会参考書類における「相当でない理由」の記載は，当該会社の当該事業年度における事情に応じて記載し，又は記録しなければならず，社外監査役が二人以上あることのみをもって当該理由とすることはできない（会社規124条3項・74条の2第3項）。

3　社外役員の要件について

旧会社法の社外要件については，(1)社外要件が緩やかに定められているため，①経営者からの独立性が十分でない者，②会社とは異なる利害を持つ者がその中に含まれ得ることが批判される一方，(2)過去に一度その会社又は子会社で取締役・使用人等になったことがある者は，その地位から離れて長期間経過しても社外取締役・社外監査役になることができないが，これでは厳格に過ぎると批判されてきた。

そこで，新会社法は，次のとおり，(1)社外要件をより厳格にする一方で，(2)社外要件の過去の対象期間を定めて，社外要件が復活することを認めている。

(1)　社外要件の厳格化

　　ア　親会社等の関係者の取扱い

　　　(ア)　社外取締役の要件に，株式会社の親会社等（自然人であるものに限る。）又はその取締役若しくは執行役若しくは支配人その他の使用人でないことを追加する（会社2条15号ハ）。

　　　(イ)　社外監査役の要件に，株式会社の親会社等（自然人であるものに限る。）又はその取締役，監査役若しくは執行役若しくは支配人その他の使用人でないことを追加する（会社2条16号ハ）。

イ　兄弟会社の関係者の取扱い

　社外取締役及び社外監査役の要件に，それぞれ，株式会社の親会社等の子会社等（当該株式会社及びその子会社を除く。）の業務執行取締役若しくは執行役又は支配人その他の使用人でないことを追加する（会社2条15号ニ・16号ニ）。

ウ　株式会社の関係者の近親者の取扱い

(ｱ)　社外取締役の要件に，株式会社の取締役若しくは執行役若しくは支配人その他の重要な使用人又は親会社等（自然人であるものに限る。）の配偶者又は二親等内の親族でないことを追加するものとする（会社2条15号ホ）。

(ｲ)　社外監査役の要件に，株式会社の取締役若しくは支配人その他の重要な使用人又は親会社等（自然人であるものに限る。）の配偶者又は二親等内の親族でないことを追加するものとする（会社2条16号ホ）。

(2)　社外取締役等の要件に係る対象期間の限定

ア　社外取締役の要件に係る対象期間についての規律を，次のとおり改めるものとする。

(ｱ)　その就任の前10年間株式会社又はその子会社の業務執行取締役若しくは執行役又は支配人その他の使用人であったことがないことを要するものとする（会社2条15号イ）。

(ｲ)　その就任の前10年内のいずれかの時において，株式会社又はその子会社の取締役（業務執行取締役若しくは執行役又は支配人その他の使用人であるものを除く。)，会計参与又は監査役であったことがある者にあっては，当該取締役，会計参与又は監査役への就任の前10年間当該株式会社又はその子会社の業務執行取締役若しくは執行役又は支配人その他の使用人であったことがないことを要するものとする（会社2条15号ロ）。

イ　社外監査役の要件に係る対象期間についての規律を，次のとおり改めるものとする。

(ｱ)　その就任の前10年間株式会社又はその子会社の取締役，会計参与

若しくは執行役又は支配人その他の使用人であったことがないことを要するものとする（会社2条16号イ）。

(イ)　その就任の前10年内のいずれかの時において，株式会社又はその子会社の監査役であったことがある者にあっては，当該監査役への就任の前10年間当該株式会社又はその子会社の取締役，会計参与若しくは執行役又は支配人その他の使用人であったことがないことを要するものとする（会社2条16号ロ）。

4　監査等委員会設置会社制度の導入

　旧会社法の下では監査役会設置会社の場合，少なくとも2名の社外監査役を選任する必要がある（旧会社335条3項参照）が，社外取締役の選任は最近まであまり進んでこなかった。また，委員会設置会社制度（旧会社2条12号）については，指名委員会，監査委員会及び報酬委員会の各委員会について，その委員の過半数を社外取締役とすることが義務付けられており（旧会社400条3項），社外取締役に重点を置いたガバナンスの形態であるにもかかわらず，人事や報酬が会社の外部者である社外取締役によって最終的に決定されることへの抵抗感等から，この制度を採用する会社は非常に少ないのが現状である[2]。そこで，新会社法において，社外取締役の選任を促進させ，業務執行者に対する取締役会の監督機能を強化することなどを目的として，株主総会による選択の幅を増やす趣旨で，監査役会設置会社及び指名委員会等設置会社に加えて新たな機関設計として導入されることとなったのが監査等委員会設置会社である（会社2条11号の2・第9節の2）。

　監査等委員会設置会社は，取締役会及び会計監査人を置かなければならないものとされ，他方で，監査役を置いてはならないものとされている（会社327条1項3号・4項・5項）。

　監査等委員である取締役は，監査等委員の独立性を確保するという観点から，それ以外の取締役とは区別して，株主総会の決議によって選任するものとされ（会社329条2項），その報酬等も，それ以外の取締役の報酬等とは区別

---

[2]　「東証上場会社コーポレート・ガバナンス白書2013」によれば，平成24年9月現在の上場する内国会社2275社のうち委員会設置会社は2.2%にすぎない。

して，定款又は株主総会の決議によって定めるものとされている（会社361条2項）。また，監査等委員会に，監査等委員である取締役の選任議案への同意権及び監査等委員である取締役の選任の議題又は議案の提案権を付与し（会社344条の2第1項・2項），監査等員である取締役の解任については，株主総会の特別決議によることとしている（同条3項・309条2項7号）。さらに，監査等委員以外の取締役の任期は1年とされているのに対して，監査等委員である取締役の任期は2年とより長い期間が設定されている（会社332条3項・4項）。ただし，監査等委員である取締役も取締役会の構成員として業務執行の決定に関与することから，監査役の任期（4年。会社336条1項）よりは短い。

監査等委員会は，監査等委員3名以上で組織され，監査等委員は取締役でなければならず，かつ，その過半数（半数ではない。）は，社外取締役でなければならないものとされている（会社331条6項・399条の2第2項）。

監査等委員会及び各監査等委員は，原則として，それぞれ，委員会設置会社の監査委員会及び各監査委員が有する権限と同様の権限を有するものとされている（会社399条の3～399条の7）。これに加えて，監査等委員会が選定する監査等委員である社外取締役以外の取締役の選解任，報酬等について，株主総会において監査等委員会の意見を述べることができるものとされている（会社342条の2第4項・361条6項・399条の2第3項3号）。また，取締役（監査等委員である取締役を除く。）との利益相反取引について，監査等委員会の承認を受けた場合には，取締役の任務懈怠の推定規定（会社423条3項）を適用しないものとされている（同条4項）。

監査等委員会設置会社の取締役会は，原則として，重要な業務執行の決定（重要な財産の処分及び譲受け，多額の借財，支配人その他の重要な使用人の選任及び解任等）を取締役に委任することができないものとされている（会社399条の13第4項）。もっとも，監査等委員会設置会社を創設した趣旨（業務執行者への監督機能の強化）からは，社外取締役をはじめとする業務執行者を監督する者が，個別の業務執行の決定に逐一関与するのではなく，業務執行者の監督により専念できることが望まれる。そこで，監査等委員会設置会社においては，（i）

取締役の過半数が社外取締役である場合，又は，(ii)取締役会の決議によって重要な業務執行の決定の全部若しくは一部を取締役に委任することができる旨を定款で定めた場合には，取締役会は，その決議によって，重要な業務執行（委員会設置会社において，執行役に決定の委任をすることができないものとされている事項と同様の事項を除く。）の決定を取締役に委任することができるものとされている（同条5項・6項）。これにより，監査等委員会設置会社では，いわゆるモニタリング・モデル（業務執行者に対する監督を中心とした取締役会）をより強く指向した機関設計をとることが可能となっている。

　なお，監査等委員会設置会社の導入に伴い，会社法施行規則では，監査等委員会の議事録（会社規110条の3）及び業務の適正を確保するための体制（いわゆる「内部統制システム」。会社規110条の4）に関する規定を設けたほか，所要の規定の整備が行われている（会社規16条・18～20条等）。

> **コラム　指名委員会等設置会社**
>
> 　指名委員会等設置会社（会社2条12号）とは，監査役制度に代わり，社外取締役を中心とした指名委員会，監査委員会，報酬委員会の3委員会が設けられるとともに，業務執行を担当する役員として執行役が置かれる株式会社をいいます。経営の監視・監督機能と業務執行機能とを分離し，取締役会を前者に特化させようとするタイプの株式会社です。すなわち，指名委員会等設置会社においては，取締役会の決議によって選任された執行役が業務執行を行い，取締役会の権限は，基本的な経営事項の決定と執行役及びその職務執行の監督となります（会社416条1項各号）。執行役は取締役を兼ねることができます。指名委員会等設置会社の取締役の任期は1年です（会社332条6項）。また，各委員会はそれぞれ取締役3名以上で組織され，その過半数は社外取締役で構成されます（会社400条3項）。

Q4 独立役員制度

証券取引所が定める独立役員制度とはどのような制度か。また，独立性はどのように考えればよいか。

A 独立役員とは，一般株主と利益相反が生じるおそれのない社外取締役（会社2条15号に規定する社外取締役であって，会社規2条3項5号に規定する社外役員に該当する者をいう。）又は社外監査役（会社2条16号に規定する社外監査役であって，会社規2条3項5号に規定する社外役員に該当する者をいう。）をいう。上場内国株券の発行者は，1名以上の独立役員を確保する義務，1名以上の独立役員である取締役を確保する努力義務を負うとともに，独立役員に関して記載した所定の「独立役員届出書」を各証券取引所に提出することが義務付けられている。「一般株主と利益相反が生ずるおそれがない者」であるか否かは上場会社において実質的に判断する必要がある。

解説

1 独立役員とは

証券取引所は，上場内国株券の発行者に対して，一般株主保護のため，独立役員を1名以上確保する義務（上場規程436条の2），1名以上の独立役員である取締役を確保する努力義務（上場規程445条の4），独立役員に関して記載した所定の「独立役員届出書」を各証券取引所に提出する義務（上場規程施行規則436条の2）を課している。これらは，「株式市場において流動性の供給など重要な役割を果たし，上場会社にとって不可欠な利害関係者となっている『一般株主』の利益を適切に保護することを目的として導入された制度」である[3]。

上場会社が，独立役員を1名以上確保する義務と「独立役員届出書」の提出義務を履行しない場合，企業行動規範の「遵守すべき事項」の違反として

---

[3] 神田秀樹監修／東京証券取引所編著『ハンドブック 独立役員の実務』2頁（商事法務，2012）参照。

証券取引所による公表措置（上場規程508条）や上場契約違約金の徴求（上場規程509条）などの制裁の対象となり得る。一方，1名以上の独立役員である取締役を確保する努力義務については，企業行動規範の「望まれる事項」であり，これに違反しても制裁対象にはならない。

さらに，上場会社は，独立役員が期待される役割を果たすための環境を整備する努力義務と独立役員に関する情報及び社外役員の独立性に関する情報を株主総会における議決権行使に資する方法により株主に提供する努力義務を負っている（上場規程445条の5・445条の6）。

「一般株主と利益相反が生ずるおそれがない者」であるか否かは上場会社において実質的に判断する必要があるとされているが，例えば，東証は，一般株主と利益相反の生じるおそれがあると判断する場合の判断要素（独立性基準）を以下のとおり規定している[4]。

a 当該会社の親会社又は兄弟会社の業務執行者
b 当該会社を主要な取引先とする者若しくはその業務執行者又は当該会社の主要な取引先若しくはその業務執行者
c 当該会社から役員報酬以外に多額の金銭その他の財産を得ているコンサルタント，会計専門家又は法律専門家（当該財産を得ている者が法人，組合等の団体である場合は，当該団体に所属する者をいう。）
d 最近においてaから前cまでに該当していた者
e 次の(a)から(c)までのいずれかに掲げる者（重要でない者を除く。）の近親者
　(a) aから前dまでに掲げる者
　(b) 当該会社又はその子会社の業務執行者（社外監査役を独立役員として指定する場合にあっては，業務執行者でない取締役又は会計参与（当該会計参与が法人である場合は，その職務を行うべき社員を含む。以下同じ。）を含む。
　(c) 最近において前(b)に該当していた者

例えば，「主要な取引先」の該当性は，会社規2条3項19号ロに掲げる「当該株式会社の主要な取引先である者（法人以外の団体を含む。）」に準じて上場会社が判断し，「多額の金銭その他の財産」の該当性は，会社規74条4項

4）東証「独立役員の確保に係る実務上の留意事項について」Ⅰ3参照。

6号ニ・76条4項6号ニの「多額の金銭その他の財産（これらの者の……としての報酬等を除く。）」に準じて上場会社が判断する。「近親者」とは，二親等内の親族を意味する。

このほか，日本取締役協会が「取締役会規則における独立取締役の選任基準」を公表している。また，米国サーベンス・オクスリー法は，米国上場企業に対して，監査委員会の構成員は，その会社の取締役会の構成員であるものとし，独立している者でなければならないと定めており，米国の証券取引所は，独立取締役の要件について詳細な基準を設けている。これらの基準は上場会社が社内で社外役員に関する独立性の基準を設ける際に参考になる。

2 独立役員の開示

さらに，独立役員が大要，①過去に独立性基準に抵触していた場合，又は②上場会社の主要株主である場合には，これらの事実を踏まえてもなお一般株主と利益相反のおそれがないと判断し，独立役員として指定する理由を独立役員届出書やコーポレート・ガバナンス報告書において記載することが必要とされている（いわゆる開示加重要件。上場規程施行規則211条・226条）。

また，証券取引所は，独立役員の確保の状況をコーポレート・ガバナンス報告書に記載して，開示することも求めている。

なお，企業内容等の開示に関する内閣府令は，上場会社が提出する有価証券届出書及び有価証券報告書の「コーポレート・ガバナンスの状況」において，社外取締役又は社外監査役を選任するための提出会社からの独立性の基準又は方針（これらの基準又は方針がない場合にはその旨を記載する。），社外取締役又は社外監査役を選任している場合には，各社外取締役又は社外監査役につき提出会社との利害関係を記載することを定めている。なお，当該利害関係の記載には，社外役員が他の会社等の役職員である又はあった場合における当該他の会社等と提出会社との利害関係が含まれ，また，金融商品取引所が開示を求める社外役員の独立性に関する事項を参照することができるとされている[5]。

---

5) 平26・9金融庁「企業内容等の開示に関する留意事項について」5-19-2，5-19-3参照。

3 その他

　また，機関投資家が独自に策定する議決権行使ガイドラインでは，取締役会の中に独立性のある社外取締役の設置を求めるものもあるが，証券取引所が定める独立性基準よりも厳格であるケースもある。

　上場会社においては，会社法や取引所のルール，機関投資家が策定する議決権行使ガイドラインの内容を踏まえて，社外役員の独立性の確保を検討することになる。

　なお，東証は，平成27年1月30日付「平成26年会社法改正に伴う上場制度の整備について」にて，①10年以上前に上場会社又はその子会社の業務執行者であった者について，独立役員に指定できることとし，②指定する場合には，その旨及びその概要の開示を求める旨の上場制度整備をする旨を公表した（同年5月1日より実施予定）。これは会社法施行により社外取締役や社外監査役の社外性要件の一部緩和が行われることに伴うものとされている。同じく，東証は，同年2月24日付「コーポレートガバナンス・コードの策定に伴う上場制度の整備について」にて，上場会社が独立役員を指定する場合には当該独立役員と上場会社との間の特定の関係の有無及びその概要を開示する旨の制度整備をする旨を公表している（同年6月1日を目途に実施予定）。これは，従来は主要な取引先の元業務執行者など過去において上場会社と特定の関係を有していた独立役員についてそれでもなお独立性ありと判断した理由の説明を求めてきたことを改め，全ての独立役員について等しく情報の開示を求めることにより，上場会社が独立性を判断する際における過度に保守的な運用を是正しようとするものであるとされている。東証ルールの今後の改正内容の詳細に注視すべきである。

> **コラム** 日本版スチュワードシップ・コード

　平成26年2月26日付で金融庁から「『責任ある機関投資家』の諸原則≪日本版スチュワードシップ・コード≫～投資と対話を通じて企業の持続的成長を促すために～」が公表され，既に実行段階に移っています（平成26年8月末現在の受入れ先は160社）。

　日本版スチュワードシップ・コードは，平成25年6月，アベノミクスの「第三の矢」である「日本再興戦略」において，企業の持続的な成長を促す観点から，機関投資家の果たすべき行動原則（日本版スチュワードシップ・コード）を取りまとめることが閣議決定された後，同年8月に金融庁において「日本版スチュワードシップ・コードに関する有識者検討会」が設置され，計6回の議論を経て策定されました。日本版スチュワードシップ・コードは，英国のスチュワードシップ・コード（2010年に制定）を基にして日本の実情に合うように修正して策定されたもので，機関投資家が建設的な対話を通じて，投資先企業の企業価値向上や持続的成長を促すことにより，顧客・受益者の中長期的な投資リターンの拡大を図る責任を果たすための諸原則を定めたものです（下記7原則参照）。ここではプリンシプルベース・アプローチ（原則主義）を採用しており，機関投資家が各々の置かれた状況に応じて，自らのスチュワードシップ責任を果たすことが期待されています。

原則1　機関投資家は，スチュワードシップ責任を果たすための明確な方針を策定し，これを公表すべきである。

原則2　機関投資家は，スチュワードシップ責任を果たす上で管理すべき利益相反について，明確な方針を策定し，これを公表すべきである。

原則3　機関投資家は，投資先企業の持続的成長に向けてスチュワードシップ責任を適切に果たすため，当該企業の状況を的確に把握すべきである。

原則4　機関投資家は，投資先企業との建設的な「目的を持った対話」を通じて，投資先企業と認識の共有を図るとともに，問題の改善に努めるべきである。

原則5　機関投資家は，議決権の行使と行使結果の公表について明確な方針を持つとともに，議決権行使の方針については，単に形式的な判断基準にとどまるのではなく，投資先企業の持続的成長に資するものとなるよう工夫すべきである。

原則6　機関投資家は，議決権の行使も含め，スチュワードシップ責任をどのように果たしているのかについて，原則として，顧客・受益者に対

　　　　　して定期的に報告を行うべきである。
　原則7　機関投資家は，投資先企業の持続的成長に資するよう，投資先企業やその事業環境等に関する深い理解に基づき，当該企業との対話やスチュワードシップ活動に伴う判断を適切に行うための実力を備えるべきである。

　社外取締役等の企業統治改革が内部ガバナンスと呼ばれているのに対し，機関投資家を中心とした外部株主の関与の仕方に関する問題は外部ガバナンスと呼ばれており，この二つを整合的に組み合わせることにより，企業統治を強化することができるかが課題となります。

コラム　コーポレートガバナンス・コード

　コーポレートガバナンス・コードとは，企業統治の強化に向け，企業が遵守すべき規範のことです（適用開始日は平成27年6月1日を予定）。

　平成26年6月に日本経済再生本部が発表した「『日本再興戦略』改訂2014―未来への挑戦―」には，平成27年の株主総会の時期までに，「持続的成長に向けた企業の自律的な取組を促すため，東京証券取引所が，新たに『コーポレートガバナンス・コード』を策定する。」と記載されました。これを受けて，東京証券取引所と金融庁を共同事務局とする有識者会議（コーポレートガバナンス・コードの策定に関する有識者会議）が設置され，具体的な協議が行われています。当該コードに対するComply or Explain（原則を実施するか，実施しない場合にはその理由を説明するルール）を東京証券取引所の上場規則［1］に明記することとされています。また，コーポレートガバナンス・コードの策定に当たっては「OECDコーポレートガバナンス原則」を踏まえることとされています。

　平成27年3月5日に公表された「コーポレートガバナンスの基本的考え方」（案）≪コーポレートガバナンス・コード原案≫～会社の持続的な成長と中長期的な企業価値の向上のために～（以下「原案」という。）では，上場会社が遵守すべき基本原則として，以下の5つの原則が掲げられています。

　①　株主の権利・平等性の確保
　②　株主以外のステークホルダーとの適切な協働
　③　適切な情報開示と透明性の確保
　④　取締役会等の責務
　⑤　株主との対話

原案は，会社が取るべき行動について詳細に規定する「ルールベース・アプローチ」（細則主義）ではなく，会社が各々の置かれた状況に応じて，実効的なコーポレートガバナンスを実現することができるよう，「プリンシプルベース・アプローチ」（原則主義）を採用しており，「まずは株主等のステークホルダーに対する説明責任等を負うそれぞれの会社が，本コード（原案）の趣旨・精神に照らして，適切に解釈すること」が想定されています（序文10）。

　独立社外取締役については，原案では，独立社外取締役の役割・責務として，(i)経営の方針や経営改善について，自らの知見に基づき，会社の持続的な成長を促し中長期的な企業価値の向上を図る，との観点から助言を行うこと，(ii)経営陣幹部の選解任その他の取締役会の重要な意思決定を通じ，経営の監督を行うこと，(iii)会社と経営陣・支配株主等との間の利益相反を監督すること，(iv)経営陣・支配株主から独立した立場で，少数株主をはじめとするステークホルダーの意見を取締役会に適切に反映させること，が期待されていること（原則4-7），上場会社は独立社外取締役を少なくとも2名以上選任すべきとされていること（原則4-8），独立社外役員は，取締役会における議論に積極的に貢献するとの観点から，例えば，独立社外者（独立社外取締役のみとすることや，独立社外監査役を加えることが考えられる。）のみを構成員とする会合を定期的に開催するなど，独立した客観的な立場に基づく情報交換・認識共有を図るべきであるとされていること（補充原則4-8①），取締役会は，金融商品取引所が定める独立性基準を踏まえ，独立社外取締役となる者の独立性をその実質面において担保することに主眼を置いた独立性判断基準を策定・開示すべきとされていること（原則4-9）などが注目されます。

　スチュワードシップ・コードが機関投資家のチェックという企業の外部からのアプローチであるのに対し，コーポレートガバナンス・コードは企業の内部からのアプローチであるということができます。

第2章　社外取締役

1　社外取締役の意義及び資格要件

Q5　社外取締役の意義及び資格要件

「社外取締役」とは何か。また，社外取締役の欠格事由は何か。

A 社外取締役の定義は会社法2条15号に規定されており，同号イ～ホの要件を全て充足することが必要とされている。

また，取締役一般の欠格事由については会社法331条1項各号に定めるとおりであり，社外取締役についても該当する。加えて，①業法等で取締役の欠格事由が追加されている場合があること，及び②新会社法にて新たに設置された監査等委員会設置会社において，監査等委員である取締役は，監査等委員会設置会社若しくはその子会社の業務執行取締役若しくは支配人その他の使用人又は当該子会社の会計参与若しくは執行役を兼ねることができないとされていること（会社331条3項）に留意する必要がある。

解　説

1　社外取締役の定義について

社外取締役の定義について，旧会社法2条15号は，株式会社の取締役であって，①当該株式会社又はその子会社の業務執行取締役（会社363条1項各号に掲げる取締役及び当該株式会社の業務を執行したその他の取締役をいう。）若しくは執行役又は支配人その他の使用人（以下「業務執行取締役等」という。）でなく，かつ，②過去に当該株式会社又はその子会社の業務執行取締役等となったことがないものをいう旨規定していた。

かかる社外取締役の定義については，新会社法において変更されており，具体的には，②の要件が「その就任の前10年間当該株式会社又はその子会社の業務執行取締役等であったことがないこと。」と緩和されている一方，①

の要件に加え、③当該株式会社又はその子会社の業務執行取締役等以外の取締役、会計参与（会計参与が法人であるときは、その職務を行うべき社員）又は監査役であったことがある者については、当該取締役、会計参与又は監査役への就任の前10年間当該株式会社又はその子会社の業務執行取締役等であったことがないことが必要とされている。さらに、④当該株式会社の親会社等[1]（自然人であるものに限る。）又は親会社等の取締役若しくは執行役若しくは支配人その他の使用人でないこと、⑤当該株式会社の親会社等の子会社等[2]（当該株式会社及びその子会社を除く。）の業務執行取締役等でないこと、⑥当該株式会社の取締役若しくは執行役若しくは支配人その他の重要な使用人又は親会社等（自然人であるものに限る。）の配偶者又は二親等以内の親族でないことが必要であるとされており、要件が厳格化されていることに注意する必要がある（会社2条15号ロ～ホ）。

2　社外取締役の資格について

　取締役であるためには当該会社の株主である必要はない。むしろ、有能な人材を広く集めることができるように、非公開会社を除き、株式会社は、取締役が株主でなければならない旨を定款で定めることが禁止されている（会社331条2項本文）。

　株式会社の取締役の欠格事由は、会社法331条1項各号に規定されており、①法人（同項1号）、②成年被後見人若しくは被保佐人又は外国の法令上これらと同様に取り扱われている者（同項2号）、③一定の刑事罰を受けた者（同項3号・4号）[3]がこれに該当する。これに対し、例えば社外取締役が子会社の業務執行取締役に就任し、社外性を失うに至った場合、その就任は取締役の欠格事由には該当しないので、当該取締役は単に社外性を失うにすぎず、取締役としての地位を失うことはない[4]。

　なお、取締役は当該会社及び当該会社の親会社の会計参与及び監査役との

---

1) 親会社及び株式会社の経営を支配している者（法人であるものを除く。）として法務省令で定めるものをいう（会社2条4号の2、会社規3条の2第2項）。
2) 子会社及び会社以外の者がその経営を支配している法人として法務省令で定めるものをいう（会社2条3号の2、会社規3条の2第1項）。

兼任が規制されていること（会社333条3項1号・335条2項），指名委員会等設置会社（旧会社法における委員会設置会社）の取締役は，当該指名委員会等設置会社の支配人その他の使用人を兼ねることができず（会社331条4項），監査等委員会設置会社における監査等委員である取締役は，監査等委員会設置会社若しくはその子会社の業務執行取締役若しくは支配人その他の使用人又は当該子会社の会計参与若しくは執行役を兼ねることができないとされていること（会社331条3項）に留意する必要がある。

また，各種業法（銀行法7条の2第1項1号・2項・52条の19第1項・3項，保険業法8条の2第1項1号・2項・271条の19の2第1項）や独占禁止法（同法13条1項）においても，別途取締役の適格性要件，欠格事由や取締役の兼任の規制等が定められている。

3）会社法，一般社団法人及び一般財団法人に関する法律の規定に違反し，又は金融商品取引法，民事再生法，外国倒産処理手続の承認援助に関する法律，会社更生法若しくは破産法に定められている罪のうち，特定の罪を犯し，刑に処せられ，その執行を終わり，又はその執行を受けることがなくなった日から2年を経過しない者や，上記以外の法令の規定に違反し，禁錮以上の刑に処せられ，その執行を終わるまで又はその執行を受けることがなくなるまでの者（刑の執行猶予中の者を除く。）をいう。なお，会社法下では破産者は欠格者ではない（平成17年法律第87号による改正前の商法254条ノ2第2号対照）。

4）相澤哲ほか編著『論点解説　新・会社法―千問の道標』296頁（商事法務，2006）。

Q6 社外取締役の設置義務

社外取締役は必ず設置されなければならないか。

A 旧会社法では、社外取締役の選任は特段強制されていない一方、特別取締役による取締役会決議を認める場合や、委員会設置会社（新会社法における指名委員会等設置会社）のように、社外取締役を選任することが会社法上の要件とされている場合、社外取締役を選任する必要があるとされていた。

新会社法においては、上記に加え、事業年度の末日において監査役会設置会社（公開会社であり、かつ、大会社であるものに限る。）であって、有価証券報告書を提出しなければならない会社が社外取締役を置いていない場合、取締役は、当該事業年度に関する定時株主総会において、社外取締役を置くことが相当でない理由を説明しなければならないという規律が新たに設けられた（会社327条の2）。さらに、新たに設けられた監査等委員会設置会社においては、少なくとも2名の社外取締役を置くことを要する（会社331条6項）。

なお、東京証券取引所の上場会社には、独立役員を1名以上確保することが義務付けられている（上場規程436条の2）。

解説

1 旧会社法における規律

旧会社法では、社外取締役の選任は特段強制されていない。一方、取締役会が会社法362条4項1号・2号に掲げる事項の決定を特別取締役の決議に委ねる場合には社外取締役を1名以上選任することが必要となり（会社373条1項）、また、委員会設置会社（新会社法における指名委員会等設置会社）において、少なくとも2名の社外取締役を置くことを要する（会社400条3項）とされており、これは新会社法下でも同様である。

2 新会社法における規律

Q3（社外役員に関する会社法改正の動向）において述べたとおり、事業年度

の末日において監査役会設置会社（公開会社であり，かつ，大会社であるものに限る。）であって金商法24条1項の規定によりその発行する株式について有価証券報告書を内閣総理大臣に提出しなければならないものが社外取締役を置いていない場合には，取締役は，当該事業年度に関する定時株主総会において，社外取締役を置くことが相当でない理由を説明しなければならないとされている（会社327条の2）。

　さらに，新会社法において新たに制度設計された監査等委員会設置会社においても，指名委員会等設置会社（旧会社法における委員会設置会社）と同様，少なくとも2名の社外取締役を置くことを要する（会社331条6項）。

3　独立役員制度

　会社法における規律と別途，証券取引所が独立役員の設置を義務付けている。かかる独立委員制度の概要については，**Q 4**（独立役員制度）を参照されたい。

Q7 社外取締役の登記

社外取締役である旨の登記はどのような場合になされるか。

A 旧会社法では、①特別取締役の議決の定めがある場合、②委員会設置会社である場合、③社外取締役の会社に対する責任限定契約に関する定款の定めがある場合といった場合のみ、社外取締役である旨の登記が義務付けられていた。新会社法では、監査等委員会設置会社において、社外取締役である旨の登記が必要となる一方、上記③が登記事項ではなくなっている点に留意する必要がある。

解説

1 旧会社法における規律

旧会社法においては、①会社法373条1項に定める特別取締役の議決の定めがある場合（会社911条3項21号ハ）、②委員会設置会社である場合（旧会社911条3項22号イ）、③会社法427条1項に基づく社外取締役の会社に対する責任限定契約についての定款の定めがある場合（旧会社911条3項25号）のように、社外取締役の存在が会社法上の要件とされている制度を採用する場合、あるいは社外取締役であることが法律上の要件とされている場合において、社外取締役である旨の登記が義務付けられていた。

2 新会社法における規律

新会社法においては、上記①②（ただし、②に関し、会社2条12号では、委員会設置会社が指名委員会等設置会社と定義変更され、旧会社911条3項22号の規定は新会社911条3項23号に移動している。）に加え、監査等委員会設置会社における社外取締役について、社外取締役である旨の登記が必要となる（会社911条3項22号ロ）。一方、上記③に関しては、責任限定契約を締結できる主体が非業務執行取締役等に拡大した（会社427条1項）ため、社外取締役である旨は登記事項ではなくなっている。

なお、平成27年2月27日から、役員の登記の申請をする場合の添付書面が

変わり，就任承諾書に加えて，住民票記載事項証明書等又は運転免許証等の写し（裏面もコピーし，本人が「原本と相違がない。」と記載して，記名押印する必要がある。）の添付が必要となった（商業登記規則61条5項）。

また，平成27年2月27日から，役員の就任等の登記の申請をするときには，婚姻により氏を改めた役員について，その婚姻前の氏をも記録するよう申し出ることができるようになる（同規則81条の2）。

Q8 取締役の員数・任期，社外取締役の員数が欠けた場合の措置

取締役の員数，任期はどのように定められているか。また，社外取締役の員数が欠けた場合にはどのように対処すべきか。

A 取締役会非設置会社では取締役が1名いればよいが，取締役会設置会社においては少なくとも3名の取締役が必要である。指名委員会等設置会社（旧会社法における委員会設置会社）の各委員会は3名以上の取締役で構成する必要があり，どの委員会も委員の過半数は社外取締役でなければならない。また，監査等委員会設置会社における監査等委員会は3名以上で構成され，その過半数は，社外取締役でなければならないとされている。また，取締役会設置会社において，取締役が6名以上でそのうち1名以上が社外取締役である場合，一定の事項について取締役の一部（特別取締役）だけで決議することが可能となる。

取締役の任期は原則として2年であるが，指名委員会等設置会社の取締役の任期は1年が原則とされているほか，監査等委員会設置会社における監査等委員の任期は2年，それ以外の取締役の任期は1年が原則とされており，監査等委員会設置会社及び指名委員会等設置会社以外の非公開会社では，任期を10年まで伸長することが可能である。社外取締役の任期については，他の取締役との間で会社法上の差異は設けられていない。

社外取締役の退任により，社外取締役の員数が欠ける場合，速やかに欠員を補充するための株主総会を招集し，新たな取締役を選任することが望ましい。

解説

1 取締役の員数

取締役会設置会社においては，取締役は3名以上でなければならない（会社331条5項）。取締役会設置会社以外の会社（取締役会非設置会社）の取締役は

1名でもよい（会社326条1項・348条2項）。

　指名委員会等設置会社（旧会社法における委員会設置会社）における指名・監査・報酬の3委員会は，それぞれ3名以上の取締役で構成する必要があり，どの委員会も委員の過半数は社外取締役でなければならない（会社400条1～3項）。また，監査等委員会設置会社における監査等委員会は3名以上で組織され，その過半数は，社外取締役でなければならないとされている（会社331条6項）。

　また，取締役会設置会社において，取締役が6名以上で，そのうち1名以上が社外取締役である場合，重要な財産の処分・譲受け及び多額の借財について，あらかじめ選定した3名以上の取締役（特別取締役）により決議をすることができる（会社373条1項）[5]。

　それぞれの会社における取締役の員数については，定款で規定することができる。

2　取締役の任期

　取締役の任期は，原則として選任後2年以内に終了する事業年度のうち最終のものに関する定時株主総会の終結の時までである（会社332条1項）。公開会社では，変動する株主の信任を確認するため，定款又は株主総会における取締役選任決議により上記任期を短縮することはできるが，伸長することはできない（会社332条1項ただし書・2項）。また，指名委員会等設置会社及び剰余金の配当等を株式会社でなく取締役会が定める旨を定款で規定する場合，取締役の任期は，取締役に会社利益の処分の権限を付与したこととの平仄から，原則として選任後1年以内に終了する事業年度のうち最終のものに関する定時株主総会の終結の時までとされている（会社332条6項・459条1項）。また，監査等委員会設置会社における監査等委員である取締役の任期は原則として選任後2年以内に終了する事業年度のうち最終のものに関する定時株主総会の終結の時まで，それ以外の取締役の任期は原則として選任後1年以内

---

[5] 指名委員会等設置会社である場合又は監査等委員会設置会社であって，会社法399条の13第5項に規定する場合又は同条6項の規定による定款の定めがある場合には，本制度を利用することはできない（会社373条1項第1括弧書及び第2括弧書）。

に終了する事業年度のうち最終のものに関する定時株主総会の終結の時までとされている（会社332条3項・4項）。一方，監査等委員会設置会社及び指名委員会等設置会社以外の非公開会社では，定款で任期を10年以内に終了する事業年度のうち最終のものに関する定時株主総会の終結の時まで伸長することも可能である（同条2項）。

社外取締役の任期については，社内取締役との間で会社法上の差異は設けられていない。

3 社外取締役の員数が欠けた場合

社外取締役の退任により，役員が欠ける場合，法律又は定款所定の取締役の員数を欠くに至る場合や，当該株式会社において特別取締役の議決の定めがある場合（会社911条3項21号ハ），監査等委員会設置会社又は指名委員会等設置会社である場合（同項22号ロ・23号イ）のように，社外取締役の存在が会社法上の要件とされている制度を採用している場合であって，当該制度において必要とされる社外取締役の員数を欠くに至る場合においては，速やかに欠員を補充するための株主総会を招集し，新たな取締役を選任すること，及び利害関係人の申立てによる一時取締役を選任すること（会社346条2項）が考えられる。また，このような事態に備え，あらかじめ補欠取締役（会社329条3項）を選任しておくことも考えられる。

Q9 社外取締役の選任・終任手続

社外取締役の選任・終任手続はどのように定められているか。

A 社外取締役の選任・終任手続については、社内取締役の選任・終任の手続と同様である。

解説
1 社外取締役の選任手続

社外取締役の選任・終任の手続については、社内取締役の選任・終任の手続と異なるところはない。すなわち、取締役は、原則として株主総会決議で選任されるが（会社329条1項）、社外取締役についても同様である。当該決議はいわゆる普通決議（会社309条1項）で足りるが、定款の定めによっても、定足数を議決権総数の3分の1未満に下げることはできない（会社341条）。なお、社外取締役候補者については、当該候補者が社外取締役候補者である旨を株主総会参考書類において記載し、併せて法定の事項を記載する必要がある（会社規74条4項各号）。詳細については、Q41（株主総会参考書類及び事業報告における社外取締役に関する記載）を参照されたい。また、新会社法における監査等委員会設置会社においては、取締役の選任は、監査等委員である取締役とそれ以外の取締役を区別して行うことを要する（会社329条2項）。

2 社外取締役の終任手続

社外取締役の終任事由については、社内取締役と同様、任期の終了（会社332条1項・2項）、一定の内容の定款変更（同条7項）、死亡、辞任[6]（民651条）、資格の喪失、解任（会社339条・341条・347条）等が挙げられる。

取締役は原則として、いつでも株主総会の普通決議によって解任できる（会社339条1項）[7]が、その定足数は取締役選任議案と同じく、定款の定めに

---

6) 辞任の意思表示は代表取締役に対して行うが、代表取締役自身が辞任するなど、他に代表取締役がいないときは、取締役会に対して辞任の意思表示を行う（東京高判昭59・11・13判時1138号147頁［アサヒハウジング事件］）。

よっても、議決権総数の3分の1未満に下げることはできない（会社341条）。任期中に正当な理由なく解任された取締役は、残余期間の取締役報酬等、不当な解任によって受けた損害の賠償を会社に対して請求することができる（会社339条2項)[8]。その他、少数株主にも取締役の解任訴権が付与されている（会社854条）。

---

7) 会社法342条3項から5項までの規定（累積投票）により選任された取締役を解任する場合又は監査等委員である取締役を解任する場合、株主総会の特別決議が必要となる（会社309条2項7号）。
8) 正当事由を認めた例として、最一小判昭57・1・21判時1037号129頁［福岡小型陸運事件］参照。

2 社外取締役にふさわしい人物，職務内容

Q10 社外取締役にふさわしい人物

社外取締役にはどのような人がふさわしいか。

A 社外取締役に求められる専門性，倫理観，洞察力，経験等の諸要素に照らせば，一般的には，①会社経営の経験者，②弁護士，公認会計士等の専門家，③その他の有識者等がふさわしいと考えられる。

解 説

1 社外取締役に期待される機能

社外取締役は，会社法上，取締役という株式会社の運営の中枢機構のメンバーでありながら，専ら経営者の職務の執行を監督する役割が期待されている[9]。具体的には，株主と経営陣との間で利益相反が生じ得る場合に，株主共同の利益の確保のために経営を監督すること，すなわち監督機能（ないし経営モニタリング機能）が期待されているといえる。

実務上は，さらに，上記の監督機能に加え，それぞれの専門性を活かした経営助言機能が期待されているといえる。

2 社外取締役に求められる資質

社外取締役には，上記の各機能ないし役割が期待されていることから，専門性を有している場合には専門的知見を活用すべきことが当然に期待されているし，ニュートラルな視点で会社の経営に対する意見を述べることができるだけの良識・人格・倫理観が求められる。さらに，必ずしも自己の専門分野でなくとも適切な意見が述べられるだけの洞察力や経験といった資質が求められる。

これらの資質を備えている人物として，一般的には，①会社経営の経験者，

---

9) 江頭憲治郎編『会社法コンメンタール1―総則・設立(1)』40頁〔江頭憲治郎〕（商事法務，2008）。

②弁護士，公認会計士等の専門家，③その他の有識者等がその典型として想定され，このことは，上場企業を対象に行われたアンケートの結果にも合致する[10]。

(1) 会社経営の経験者

会社経営の経験者については，他業種の現役の会長・社長・役員を社外取締役として迎えるケースと，同業種の会長・社長・役員経験者を迎えるケースがあり得る。

前者については，業種が異なっても会社経営という観点では同様であるから経営に関して適切な助言と監督が期待できる上，社内にはない経験や専門性を活かした異なる角度からの経営に対する助言が期待できる。

後者については，経営に関する助言や監督が期待できることはもとより，例えば，同業他社との比較の観点から善管注意義務違反の防止等に重要な役割を果たすことが期待できる。

両者のいずれが当該会社の社外取締役にふさわしいかは，会社が社外取締役にどのような機能・役割を期待しているかによるというべきである。

(2) 弁護士，公認会計士等の専門家

ア　弁護士に関しては，取締役の善管注意義務やコーポレート・ガバナンスに関する深い法的知識を背景に，監督機能を期待し得ることはもちろん，様々な分野にわたる企業法務の経験から，経営に対する助言も期待できる。

公認会計士に関しては，会計の専門家として，数字の面から会社の経営を監督することが期待でき，不正会計等取締役の善管注意義務違反が正面から問題となる場面において特に大きな役割を果たすことを期待できる。

イ　社外取締役は，当該株式会社の「使用人」であってはならないこと

---

[10] 日本取締役協会監修「独立取締役の現状と課題―社外取締役から独立取締役へ」別冊商事法務359号51頁（2011）によれば，会社の会長・社長及び役員の現職及び経験者，大学教授・研究者，弁護士・公認会計士・税理士等が社外取締役の主な属性であるといえる。

（会社2条15号イ）との関係で，会社の顧問弁護士がそもそも社外取締役に就任できるかという問題がある。この点に関する議論は，顧問弁護士が（社外）監査役になり得るかという問題と共通するところが多いため，詳細はQ72（顧問弁護士の社外監査役への就任）を参照されたいが，顧問弁護士としての職務の実体が業務執行機関に対し継続的従属性を有するか否かにより実質的に判断されると論じられている[11]。

　顧問弁護士の業務には，会社の経営事項を法的観点から検証すること等社外取締役の業務と親和性の高い業務が含まれるため，より高度な監督機能を期待し得る一方，当該会社からの顧問料が当該弁護士の収入に占める割合が大きいなどの事情があれば，継続的従属性が認められるおそれがあるので，会社が社外取締役に期待する役割も踏まえ，個別のケースごとに判断されるべき問題と考えられる。

(3) その他の有識者

　例えば大学教授・研究者は，その他の有識者として，社外取締役に適任と考えられる。

　大学教授・研究者については，会社経営の経験はないことが通常と思われるが，専門分野に関しては特に高い見識を有していることから鋭い指摘を期待でき，その他の分野についても会社と利害関係のない立場に基づき大所高所から助言することが期待できる。

(4) 最近の調査

　平成24年12月26日から平成25年4月4日までの期間に上場企業22社に対して実施された実態調査によれば，社外取締役に求める資質として回答が多かったのは以下のようなものである。すなわち，10社が「先見性・洞察力」を挙げており，8社が「社長としての経営経験」を挙げている。続いて，7社が「最終的な取締役のメンバー構成がバランスよくなるように選任に気をつけている」と回答している（回答会社は全て複数の社外取締役を選任している。）[12]。

11）江頭・前掲注9）41頁。

3　社外取締役に求められる研鑽

　社外取締役が，その期待される役割を全うするためには，その属性のいかんにかかわらず，専門分野に関し最新の知見を有している必要があり，また，専門分野以外であっても当該会社の経営を監督するために必要な基本的な知識については積極的に情報収集を継続する必要があるというべきである。

コラム　ダイバーシティー・マネジメント

　株式会社プロネッドによれば，東証第一部上場企業における外国人の社外役員（社外取締役と社外監査役）は89名（全社外役員の1.08％），女性の社外役員（社外取締役と社外監査役）は263名（全社外役員の3.2％）となっています（「2013年社外取締役・社外監査役白書」，http://www.proned.co.jp/research/20130726.html）。また，有価証券報告書の分析結果によれば，取締役会における女性役員の比率については，社内取締役においては1.4％，社外取締役においては3.4％となっています（中西敏和＝関孝哉編著「上場会社におけるコーポレートガバナンスの現状分析　平成25年版」別冊商事法務378号）。社外取締役において女性取締役が占める比率は，外国人株主比率の上昇，従業員数や総資産，あるいは時価総額の上昇とともに，おおむね上昇する傾向があり，規模の大きな会社ほど女性取締役が多いといえます。（前掲書）。企業のグローバル化や管理職への女性登用数の増加に伴い，企業統治を担う取締役にも，外国人や女性の活用など，人材の多様性（ダイバーシティー・マネジメント）が進展しつつあります。外国人役員や女性役員の発言により取締役会での議論が活性化される効果への期待が高まってきているといえます。これまではダイバーシティー経営の必要性が日本企業で議論されてきましたが，今後は，ダイバーシティー・マネジメントをどのように企業経営へ活かしていくのかが日本企業の課題になっていくと思われます。

12）酒井功「社外取締役の役割を踏まえた取締役会の運営実態に関する調査」商事2032号45頁（2014）。

Q11 社外取締役の独立性，専門性

社外取締役には独立性及び専門性が求められるか。

A 社外取締役については独立性があることが望ましい。専門性については必須の要件ではないが，専門的能力を有する者については，専門性を活かした監督等が期待される。なお，社外取締役の専門性ゆえに善管注意義務が加重され得る場面があることにつき留意が必要である。

解説

1 社外取締役の独立性

旧会社法においても，社外取締役の資格要件について一定の定めが設けられていたが，新会社法は，東証の「上場管理等に関するガイドライン」における独立役員の独立性基準の一部を取り込む形でその資格要件を厳格化している（旧会社2条15号，新会社2条15号）。

さらに，会社は，社外取締役の独立性に関する事項につき，株主総会参考書類及び事業報告に記載すべきこととされているほか（会社規74条2項～4項・124条），有価証券報告書等にもこれを記載し，株主や投資家に対する開示が必要とされている。

上記のような法改正の経緯や，開示の要請に加え，社外取締役には株主共同の利益の確保のための経営の監督が期待されていること（Q10（社外取締役にふさわしい人物）参照）等の事情が存することに鑑みれば，社外取締役に独立性があることが望ましいのはもとよりである。

なお，このように社外取締役には独立性が期待されることを踏まえ，社外取締役ガイドライン第1，2(1)は，社外取締役の客観的独立性に関する基準等を定め，これを開示することが望ましいとしており，実際に，独自の社外取締役の独立性基準又は方針を定めている会社もある。中西一宏＝脇山卓也「本年6月総会における社外取締役の選任をめぐる実務動向―平成26年の状況―」商事2040号81頁（2014）によれば，平成26年6月に定時総会を開催し

た日経500種平均株価採用銘柄432社のうち，独立性に関する基準又は方針を定めている会社は142社であり，具体的な数値基準を定めている会社は40社とのことである。

2 社外取締役の専門性

会社法その他の規程上，社外取締役の資格要件として，専門性を有すべきこととされているわけではなく，社外取締役につき，専門性を有することは必須ではない。

もっとも，専門分野がある場合には，専門的知見を活用した助言が当然に期待されていると考えられ，実際上も，弁護士や公認会計士等の専門家，さらには，大学教授や研究家といった有識者が多く社外役員に選任される趣旨は，社内にはない専門性を活用することにあるはずである。

このとおり，専門的能力を買われて社外取締役に選任された者についてはその専門性を発揮することが強く求められているといえる。

ただし，専門的能力を買われて選任された社外取締役も取締役会を構成する取締役であることについては，他の社外取締役及び社内取締役と同様であるから，専門性を発揮することだけが求められているのではなく，一般常識・社会通念に従ったモニタリング機能を発揮することが求められているというべきである[13]。

3 社外取締役の専門性と社外取締役の善管注意義務

社外取締役に求められる善管注意義務の程度は，一般に社内取締役と変わらないとされているが，社外取締役の善管注意義務違反を判断するに当たっては，社外取締役が社外者であり，かつ，業務執行者ではないことが考慮されることがあり得るといわれている（**Q15**（任務懈怠）参照）。このような観点からすれば，社外取締役が専門的能力を買われて選任された場合にあっては，かえって善管注意義務の程度が加重される可能性があることについては留意が必要である。

すなわち，『江頭会社法』427頁は，取締役の善管注意義務に関し，その注意義務の水準は，その地位・状況にある者に通常期待される程度のものとさ

13）社外取締役ガイドライン第1，3(2)に同旨。

れ，特に専門的能力を買われて取締役に選任された者については，期待される水準は高くなると論じており，専門的能力を買われて選任された社外取締役の善管注意義務の程度は過重されることがあるとの見解に親和的と思われる。

　このような見解に対しては疑問を呈する見解もあるが[14]，社外取締役においては，上記のような見解があることを踏まえ，専門分野に関する事項に関しては，社内取締役よりもかえって責任が加重され得る場面があることを念頭に業務を遂行する必要がある。

---

14)『社外取締役』43頁。

Q12 社内取締役と社外取締役の職務の差異

社内取締役の職務と社外取締役の職務との間に差異があるか。

A 社外取締役も取締役会の一員である以上，法的義務という観点からは，社内取締役との間に特段の差異はないと考えられる。もっとも，社外取締役については，その選任の趣旨に照らし，特に，業務の全般にわたり経営モニタリング機能を果たすことが期待されているといえる。

解説

1 はじめに

社外取締役は，会社法上，社内取締役と同様に取締役会の一員であるため，会社に対して善管注意義務ないし忠実義務を負っていることには変わりがなく，かかる義務を果たすために必要な職務を行うべきことは，社内取締役と同様であり，法的な観点からは特段の差異はないと考えられる。

もっとも，社外取締役については，その選任の趣旨，さらには，特定の業務担当がないこと等に照らし，具体的な場面においては，職務内容につき一定の差異があると考えられる。

2 社外取締役の職務

(1) Q10（社外取締役にふさわしい人物）において述べたとおり，社外取締役には，株主共同の利益の確保のための経営の監督機能，すなわち経営モニタリング機能が期待されており，かかる経営モニタリングを行うことが特にその業務として求められているといえる。

社外取締役は，その職務を通じ，社外者としての中立的・第三者的な立場から忌憚のない意見を述べることで，かかるモニタリング機能を発揮することが期待される。

(2) 社内取締役は，特定の担当業務があるため，第一義的には，当該業務を行うにつき必要な注意を払うことが善管注意義務ないし忠実義務の履行と評価し得る。この点，経営のモニタリングは社内取締役の職務にも

含まれるものであるが，社内取締役の場合には，担当業務を通じて得た経験ないし知り得た会社の事情に照らして経営モニタリングを行うことが可能である。

　これに対し，社外取締役は，特定の業務の担当がないのが通常であるため，上記のような経験や事情を踏まえた経営モニタリングを行うことができるわけではない。また，独自の調査権限を有しているわけでもなく，さらに，通常は，独自の職務補助者を持っているわけでもないため，会社の業務の全般を詳細に把握した上でモニタリングを行うことについては困難を伴うと考えられる。

　しかしながら，（社外取締役の概念が会社法に導入される前の判例ではあるものの）判例上，会社に常勤せずその経営内容にも深く関与しないことを前提とするいわゆる社外重役として名目的に就任した取締役についても，代表取締役の業務執行の全般についてこれを監視し，必要があれば代表取締役に対し取締役会を招集することを求め，又は自らそれを招集し，取締役会を通じて業務の執行が適正に行われるようにするべき職責を有するとされている（最三小判昭55・3・18判時971号101頁）。

　かかる判例に照らせば，特定の業務の担当がない社外取締役であっても，代表取締役の業務執行の全般について監視することが要求されているというべきであろう。

(3) このように，特定の業務の担当がない社外取締役であっても，経営モニタリングに関してはこれを業務執行の全般にわたって行うことが要求されていると考えられるところ，社外取締役が十分に経営モニタリング機能を発揮するためには，他の取締役との間の連携を深める必要があり，また，場合によっては，内部統制部門，監査役（会），会計監査人等との連携を図る必要があるといえる。

　さらに，社外取締役が経営モニタリングを適切に行うためには，社外取締役が自ら積極的に情報収集すべき場面も想定されるが，この情報収集の在り方，その手段等については，Q13（社外取締役の情報収集）で検討することとしたい。

Q13 社外取締役の情報収集

社外取締役は，職務の遂行に当たり，どの程度情報収集を行う必要があるか。また，どのような情報収集手段があるか。

A 原則として，会社からの説明ないし取締役会における説明に依拠してよいと考えられるが，同説明に基づく意思決定に躊躇を覚える場合には，質問や再調査の要求等の対応をすべきである。

社外取締役自身の情報収集手段は限られているが，他の社外取締役や監査役等と連携することにより情報収集することが考えられる。

解説

1 社外取締役の情報収集

(1) 社外取締役には，経営モニタリング機能が期待されているところ，適切な経営モニタリングのためには，前提となる情報の収集が不可欠である。

もっとも，社外取締役は，例えば監査役とは異なり，独自の報告請求権や業務財産調査権等（会社381条2項）が付与されているわけではないし，その職務を補助すべき使用人を置くこと（会社規98条4項1号等）が想定されているわけでもないため，収集することのできる情報の範囲は限られているといえる。

実質的には，社外取締役が，情報収集することができるのは会社からの事前説明及び取締役会当日の説明の場面に限られるということも十分に想定されるところである。

(2) ところで，取締役は，当該取締役の知識・経験，担当職務，案件との関わり等の状況を前提に，当該状況に置かれた取締役がこれに依拠して意思決定を行うことに当然に躊躇を覚えるような不備又は不足があったというような特段の事情がない限り，下部組織において期待された水準の情報の収集，分析，検討等が誠実になされたとの前提に立って自らの

意思決定をすることが許容されると解されている（いわゆる信頼の原則）。
　かかる信頼の原則は、社外取締役についても同様に当てはまると解されるところ、特に情報収集に限界のある社外取締役については、会社からの事前説明及び取締役会における説明に依拠することによって業務を行うことが許容されるものと考えられる。
(3)　そうとしても、上記のとおり、信頼の原則は、判断の基礎となるべき事情につき、これに依拠して取締役が意思決定を行うことに当然に躊躇を覚えるような不備又は不足がないということを前提とするものであるから、社外取締役において、このような躊躇を覚えざるを得ない状況がある場合には、取締役会において適宜質問したり、場合によっては、再調査を要求することその他により、情報を収集することが必要となるというべきである。

2　社外取締役による情報収集の手段

では、上記のように、社外取締役において情報収集の必要が生じた場合、社外取締役はどのような手段をとればよいであろうか。
(1)ア　そもそも、社外取締役に独自の情報収集権限があるかどうかが問題となるところ、取締役の会社に対する会計帳簿等の閲覧謄写請求権の有無が問題となった東京地判平23・10・18金判1421号60頁は、取締役が、その会社に対する義務である善管注意義務及び忠実義務を十全に尽くすためには、通常、会社の会計帳簿等を少なくとも閲覧し得ることが必要であるとしながらも、会社が、正当理由なしに閲覧を拒んだという事実を取締役の責任が問題となる場面において当該取締役のために斟酌し得ると解すれば足り、取締役の会計帳簿等閲覧謄写請求権をあえて観念するまでの必要性・相当性はない旨判示しており、少なくとも会計帳簿等の閲覧謄写請求の場面においては、取締役独自の情報収集権限を認めることにつき消極的である。
　　イ　取締役は取締役会を通じて情報収集し得るということを踏まえれば、取締役に独自の情報収集権限を認める必要性は高くないと解されるが、社外取締役については、その立場上、取締役会を通じた情報収集が容

易であるわけではないので、独自の情報収集権限が認められてもよいように思われ、この判決に対しては、疑問を呈する見解もある（弥永真生「取締役と会計帳簿資料等閲覧請求」ジュリ1450号2頁）。

　　　しかしながら、実務的には、上記裁判例を前提に、社外取締役を含む取締役には独自の情報収集権限がないと考えておくことになるであろう。

　　ウ　なお、弥永・前掲論文は、取締役会において会計帳簿等の閲覧等の請求をすることが承認されなかったというだけで、任務懈怠に当たらないとすることには無理がありそうであり、閲覧等の請求が取締役会で否決された場合には、少なくとも、当該取締役において、監査役に業務・財産の調査を促すことが必要なのではないかと示唆しており、社外取締役が経営モニタリングを行うに際し参考とすべきものといえる。

(2)　上記のとおり、現状の裁判例を前提とする限り、社外取締役は、独自の情報収集手段を有するとはいい難いため、会社に働きかけて情報の提供を求めることや、他の社外取締役、内部統制部門、監査役（会）ないし監査等委員会、会計監査人等との間で情報を共有するなどの事実上の手段に頼らざるを得ないものと思われる。

　　このうち、監査役との連携に関しては、取締役は、株式会社に著しい損害を及ぼすおそれのある事実があることを発見したときは、直ちに、当該事実を監査役（会）ないし監査等委員会に報告しなければならないとされていることからすれば（会社357条）、法令上の要請であるといえ、普段から密な連携を図ることが望ましい。

3　社外取締役の責任

Q14　取締役の会社に対する責任の概要

> 会社法上，取締役はどのような場合に会社に対し責任を負うか。この点は社外取締役と差があるか。

A 会社法上，取締役が会社に対し責任を負う場合としては，①任務懈怠の場合，②株主の権利行使に関する利益供与を行った場合，及び③剰余金の配当等に関し分配可能額の超過又は欠損が生じた場合等が挙げられる。この点は社外取締役と差はない。

解説

1　会社法上，取締役が会社に対し責任を負う場合としては，①任務懈怠の場合，②株主の権利行使に関する利益供与を行った場合，及び③剰余金の配当等に関し分配可能額の超過又は欠損が生じた場合等が挙げられる。

2　このうち実務上最も問題となるのは，上記①の任務懈怠の場合の損害賠償責任（会社423条1項）であろう。

具体的にいかなる行為が任務懈怠となるかについては，**Q15**（任務懈怠）を参照されたい。

3　上記②は，株主の権利行使に関する利益供与についての責任である。すなわち，会社は，何人に対しても，株主，適格旧株主[15]，又は最終完全親会社等[16]の株主の権利行使に関し，財産上の利益の供与をしてはならないとされているところ（会社120条1項），これに違反した場合，利益の供与に関与した取締役は，会社に対し，供与した利益の価額に相当する額の支払義務を負う（同条4項）。特に，利益供与をした取締役については，無

---

15) 会社法847条の2により提訴請求ができることとなる旧株主をいう。
16) (1)株式会社の完全親会社等であって，(2)その完全親会社等がないものをいう（会社847条の3第1項）。

過失責任が課されている。

4　上記③は、剰余金の配当等に関する責任である。すなわち、剰余金の配当等については、分配可能額の制限があり（会社461条1項）、これを超過した場合には、一定の取締役は、会社に対し、交付がなされた金銭等の帳簿価額に相当する金銭の支払義務を負う（会社462条1項）。

　また、配当等を行ったものの、その事業年度末において欠損が生じた場合には、一定の取締役は、会社に対し、その超過額と、交付がなされた金銭等の帳簿価額の総額とのいずれか少ない額の支払義務を負う（会社465条1項）。

5　これらの責任については、会社が取締役に対し責任追及をしない場合であっても、取締役は株主、旧株主、又は最終完全親会社等の株主から代表訴訟を提起され、責任追及をされる可能性がある（会社847条3項・1項・847条の2第6項・1項・3項～5項・847条の3第7項・1項）。

6　以上の点については、社外取締役についても妥当する。

コラム　代表訴訟

　取締役が職務の懈怠など違法な行為により会社に損害を与えた場合には，会社はその取締役に対し損害賠償の請求をすることができます（会社423条等）。しかしながら，取締役同士あるいは取締役と監査役の馴れ合い等からその取締役に対して会社が責任を追及しない場合が想定されます。このような場合に株主が直接会社を代表して取締役に対し会社の被った損害を賠償するよう訴えを提起することを認めたのが代表訴訟の制度です（会社847条）。このため代表訴訟は，株主が直接取締役から金銭等の給付を受けようとする制度ではなく，会社のために取締役に対して会社の損害の回復を求める制度といえます。

　代表訴訟を提起できる株主は，6か月前から引き続き株式を有する株主に限られます（会社847条1項）。代表訴訟は会社の損害を回復する制度ですので，本来は会社が取締役に対し訴えを提起するはずのものです。そこで，代表訴訟の制度では，株主がいきなり訴えを提起することはできず，まず，会社に対して，書面をもって，会社が取締役の責任を追及する訴えの提起をするよう請求し，その請求のあった日から60日以内に会社が訴えを提起しない場合にはじめて株主が訴えを提起することができます（同条1項・3項）。ただし，例外としてこの期間の経過を待っていては会社に回復することのできない損害が生じるおそれのある場合には，株主は直ちに訴えを提起することができます（同条5項）。代表訴訟を提起する裁判所は，会社の本店の所在地の地方裁判所になり（会社848条），また，訴えの提起に際し，裁判所に納める手数料は，一律に1万3000円です（会社847条の4第1項，民訴費4条2項・3条1項）。代表訴訟を提起した株主は，必ず会社に対し訴訟の告知をしなければならず，また，会社及び訴えを提起した株主以外の株主も原則として訴訟に参加することができます（会社849条）。代表訴訟に勝訴した株主は，弁護士費用その他訴訟のため要した費用のうち相当とされる額の支払を会社に対して請求することができます（会社852条1項）。敗訴した株主は，悪意の場合，すなわち会社を害することを知って不適当な訴訟の追行をした場合には，会社に対して損害賠償の責任を負うことになります（同条2項）。

　新会社法では，持株会社形態等の企業グループにおいては，実際に事業活動を行う完全子会社の企業価値が，その完全親会社である持株会社等の企業価値に大きな影響を与えること等に鑑み，いわゆる多重代表訴訟の制度を新設し，一定の要件の下で，完全親会社の株主が，その完全子会社の取締役等に対し，特定責任追及の訴えを提起することができることとしています（会社847条の3）。

Q15 任務懈怠

取締役のどのような行為が任務懈怠に当たるか。この点は社外取締役と差があるか。

A 任務懈怠に当たる取締役の行為としては、主に、①法令・定款等への違反、②経営判断の誤り、及び③他の取締役・使用人の業務執行に対する監視・監督義務違反が挙げられ、この点は社外取締役と差はない。

もっとも、社外取締役は社内の情報を得る機会が限定されるため、任務懈怠の判断に当たってこの点が考慮されることはあり得ると考えられる。

解説

1　取締役は、任務を懈怠した場合、会社に対し、これによって生じた損害を賠償する責任を負う（会社423条1項）。

任務懈怠とは、善管注意義務（会社330条、民644条）・忠実義務（会社355条）の違反を指す。なお、忠実義務とは、善管注意義務を敷えんし、かつ一層明確にしたものにすぎないと解されている（最大判昭45・6・24民集24巻6号625頁）。

2　任務懈怠に当たる取締役の行為としては、主に、①法令・定款等への違反、②経営判断の誤り、及び③他の取締役・使用人の業務執行に対する監視・監督義務違反が挙げられる。

3　上記①は、取締役が法令・定款等を遵守する義務を負う（会社355条）ことに基づくものである。

例えば、会社法上、取締役は、(a)自己又は第三者のために会社の競業取引を行う場合、及び(b)自己又は第三者のために会社と利益相反取引を行う場合には、取締役会の事前承認を得た上でこれらの取引を行い、かつ、取引後取締役会に報告すること（取締役会非設置会社においては株主総会の事前承認を得ること）が必要とされているが（会社365条・356条1項）、かかる義務を懈怠した場合には法令違反として任務懈怠となる[17]。

また，会社法違反の場合だけでなく，一般の法令（独占禁止法，金商法その他会社が遵守すべき法令は全て含まれる。）違反の場合も妥当する（最二小判平12・7・7民集54巻6号1767頁［野村證券事件］）。

　なお，取締役は，法令違反を行うことについては裁量権を付与されていないため，たとえ会社に利益をもたらす行為であっても，かかる違反行為を行った場合には任務懈怠となる。

4　上記②の経営判断については，いわゆる「経営判断の原則（business judgment rule）」が適用される。すなわち，経営判断の前提となる事実認識の過程（情報収集とその分析・検討）に不合理な点がなく，かつ，事実認識に基づく意思決定の推論過程及び内容が著しく不合理なものでなければ，任務懈怠には当たらないとされている（東京地判平14・4・25判タ1098号84頁等）。これは，取締役の経営判断に過度な萎縮を生じさせないために，取締役の経営判断に広い裁量を認める趣旨である。

　また，上記の事実認識の過程の不合理性を判断するに当たっては，いわゆる「信頼の原則」の適用を認める裁判例もある（前掲東京地判平14・4・25等）。「信頼の原則」とは，当該業務を担当する他の取締役・使用人が行った情報収集・調査・検討等については，特にこれを疑うべき特段の事情がない限り，これを信頼しても不合理ではないとするものである。

5　上記③の監視・監督義務についても，「信頼の原則」が適用され，他の取締役・使用人の業務活動に問題のあることを知り，又は知ることができたなどの特段の事情がある場合に限り，これを看過した取締役に善管注意義務違反が認められる。

6　社外取締役に要求される善管注意義務の程度は社内取締役と異ならないとされており，以上の点については基本的に社外取締役についても妥当すると考えられる。

---

17) 過失責任が原則であるが，例外がある。利益相反取引に関与した取締役は任務を怠ったと推定される（会社423条3項。ただし，監査等委員会設定会社において，監査等委員でない取締役が当該取引につき監査等委員会の承認を受けた場合には当該推定規定は適用されない（同条4項）。）。また，自己のために会社と取引をした取締役は，無過失を立証しても責任を免れない（会社428条）。

もっとも，社外取締役は，社外者であり，かつ，業務執行者ではないため，社内取締役と比較すると社内の情報を得る機会が限定されるという特徴を有する。

　したがって，社外取締役の善管注意義務違反を判断するに当たってこの点が考慮されることはあり得ると考えられる。

Q16 取締役に対する責任免除と責任限定契約

取締役の責任が免除又は限定される場合として、どのようなものがあるか。社外取締役との間に差はあるか。

A 取締役の会社に対する損害賠償責任は、総株主の同意、株主総会決議又は定款の定めに基づく取締役会決議によって免除することができる。

上記に加え、業務執行取締役等以外の取締役については、あらかじめ会社との間で責任限定契約を締結しておくこともできる。

解 説

1　取締役の会社に対する損害賠償責任は、後述の一部免除及び責任限定契約を除き、総株主の同意がなければ免除することができない（会社424条）。総株主の同意に基づく免除は、責任の一部のみならず、その全部を対象とすることも可能である。違法配当等の資本充実責任は、債権者保護の観点から、株主が免除することはできないが、配当又は自己株式取得等行為時の分配可能額を限度とする免除ならば、総株主の同意によってすることができる（会社462条3項）。

2　上記に加え、取締役の会社に対する損害賠償責任は、取締役が職務を行うにつき善意でかつ重大な過失がないときは、株主総会の特別決議（ただし、最終完全親会社等がある場合において、当該責任が会社法847条の3第4項に規定する特定責任であるときにあっては、当該株式会社及び当該最終完全親会社等の株主総会の特別決議）によって、最低責任限度額（代表取締役は報酬6年分に相当する額、代表取締役以外の取締役で業務執行取締役等に該当する取締役は報酬4年分に相当する額、その他の取締役は報酬2年分に相当する額）を控除した残額を限度として、免除することができる（会社425条1項1号・309条2項8号、会社規113条・114条）。

3　さらに、監査役設置会社、監査等委員会設置会社又は指名委員会等設置会社では、あらかじめ定款に定めを置くことにより、上記2と同様の責任

の一部免除を，株主総会決議によるのではなく，取締役会決議（取締役会非設置会社においては取締役の過半数の同意。以下同じ。）によって行うことができる（会社426条1項）。ただし，総株主の議決権の100分の3（定款でこれを下回る割合を定めた場合はその割合）以上の議決権を有する株主が，1か月以上で会社が定めた期間内に異議を述べた場合には，取締役会決議による損害賠償責任の免除を行うことはできず（同条7項），別途前記2の株主総会決議による責任の一部免除を行わなければ，取締役はその任務懈怠により会社に生じた損害の全部を賠償しなければならないこととなる。

4　前記1～3の取締役に対する会社に対する責任の免除は，全ての取締役に適用されるものであるが，業務執行取締役等以外の取締役については，これらに加えて，あらかじめ会社との間で社外取締役の会社に対する損害賠償責任について，最大で，定款で定めた額の範囲内であらかじめ会社が定めた額と最低責任限度額とのいずれか高い額にまでこれを限定する契約（責任限定契約）を締結することができる（会社427条1項）。この責任限定契約を締結するには，当該会社の定款において，責任限定契約を業務執行取締役等以外の取締役と締結することができる旨の定めが必要となる。

5　なお，前記1～4の責任の免除又は限定はいずれも取締役の会社に対する損害賠償責任（会社423条1項）を対象とするものであり，取締役の第三者に対する責任（会社429条1項）まで免除又は限定するものでない。

Q17 取締役の賠償責任保険（D＆O保険）

取締役の責任について保険を付すことはできるか。

A 会社役員賠償責任保険（D＆O保険）により、取締役が職務につき行った行為に起因して損害賠償請求がなされたことにより被った損害を一定程度塡補することができる。塡補の具体的な内容については、保険契約に適用される普通保険約款と各種の特約によって決定される。

解説

1　会社役員賠償責任保険（D＆O保険）は、一般に、「会社役員賠償責任保険普通保険約款」（普通保険約款）による基本部分と、「会社補償担保特約条項」及び「株主代表訴訟担保特約条項」によって構成される。

2　これらのうち、普通保険約款は、被保険者となる取締役が職務につき行った行為に起因して保険期間中に被保険者に対して損害賠償請求がなされたことにより被保険者が被った損害のうち、法律上の損害賠償金及び争訟費用を塡補するものであるが、会社からなされた損害賠償請求、代表訴訟による損害賠償請求については、保険会社は免責される。

3　「会社補償担保特約」は、取締役が取締役としての業務として行った行為に起因して保険期間中に損害賠償請求がなされたことにより取締役が被った損害を、会社が取締役に対して補償した場合に、その補償により会社に発生した損失を塡補するものである。

4　「株主代表訴訟担保特約」は、代表訴訟等により被保険者である取締役が会社に対して損害賠償責任を負担することによって被る損害を塡補するものである。なお、本特約は代表訴訟等による場合のみを対象とするものであり、会社から損害賠償請求を受けた場合には前記2のとおり保険会社は免責されることになる。また、本特約が付されている場合であっても、法令違反を認識しながら行為した場合など一定の場合には、なお保険会社が免責されること（故意免責条項等）には注意を要する。

Q18 取締役の第三者に対する責任

会社法上，取締役はどのような場合に第三者に対し責任を負うか。この点は社外取締役と差があるか。

A 取締役は，その職務を行うについて悪意又は重大な過失があった場合に，第三者に対して責任を負う。

このほか，取締役は，書類等の虚偽記載・虚偽登記等に関し，注意を怠らなかったことを証明しない限り，責任を負う。

以上の点は社外取締役と差はない。

解 説

1 本来，取締役は会社に対し義務を負うにすぎないから，第三者に対しては，一般の不法行為責任（民709条）以外には，損害賠償責任を負わないはずである。

もっとも，会社法は，取締役がその職務を行うについて悪意又は重大な過失があったときに，当該取締役は，これによって第三者に生じた損害を賠償する責任を負うものとした（会社429条1項）。

一般に，会社法429条1項は，第三者保護を目的とする規定であると解されており，責任を負うべき「損害」は間接損害と直接損害の両方を含み，「悪意又は重大な過失」は会社に対する任務懈怠についてのもので足り，具体的な第三者に対する加害に関するものとしては必要としないと解されている（最大判昭44・11・26民集23巻11号2150頁［菊水工業事件］）。

なお，同項にいう「第三者」に，取締役の悪意・重過失による任務懈怠によって株式価値の下落という間接損害を被った株主が含まれるかには争いがあるが，多数説・裁判例はこれを否定し，株主の間接損害は代表訴訟により救済されるべきとする[18]。

---

18) 岩原紳作編『会社法コンメンタール9―機関(3)』382〜384頁〔吉原和志〕（商事法務，2014），東京高判平17・1・18金判1209号10頁［雪印食品損害賠償請求事件控訴審判決］。

2　上記に加えて，取締役が，①株式・社債等を引き受ける者の募集をする際に通知しなければならない重要な事項について虚偽の通知を行ったとき等，②計算書類・事業報告等に記載すべき重要な事項について虚偽の記載を行ったとき等，③虚偽の登記を行ったとき，④虚偽の公告を行ったとき(以下「虚偽記載等」という。)も，第三者に生じた損害を賠償する責任を負う(会社429条2項1号)。ただし，取締役が虚偽記載等をすることについて注意を怠らなかったことを証明したときは，この限りでないとされる(会社429条2項ただし書)。

　監査等委員会設置会社の監査等委員，及び指名委員会等設置会社の監査委員は，取締役であるが，監査報告書の虚偽記載について，監査役と同様の責任を負う(会社429条2項3号)。

　本項の責任については，株主も第三者又は個人としての資格における損害として賠償を請求できるものと解されている。

3　これらの取締役の第三者に対する損害賠償責任は，他の役員等と共に連帯債務として負担することになる(会社430条)。

4　以上の点については，社外取締役についても妥当する。

Q19 有価証券報告書等の不実記載と取締役の責任

> 有価証券報告書等の開示書類の重要事項に虚偽の記載又は記載の不足があった場合，取締役はどのような責任を負うか。この点は社外取締役と差があるか。

A 取締役は，虚偽の記載又は記載の不足に関し，相当な注意を用いたにもかかわらず，こうした不実記載を知ることができなかったことを証明しない限り，会社の有価証券取得者に対して連帯して責任を負う。

ここにいう「相当な注意」の内容が，個別具体的な事情により社内取締役と社外取締役とで異なることはあり得る。

解説

1　金商法は，上場会社に有価証券報告書・四半期報告書・臨時報告書・有価証券届出書といった開示書類（以下「有価証券報告書等」という。）の提出を義務付けている（金商24条・24条の4の7・24条の5等）。

2　そして，金商法24条の4は，有価証券報告書のうち，①重要な事項について虚偽の記載があり，又は，②記載すべき重要な事項若しくは誤解を生じさせないために必要な重要事実の記載が欠けている場合（以下①と②の場合を総称して「不実記載」という。），取締役は不実記載を知らずに有価証券を取得した者に対して損害賠償責任を負い（金商24条の4・22条1項・21条1項1号），この責任を免れるためには「相当な注意を用いた」にもかかわらず不実記載を知ることができなかったこと（以下「免責の抗弁」という。）を立証しなければならないとされる（金商24条の4・22条2項・21条2項1号）。

3　近時はかかる不実記載をめぐる取締役その他の役員等の責任が裁判例で争われるケースが増加しており，取締役の責任が肯定されたもの（すなわち，免責の抗弁が認められなかったもの）としてライブドア株式一般投資家集団訴訟控訴審判決（東京高判平23・11・30判時2152号116頁），否定されたもの（すなわち，免責の抗弁が認められたもの）としてアーバンコーポレイション役

員責任追及訴訟第一審判決（東京地判平24・6・22金法1968号87頁。ただし、取締役のうち、責任が否定されたのは取締役会に欠席した取締役のみであり、他の取締役については責任が肯定された。）、シニアコミュニケーション株主損害賠償請求訴訟判決（東京地判平25・2・22金法1976号113頁）などがある。

　裁判例の傾向として、免責の抗弁が認められるための「相当な注意」は高い水準のものが求められることが多く、取締役に限らず会社役員等の免責の抗弁が認められた裁判例はいまだ少ない。とりわけ、虚偽記載の原因行為（粉飾決算等）が継続的に行われていたケースにおいて、当該行為中の相当期間に在籍していた役員等の免責の抗弁が認められたケースは稀であり、この点において、一部の取締役について免責の抗弁が認められたシニアコミュニケーション株主損害賠償請求訴訟判決は注目に値する。

4　「相当な注意」の具体的な内容は、役員が会社において占めている地位、担当職務の内容、当時認識していた事実等に応じて個別に検討されるべきとされており、会社ごとの業務分担や問題となった不実記載の内容等といった個別事情により、当該事案において社外取締役に求められる「相当な注意」の具体的内容と社内取締役に求められるものとが異なることはあり得よう。

　いずれにせよ、上場会社の取締役においては、有価証券報告書等の不実記載に関する責任には十分に留意すべきである。

Q20 取締役に対する罰則

会社法上，取締役に対する罰則としてどのようなものがあるか。この点は社外取締役と差があるか。

A 取締役に対する罰則としては，刑罰と過料が規定されている。
　刑罰のうち特別背任罪の成否については，基本的には社外取締役と社内取締役とで差はないと思われるが，社外取締役は社内の情報を得る機会が限定されるため，この点が考慮されることはあり得ると考えられる。

解説

1　はじめに
会社法上，取締役に対する罰則としては，刑罰と過料が規定されている。

2　刑罰

(1)　概要

会社法上の刑罰は，主に，①会社財産の侵害に関する罪（特別背任罪（会社960条），会社財産を危うくする罪（会社963条），預合いの罪（会社965条）），②会社運営の健全性の侵害に関する罪（株式の超過発行の罪（会社966条），贈収賄罪（会社967条），株主等の権利の行使に関する贈収賄罪（会社968条）），③会社法上の義務違反に関する罪（業務停止命令違反の罪（会社973条），虚偽届出等の罪（会社974条））に大別される。このうち，実務上問題となりやすいのは，特別背任罪（会社960条）であろう。

(2)　特別背任罪

取締役は，自己若しくは第三者の利益を図り，又は会社に損害を加える目的で，任務違背行為をし，会社に財産上の損害を加えたときは，10年以下の懲役若しくは1000万円以下の罰金に処され，又はこれを併科される（会社960条1項3号）。特別背任罪は，刑法上の背任罪（刑247条）の加重類型であり，主体を除き，その構成要件も同一である。

取締役の行為が「任務違背行為」に該当するか否かは，取締役が善管注

意義務に違反したかという観点から，実質的に解釈される。また，「任務違背行為」の該当性の判断に当たっては，いわゆる「経営判断の原則」の適用があると解されている（最三小決平21・11・9刑集63巻9号1117頁）。

社外取締役に要求される善管注意義務の程度は，社内取締役と異ならないとされているため，「任務違背行為」の該当性の判断も，基本的には社外取締役と社内取締役とで異ならないと思われる。もっとも，社外取締役は社内の情報を得る機会が限定されているため，「任務違背行為」の該当性の判断に当たってこの点が考慮されることはあり得よう。

3 過 料

過料とは，金銭を徴収する制裁であるが，刑罰ではなく行政制裁である。

会社法上の過料は，事業報告や計算書類等の不記載・虚偽記載（会社976条7号），株主総会における説明義務違反（同条9号）等，会社法上の一定の義務違反について規定されている。

もっとも，登記義務違反（同条1号）や公告・通知義務違反（同条2号）のように，義務の主体が代表取締役に限定されているものについては，代表取締役以外の取締役は過料の対象とはならない。

4 社外取締役の金融商品取引法上の責任

Q21 有価証券届出書の提出に関する留意点

> 株式会社が有価証券届出書を提出する場合，社外取締役としてどのような点に留意すべきか。

A 提出される有価証券届出書に，①重要な事項について虚偽の記載がないこと，②記載すべき重要な事項が欠けていないこと，及び③誤解を生じさせないために必要な重要な事実の記載が欠けていないことを確認する必要がある。

解説

1 金融商品取引法上の役員の賠償責任

(1) 損害賠償責任の性質

有価証券届出書のうちに重要な事項について虚偽の記載があり，又は記載すべき重要な事項若しくは誤解を生じさせないために必要な重要な事実の記載が欠けているときは，当該有価証券届出書を提出した会社のその提出の時における役員は，当該有価証券を募集又は売出しに応じて取得した者に対し，記載が虚偽であり又は欠けていることにより生じた損害を賠償する責めに任ずる（金商21条1項1号）。本条の役員には取締役も含まれるため（同条1項1号括弧書），虚偽記載等のある有価証券届出書を提出した会社の社外取締役も損害賠償責任を負うこととなる。留意しなければならないのは，本条の場合には，後述する課徴金が賦課される場合（金商172条の2）と異なり，虚偽記載等には「誤解を生じさせないために必要な重要な事実の記載が欠けているとき」も含まれる。本条の損害賠償責任は，金商法21条2項により，証明責任の転換された過失責任となる[19]。

---

19) 近藤光男ほか『金融商品取引法入門〔第3版〕』194～195頁（商事法務，2013）。

(2) 「相当な注意」の意義

　有価証券届出書の提出会社の役員が，記載が虚偽であり又は欠けていることを知らず，かつ，相当な注意を用いたにもかかわらず知ることができなかったことを証明したときは，当該役員は金商法21条1項本文に係る賠償責任を負わない（金商21条2項1号）。本条において，どの程度の注意を果たせば免責されるのかは，各役員の職務内容や地位に応じて異なると解されている[20]。なお，①相当な注意を用いなかった場合は，たとえ相当な注意を用いても知ることができなかったであろうことを立証しても免責されないこと，また，②記載が虚偽等であることを知っていれば，虚偽等の記載を避けるために相当な注意を用いたとしても免責されないことに留意すべきである。

　ところで，有価証券届出書を提出する前に，取締役会において，有価証券届出書の内容そのものや当該内容の前提となる事項について審議されるものと思われる[21]。社外取締役の場合には，有価証券届出書の記載事項の正確性を確かめるために，取締役会において適切な質問を行う必要がある[22]。そして，虚偽記載等の存在がうかがわれるなどの特別の事情があれば，調査の義務が生じると解されている[23]。なお，財務担当取締役に対して，一般的に有価証券届出書の記載の正確性について質問をし，その記載が正確である旨の返答を得ただけでは，相当な注意を用いたことにならないと解されていることに留意しなければならない[24]。

　社外取締役は，有価証券届出書の記載事項の基となった原資料を常時確認することは困難である。そこで，内部統制報告書との関係が問題となる。

---

20) 近藤ほか・前掲注19）195頁。また，東京地判平21・5・21判時2047号36頁参照。
21) 有価証券届出書と目論見書の内容は取締役会の審議事項とされるべきであるという見解として，岸田雅雄監修『注釈金融商品取引法　第1巻』283頁注40〔加藤貴仁〕（金融財政事情研究会，2011）。
22) 財務諸表に対する注意義務について，河本一郎「証券取引法の基本問題―民事責任を中心として―」神戸法学雑誌21巻3・4号245頁（1972）。
23) 岸田・前掲注21) 273頁〔加藤貴仁〕。
24) 神崎克郎ほか『金融商品取引法』553頁（青林書院，2012）。

具体的には,財務報告に係る内部統制は有効である旨の評価がなされた内部統制報告書に対して,無限定適正意見が付された監査証明がある場合に,社外取締役は相当な注意を尽くしたことになるのか,という問題である。この点に関しては,内部統制システムの存在を無視する行動や,内部統制システムの機能を阻害する行動という特段の事情がなく,かつ,取締役会において有価証券届出書の内容について十分に審議していれば,当該社外取締役は,一応,相当な注意を尽くしたと評価されると解されている[25]。

2　代表訴訟との関連性

有価証券届出書のうちに,重要な事項について虚偽の記載があり,又は記載すべき重要な事項若しくは誤解を生じさせないために必要な重要な事実の記載が欠けているときは,当該有価証券届出書の届出者は,有価証券を募集又は売出しに応じて取得した者に対し,損害賠償責任を負う(金商18条本文)。本条の損害賠償額は法定されている(金商19条)。また,重要な事項につき虚偽の記載があり,又は記載すべき重要な事項の記載が欠けている発行開示書類を提出した発行者が,当該発行開示書類に基づく募集又は売出し(当該発行者が所有する有価証券の売出しに限る。)により有価証券を取得させ,又は売り付けたときは,内閣総理大臣は,当該発行者に対し,法定の課徴金を国庫に納付することを命じなければならない(金商172条の2)。

虚偽記載等のある有価証券届出書を提出した株式会社が行う①有価証券の取得者に対する損害賠償や②国に対する課徴金の納付は,当該株式会社に金銭的支出を発生させる。そのため,会社法の視点においては,これらの金銭的支出を当該株式会社の「損害」(会社423条1項)として把握することも可能である。このことから,当該株主が,取締役の任務懈怠により,上記「損害」が発生したと考えれば,代表訴訟の対象となり得る(会社847条)。虚偽記載のある届出書の届出者等の賠償責任における虚偽記載等の概念には「誤解を生じさせないために必要な重要な事実の記載が欠けている」ことが含まれるが,虚偽記載のある発行開示書類を提出した発行者等に対する課徴金納付命令における虚偽記載等の概念にはこれは含まれない。このような概念上

---

[25] 岸田・前掲注21) 274頁〔加藤貴仁〕。

の差異はあるが，代表訴訟のリスクを低減するためには，提出される有価証券届出書に，①重要な事項について虚偽の記載がないこと，②記載すべき重要な事項が欠けていないこと，及び③誤解を生じさせないために必要な重要な事実の記載が欠けていないことを，金商法21条2項1号と同様に，相当な注意を尽くして確認する必要がある[26]。

---

26) 本条の相当な注意を尽くすことは，取締役を名宛人とする法令上の義務を履行することになるため，相当な注意を尽くして確認することにより，任務懈怠（会社423条1項）は生じないと解される。なお，監査等委員会設置会社の監査等委員や指名委員会等設置会社の監査委員となる社外取締役が監査報告を作成する場合には，第三者に対する損害賠償責任の問題も生じる可能性がある（会社429条2項3号）。この問題については，**Q96**（有価証券届出書等の提出に関する留意点）を参照。

Q22 有価証券報告書等の提出に関する留意点

株式会社が有価証券報告書や四半期報告書を提出する場合、社外取締役としてどのような点に留意すべきか。

A 提出される有価証券報告書や四半期報告書に、①重要な事項について虚偽の記載がないこと、②記載すべき重要な事項が欠けていないこと、及び③誤解を生じさせないために必要な重要な事実の記載が欠けていないことを確認する必要がある。

解説

1 金融商品取引法上の役員の賠償責任

(1) 損害賠償責任の性質

金商法24条の4は、有価証券報告書のうちに重要な事項について虚偽の記載があり、又は記載すべき重要な事項若しくは誤解を生じさせないために必要な重要な事実の記載が欠けている場合について、金商法22条を準用している[27]。また、金商法24条の4の7第4項は、四半期報告書等のうちに重要な事項について虚偽の記載があり、又は記載すべき重要な事項若しくは誤解を生じさせないために必要な重要な事実の記載が欠けている場合について、金商法22条を準用している。「役員等」(金商22条)には、取締役も含まれる。そのため、虚偽記載等のある有価証券報告書や四半期報告書を提出した会社の社外取締役も損害賠償責任を負うこととなる。

金商法22条1項は、有価証券届出書に虚偽記載等がある場合において、有価証券の募集又は売出しによらないで当該有価証券を取得した者の損害賠償請求権を定めた規定である。本条2項は、金商法21条2項1号及び2

---

[27] 東京地判平19・10・1判タ1263号331頁は、金商法(証取法)24条の4の「重要な事項」とは「虚偽の記載がされていることによって、株価に影響を与え投資者に損害を与える蓋然性のある事項」と解した上で、大株主の状況について、「重要な事項」に該当すると判示している。

号を準用している。そのため，金商法22条の法的性質は，金商法21条と同様に，証明責任を転換された過失責任である[28]。このことから，金商法22条を準用する金商法24条の4（虚偽記載等のある有価証券報告書に係る損害賠償責任）及び金商法24条の4の7第4項（虚偽記載等のある四半期報告書に係る損害賠償責任）の法的性質も，証明責任を転換された過失責任となる。

(2) 「相当な注意」の意義

　有価証券報告書や四半期報告書の提出会社の役員が，記載が虚偽であり又は欠けていることを知らず，かつ，相当な注意を用いたにもかかわらず知ることができなかったことを証明したときは，当該役員は本条1項本文に係る賠償責任を負わない（金商21条2項1号・22条2項・24条の4・24条の4の7第4項）。金商法22条が定める「相当な注意」は，前述（Q21（有価証券届出書の提出に関する留意点））の21条が定める「相当な注意」と同様に解されている[29]。金商法21条の場合と同様に，どの程度の注意を果たせば免責されるのかは，各役員の職務内容や地位に応じて異なると解される。なお，①相当な注意を用いなかった場合は，たとえ相当な注意を用いても知ることができなかったであろうことを立証しても免責されないこと，また，②記載が虚偽等であることを知っていれば，虚偽等の記載を避けるために相当な注意を用いたとしても免責されないことに留意すべきである。

　ところで，有価証券報告書や四半期報告書の提出に取締役会の決議は要しないと解する見解が有力である[30]。この見解は，①有価証券報告書の内容は計算書類や事業報告など（会社436条・444条）の内容とほぼ同一であり，これら書類等とは別に，有価証券報告書の内容について取締役会の承認を得る必要ないと考えられていること[31]，②四半期報告書に記載される四半期連結財務諸表については公認会計士又は監査法人の監査証明が必

28）神崎ほか・前掲注24）553頁参照。
29）岸田・前掲注21）320頁〔加藤貴仁〕参照。
30）東京弁護士会会社法部編『新・取締役会ガイドライン』203頁（商事法務，2011）。これに対して，有価証券報告書について，取締役会に付議すべきとする見解もある（岩原紳作ほか『金融商品取引法セミナー——開示制度・不公正取引・業規制編』254頁（神田秀樹発言）（有斐閣，2011））。

要であり（金商193条の2），四半期レビュー報告書が作成されており（監査証明府令3条），有価証券報告書との均衡を考慮すべきことを理由としている[32]。この見解によれば，有価証券報告書や四半期報告書の提出に際して，これらの書類そのものが，取締役会において審議されることはない。この点が，有価証券届出書と異なることになる。仮に，取締役会において，有価証券報告書や四半期報告書そのものが審議されないとしても，その内容を構成する計算書類や事業報告を取締役会で審議・承認する際に，記載事項の正確性を確かめるために，取締役会において適確な質問を行う必要がある。そして，虚偽記載等の存在がうかがわれるなどの特別の事情があれば，調査の義務が生じると解される。

　また，金商法22条の「相当な注意」に関しても，内部統制システムへの信頼をどのように評価するのか，という問題がある。内部統制システムの存在を無視する行動や，内部統制システムの機能を阻害する行動という特段の事情がなく，かつ，取締役会において有価証券届出書の内容について十分に審議していれば，当該社外取締役は，一応，相当な注意を尽くしたと評価されると解されている[33]。そうであれば，社外取締役は，内部統制システムの存在を無視する行動や，内部統制システムの機能を阻害する行動という特段の事情がなく，かつ，取締役会において有価証券報告書や四半期報告書を構成する各書類の内容について十分に審議していれば，内部統制報告書や四半期レビュー報告書の監査証明を信頼することができると解される。

2　代表訴訟との関連性

有価証券報告書や四半期報告書のうちに，重要な事項について虚偽の記載があり，又は記載すべき重要な事項若しくは誤解を生じさせないために必要な重要な事実の記載が欠けているときは，当該有価証券報告書・四半期報告

---

31) 会計監査人設置会社の場合には，計算書類及びその附属明細書は会計監査人及び監査役の監査を受け（会社436条2項1号），取締役会の承認（会社436条3項）を得るのが原則となる。
32) 東京弁護士会会社法部・前掲注30) 203〜204頁。
33) 岸田・前掲注21) 321頁〔加藤貴仁〕。

書の提出者は，公衆の縦覧に供されている間に有価証券を募集又は売出しによらないで取得した者に対し，損害賠償責任を負う（金商21条の2第1項本文）[34]。また，発行者が，重要な事項につき虚偽の記載があり，又は記載すべき重要な事項の記載が欠けている有価証券報告書や四半期報告書を提出したときは，内閣総理大臣は，法定の課徴金を国庫に納付することを命じなければならない（有価証券報告書について金商172条の4第1項，四半期報告書について金商172条の4第2項）。

虚偽記載等のある有価証券届出書を提出した場合と同様に，虚偽記載等のある有価証券報告書や四半期報告書を提出した株式会社が行う①有価証券の取得者に対する損害賠償や②国に対する課徴金の納付は，当該株式会社に金銭的支出を発生させる。そのため，会社法の視点においては，これらの金銭的支出を当該株式会社の「損害」（会社423条1項）として把握することも可能である。このことから，当該株主が，取締役の任務懈怠により，上記「損害」が発生したと考えれば，代表訴訟の対象となり得る（会社847条）。虚偽記載等のある書類の提出者の損害賠償責任（金商21条の2）における虚偽記載等の概念には「誤解を生じさせないために必要な重要な事実の記載が欠けている」ことが含まれるが，虚偽記載のある有価証券報告書等を提出した発行者等に対する課徴金納付命令（金商172条の4）における虚偽記載等の概念にはこれは含まれないという差異はあるが，代表訴訟のリスクを低減するためには，提出される有価証券報告書や四半期報告書に，①重要な事項について虚偽の記載がないこと，②記載すべき重要な事項が欠けていないこと，及び③誤解を生じさせないために必要な重要な事実の記載が欠けていないことを，相当な注意を尽くして確認する必要がある[35]。

---

[34] 平成26年改正法により，本条の責任の性質は，証明責任が転換された過失責任となった（平成26年改正金商21条の2第2項）。

[35] なお，監査等委員会設置会社の監査等委員や指名委員会等設置会社の監査委員となる社外取締役が監査報告を作成する場合には，第三者に対する損害賠償責任の問題も生じる可能性がある（会社429条2項3号）。この問題については，**Q96**（有価証券届出書等の提出に関する留意点）を参照。

5 報　酬

Q23 取締役（監査等委員会設置会社及び指名委員会等設置会社以外）の報酬の決定方法

取締役の報酬はどのように決められるか。社外取締役と差があるか。

A 定款の定め又は株主総会の決議に基づき決められるが、通常は定款に定めがなく株主総会の決議に基づき決められる。株主総会の決議をもっては報酬枠（限度額）のみが決められ、具体的な配分については、業務執行の決定権限を有する取締役会において決定することが通常である。社外取締役と社内取締役において報酬の決定方法につき差はない。

解　説

　取締役の報酬について、株主総会により定めるべき事項は、報酬の種類により異なり、金銭報酬につき額が確定しているものについてはその額を、額が確定していないものについては額の算定方法を、非金銭報酬につき額が確定しているものについてはその額及び内容を、額が確定していないものについては額の算定方法及びその内容を定めることになる（会社361条1項）。

　このうち、額が確定していないものについては、その算定方法を定める点において株主において明確であるところ、額が確定しているものについては、本来であれば、個人別の支給金額を確定的に定めることが株主への情報開示の観点からは望ましい。もっとも、実務上は、取締役全体の報酬の限度額を定め、具体的な配分を定めないことが多く、このように、株主総会の決議をもって限度額を定め、その範囲内での配分を取締役（会）の決定に一任することは、判例上も許容されている（最三小判昭60・3・26判時1159号150頁）。取締役会決議で配分を社長等に一任することもできる。配分を一任された社長等は、配分の結果を取締役会に報告する。

　会社法上、社外取締役か否かによって、取締役の報酬の決定方法につき差

を設けるような規定は存せず，社内取締役と同一の方法により決定されることとなる。法的な問題とは別個に，社外取締役の報酬を社内取締役より低くすべきかという点や，業績連動報酬の採用の是非については議論があるところであり，この点についてはQ25（社外取締役の報酬額）・Q26（社外取締役と業績連動報酬等）を参照されたい。

Q24 監査等委員会設置会社及び指名委員会等設置会社における取締役の報酬の決定方法

監査等委員会設置会社及び指名委員会等設置会社における取締役の報酬はそれぞれどのように決められるか。

A 監査等委員会設置会社においては，定款の定め又は株主総会の決議に基づき決められ，監査等委員とその他取締役の報酬は区別して定めなければならない。指名委員会等設置会社においては，報酬委員会によって取締役の個人別の報酬内容が決められる。

解説

1 監査等委員会設置会社について

監査等委員会設置会社の必置機関である監査等委員会は，過半数を社外取締役とした3名以上の監査等委員である取締役から構成されるところ（会社331条3項・6項），取締役の報酬は，監査等委員である取締役とその他取締役とにかかわらず，定款の定め又は株主総会の決議に基づき決められる（会社361条1項）。

もっとも，監査等委員である取締役とその他取締役の報酬は区別して定めなければならない（同条1項・2項）。これは，社外取締役等による株式会社の経営に対する監査等の強化並びに株式会社及びその属する企業集団の運営の一層の適正化という観点から，監査等委員である取締役の独立性を確保するためである。

また，監査等委員である取締役は，その報酬等に関する意見を，監査等委員会が選定する監査等委員は，監査等委員である取締役以外の取締役の報酬等に関する監査等委員会の意見を，それぞれ株主総会において，述べることができる（同条5項・6項）。これも監査等委員である取締役の独立性確保という趣旨に基づき，報酬に関して意見陳述という形で一定の権利が付与されたものである。

2　指名委員会等設置会社について

　指名委員会等設置会社においては，過半数を社外取締役とした3名以上の取締役から構成される報酬委員会（会社400条）によって，取締役の報酬が決められる（会社404条3項）。

　指名委員会等設置会社ではない株式会社においては，実務上，株主総会において取締役全体の報酬の限度額を定め，具体的な配分を定めないことが多いものの，指名委員会等設置会社においては，「個人別」の報酬内容を報酬委員会にて決定することが求められている（同条項）。

　指名委員会等設置会社においては，報酬委員会は，個人別の報酬の内容を決定するに当たり，まずその方針を定めなければならず，具体的な報酬決定は当該方針に従うことが必要とされる（会社409条1項・2項）。

　各報酬委員は，自己の報酬を決める決議については，特別の利害関係を有する委員として，その議決に加わることができない（会社412条2項）。

　なお，会社法上，社外取締役か否かによって，取締役の報酬の決定方法につき差を設けるような規定は存せず，社内取締役と同一の方法により決定されることとなる。

Q25 社外取締役の報酬額

社外取締役の報酬は社内取締役より低額とする必要があるか。

A 必ずしも低額とする必要はなく，会社の個別事情に応じて決定すべきである。

解　説

　会社法上，社外取締役の報酬について特段の規定は存せず，社外取締役の報酬を社内取締役の報酬より低額とすべきことを根拠付ける規定も存しない（Q23（取締役（監査等委員会設置会社及び指名委員会等設置会社以外）の報酬の決定方法）・Q24（監査等委員会設置会社及び指名委員会等設置会社における取締役の報酬の決定方法））。社外取締役の独立性という観点からは，過度に高額の報酬を受領する社外取締役については，会社への経済的依存性が高まり，社外取締役の独立性を阻害する要因となるとの指摘もあり[36]，社外取締役の独立性という観点からは，その経済的独立性を確保することもその一要素であり，一考に値するものと思われる。また，社外取締役は，会社に常勤するものではなく，取締役会に出席することが主な職務となることから，社外取締役の職務執行の対価は，社内取締役より低い額が相当するとの議論もあり得るところである。

　もっとも，社外取締役は独立の立場から経営全般を監視する立場にあり，また，社外取締役の職務執行の対価は，会社資料を精査するに必要な時間，取締役会の準備に費やす時間等の客観的な負担や，取締役という責任の重い職務に対する精神的な負担をも考慮したものと考えられ，取締役会出席分に相当する額であると単純に評価することはできない。さらに，社外取締役の報酬が高額であったとしても，他社の社外取締役を兼任するなど，その経済基盤が安定している者に対しては，会社への経済的依存性が高まるものではなく，必ずしも社外取締役の独立性を阻害するものとはいえない。したがっ

---

[36] 吉森賢『企業統治と企業倫理』158頁（放送大学教育振興会，2007）。

て，社外取締役の報酬額が社内取締役の報酬額と比較して低額であることが必ずしも相当であるとはいえず，社外取締役の報酬は，各会社の個別事情に応じて決定すべきである。

　なお，平成24年12月26日から平成25年4月に上場企業22社に対して実施された社外取締役の報酬金額の実態調査によれば，監査役設置会社の平均は1290万円，指名委員会等設置会社の平均が1275万円であり，連結売上高の大きな会社は報酬も高い傾向にあった[37]。

---

37) 酒井功「社外取締役の役割を踏まえた取締役会の運営実態に関する調査」商事2032号45頁（2014）。

Q26 社外取締役と業績連動報酬等

社外取締役の報酬を業績連動報酬とすることはできるか。

A 業績連動報酬とすることはできるが，社外取締役の役割等に鑑みれば固定報酬が相当と思われる。

解説

会社法上，社外取締役の報酬について特段の規定は存せず，社外取締役の報酬を業績連動報酬とすることは可能である（Q23（取締役（監査等委員会設置会社及び指名委員会等設置会社以外）の報酬の決定方法））。

もっとも，社外取締役は，企業価値を最大化し，かつ企業不祥事等による企業価値の毀損を避けるため，内部統制を含めたガバナンスや法令遵守等経営全般のモニタリングを行い，業務執行に関与しない範囲でアドバイスを行うことが期待され[38]，会社からの独立性が求められているのであって，このような社外取締役の独立性という観点からは，社外取締役の報酬の決定方法については，会社の業績向上に対して強いインセンティブを有し会社の業績向上に腐心するあまり，内部統制を含めたガバナンスや法令遵守を軽視して経営陣に迎合する（構造上の）リスクを排すべきである。

そのため，社外取締役の独立性という観点からは，社外取締役の報酬の決定方法については，一次的短期的な会社の業績向上に腐心することなく，内部統制を含めたガバナンスや法令遵守に注力し，長期的な企業価値の維持，向上にインセンティブを有する構造とすべきである。

したがって，社外取締役の報酬を業績連動報酬とすることは可能ではあるものの，その果たすべき役割に鑑みれば，業績との連動性を抑制することがむしろ望ましいものと思われる。

なお，平成24年12月26日から平成25年4月に大手上場企業22社に対して実施された社外取締役の報酬の内訳の実態調査によれば，「定額報酬のみ」と

---
[38] 社外取締役ガイドライン第1，1(1)。

いう会社が14社で全体の63.3％を占め，社外取締役に「業績連動賞与」，「ストック・オプション」を支給しているとの回答は少数にとどまった。また，「業績連動部分の占める比率も執行役に比べると低くしている」（指名委員会等設置会社），「ストック・オプションは投資家からの反対意見もあり廃止した」（指名委員会等設置会社）という回答もあり，大手上場企業においては，「定額報酬のみ」を支給する方向に収れんしつつある[39]。

---

39) 酒井・前掲注37) 45頁。

Q27 社外取締役の退職慰労金

取締役の退職慰労金はどのように決められるか。社外取締役と差があるか。

A 定款の定め又は株主総会の決議に基づき決められるが、通常は定款に定めがなく株主総会の決議に基づき決められる。なお、社外取締役と社内取締役において退職慰労金の決定方法につき差はない。

解説

取締役の退職慰労金は、退任後に支給されるという点において通常の役員報酬と異なる側面を有するものの、在任中の職務執行の対価としての性質が認められるのであれば、「報酬」（会社361条）に該当するものとして整理され、報酬と同様に決められることとなる。

もっとも、報酬については、実務上、株主総会の決議をもって取締役全体の報酬の限度額を定め、その範囲内での配分を取締役（会）の決定に一任することが通常であるが、退職慰労金については、実務上、株主総会の決議をもって取締役全体の退職慰労金の限度額すら定めず、一定の支給基準[40]に従って具体的な金額及び支給方法を決めるよう取締役会に一任する旨の決議を行うことが通常である。このような決議は、判例上も、①当該会社の慣行及び内規によって一定の支給基準が確立されていること、②当該支給基準が株主にも推知し得べきものであること、並びに③株主総会の決議が、明示又は黙示的に当該支給基準の範囲内において相当な金額を支給すべきものとすること、のいずれの要件をも満たすことを前提として、適法なものであると考えられている（最二小判昭48・11・26判時722号94頁［関西電力事件］）。

また、株主が支給基準を知り得る状態になっていれば、取締役会がさらに社長等に一任することも可能である（最三小判昭58・2・22判時1076号140頁［味

---

[40] 支給基準（内規）は、役職・在籍年数・最終報酬月額から算出した金額に、一定割合内の功労加算金を加えるのが一般的である。

の素事件])。

　なお,会社法上,社外取締役か否かによって,取締役の退職慰労金の決定方法につき差を設けるような規定は存せず,社内取締役と同一の方法により決定されることとなる。

6 社外取締役の具体的活動の指針
(1) 就任時に留意すべき事項

Q28 社外取締役就任時の留意点

> 社外取締役への就任を検討するに際しては，どのような点に留意すべきか。

A 社外取締役への就任を要請された場合には，まず，当該会社との利害関係等を確認した上，自己の能力や経験等に照らし職務を果たすことができるか，社外取締役が負担する法的責任の内容等を慎重に検討の上，就任の可否を判断すべきである。

解説

1 利害関係等の確認
(1) 確認内容

社外取締役への就任を検討するに際しては，まず，当該会社との利害関係を確認し，自らの職務を適切に果たすことができる状況にあるのか確認する必要がある。

例えば，社外取締役の就任を要請されるような者は，本業を有しており別の会社の役員となっていることが多いと思われるが，そのような場合，就任を承諾すると出身会社と就任先の会社において役員を兼任することになるといった事態が生じる。自らが代表取締役を務める出身会社と競業関係にある会社や，当該出身会社と取引関係のある会社の社外取締役に就任しようとする場合には，競業取引（会社356条1項1号・365条1項）や自己取引（会社356条1項2号・365条1項）等の問題が生じ，就任する会社等で取締役会の承認を得る必要も出てくるし，それだけでなく一方の会社で入手した秘密情報との間で板挟みになり，相反する善管注意義務を負うといった事態も生じる可能性もある。結果として出身会社，就任先の双方の会社に

とって不利益となる可能性を秘めているので，そのような問題を生じさせることがないか確認する必要がある。

　さらに，東証は，「上場管理等に関するガイドライン」において，東証が一般株主と利益相反の生じるおそれがあると判断する場合の判断要素（独立性基準）を規定しており，独立性基準に抵触する場合には，独立役員として届け出ることができないので留意が必要である（Q4（独立役員制度））。例えば，当該会社の親会社や兄弟会社の業務執行者である場合，当該会社を主要な取引先とする者又はその業務執行者である場合は，独立性の基準を満たさないとされているから（上場管理等に関するガイドラインⅢ5(3)の2），社外役員の就任とともに独立役員の届出が検討されている場合には留意が必要である。

　以上より，社外取締役への就任を要請された場合には，出身会社と競業する取引はないか，重要な取引先となっていないか，資本関係はどうかなどの利害関係の有無を確認する必要がある。

(2)　確認方法

　利害関係等の確認の方法としては，出身会社を通じて情報収集をするほか，会社法上の開示書類（計算書類，事業報告等），金商法上の開示書類（有価証券報告書等），ホームページ，EDINET，適時開示情報閲覧サービス等の公開情報により確認することなどが考えられる。具体的には，会社の事業内容，グループ会社の概要，財務状態，主要な株主の状況，内部統制システムの整備・運用状況，過去の違法行為や法令違反等の事実の有無，業界内での風評等について自ら情報を収集し，社外取締役に就任した場合に重大なリスク要因となり得る事実の有無をあらかじめ調査しておくべきである。

　とりわけ，就任先の会社との間で固有の利害関係を有する場合には，独立性に疑義が生じ，そもそも取締役としての選任議案が否決されることにもなりかねないので，就任を検討する会社の業況は十分に把握しておくことが必要である。

2　職責を果たすことができるかについての自己確認

　社外取締役に就任することによる負担は，常勤であるか非常勤であるか，各就任先の会社における役員の人数及びその構成，自己が当該会社から特に期待されている役割が何か，といった個別の事情によって異なるが，非常勤の社外取締役の場合であっても，株主総会，取締役会への出席に加え，取締役会で議論される問題の事前検討や，監査役，監査役会等との情報交換等，相応の負担を強いられることになる。そのため，適切に業務をこなしていくことが現実的に可能かという点を，自己の知識や経験に照らし，職責を果たすことができるのかについて自己確認をすることが必要である。

　非常勤であれば，他に本業があるため，まずは，本業との兼ね合いで，社外取締役としての業務に従事する時間の確保が可能か，という点を検討する必要がある。

　また，社外取締役には，会社の外部の視点を取り入れて独立した公正な立場から取締役の業務執行を監督することが期待されているが，時には経営陣と対峙して株主の利益を守らなければならない場面も生じ得るところであるから，率直に疑問を呈し，議論を行い，提案を行うことができるかといった点が重要であり，そのようなことができない関係にあるのであれば就任をすべきではないと考えられる。とりわけ，社内に知り合い等がいる場合には，経営者の人柄等，関係者以外が知り得ない貴重な情報を得られる可能性があるため，是非とも話を聞いておくべきである。

3　社外取締役が負担する法的責任の内容等

　さらにQ15（任務懈怠）等で述べたように，社外取締役は，会社に不祥事等が発生した場合には，代表訴訟等を通じて損害賠償責任を負担する可能性がある。そのため，会社に対し，責任限定契約（その詳細はQ16（取締役に対する責任免除と責任限定契約）参照）の締結やＤ＆Ｏ保険に係る保険料負担をあらかじめ求めていくことが考えられる。特に，会社が過去に多くの不祥事を起こしている場合等，リスクレベルの高い会社である場合には，責任限定契約を締結しておく必要性が高く，また，あらかじめそれを会社に要求することも合理的であるといえる。この点，予定されている報酬額がそのような責任

やリスクレベルに合致しているかという待遇面の考慮も就任を検討するに当たっては必要である。

　なお，会社によっては，社外性の観点，インサイダー取引防止の観点から自社株保有についてのルール，自社株売買ルールを定めている場合がある。上場会社の社外取締役の株式売買に関する法的な規制としては，インサイダー取引規制，金商法上の規制などがあるが（その詳細は**Q42**（株式会社や社外取締役による株式取引），**Q43**（自己株式の取得と社外取締役）参照），社外取締役の就任に当たっては，会社の独自のルールについても提示を求め確認すべきである。

Q29 弁護士等が社外取締役に就任する場合の留意点

弁護士や公認会計士が社外取締役に就任する場合，どのような点に留意すべきか。

A 弁護士が社外取締役へ就任する場合には，弁護士法や弁護士職務基本規程等の適用があることに留意すべきである。とりわけ，弁護士職務基本規程の組織内弁護士に関する規律に服することになるので留意が必要である。

また，公認会計士が社外取締役に就任する場合も，同様に公認会計士法や倫理規則等の適用があるので留意が必要である。

解説

1 弁護士が社外取締役に就任する場合

(1) まず，弁護士が社外取締役に就任する場合，それが弁護士としての職務であるか否かを問わず，弁護士法や弁護士職務基本規程の適用があることに留意が必要である。

例えば，弁護士法56条1項は，「弁護士及び弁護士法人は，この法律又は所属弁護士会若しくは日本弁護士連合会の会則に違反し，所属弁護士会の秩序又は信用を害し，その他職務の内外を問わずその品位を失うべき非行があったときは，懲戒を受ける。」と規定しており，弁護士法，弁護士職務基本規程等に違反する行為がないよう留意すべきである。

(2) とりわけ，弁護士職務基本規程50条では，「官公署又は公私の団体（弁護士法人を除く。以下これらを合わせて「組織」という。）において職員若しくは使用人となり，又は取締役，理事その他の役員となっている弁護士」を「組織内弁護士」と定義付けているから，社外「取締役」に就任した弁護士は，この「組織内弁護士」に関する規律に服することになるので留意が必要である。

具体的には，弁護士の使命及び弁護士の本質である自由と独立を自覚し，良心に従って自由に行動すること（弁護士職務基本規程50条），その担

当する職務に関し，違法行為があった場合には，取締役会等に対する説明又は勧告を行う等適切な措置をとること（弁護士職務基本規程51条）が求められているので，該当し得る規定について確認をしておくこと等の留意が必要である。

2　公認会計士が社外取締役に就任する場合

(1)　公認会計士が社外取締役に就任する場合にも，弁護士同様に，公認会計士法や日本公認会計士協会等が定める諸規則に違反しないことに留意が必要である。

　　例えば，公認会計士法26条1項は「公認会計士は，公認会計士の信用を傷つけ，又は公認会計士全体の不名誉となるような行為をしてはならない。」としており，同法31条1項では，公認会計士法違反については懲戒事由に該当することも明らかにしているから，かかる信用失墜行為も懲戒処分の対象となることを理解しておくべきである。

　　そして，日本公認会計士協会は，その職責を果たすために遵守すべき倫理の規範として，倫理規則を定めており，この倫理規則に違反する行為を行った場合には，信用失墜行為に該当すると解される。

　　したがって，弁護士同様に倫理規則等の違反があった場合には信用失墜行為として懲戒の対象になる可能性があることに留意すべきである。

(2)　とりわけ，倫理規則の第3章は，「企業等所属の会員を対象とする規則」であり，企業等所属の会員には，「取締役等の役員」も含まれるとされているから（倫理規則の注解24），「企業等所属の会員を対象とする規則」の適用があることに留意すべきである。

　　具体的には，不正な情報の作成又は報告に関与させようとするプレッシャーを受けた場合の規定（倫理規則37条）や，第三者の専門的判断に不当な影響を及ぼすことを目的に，贈答等の勧誘を行ってはならないなどの規定がある（倫理規則42条）ので，社外取締役への就任に当たっては該当し得る規定について確認しておくこと等の留意が必要である。

Q30 責任限定契約

社外取締役が責任限定契約を締結するために必要な手続は何か。

A 会社法427条1項の要件を満たす必要がある。具体的には、定款の定めと会社と社外取締役との間で責任限定契約を締結することが必要であり、定款の定めがないときには、定款変更することを要する。

解説

1 責任限定契約の意義

責任限定契約とは、定款の定めに基づき、会社と社外取締役等が契約を締結することにより、社外取締役の責任の限度額をあらかじめ定める契約であり、会社法427条1項に規定されている（**Q16**（取締役に対する責任免除と責任限定契約）も参照）。

取締役の責任を制限する会社法上の他の規定としては、総株主による同意（会社424条）、株主総会決議による一部免除（会社425条）、定款の定めに基づく取締役会決議による一部免除（会社426条）の規定があるが、これらは株主総会や取締役会が実際に免除の決議をするかどうか、株主が異議を述べることがないか等につき不確実であり、実際に免除を受けられない可能性も十分にある。

これに対し、社外取締役が会社との間で責任限定契約を締結した場合には、事前に責任の限度額が確定するので、社外取締役の人材確保のため、賠償責任に関する不安を除去するという意義を有している。

2 責任限定契約に必要な要件

上記1の観点から、新たに社外取締役を設ける場合には、それと併せて責任限定契約の制度を導入する会社が実務上多いと思われるが、その導入に当たっては、責任限定契約を締結するほか、定款の変更が必要となる（会社427条1項）。

したがって、会社が責任限定契約の制度を導入する場合には、株主総会を

招集して，定款を変更する決議を得る必要がある。定款変更については，特別決議が必要である（会社466条・309条2項11号）。

　以上より，就任を予定している会社に責任限定契約の制度がない場合には，定款変更をする必要があるから，かかる定款の定めがない場合には，社外取締役に就任する者としては，会社に対して，株主総会に定款変更議案を提案するよう進言すべきである。

　なお，新会社法により，責任限定契約を締結できる範囲が，社外取締役等以外にも業務執行取締役等ではない取締役及び全ての監査役に拡大されている。これらの者を含む形で責任限定契約の制度を導入する場合には，責任限定契約により免除の対象となる役員の範囲に応じて定款の変更をする必要がある。

(2) 内部統制部門,監査役(会),会計監査人等との連携の留意事項

Q31 内部統制部門等との連携

> 社外取締役が内部統制部門・監査役・会計監査人等との連携はどのように行うか。

Ⓐ 平時の際は,社外取締役がモニタリングを有効に行うため,適切に情報を得られるよう連携を図っていく必要がある。有事の場合には,これらの各部門とより緊密なコミュニケーションを図り,第三者委員会の設置を進言するなど積極的に関与していくべきである。

解　説

1　平時の場合
(1)　内部統制部門との連携

　社外取締役ガイドライン第3,2(2)では,内部統制部門が経営陣に行った内部監査報告について,取締役会等で担当取締役又は内部監査部門の責任者の報告等を通じて確認することが有用であり,疑問点があれば担当取締役や内部監査部門の責任者に質問し,疑問を解消すべきであると指摘されている。

　社外取締役がこれらの部門と連携を図ることにより,監督機能を強化することが可能になると考えられる。

(2)　監査役との連携

　社外取締役ガイドライン第3,2(3)では,監査役(会)は,常勤監査役を有し,会社法上様々な調査権能等を与えられており(Q86(監査役の業務遂行のための権限)),またスタッフも充実している会社が少なくないことから,社外取締役よりも情報入手が容易な環境であることが多いので,取締役会以外でも,面談等を通じて,監査役(会)と随時情報交換を行うこと

は有用であると指摘されている。

　社外取締役は社内出身者に比して社内情報や社内人脈が少ないことから常勤監査役やスタッフの充実している監査役（会）と情報交換等を行うことは取締役会に監督機能を強化するという観点からは重要であると考えられる。

(3) 会計監査人との連携

　社外取締役ガイドライン第3，2(4)では，社外取締役が，取締役会等で会計監査人からの指摘事項の有無や内容を担当取締役等から聞き，必要があれば当該担当取締役等を通じて追加の情報を求めることが有用であると指摘されている。

2　有事の場合

　企業不祥事等が発生したような場合（Q52（企業不祥事発覚時における社外取締役の対応））や，取締役会に上程される事項に限らず，社外取締役が，自らが知り得た情報の中に，違法性を疑わせる事情があれば，監査役らと連携して，これらの部門と緊密なコミュニケーションを図り必要な情報を把握することが重要である。必要な調査，取締役会で意見を述べることなどにより，違法又は著しく不当な業務執行を防止すべきである。

　また，事案によっては，第三者委員会を設置する必要がある場合もあり，その場合には社外取締役は，第三者委員会を設置することを他の役員等に進言するなどして積極的に関与すべきである。

(3) 取締役会での留意事項，モニタリング項目

Q32 取締役会への出席に当たっての留意事項

社外取締役が取締役会に出席するに当たりどのような事項に留意すべきか。

A 事前に付議事項を確認し，担当者等から説明を受けておくこと，また日常的に情報収集の努力をすることが重要である。取締役会規則についても確認をしておくことが有用である。

解説

1 付議事項の事前確認

社外取締役は，当該会社の業務執行を行う者ではないが（会社2条15号イ参照），取締役会の構成員であることには変わりがなく，他の取締役と同様に付議事項について十分に内容を把握する必要がある。

この点に関し，社外取締役ガイドライン第3，3(1)①では，「社外取締役は，事前に資料等を精査し，事務局の事前説明を求め，不足があれば，更に説明を求め，取締役会において質問をし，十分に内容を把握した上で取締役会決議や報告に臨む必要がある」とされている。

実務上，取締役会で付議される事項については，各事業部門が付議事項に該当するとして，担当取締役に上申し，上程される議案であることが多い。この場合，当該部門の担当者等が取締役会に付議される議案や説明資料を事実上作成することになる。この観点からすれば，事前資料に不足などがあれば，事務局や担当者等から更に説明を求めることは，付議事項について内容を事前に把握する上で極めて重要である。取締役会の開催前に社外取締役を集めて付議事項の説明会を開催することも有用である。

取締役の善管注意義務との関係では，担当取締役等の説明に不十分・不自然な事項があるにもかかわらず，そのような情報に依拠して意思決定を行う

場合には善管注意義務に違反し，結果として代表訴訟等の対象にもなり得ることから，自らに対する法的責任追及を回避する意味でも付議事項を十分に把握することは重要である。

2 日常的な情報収集

日常的な情報収集を行うことも重要である。特に社外取締役は取締役会の構成員にすぎず，監査役のように独自の権限（会社381条等）を有しているわけでもないから，日常的な情報収集を行うことは取締役会等において適切な意見・提案をするために有用であると考えられる。

この点に関し，社外取締役ガイドライン第3，3(1)②では，「日常的に，会社の開示事項等を把握するなどの努力や，他の役員，業務執行者とのコミュニケーションを行う」こととされている。

コラム　取締役会の運営

　公開会社，監査役会設置会社，監査等委員会設置会社，指名委員会等設置会社は，取締役会を設置しなければなりません（会社327条1項）。
　取締役会の招集権は各取締役が有するのが原則ですが，定款又は取締役会で招集すべき取締役を定めたときはその者が招集権を有します（会社366条1項）。
　取締役を招集する者は，原則として，取締役会の日より1週間前（これを下回る期間を定款で定めた場合にはその期間）に各取締役及び各監査役に招集通知を発しなければなりません（会社368条1項）。この期間を定款の定めにより短縮することができます。実務では3日に短縮している例が多いと思われます。株主総会と異なり，招集通知は，必ずしも書面による必要はなく，口頭・電話の方法でもよく，議題を特定する必要もありません。
　取締役会の決議は，議決に加わることのできる取締役の過半数が出席して，その過半数でなされます（会社369条1項）。定款でこの要件を加重することもできますが，軽減することはできません（同条項）。決議の内容に特別の利害関係を有する取締役は，定足数に入らず議決にも参加できません（同条2項）。取締役は個人的信頼によって選任され一人一議決権が認められるので，株主の場合と異なり，他人に委任して議決権を代理行使することは認められていません。他方で，テレビ会議システムによる出席が認められることに加え，電話会議方式での出席も許容されます。
　取締役会設置会社では，定款で定めた場合は，取締役が取締役会の決議の目的である事項について提案をした場合において，当該提案につき取締役全員の書面により同意があった場合には，当該提案を可決する旨の取締役会の決議があったものとみなすことができます（書面決議）。ただし，監査役設置会社にあっては，監査役が当該提案について異議を述べたときを除きます（会社370条）。
　ただし，取締役会は，実開催が原則ですので，取締役の書面決議は上記のようなテレビ会議システムや電話会議方式による開催ができないような非常に例外的なケースに限定されることになります。また，取締役は3か月に1回以上自己の職務の執行状況の報告を義務付けられており（会社363条2項），この取締役会の報告は会議にて行わなければならないとされています。

Q33 取締役会での審議に当たっての留意事項

社外取締役が取締役会での審議に当たって留意すべき事項はあるか。

A 社外取締役には，社外者の視点からの質問や発言のほか，取締役会の審議の過程において，不明な点や不合理・不自然な点があれば，社内の者にとっては質問しにくい事柄についても，躊躇なく質問や発言をすることが要請されている。

解 説

1 社外者の視点からの質問・発言

社外取締役には，会社の外部の視点を取り入れて独立した公正な立場から取締役の業務執行を監督することが期待されているが，時には経営陣と対峙して株主の利益を守らなければならない場面も生じ得るところであるから，率直に疑問を呈し，議論を行い，提案を行うことができるかといった事項が重要である。

この点，社外取締役ガイドライン第3，3(2)①では「社外取締役は，取締役会の席で，積極的に質問をし，社外，一般社会，一般株主の視点からの合理的な説明を求める」べきであるとされている。

社外取締役は，社外者であるために，社内の事情に精通していないことが多いと思われるが，前記のとおり，独立した公正な立場から取締役の業務執行を監督することが期待されているわけであるから，取締役会の審議の過程において，不明な点や不合理・不自然な点があれば，躊躇せずに積極的に質問・発言をすることが要請されていることを念頭に置く必要がある。

2 社内者に期待しにくい質問・発言

前記のとおり，社外取締役には，会社の外部の視点を取り入れて独立した公正な立場から取締役の業務執行を監督することが期待されているところ，社内の者に期待しにくい質問・発言をすることも要請されていることに留意すべきである。

この点，社外取締役ガイドライン第3，3⑵②では「社外取締役には，特に，社内の取締役の場合には上下の関係もあって質問しにくい事柄，企業価値の向上や一般株主の利益という視点からの質問をすることが要請される。」とされている。

　社内の取締役で取締役会が構成されている場合に比べ，社外取締役がそのような質問や発言をすることで，他の取締役にも緊張感が生まれ，取締役会における審議が充実すると効果があると考えられるから，社外取締役は，社内の取締役が質問・発言することを躊躇すると思われる事項についても，社外取締役に期待されている役割に鑑み，積極的に質問や発言を行っていくべきである。

Q34 継続審議を進言すべき場合

社外取締役が継続審議を進言すべき場合はどのような場合か。

A 議案について説明等を求め，他の取締役と議論を尽くした上でそれでも不十分であると判断すれば，継続審議とするよう求めるべきである。

解 説

1 社外取締役に要請されている事項

社外取締役には，会社の外部の視点を取り入れて独立した公正な立場から取締役の業務執行を監督することが期待されているが，時には経営陣と対峙して株主の利益を守らなければならない場面も生じ得るところであるから，率直に疑問を呈し，議論を行い，提案を行うことが要請されている。

その観点からは，審議の過程において，担当取締役等の説明が不合理である場合や納得できない場合は，当該疑問が解消できない限り，安易に場の雰囲気に流されて賛成すべきではない。当該疑問は他の取締役と議論を尽くすことにより解消される場合もあろうが，例えば，会社の事業や経営に大きな影響を及ぼす可能性のある企業再編に係る事項など，専門家の意見聴取や各種調査を行った上でないと判断すべきではないような事項については，後日に意見聴取等すれば足りる場合は別として，継続審議とすることを求めるべきである。

2 法的責任との関係

上記1のように，場合によっては継続審議とすることを求めたり，反対意見を述べたりしておくことは，自らが法的責任追及をされるリスクを軽減する観点からも有用である。

すなわち，会社法369条5項によれば，取締役会決議に参加した取締役であって，取締役会議事録に異議をとどめないものは，その決議に賛成したものと推定されると規定されている。

したがって，決議に賛成したことを理由に代表訴訟等を通じて損害賠償を

請求された場合でも，継続審議を求めていたことや，反対の意見を述べ，かつ取締役会議事録にそのことを記載させておけば，当該取締役が賛成したものと推定されることはないから，法的責任追及のリスクを軽減することができる。

　以上の観点からも，継続審議を求めることは有用である。なお，継続審議が認められない場合，決議に反対ないし棄権をすることも検討すべきである。

Q35 取締役会議事録に署名するに当たって留意すべき事項

取締役会議事録に署名するに当たって留意すべき事項はあるか。

A 社外取締役は，反対や棄権をした場合，意見を述べたにもかかわらずその点が記載されていない場合等，記載の誤りや不十分な点があれば，その旨を議事録に記載させることを求めるべきであり，それに応じられなければ署名を拒否すべきである。

解　説

1　取締役会議事録の記載事項

取締役会議事録の記載事項については，会社法369条3項，会社規101条3項・4項に規定されており，取締役会が開催された日時及び場所など，これらの規定に対応する事項を記載する必要がある。

2　署名の法的効果

このうち，取締役会議事録には「議事の経過の要領及びその結果」を記載することとなっているが（会社規101条3項4号），取締役会議事録に署名するに当たっては，この点に特に留意し，記載の誤りや不十分な点がないか留意する必要がある。

すなわち，会社法369条5項は，取締役会議事録に異議をとどめなければその決議に賛成したものと推定されると規定されているところ，仮に決議に賛成したこと等を理由に代表訴訟等により責任追及がなされた場合には，取締役会議事録の記載事項が責任を否定したり，軽減したりする有力な証拠になり得るところであるから，取締役会議事録に記載の誤りや不十分な点があれば，記載の訂正を求めるべきである。

3　記載の誤りや不十分な点がある場合の対応

反対や棄権をした場合に，その旨の記載がなかった場合には当然ながら当該事項を記載させるべきであるし，前提付きで賛成したにもかかわらず，かかる発言について記載されていなかった場合でも，その旨の記載をすること

を求めるべきである。
　以上の求めに対し，会社がそれに応じなければ，社外取締役は，自らの法的責任追及のリスクを軽減させる観点から，取締役会議事録への署名を拒否すべきである。

Q36 取締役会におけるモニタリング項目

社外取締役が取締役会における議案検討に当たり，どのような視点，基準をもつべきか。

A ①企業価値向上の視点からのモニタリングの視点，②法的責任を果たすための判断基準を持つことが有用である。

解説

1 企業価値向上の視点からのモニタリング

社外取締役ガイドライン第3，4(1)①では，企業価値向上の視点からのモニタリングの視点を持つことが有用であることが示唆されており，以下の項目が列挙されている。

- ブランド価値，レピュテーション等の社会的評価を含めた企業価値を最大化するものか
- ステークホルダー間の利益の均衡がどの程度とれているか
- 株主共同の利益（一般株主の利益）を損なわないか

社外取締役には，会社の外部の視点を取り入れて独立した公正な立場から取締役の業務執行を監督することが期待され，もって株主の利益へ配慮することが求められているといえるから，以上のとおり企業価値向上の視点から取締役会のモニタリングを行うことは有用であろう。

2 法的責任を果たすための判断基準

社外取締役ガイドライン第3，4(1)②では，法的責任を果たすための基準として以下の項目が挙げられている。

- 法令，上場規則等により求められる開示等を含めて違法性がないか
- 会社と取締役との間に利益相反はないか
- 事実とリスクの調査と検討は十分か
- 意思決定は合理的な過程（手続）に基づいているか
- その業界における通常の経営者の経営上の判断として著しく不合理で

ないか

　社外取締役は，取締役として株式会社に対し，忠実義務・善管注意義務（会社355条・330条，民644条）を負っており，これに違反した場合には会社に対し損害賠償請求を負う（会社423条1項）。

　したがって，社外取締役が決議事項について検討する場合には，法的責任を果たすための判断基準について留意しておくべきである。

　このうち，法令等に求められている基準を遵守することは取締役の責任の下限を，いわゆる「経営判断の原則」は取締役の責任の上限を，それぞれ画していると考えられる。

　後者の経営判断に関する取締役の善管注意義務の判断については，下級審裁判例等においては，おおむね，判断の過程・内容が取締役として著しく不合理なものであったか否かという判断基準が採用されており，①経営の判断の前提となる事実認識の過程（情報収集とその分析・検討）における不合理さの有無，②事実認識に基づく意思決定の推論過程及び内容の著しい不合理さの有無であるといわれている（東京地判平14・4・25判タ1098号84頁等。**Q15**（任務懈怠）参照）。

　社外取締役ガイドラインに示す上記基準は過去の裁判例等を分析した結果として抽出された判断基準であるから，社外取締役が，議案検討するに当たっては，これらの基準に逸脱することがないか留意すべきであろう。とりわけ，社外取締役としては，会社の外部の者として，社内の者とは違った観点から，当該経営判断が著しく不合理な点があるか否か検証するという意識を持つことは重要であると考えられる。

> **コラム** 経営判断の原則

　取締役に善管注意義務違反があるか否かを判断するにおいては，いわゆる「経営判断の原則（business judgment rule）」を適用すべきとするのが確立した下級審裁判例及び学説上の一般的理解です。

　「経営判断の原則」は，取締役の経営判断に広い裁量が認められることを前提に，取締役の経営判断が善管注意義務違反となるためには，単に会社に損失をもたらしただけでなく上記裁量を逸脱したことを要するとするものです。そして，上記裁量を逸脱したか否かは，①経営判断の前提となる事実認識の過程（情報収集とその分析・検討）における不注意な誤りに起因する不合理さの有無，②事実認識に基づく意思決定の推論過程及び内容の著しい不合理さの存否により判断されます。なお，下級審裁判例も同様の判断基準によるものとされています（東京地判平14・4・25判タ1098号84頁，東京地判平14・7・18判タ1105号194頁，東京地判平16・3・25判タ1149号120頁，東京地判平17・3・3判タ1256号179頁等。東京地方裁判所商事研究会編『類型別会社訴訟Ⅰ〔第2版〕』242頁（判例タイムズ社，2011））。

　したがって，取締役の判断が善管注意義務違反となるか否かを検討するに当たっては，取締役の判断につき，当時の状況に照らして，①経営判断の前提となる事実認識の過程（情報収集とその分析・検討）における不注意な誤りに起因する不合理さがあるか，②事実認識に基づく意思決定の推論過程及び内容の著しい不合理さが存在するかを検討すべきものと考えられます。

Q37 競業取引・利益相反取引

取締役の競業取引又は直接取引，間接取引として取締役会等の承認を要する取引としてはどのようなものがあるか。社外取締役はどのような点に留意すべきか。

A 社外取締役が会社と競業する取引を行ったり，又は，出身企業等を代表して取引を行ったり，就任先の企業が当該社外取締役の出身企業等の債務の保証を行ったりするような場合には，社外取締役に就任している会社において，取締役会等の承認を得る必要がある場合もあるので，留意すべきである。

解説

1 競業取引

(1) 取締役は，その職務において会社の企業秘密を知り得る立場にあることから，取締役が「会社の事業の部類に属する取引」，すなわち競業取引を行う場合には，企業秘密を利用したりするなどして，会社の利益を犠牲にして自己又は第三者の利益を図るおそれがある。このため，会社法は，取締役が自己又は第三者のためにする競業取引につき取締役会（取締役会非設置会社においては株主総会。以下同じ。）の承認を要することとされている（会社356条1項1号・365条1項）。

(2) **競業取引の範囲**

取締役会の承認を要する競業取引には，取締役が自己のためにする競業取引と第三者のためにする競業取引の双方があり，この第三者には，個人だけでなく，法人も含まれる。ただし，定款の事業目的に記載されていたとしても，会社が当該事業を現在行っていない場合や，同一商品を取り扱う営業であっても，卸売業と小売業のように競合するおそれがない場合，事業会社が運転資金を調達するための借入れ等，会社にとっては補助的行為にすぎない場合には，本規制の対象外となる。

(3) 取締役会の承認及び取締役会への事後報告

競業取引を行う場合には，取締役会において，その取引について重要事実を開示して承認を得る必要がある（会社356条1項1号・365条1項）。この場合競業取引を行う当該取締役は特別利害関係人に該当するため，取締役会において議決権を行使することができない（会社369条2項）。

取締役会における承認は，取引の対象，頻度を限定し，かつ会社の事業への影響についての明確な開示があれば，必ずしも個々の取引について各別の承認を得る必要はないと解されている。特に，取締役が競業関係のある会社の代表取締役に就任するに際して，取締役会でその会社の営んでいる事業の種類，性質，規模，取引範囲等の重要な事実を開示してその承認を得れば，それ以降競業会社の代表取締役として行う個々の取引については，開示された重要事実の範囲内である限り，取締役会の承認は不要と考えられている。また，この承認は，後記2の利益相反取引と異なり，原則として事前承認であり，事後の追認で済ませることはできないとされている。

なお，会社の取締役が他の会社の代表取締役を兼ねる場合であっても，当該他の会社が会社の100％子会社である場合には，両社は実質的にみて同一体であり，その間の利益相反はないため，取締役会の承認は不要とされている。

2 利益相反取引（直接取引・間接取引）

(1) 会社法は，取締役が自己若しくは第三者のために株式会社と取引をしようとするとき（直接取引），又は株式会社が取締役の債務を保証することその他取締役以外の者との間において株式会社と当該取締役との利益が相反する取引をしようとするとき（間接取引）には，取締役会等において，当該取引につき重要な事実を開示し，承認を受けなければならないと規定している（会社356条1項2号・3号・365条1項）。かかる規制が設けられたのは，取締役がその地位を利用して利益を図ることをけん制し，会社との利害の衝突を予防し，会社の利益が損なわれることを防止するためである。

(2) 直接取引の具体例

　取締役が当事者として（「自己のために」），また他人の代理人・代表者として（「第三者のために」）取引をする場合には直接取引に該当するので，取締役会設置会社においては取締役会の承認（取締役会非設置会社においては株主総会の承認）を要する（会社356条1項2号・365条1項）。

　例えば，A社の社外取締役XがA社から金銭の貸借をする場合など，社外取締役が会社との間で当事者となるような取引をする場合には，直接取引に該当するから取締役会の承認を要することになる。

　また，Xが，A社では社外取締役，B社で代表取締役に就任しているようなケースにおいて，例えば，A社とB社との間で，製品等についての売買取引がある場合，XがB社を代表して取引を行っていれば，A社の取締役会において，当該取引の承認を得る必要がある。A社にとっては，取締役Xが第三者（B社）のために取引をすることになるからである。他方，B社にとっては，XがA社を代表して取引を行っているわけではないことから，承認は不要である。

　なお，取締役と会社間に利害衝突のおそれのない以下のような取引については，取締役会の承認は不要である。

① 運送，保険，預金契約等の普通取引約款に基づく定型的取引
② 100％子会社との間の取引
③ 取締役が会社に対して行う贈与，私財の提供，会社のために行う債務の引受け
④ 会社に対する無利息無担保の金銭貸付
⑤ 会社が取締役に対して負担する債務の弁済，取締役からの相殺

(3) 間接取引の具体例

　会社が取締役の債務を保証する場合など，会社の犠牲において取締役に利益が生じる場合には，取締役会設置会社においては取締役会の承認（取締役会非設置会社においては株主総会の承認）を要する（会社356条1項3号・365条1項）。

　したがって，上記(2)の例のXの債務をA社が保証する場合には，当該取

引について取締役会等の承認を要することになる。

また，A社の社外取締役Xが代表取締役をしている他社（B社）の債務をA社が保証する場合にも同様に，A社において承認を要すると解されており（最一小判昭45・4・23民集24巻4号364頁），注意が必要である。

(4) 取締役会の承認と取締役会への事後報告

利益相反取引に関する取締役会の承認は，必ずしも個別取引ごとに得る必要はなく，同種の取引を反復継続して行うこととなる継続的取引のような場合には，包括的に承認を得ることで足りるとされている。また，事後に承認を得てもよいとされているが，できる限り事前の承認を得るのが望ましい。なお，利益相反取引を行う当該取締役は，特別利害関係人に該当するため，取締役会において議決権を行使することはできない（会社369条2項）。

会社と利益相反取引を行った取締役は，実際に行われた取引が承認された取引の範囲内であるか否かを明らかにするため，利益相反取引について重要事実を取締役会に報告しなければならない（会社365条2項。違反の場合には100万円以下の過料に処される（会社976条23号）。）。間接取引の場合には，会社を代表して取引を行った取締役が，取引についての重要事実を取締役会に報告することになる。

3　社外取締役が留意すべき点

社外取締役には本業を有しており，他社の役員を兼任している場合が多いと思われるが，兼任する会社との関係によっては，競業取引又は直接取引や間接取引に該当する場合も十分にあり得ることなので，注意が必要である。競業取引又は直接取引や間接取引により会社に損害を与えた取締役は，過失があれば会社に対して損害賠償責任を負うことになる（会社423条2項・3項）。

また，自己に関係がない取引であっても，取締役会に出席し承認したような場合に，仮に会社に損害が生じた場合には，当該取締役は任務懈怠があったと推定されるので（会社423条3項3号），直接取引・間接取引と疑われるような取引が取締役会において議案として上程された場合にはその取引の賛否については慎重に検討すべきである。

> **コラム** 取締役兼務の場合における利益相反取引と取締役会の承認

　取締役兼務の場合、A社とB社とが利益相反取引（直接取引）を行うに当たり、取締役会の承認を要する場合は以下のとおりです。

事例	A社			B社		
1	代表取締役 <u>甲</u>	取締役 乙	取締役 丙	代表取締役 <u>甲</u>	取締役 乙	取締役 丙
2	代表取締役 甲	取締役 <u>乙</u>	取締役 丙	取締役 <u>甲</u>	代表取締役 乙	取締役 丙
3	代表取締役 甲	取締役 乙	取締役 丙	取締役 <u>甲</u>	取締役 乙	代表取締役 丁
4	代表取締役 甲	取締役 乙	取締役 丙		取締役 乙	取締役 丙	代表取締役 丁

（注）下線のある（代表）取締役は、当該会社（A社又はB社）の取締役会で承認を要する取締役を示します。

A社
　B社の代表取締役を兼務する取締役（事例1の甲、事例2の乙）は、B社のためにA社と取引をしていることになるため、利益相反取引となり、事例1及び事例2では、A社の取締役会の承認を得る必要があります。

B社
　B社の（代表）取締役甲は、A社の代表取締役を兼務しており、A社のためにB社と取引をしていることになるため、利益相反取引となり、事例1ないし3では、B社の取締役会の承認を得る必要があります。

(4) 株主総会での役割，参考書類での社外取締役の開示事項

Q38 社外取締役の株主総会での役割

> 株主総会の準備段階（議案決定，招集等）から本番当日までにおいて，社外取締役に求められる役割は何か。

🅐 株主総会の準備段階においては，事業報告や計算書類等の案を可能な限り早い段階で入手してその内容を検証するとともに，剰余金の処分，役員報酬，取締役選任などに関する議案の妥当性を検証することが求められる。

株主総会当日においては，原則として株主総会に出席し，株主からの質問につき議長の指名を受けた場合は答弁することになる。

解 説

1 株主総会当日までの流れ

定時株主総会は，毎事業年度の終了後一定の時期に招集されなければならないところ（会社296条1項），定款で事業年度末日を議決権行使基準日と定め，同日から3か月以内に開催するのが通例である（会社124条2項）。多くの会社が毎年3月末日を事業年度末日としているため，6月末に株主総会が集中している。

基準日である事業年度末以降の主な手続等には，取締役による計算書類・連結計算書類等の作成と監査役（監査等委員会設置会社では監査等委員会，指名委員会等設置会社では監査委員会）及び会計監査人への提出（会社435条2項・436条2項1号・444条3項・4項），取締役による事業報告等の作成と監査役（監査等委員会設置会社では監査等委員会，指名委員会等設置会社では監査委員会）への提出（会社435条2項・436条2項2号），取締役会による株主総会の招集の決定（会社298条），監査手続を経た計算書類・連結計算書類等の取締役会による承認（会社436条3項・444条5項），招集通知の発送（会社299条。原則として株主総会の日の2

週間前），本番に向けたリハーサルなどが挙げられる。

2 準備段階における役割

株主総会の招集を取締役会で決定する際に，株主総会の議題（目的事項。会社298条1項2号）も決定する必要があり，議題は報告事項と決議事項から構成される。

取締役会設置会社の報告事項としては，①事業報告の内容の報告（会社438条3項），②計算書類の報告（会社439条），③連結計算書類の内容及び監査結果の報告（会社444条7項）がある。事業報告や計算書類等については，社外取締役としても，可能な限り早い段階で案を入手してその内容を吟味し，不適切な箇所があれば指摘するなどの役割が期待されるところである。

また，取締役会設置会社の決議事項としては，会社法が掲げる事項（定款の変更，組織変更，資本・準備金の減少，取締役等の選任・解任，報酬等の決定，剰余金の配当，自己株式の取得等）があるが，定時株主総会で通常上程される議案の中で，社外取締役は以下の事項について特に留意する必要がある。

(1) 剰余金の処分（会社454条1項）

剰余金の処分は，株主の重要な権利に関わるものであり，その関心や期待も高いことから，社外取締役としては，その背景にある配当政策の方針が合理性を有しているか，ステークホルダー間の均衡が考慮されているかといった観点から検証を行う必要がある。

> ［社外取締役ガイドラインで指摘されるモニタリング事項］
> ① 合理的な配当政策の方針を定めているか。
> ② 株主を意識した株主還元策（自己株式の取得を含む。）をとっているか。

(2) 役員報酬（会社361条1項・387条1項等）

役員報酬は，おおむね，固定の基本報酬，退職慰労金，インセンティブ報酬（賞与や業績連動型ストック・オプション等）などからなっている。

会社の業務執行に関与しない社外取締役には，通常，インセンティブ報酬が付与されないため，インセンティブ報酬については特に利害関係のな

い公平な立場からの発言が期待される。インセンティブ報酬も含め，役員報酬の算定方法，金額，種類などが，会社の業績，株価，事業環境や状況などを踏まえて，合理的で経営者に適切なインセンティブを与える内容となっているか検証する必要がある。

［社外取締役ガイドラインで指摘されるモニタリング事項］
① 役員報酬の決定に達成状況の評価やガバナンスの視点が反映されているか。
② 報酬議案については，報酬総額，種類（金銭・非金銭，ストック・オプション，業績連動型）の妥当性，取締役に十分なモチベーションを与える内容か。
③ 取締役会において取締役報酬の「算定方法の決定に関する方針」を策定する場合には，具体性，合理性（報酬の内容及び金額を，各役員の達成状況の評価に見合ったものとする効果があるか）
④ 社外取締役が取締役報酬の決定により強く関与するためには，任意の報酬委員会を設置し，その委員に就任することが考えられる。

(3) 取締役の選任

社外取締役としては，上程する役員選任議案における取締役候補が，その者の実績や経営計画の達成状況等の客観的な指標からみて，取締役としてふさわしいかどうか検証すべきである。

［社外取締役ガイドラインで指摘されるモニタリング事項］
① 会社が作成した取締役選任議案について，内部昇進の場合には社内での実績，再任の場合には中期経営計画等の達成状況等に基づき，株主の信任が得られるかという観点も考慮に入れて，その妥当性を検証する。
② 代表取締役社長（CEO）の在任期間について，3期6年等の慣例がある場合にも，その適用が株主の信任が得られる状況か。

> ③ 社外取締役が取締役人事の決定により強く関与するためには，任意の指名委員会を設置し，その委員に就任することが考えられる。

3 株主総会当日における役割

(1) 株主総会への出席

社外取締役は取締役の一員として株主総会において説明義務を負うため（会社314条），原則として株主総会に出席すべきである。

もっとも，社外取締役の多くは他の会社や組織の役職員であるため，やむを得ず出席できない場合もあると思われるが，その場合は，他の取締役が説明義務を果たすことになる。

(2) 社外取締役の説明義務

社外取締役も株主総会において説明義務を負うところ，株主からの質問に対して社外取締役を指名して答弁させるか否かは，議長の判断に従うこととなる。株主から社外取締役を指名して質問がなされた場合であっても，社内の取締役に対する質問への対応と同様に，当該社外取締役が質問事項に適切に答弁できるのであれば指名して答弁させ，そうでなければ，他の取締役を指名して答弁させるのがよいだろう。なお，事業報告の記載事項として，社外取締役の意見により会社の事業の方針等が変更された場合の当該内容や，社外取締役が法令違反等事実の発生の予防のために行った行為の概要等があるところ，それら社外取締役の意見や行為についての質問がなされた場合は，当該社外取締役が説明することになるであろう。

一方で，社外取締役による第三者的な立場からの答弁は，経営の透明性や信頼性などの観点から有益であるし，特に会社の経営危機時，企業不祥事発生時，敵対的な買収遭遇時など，社内取締役において利害関係が生じている場合には，社外取締役がより積極的に答弁することが期待される。

したがって，社外取締役であっても指名されることがあり得ることを認識し，答弁を求められ得る事項やその際の対応について事前に確認しておくべきである。

Q39 監査等委員選任等への関与

> 監査等委員会設置会社において、株主総会で監査等委員である取締役が選任等される過程において、監査等委員である取締役はどのように関与できるか。

A 監査等委員会には、監査等委員である取締役の選任に関する同意権、議案等提案権が与えられており、また、監査等委員である取締役には、選任等に関する意見陳述権が与えられている。

解説

監査等委員会は、代表取締役等の業務執行者をはじめとする取締役の職務の執行を監査することをその職務としている。そのような職務の性質上、その監査の実効性を確保する上での独立性を確保するため、監査役の選解任と同様の仕組み（Q117（監査役・会計監査人選任等への関与）を参照）が設けられている。

なお、監査等委員会は、監査等委員である取締役3名以上で構成され、かつ、その過半数は社外取締役でなければならないため（会社331条6項）、監査等委員会設置会社における社外取締役の役割は大きいといえる。

(1) **監査等委員である取締役の選任に関する同意権**

取締役が監査等委員である取締役の選任に関する議案を株主総会に提出するためには、監査等委員会の同意を得る必要がある（会社344条の2第1項）。つまり、株主総会に提出する監査等委員である取締役選任議案に対し拒否権を有するということである。

(2) **監査等委員である取締役選任議題・議案の提案権**

監査等委員会は、取締役に対し、監査等委員である取締役の選任を株主総会の目的とすることを請求できる（会社344条の2第2項前段）。さらに、特定の監査等委員である取締役候補者を挙げて、取締役に対し、その選任議案を株主総会に提出するよう請求することもできる（同項後段）。

監査等委員会は，監査等委員である取締役の選任に関して，上記(1)の拒否権の行使のみならず，積極的に関与することもできるのである。

(3) **監査等委員である取締役の選任・解任・辞任に関する株主総会での意見陳述**

監査等委員である取締役は，株主総会において，監査等委員である取締役の選任・解任・辞任につき意見を述べることができる（会社342条の2第1項）。他の監査等委員である取締役についてのみならず，自身の選任等についても意見陳述ができる。

また，任期途中で辞任した監査等委員である取締役は，辞任後最初の株主総会で辞任理由を述べることができる（会社342条の2第2項）。

なお，一般に，取締役と会社との間の売買取引のように，取締役と会社との間の利益が相反する取引によって会社に損害が生じたときは，一定の取締役については任務懈怠が推定されることとされているが，監査等委員会設置会社においては，監査等委員を除く取締役との利益相反取引について，監査等委員会が事前に承認した場合には，取締役の任務懈怠を推定しないこととしている（会社423条4項）。

> **コラム　監査等委員会の職務・権限**
>
> 監査等委員会の職務・権限としては，主として，①内部統制システムを利用した取締役の職務執行の監督，②監査報告の作成（監査報告の記載事項については会社規130条の2），③「監査等委員である取締役以外の取締役」の選任・解任・辞任に対する意見の決定，④株主総会に提出する会計監査人の選解任等に関する議案の内容の決定，並びに監査等委員である取締役以外の取締役の指名及び報酬についての監査等委員会の意見の決定等が挙げられます（会社399条の2第3項各号，342条の2第4項，361条6項）。また，監査等委員会には，指名委員会等設置会社の監査委員会と同様，監査等委員会設置会社の取締役等や子会社に対して報告を求める権限や業務財産を調査する権限があり，監査等委員会が選定する監査等委員がこれらの権限を行使することとされています（会社399条の3第1項・2項）。さらに，監査等委員会は，監査等委員会設置会社と監査等委員を除く取締役との間の訴訟等に関して，監査等委員会設置会社を代表する監査等委員を選定する権限（会社399条の7）や，

招集権者の定めがある場合であっても取締役会を招集することができる監査等委員を選定する権限（会社399条の14）などがあります。

なお，監査等委員会は，上述のとおり，内部統制システムを利用した組織的な取締役の職務執行の監督を想定しているため，常勤の監査等委員を必ず置かなければならないものではありません（会社規121条10号イ参照）。

コラム　監査等委員会の運営

　監査等委員会の運営方法は，基本的には指名委員会等設置会社の各委員会の運営方法と同じですが，指名委員会等が取締役会の内部機関であるのに対し，監査等委員会は取締役会から独立した機関として位置付けられていることなどから，いくつかの点で異なっています。

　まず，監査等委員会は，各監査委員が招集することによって開催されることとし，取締役会とは異なり，監査等委員会を招集する監査等委員を特定の者に限定することは認めていません（会社399条の8）。監査等委員会招集の通知は，原則として，会日の1週間前までに，各監査等委員に発せられなければなりませんが（会社399条の9第1項），監査等委員全員の同意があるときは，招集通知を省略することができます（同条2項）。指名委員会等設置会社の場合と異なり，監査等委員会については，招集通知の発出から会日までの期間の短縮は，監査役会と同様（会社392条1項参照），取締役会の決議ではなく，定款の定めによることとされています（会社399条の9第1項）。

　取締役は，監査等委員会の要求があった場合には，監査等委員会に出席し，監査等委員会が求めた事項について説明をしなければなりません（同条3項）。

　監査等委員会の決議は，議決に加わることができる監査等委員の過半数が出席し，その過半数をもって行われることとされています（会社399条の10第1項）。決議について特別利害関係を有する監査等委員は，議決に加わることができません（同条2項）。また，指名委員会等設置会社の場合と異なり，定足数と決議要件については取締役会の決議によって加重することはできないこととされています。

Q40 株主総会における社外取締役の選任に関する質問に対する答弁

> 株主総会において社外取締役選任議案に関する質問があった場合，どの程度答弁しなければならないか。

A 旧会社法下においては，社外取締役選任議案に関する質問に対し，株主の合理的な判断に必要な範囲内で答弁する必要があったが，新会社法下においては，これに加え，社外取締役を選任しない会社は，「社外取締役を置くことが相当でない理由」の説明義務も負う。

解説

1 旧会社法における答弁すべき範囲

株主総会において株主から社外取締役選任議案に関する質問があった場合，当該議案の審議（合理的な判断）に必要な範囲内で答弁する必要がある。

まず，候補となっている者が社外取締役の要件（旧会社2条15号）を充足しているか否かの質問に対しては，当然に要件充足性について説明しなければならない。

また，社外取締役選任議案の提出に当たり株主総会参考書類に記載する必要がある事項や，社外取締役が再任される場合において当該社外取締役について事業報告書に記載される事項（これら事項については，**Q41**（株主総会参考書類及び事業報告における社外取締役に関する記載）を参照）に関して補足的な説明を求められた場合，株主の合理的な判断に必要と認められる範囲内で補足的な説明を行う必要がある。

2 新会社法における答弁すべき範囲

新会社法においては，社外取締役を選任しない会社は，前記1記載の説明義務に加え，以下のとおり，「社外取締役を置くことが相当でない理由」の説明義務も負うことになる。

(1) 社外取締役を置いていない場合の説明義務

　新会社法の施行後においては，事業年度の末日において監査役会設置会社（公開会社であり，かつ大会社であるものに限る。）であって金商法24条１項の規定によりその発行する株式について有価証券報告書を内閣総理大臣に提出しなければならないもの（上場会社等）が社外取締役を置いていない場合には，取締役は，当該事業年度に関する定時株主総会において，社外取締役を置くことが相当でない理由を説明しなければならない（会社327条の２）。

　同条に基づく説明義務は，定時株主総会において株主から質問があった場合に説明するだけではなく，質問がなかった場合であっても，事業報告や株主総会参考書類に記載する内容（**Q41**を参照）程度の説明が求められるものと解されるため，基本的にはこれら記載内容に沿った説明を行うことになるであろう。

(2) 社外取締役の選任時期と説明義務

　会社法327条の２は，「事業年度の末日」に社外取締役を置いていない会社が当該事業年度に関する定時株主総会において上記説明義務を負うとしている。

　つまり，事業年度の末日を３月末日とする会社が社外取締役を置いていない場合，平成27年６月の定時株主総会において，「社外取締役を置くことが相当でない理由」を説明しなければならない。当該時点（平成27年３月末日）での社外取締役は，通常はその前年の定時株主総会，すなわち，平成26年度の定時株主総会で選任しておく必要があるため，平成26年度の定時株主総会で社外取締役を選任しなかった会社は，平成27年度の定時株主総会において，上記説明義務を負うことになる。以降も同様である。

Q41 株主総会参考書類及び事業報告における社外取締役に関する記載

株主総会参考書類や事業報告においては，社外取締役に関してどのような記載が求められるか。

A 新会社法下においては，社外取締役を選任しない会社は，旧会社法における社外取締役に関する各種記載に加え，「社外取締役を置くことが相当でない理由」の記載を求められる。

解説

1 新会社法における記載

(1) 株主総会参考書類

取締役の選任に関する議案を提出する場合，株主総会参考書類には，候補者について，氏名・生年月日等，株式の保有状況，重要な兼職といった一定事項を記載する必要があるが（会社規74条1項～3項），候補者が社外取締役候補者である場合は，これらに加えて，以下の事項を記載する必要がある（同条4項）。

① 当該候補者が社外取締役候補者である旨
② 当該候補者を社外取締役候補者とした理由
③ 当該候補者が現に当該株式会社の社外取締役である場合において，当該候補者が最後に選任された後在任中に当該株式会社において法令又は定款に違反する事実その他不当な業務の執行が行われた事実があるときは，その事実並びに当該事実の発生の予防のために当該候補者が行った行為及び当該事実の発生後の対応として行った行為の概要
④ 当該候補者が過去5年間に他の株式会社の取締役，執行役又は監査役に就任していた場合において，その在任中に当該他の株式会社において法令又は定款に違反する事実その他不当な業務の執行が行われた事実があることを当該株式会社が知っているときは，その事実（当該

候補者が当該他の株式会社における社外取締役又は監査役であったときは，当該事実の発生の予防のために当該候補者が行った行為及び当該事実の発生後の対応として行った行為の概要を含む。)

⑤ 当該候補者が過去に社外取締役又は社外監査役（社外役員に限る。）以外の方法で会社の経営に関与していない者であるときは，当該経営に関与したことがない候補者であっても社外取締役としての職務を適切に遂行することができるものと当該株式会社が判断した理由

⑥ 当該候補者が次のいずれかに該当することを当該株式会社が知っているときは，その旨

　イ　過去に当該株式会社又はその子会社の業務執行者又は役員（業務執行者であるものを除く。ハ及びホ(2)において同じ。）であったことがあること。

　ロ　当該株式会社の親会社等（自然人であるものに限る。ロ及びホ(1)において同じ。）であり，又は過去5年間に当該株式会社の親会社等であったことがあること。

　ハ　当該株式会社の特定関係事業者の業務執行者若しくは役員であり，又は過去5年間に当該株式会社の特定関係事業者（当該株式会社の子会社を除く。）の業務執行者若しくは役員であったことがあること。

　ニ　当該株式会社又は当該株式会社の特定関係事業者から多額の金銭その他の財産を受ける予定があり，又は過去2年間に受けていたこと。

　ホ　次に掲げる者の配偶者，三親等以内の親族その他これに準ずる者であること。
　　(1)　当該株式会社の親会社等
　　(2)　当該株式会社又は当該株式会社の特定関係事業者の業務執行者又は役員

　ヘ　過去2年間に合併等により他の株式会社がその事業に関して有する権利義務を当該株式会社が承継又は譲受けをした場合において，当該合併等の直前に当該株式会社の社外取締役又は監査役でなく，

かつ，当該他の株式会社の業務執行者であったこと。
⑦　当該候補者が現に当該株式会社の社外取締役又は監査役であるときは，これらの役員に就任してからの年数
⑧　以上に掲げる事項に関する記載についての当該候補者の意見があるときは，その意見の内容

上記⑥は，会社法改正法による社外取締役の要件の改正（会社2条15号）に伴う社外取締役候補者に関する株主総会参考書類の記載事項の見直しである（なお，監査等委員である取締役の選任に関する議案の場合については会社規74条の3参照）。

(2) 事業報告

事業報告においては，社外取締役を含む社外役員が存する場合において，以下の事項を記載する必要がある（会社規124条）。

①　社外役員が他の法人等の業務執行者であることが重要な兼職に該当する場合は，当該株式会社と当該他の法人等との関係
②　社外役員が他の法人等の社外役員その他これに類する者を兼任していることが重要な兼職に該当する場合は，当該株式会社と当該他の法人等との関係
③　社外役員が次に掲げる者の配偶者，三親等以内の親族その他これに準ずる者であることを当該株式会社が知っているときは，その事実
　イ　当該株式会社の親会社等（自然人であるものに限る。）
　ロ　当該株式会社又は当該株式会社の特定関係事業者の業務執行者又は役員（業務執行者であるものを除く。）
④　各社外役員の当該事業年度における主な活動状況（次に掲げる事項を含む。）
　イ　取締役会（監査役会設置会社の社外監査役の場合は監査役会，監査等委員会設置会社の監査等委員の場合は監査等委員会，指名委員会等設置会社の監査委員の場合は監査委員会を含む。ロにおいて同じ。）等への出席の状況
　ロ　取締役会における発言の状況
　ハ　当該社外役員の意見により当該株式会社の事業の方針又は事業そ

の他の事項に係る決定が変更されたときは，その内容
　　ニ　当該事業年度中に当該株式会社において法令又は定款に違反する事実その他不当な業務の執行が行われた事実があるときは，各社外役員が当該事実の発生の予防のために行った行為及び当該事実の発生後の対応として行った行為の概要
⑤　当該事業年度に係る社外役員の報酬等
⑥　当該事業年度において受け，又は受ける見込みの額が明らかとなった社外役員の報酬等
⑦　社外役員が次のイ又はロに掲げる場合の区分に応じ，当該イ又はロに定めるものから当該事業年度において役員としての報酬等を受けているときは，当該報酬等の総額
　　イ　当該株式会社に親会社等がある場合　当該親会社等又は当該親会社等の子会社等
　　ロ　当該株式会社に親会社等がない場合　当該株式会社の子会社
⑧　以上に掲げる事項の内容に対して当該社外役員の意見があるときは，その意見の内容

2　「社外取締役を置くことが相当でない理由」の記載について

　Q40（株主総会における社外取締役の選任に関する質問に対する答弁）のとおり，新会社法下においては，事業年度の末日において一定の上場会社等（以下「対象会社」という。）が社外取締役を置いていない場合には，取締役は，当該事業年度に関する定時株主総会において，社外取締役を置くことが相当でない理由を説明しなければならない（会社327条の2）。

　さらに，対象会社の株主総会参考書類及び事業報告については，前記1の記載事項に加え，以下のとおりの記載を要する。

(1)　株主総会参考書類

　株主総会参考書類については，新会社法施行後，以下のような内容の追加がなされることになった。
　①　対象会社が社外取締役を置いていない場合であって，かつ，取締役に就任したとすれば社外取締役となる見込みである者を候補者とする

取締役の選任に関する議案を当該株主総会に提出しないときは，社外取締役を置くことが相当でない理由を記載しなければならないこと（会社規74条の2第1項）。
② 上記①の理由は，対象会社のその時点における事情に応じて記載しなければならないこと（同条3項第一文）。
③ 社外監査役が2名以上あることのみをもって当該理由とすることはできないこと（同項第二文）。

(2) 事業報告

事業報告については，新会社法施行後，以下のような内容の追加がなされることになった。
① 事業年度末日において対象会社が社外取締役を置いていない場合には，社外取締役を置くことが相当でない理由を記載しなければならないこと（会社規124条2項）。
② 上記①の理由は，対象会社の当該事業年度における事情に応じて記載しなければならないこと（同条3項第一文）。
③ 社外監査役が2名以上あることのみをもって当該理由とすることはできないこと（同項第二文）。

(3) 「相当でない理由」の解釈

単に社外取締役を置かない理由を説明するだけでは，置くことが「相当でない理由」を説明したことにはならない。「相当でない理由」を説明したというためには，社外取締役を置くことがかえってその会社にマイナスの影響を及ぼすというような事情を説明しなければならないものと解される。さらに，上記(1)(2)の株主参考書類や事業報告の記載にも関連するが，「社外監査役が○名いるため，社外者による監査・監督は十分に機能している」といった説明だけでは「相当でない理由」の説明とは認められないと解される。

なお，現在の有価証券報告書においては，社外取締役を選任していない場合，その旨及びそれに代わる社内体制及び当該社内体制を採用する理由を具体的に記載するものとされている（企業内容等開示府令15条1号イ，第三

号様式記載上の注意(37)，第二号様式記載上の注意(57)a(c))。また，コーポレート・ガバナンスに関する報告書には，社外取締役を選任していない場合，上場会社の現状に照らして，当該体制を採用している理由を記載し，社外取締役に期待される役割を代替する，独自のコーポレート・ガバナンス体制の整備，実行に係る内容について具体的に記載することとされている（「コーポレート・ガバナンスに関する報告書」記載要領Ⅱ3）。これらにおいて記載される社外取締役を選任していない理由が，新会社法における「相当でない理由」として十分であるか否かは，上記解釈に基づいて判断することになる。

(5) 株式取引（インサイダー取引，TOBの場面等）における留意点

Q42 株式会社や社外取締役による株式取引

> 株式会社が株式取引を行う場合，社外取締役としてどのような点に留意すべきか。また，社外取締役が株式取引を行う場合はどうか。

A 株式会社が株式取引を行う場合，社外取締役は，会社の役職員等が，当該銘柄の発行企業の金商法に定める重要事実や公開買付け等事実（以下，これらを総称して「重要事実等」という。）を保有していないか留意すべきである。

また，社外取締役が株式取引を行う場合においても，発行企業の重要事実等を保有していないか留意すべきである。

解 説

株式会社や社外取締役は，他の上場企業等の未公表の重要事実等を知る機会を有しており，株式取引に当たっては，インサイダー取引となるリスクが常にあるといえる。

したがって，社外取締役としては，株式会社が株式取引を行う場合には，株式取引やその意思決定に関与している役職員等が，取引銘柄の発行会社の重要事実等を知っていないかに留意する必要がある。

また，当該発行会社と取引関係があるなどして同社の重要事実等を知る可能性のある部署が社内に存在する場合には，当該部署と株式取引やその意思決定を行う部署との間でチャイニーズウォール（企業内部の情報障壁）を敷くなどして，重要事実等を遮断する措置を講じることも必要に応じて検討する必要がある。

次に，社外取締役が株式取引を行う場合も，同様に，当該発行会社の未公表の重要事実等を有していないかにつき，留意する必要がある。

また，会社名義の取引ではなくとも，株式会社の役職員等が重要事実等を知って，会社の計算で取引をした場合には，会社自身が課徴金納付命令の対象となることもあり，また，会社の役職員等が重要事実等を知って，会社の業務又は財産に関して取引をした場合には，両罰規定により，取引を行った役職員等に加え，会社も刑事罰の対象となり得るため（金商207条），会社に損害を与えるおそれも存在する。

　加えて，上場会社等の役員が，当該上場会社等の株式を，自己の計算において取引した場合には，売買等に関する報告書を，売買等があった日の属する月の翌月15日までに内閣総理大臣に提出する必要があること（金商163条1項），売買等を行った後6か月以内に反対売買を行って利益を得た場合には，上場会社はその利益を提供すべきことを請求することができること（金商164条1項），保有する株式の額・数量を超える空売りが禁止されていること（金商165条）にも留意が必要である。

> **コラム　インサイダー取引の概要**
>
> 　インサイダー取引（金商166条，167条）とは，
> ① 会社関係者又は公開買付者等関係者（以下「会社関係者等」という。）が，
> ② 重要事実又は公開買付け等事実（以下「重要事実等」という。）を
> ③ その職務等に関し知って
> ④ その公表前に
> ⑤ 当該上場会社等の株式等の
> ⑥ 売買等を行うこと
>
> を意味し，会社関係者等から重要事実等の伝達を受けた者（いわゆる「第一次情報受領者」）も同様に規制の対象となり，インサイダー取引規制に違反した者は，課徴金という行政処分や刑事罰の対象となります（金商175条・197条の2第13号・198条の2・207条1項2号）。
>
> 　また，平成25年金商法改正により，実際に売買等を行う行為のみならず，会社関係者等が，「利益を得させ又は損失を回避させる目的」をもって，他人に重要事実等を伝達する行為や取引を推奨する行為についても，同様に課徴金及び刑事罰の対象となりました（金商167条の2・175条の2・197条の2第14号・207条1項2号）。

> **コラム** 重要事実等
>
> 　インサイダー情報となる事実には，様々な種類のものがありますが，大きく分けると「重要事実」(金商166条2項) と，「公開買付け等事実」(金商167条2項) に分けられます。
> 　「重要事実」とは，上場企業やその子会社又は上場投資法人若しくはその資産運用会社に生じた事実であって，投資者の投資判断に影響を与える事実が類型化されたものです。そして，重要事実は，上場会社等の決定に関する「決定事実」(金商166条2項1号など)，上場会社等に発生した事実に関する「発生事実」(同項2号など)，上場会社等の業績等に関する「業績修正」(同項3号など)，包括条項である「バスケット条項」(同項4号など) に分けられます。投資法人及び資産運用会社の重要事実については金商法166条2項9号〜14号に規定されています。
> 　「公開買付け等事実」は，公開買付けや公開買付けに準ずる行為の実施や中止に関する事実がこれにあたります。

Q43 自己株式の取得と社外取締役

> 株式会社が自己株式の取得を行う場合，社外取締役としてどのような点に留意すべきか。

A 上場企業が自己株式の取得を行う場合には，事前に金商法上の公表措置をとる必要がある。また，同社において金商法に定める重要事実や公開買付け等事実（以下，これらを総称して「重要事実等」という。）が生じていないか留意する必要がある。

解 説

上場会社等による自己株式の取得に関する決定は，それ自体が重要事実となる（金商166条2項1号ニ）ため，自己株式の取得を行うことについての決定後，公表前に，自己株式の取得を行うと，インサイダー取引規制に抵触するおそれがあるため留意が必要である。

ただし，会社法上，自己株式の取得に関する手続としては，

① 株主総会決議によって一定期間内に取得する自己株式の数量等を決定した後，取締役会決議に基づき，具体的買付けを行う場合（会社156条1項・157条2項・1項）

② 取締役会決議に基づき，市場において買い付ける又は公開買付けにより買い付ける場合（会社165条3項・156条1項）

が定められているところ，金商法は，①の場合における株主総会決議，②の場合における取締役会決議が公表されていれば，個々の買付けについての決定については，公表は不要としている（金商166条6項4号の2）。

また上述の自己株式の取得についての公表を行っていた場合であっても，他の重要事実等が生じている場合，自己株式の取得を行うとインサイダー取引規制違反となるおそれがあるので留意が必要である。

なお，上場企業においては，重要事実等が生じていることも多く，自己株式の取得を機動的に行うことが困難な場合が多い。

そのような事態を避けるため，信託契約や投資一任契約を用いた自己株式の取得が行われる場合もあり，金融庁及び証券取引等監視委員会が公表している「インサイダー取引規制に関するQ＆A」においては，

　　上場会社が信託方式又は投資一任方式によって自己株式取得を行う場合，
　⑴　信託契約又は投資一任契約の締結・変更が，当該上場会社により重要事実を知ることなく行われたものであって，
　⑵①　当該上場会社が契約締結後に注文に係る指示を行わない形の契約である場合，
　　　又は，
　　②　当該上場会社が契約締結後に注文に係る指示を行う場合であっても，指示を行う部署が重要事実から遮断され，かつ，当該部署が重要事実を知っている者から独立して指示を行っているなど，その時点において，重要事実に基づいて指示が行われていないと認められる場合，
においては，基本的にインサイダー取引規制違反とならない

との考えが示されているので，参考にされたい。

　また，未公表の重要事実等が存在する場合であって，市場外で特定株主から自己株式を取得する際には，金商法166条6項7号又は167条5項7号が定める適用除外（いわゆるクロクロ取引）により，インサイダー取引規制に違反せず自己株式の取得を行うことも可能である。

> **コラム** クロクロ取引

　重要事実や公開買付け等事実を一旦知ってしまうと，原則として，その事実が公表されるまで当該上場企業等の株式等の取引は禁じられてしまいます（金商166条1項・167条1項）。
　しかしながら，
　① 当該重要事実や公開買付け等事実を知っている者同士が
　② 証券市場を介さずに相対で行う取引（ただし，当事者双方が，当該取引において株式等を買い付けた者が，更にインサイダー取引を行うことを知っている場合は除く。）

は，「クロクロ取引」と呼ばれ，情報の偏在がなく，証券市場の公正性を損なうおそれもないことから，インサイダー取引の例外として認められています（金商166条6項7号・167条5項7号）。
　「クロクロ取引」について，公開買付者等関係者に係るインサイダー取引規制の場合と異なり，会社関係者に係るインサイダー取引規制の場合には，第一次情報受領者と第二次情報受領者との間で行う取引は適用除外とされていないのではないかという疑義があり，実務上，第一次情報受領者が株式を売却する際に支障がありましたが，平成25年改正法（平成25年法律第45号）では第一次情報受領者と第二次情報受領者との間で行われるクロクロ取引も適用除外であることが明確にされました（金商166条6項7号）。

(6) 組織再編（特に支配株主との取引，MBO等経営陣又は支配株主と一般株主との利害が対立する場面）における留意点

Q44 社外取締役のM&Aの場面における留意事項

社外取締役はM&Aの場面においていかなる事項に留意しなければならないか。

A 社外取締役は，①目的の合理性及び手法の相当性，②デューデリジェンスにより抽出された問題点の検討及び解消状況，③買収価格（比率）とその決定プロセスの公正性，並びに④費用（コンサルタント費用を含む。）の相当性に留意しなければならない。

解説

　M&Aにおいては，経営陣又は支配株主と一般株主との利害が対立する場面も想定される。そのような場合には，経営陣又は支配株主からの影響を受けずに独立した意見を述べることのできる社外取締役に，(a)企業価値の向上に資する意思決定か，(b)株主共同の利益に配慮した手続がとられているか，及び，(c)一般株主に十分な説明又は情報提供がなされているか，という視点で，株主共同の利益を最大化するための意見を述べることが期待されている。

　より具体化すれば，社外取締役は，①目的の合理性及び手法の相当性，②デューデリジェンスにより抽出された問題点の検討及び解消状況，③買収価格（比率）とその決定プロセスの公正性，並びに④費用（コンサルタント費用を含む。）の相当性について，検証することが求められている（社外取締役ガイドライン第3，5）。

　すなわち，M&Aの目的については，企業価値の向上という観点から合理性があるかを検討すべきであるし，株式譲渡や合併・会社分割等のうちいかなる手法を採用することが相当であるかも検証する必要がある。

　さらに，M&Aの実行に当たっては，対象会社の適正な企業価値の評価や，

取引実行の可否・取引条件を判断するために，デューデリジェンスが行われる。社外取締役としては，デューデリジェンスの結果が，M&Aの実行や取引条件に係る経営陣の判断に適正に反映されているかを検証すべきである。

また，買収価格の決定は，対象会社の客観的企業価値にプレミアムが加算される形でなされることも多い。社外取締役は，デューデリジェンスの結果を踏まえて，経営陣からの独立性を有する算定機関により客観的企業価値が算定されているかを検証しなければならない。また，プレミアムについても，M&Aによるシナジー効果によって正当化される必要があるから，社外取締役は，プレミアムが得られるシナジー効果に見合った水準のものであるか否かを検証する必要がある。

最後に，買収価格の決定に当たっては，M&Aを実行する上で必要となる専門家（コンサルタント等）のコストも踏まえる必要がある[41]。

---

41) 以上，詳細は『社外取締役』103頁以下参照。

> **コラム** **買収監査（Due Diligence）**
>
> 　買収監査（Due Diligence）とは，買収対象の財務内容等の正確性等を確認するための買い手側による調査をいいます。略称としてDDと呼ばれます。デューデリジェンスには分野ごとに様々な種類があります。財務デューデリジェンス，法務デューデリジェンス，ビジネスデューデリジェンスが主なものですが，会社の業務内容や取引の性質等によって，これ以外にも環境デューデリジェンスやITデューデリジェンスが実施される場合もあります。
>
> 　財務デューデリジェンスは実態純資産及び正常収益力の把握が主たる目的です。買手企業の依頼に基づき，会計事務所や監査法人が実施するのが一般です。
>
> 　法務デューデリジェンスは，M&A対象会社の事業に関する様々な法務リスクの調査が主たる目的です。株主の履歴確認，契約書の閲覧，株主総会や取締役会の議事録の閲覧，許認可・登記関係の確認などを行います。ある程度の規模の取引の場合には買手企業又は売手企業が法律事務所に法務デューデリジェンスを依頼することがあります。
>
> 　ビジネスデューデリジェンスとは，M&A対象会社の製造，営業等のビジネスモデルの把握，事業性の評価及びシナジー効果の分析・事業統合に関するリスクの評価等を行うものです。買手企業自身が行うことが多いですが，規模の大きい取引の場合には，外部の経営コンサルタントに依頼することがあります。

Q45 社外取締役のMBOの場面における留意事項

> 社外取締役はMBOの場面においていかなる事項に留意しなければならないか。

A ①MBOの背景事情を踏まえた目的の合理性，②買付価格の相当性とその決定プロセスの公正性及び透明性，並びに，③利益相反関係にある取締役の範囲及び関与（遮断）の程度に留意しなければならない。

解説

　MBOとは，現在の経営者が資金を出資し，事業の継続を前提として対象会社の株式を購入することをいう。したがって，MBOにおいては，株主から経営を委任された立場にある取締役が株主から株式を取得することになるため，構造上，利益相反関係を生じる。また，経営陣と一般株主との間には，企業価値に関する情報格差も存在する。

　社外取締役は，かかる利益相反関係や情報格差を念頭に置いた上で，MBOにより企業価値の向上が図られるか，公正な手続により一般株主の利益が配慮されているか等のモニタリングを行うことが期待される。かかるモニタリングを行うための視点が，経済産業省「企業価値の向上及び公正な手続確保のための経営者による企業買収（MBO）に関する指針」（平成19年9月4日）により提供されており，社外取締役は，これを十分理解しておく必要がある。

　また，社外取締役固有の留意事項として，社外取締役ガイドラインは，①MBOの背景事情を踏まえた目的の合理性，②買付価格の相当性とその決定プロセスの公正性及び透明性，並びに，③利益相反関係にある取締役の範囲及び関与（遮断）の程度に留意すべきことを定めている。その内容の概略は以下のとおりである[42]。

---

42) 詳細は，『社外取締役』112頁以下参照。

(1) MBOの背景事情を踏まえた目的の合理性

　MBOの目的の合理性は，第一義的には企業価値を向上させるか否かであるとされる。そして，MBOは，構造的な利益相反を伴うため，経営陣から独立した立場にある社外取締役が，MBOが真に企業価値の向上を目的とするものであるかどうかを検証することが，通常のM&Aに比して，より重要であるとされる。

(2) 買付価格の相当性とその決定プロセスの公正性及び透明性

　MBOにおいては，経営陣と株主との間に情報の格差が存在するため，株主が適切な情報を得て判断を行うことができるよう，株主に対する十分な説明を確保することが必要である。このような観点から，社外取締役としては，公開買付届出書や意見表明報告書の提出，適時開示等が適切になされているかをモニタリングする必要がある。

　また，MBOの公表前に業績の下方修正が行われた場合には，業績の下方修正以後の市場株価が適切な企業価値を反映していないと評価される可能性があることから，社外取締役は，業績の下方修正が株価の安値誘導要因になっているかどうかについて検討を行い，安値誘導が疑われる場合には，株価決定のプロセスから当該要因の影響した期間が排除されているかを検証する必要がある。

(3) 利益相反関係にある取締役の範囲及び関与（遮断）の程度

　社外取締役は，利益相反関係にある取締役がMBOにおける決定プロセスに関与しないよう配慮する必要がある。

コラム　MBO株主代表訴訟事件
（神戸地判平26・10・16金判1456号15頁）

　本件は，株式会社シャルレの株主が同社の元取締役ら（元社内取締役Y1，Y2，元社外取締役Y3ら3名）に対し，二段階買収たるマネジメント・バイアウト（MBO。以下「本件MBO」という。）を行うに際し，被告らが利益相反等の善管注意義務違反及び忠実義務違反並びに情報開示義務違反に当たる行為をして，そのために本件MBOが頓挫したことから，同社が無駄な費用を支出し，同社の信用が失墜したとして，被告らに対し，5億円余りの損害賠償金の支払をするよう求めて提訴した代表訴訟です（一部認容，一部棄却）。

　本判決は，会社の取締役は，「株価決定の公正さ配慮義務」があるほか，MBOの特性（MBOの利益相反性や情報の非対称性等）を踏まえ，「手続的公正性配慮義務」があり，社外取締役は，代表取締役等の業務執行一般を監視し，取締役会を通じて業務執行が適正に行われるようにする「手続的公正性監視義務」を負っているとしました。そして，本判決は，Y1については，本件公開買付価格を公開買付者側の想定する価格に合わせることなどを意図して多数のメールをプロジェクトリーダーである執行役に送信するよう指示した行為等に照らすと，「手続的公正性配慮義務」違反があり，上記メールのほとんどを受信していたY2についても，同義務違反が認められるとしました。一方で，Y3については，メールの場合は送受信した者以外には直接これを知るすべがないのが通常であることや上記メール送指示行為等がごく限られた期間内に行われたものであることから，上記メール送信指示行為等の存在を察知し，これをやめさせるためしかるべき措置を講じることを期待することは，極めて困難なことであったとして「手続的公正性監視義務」違反はないとしました。また，本判決は，Y3らの価格決定プロセスへの関与態様を分析し，本件公開買付価格の決定プロセスに対して不当な介入を行ったものとはいえないとして，「手続的公正性配慮義務」違反はないとしました。

　また，本判決は，取締役は，善管注意義務（MBO完遂尽力義務）の一環として，「株式公開買付けに関して一般に対してMBOの対象会社として提出する意見表明を公表するに当たって，株主が株式公開買付けに応じるか否かの意思決定を行う上で適切な情報を開示すべき」義務を負っているものと解するのが相当であり，例えば，賛同意見表明報告を公表するプレスリリースにおいて，株主の判断のために，①重要な事項について虚偽の事実を公表したり，あるいは②公表すべき重要な事項ないしは誤解を生じさせないために必要な重要な事実の公表を怠った場合には上記善管注意義務違反の問題が生

じるとし，被告らがプレスリリース中で実際には依拠等をしていない法律事務所の見解（取締役の善管注意義務違反の可能性を指摘するもの）について行った「なお，当社取締役会は，平成20年6月より，本取引に法的論点に関する説明を弁護士法人l法律事務所から受けております。」旨の付記記載は，本件MBOの利益相反性等に関して誤解を生じさせるおそれのある対応であったものといわざるを得ないなどとして，社外取締役Y₃ら3名を含む取締役の行為は②に該当するとしました（ただし，本件MBOの頓挫とそれによるシャルレの損害は，Y₁及びY₂の「手続的公正性配慮義務」違反に起因するものであって，被告らの情報開示義務違反との間には相当因果関係は認められないとされています。）。

　MBOによって株式を手放すことになった株主による株主代表訴訟としてレックス・ホールディングス損害賠償請求事件（東京高判平25・4・17金判1420号20頁）がありますが，本判決は，MBOが頓挫した場合について取締役が負うべき善管注意義務の内容を明らかにし，MBOの遂行過程に義務違反があったとの判断を示すものです。

(7) 敵対的買収防衛策についての留意点

Q46 敵対的買収防衛策

敵対的買収防衛策とは何か。

A 一般的には，経営者にとって好ましくない者による買収がなされる前に買収ルールを定めることにより，買収ルールを遵守しない買収者に対しては取得条項付新株予約権の発行などの対抗措置を発動する内容の防衛策を敵対的買収防衛策と呼ぶ。

解 説

従来，日本では，経営陣の意に反して行われる敵対的買収の事例は少なく，敵対的買収に対する防衛策についての議論も盛んではなかった。しかし，日本においても本格的なM&A市場が形成されるにつれて敵対的買収の事例も積み重なり，それに対応して敵対的買収防衛策に関する議論が盛んになった。

敵対的買収に対する防衛という意味では，株式持ち合いによる安定的株主対策や株価対策なども防衛策として機能するものであるし，あるいは，敵対的買収者が現れてからの防戦買いや第三者割当増資なども広義には敵対的買収防衛策といえるであろう。ただし，一般的には，敵対的買収防衛策という場合，経営者にとって好ましくない者による買収がなされる前に買収ルールを定めることにより，買収ルールを遵守しない買収者に対しては取得条項付新株予約権の発行などの対抗措置を発動する内容の防衛策を呼ぶことが多い。経済産業省・法務省が平成17年に公表した「企業価値・株主共同の利益の確保又は向上のための買収防衛策に関する指針」は，「株式会社が資金調達などの事業目的を主要な目的とせずに新株又は新株予約権の発行を行うこと等により自己に対する買収の実現を困難にする方策のうち，経営者にとって好ましくない者による買収が開始される前に導入されるもの」を「買収防衛策」と定義している。

Q47 敵対的買収防衛策の導入時の社外取締役の留意点

> 社外取締役は，敵対的買収防衛策の導入に際して，どのような点に留意するべきか。

A 社外取締役は，敵対的買収防衛策の導入に際して，敵対的買収防衛策が企業価値，ひいては株主共同の利益を確保し，又は向上させる目的をもって導入されるものであるか，敵対的買収防衛策の導入手続・内容を検証する必要がある。

解　説

　敵対的買収防衛策の導入は，取締役会の決議によって導入する場合（ただし，導入手続自体は取締役会の決議によるものの，その後の株主総会において議案として付議することにより株主の承認を得る場合が多い。）と，株主総会決議によって導入する場合がある。後者の場合は，定款に敵対的買収防衛策の導入等を株主総会決議事項として追加した上で，株主総会決議によって敵対的買収防衛策を導入することとなる。

　本来，上場会社の株式の取引は自由であるにもかかわらず敵対的買収に対する対抗措置が認められるのは，究極的には，それが企業価値を損なう敵対的買収を防止し，株主の共通の利益にかなうからである。取締役会の決議によって敵対的買収防衛策が導入される場合であっても，株主総会決議によって導入される場合であっても，社外取締役は，このことを意識して，敵対的買収防衛策が企業価値，ひいては株主共同の利益を確保し，又は向上させる目的をもって導入されるものであるか，敵対的買収防衛策の導入手続・内容を検証する必要がある。

　その際には，経済産業省・法務省が平成17年に公表した「企業価値・株主共同の利益の確保又は向上のための買収防衛策に関する指針」に掲げられた原則（①企業価値・株主共同の利益の確保・向上の原則，②事前開示・株主意思の原則，③必要性・相当性確保の原則）をはじめとして，敵対的買収防衛策の導入手続・

内容が同指針や，企業価値研究会の平成20年6月30日付「近時の諸環境の変化を踏まえた買収防衛策の在り方」に沿ったものであるかを確認する必要があるであろう。

> **コラム　買収防衛策の導入状況**
>
> 　買収防衛策の導入状況は，平成20年をピークに減少傾向にありますが，平成25年7月末時点で買収防衛策を保有している会社は512社あり，上場会社全体の14.5％を占めています（茂木美樹＝谷野耕司「敵対的買収防衛策の導入状況―2013年6月総会を踏まえて―」商事2012号50頁（2013））。新株予約権を対抗措置とする買収防衛策が日本で導入されてから9年が経過し，平成25年，26年の株主総会シーズンで2回目の更新を迎えた企業も多いところ，買収防衛策の導入企業数自体は既にピークアウトしたものの，依然として500社を超える上場企業が導入しています。買収防衛策のスキームについても，提供を求める必要情報やライツプランの発動条件等の項目は定型化されており，日本の資本市場において買収防衛策は定着したといえます。一方で，外国人投資家が積極的に日本株を買っていることから，上場企業の議決権保有比率が上昇し，外国人投資家の影響力が増しています。また，外国人投資家を中心とする機関投資家は，買収防衛策の導入又は継続に対して，年々，原則反対の姿勢を強めており，上場企業の株主構成によっては，買収防衛策の導入又は継続議案が否決される可能性も高まりつつあります。本来外国人投資家など機関投資家比率が高まっているということは，潜在的な敵対的買収リスクも高まっていることを意味するところですが，そういった企業がかえって買収防衛策を導入又は継続できないというジレンマが出てきていると指摘されています。

Q48 敵対的買収防衛策の発動手続への社外取締役の関与

社外取締役は，敵対的買収防衛策の発動手続にどのように関与するのか。

A 社外取締役は，取締役会の一員として対抗措置の発動の是非を判断する場合があるほか，独立委員会の一員として発動の是非を判断することもあり得る。

解説

敵対的買収防衛策に定められた敵対的買収に対する対抗措置の発動手続には，各社が定める敵対的買収防衛策の内容に応じて，様々なパターンがある。例えば，社外の有識者や社外役員から構成される独立委員会（特別委員会，企業価値委員会などの名称で呼ばれる場合もある。）が発動の判断を行う場合もあれば，独立委員会の判断を尊重しつつ取締役会が判断を行う場合，独立委員会を設けず取締役会が判断を行う場合，株主総会が判断を行う場合などである。

社外取締役としては，取締役会が敵対的買収防衛に対する対抗措置の発動判断を行う場合には，その一員として対抗措置の発動の是非を判断することになる。また，独立委員会には社外取締役が選任される場合もあるから，独立委員会の一員として発動の是非を判断することもあり得る。

> **コラム** 独立委員会

　買収防衛策のルールに従った対抗措置の発動の是非の判断において，取締役（会）の恣意的判断を排するために，経営陣からの独立性が高い社外取締役や社外監査役又は社外の有識者などから組織される委員会のことを独立委員会といいます。独立委員会を取締役会の諮問的機関と位置付け，対抗措置発動の是非の勧告のみを行うとするものもあれば，買収者との交渉や取締役会への情報提供の要請による買収者提案と取締役会の代替案の比較などより主体的に対抗措置発動の検討・勧告を行うとするものまであり，買収防衛策の設計によって独立委員会の担う役割の大きさやその内容が変わってきます。第三者委員会の検討が中立的に行われるかどうかは，その構成メンバーに掛かっているところ，構成メンバーには，社外取締役や社外監査役が含まれることが多いといえます。このため，買収防衛策を導入又は継続する会社では，社外取締役・社外監査役選任議案において，候補者の実質的な「社外」性がより厳格に求められることになります。

Q49 社外取締役による敵対的買収防衛策の発動手続の意思決定過程での留意点

> 社外取締役は，敵対的買収防衛策の発動の意思決定過程でどのような点に留意するべきか。

A 社外取締役は，買収提案が企業価値・株主共同の利益の確保・向上に資するものであるか否かを実質的に判断する必要がある。

解説

　Q48（敵対的買収防衛策の発動手続への社外取締役の関与）のとおり，社外取締役は，取締役会の一員として，又は独立委員会の一員として対抗措置の発動の是非を判断することになる。

　いずれにしても，社外取締役は，買収提案の内容にも踏み込んで，買収防衛策に定められる対抗措置の発動条件に沿って，対抗措置の発動の是非を判断することになる。買収防衛策に定められる対抗措置の発動条件には，通常，東京高決平17・3・23判時1899号56頁［ニッポン放送事件］で指摘された買収類型等（いわゆるグリーンメイラーによる買収，いわゆる焦土化経営目的の買収，資産の流用目的の買収，一時的高配当を目的とする買収。後掲コラム「高裁四類型」参照）が列挙されていることが多いから，社外取締役は，敵対的な買収提案がこれらの要件に該当するかを判断することになる。もっとも，社外取締役は，それらの発動条件に形式的に該当することのみをもって発動の判断を下すべきではなく，買収提案が企業価値・株主共同の利益の確保・向上に資するものであるか否かを実質的に判断する必要があることに留意が必要であろう。買収防衛策の正当性が認められるのは，あくまでもそれが企業価値・株主共同の利益の確保・向上に資するものであるからである。

　特に，社外取締役が取締役会の一員として対抗措置の発動の是非を判断する場合には，取締役会の判断が経営陣の保身に傾きやすいと考えられることから，社外取締役として，買収提案が企業価値・株主共同の利益の確保・向

上に資するものであるか否かについて，会社から独立した客観的な立場から検討する必要がある。

> **コラム　高裁四類型**
>
> 　企業価値を損なうような敵対的買収者に対し，対象となった企業の買収防衛策が認められるとされる四つのケースを指します。平成17年，ライブドアによるニッポン放送の買収をめぐる訴訟で，下記の四類型に限り敵対的買収の対抗手段として新株予約権の発行を東京高裁が例外的に認めました（東京高決平17・3・23判時1899号56頁）。本決定は，支配権維持・確保目的の新株等の発行であっても不公正発行にはならない場合があるという立場を明示的に採用した初めてのケースといわれています。
>
> 　「もっとも，経営支配権の維持・確保を主要な目的とする新株予約権発行が許されないのは，取締役は会社の所有者たる株主の信認に基礎を置くものであるから，株主全体の利益の保護という観点から新株予約権の発行を正当化する特段の事情がある場合には，例外的に，経営支配権の維持・確保を主要な目的とする発行も不公正発行に該当しないと解すべきである。」
>
> 　「例えば，株式の敵対的買収者が，①真に会社経営に参加する意思がないにもかかわらず，ただ株価をつり上げて高値で株式を会社関係者に引き取らせる目的で株式の買収を行っている場合（いわゆるグリーンメイラーである場合），②会社経営を一時的に支配して当該会社の事業経営上必要な知的財産権，ノウハウ，企業秘密情報，主要取引先や顧客等を当該買収者やそのグループ会社等に移譲させるなど，いわゆる焦土化経営を行う目的で株式の買収を行っている場合，③会社経営を支配した後に，当該会社の資産を当該買収者やそのグループ会社等の債務の担保や弁済原資として流用する予定で株式の買収を行っている場合，④会社経営を一時的に支配して当該会社の事業に当面関係していない不動産，有価証券など高額資産等を売却等処分させ，その処分利益をもって一時的な高配当をさせるかあるいは一時的高配当による株価の急上昇の機会を狙って株式の高価売り抜けをする目的で株式買収を行っている場合など，当該会社を食い物にしようとしている場合に，濫用目的をもって株式を取得した当該敵対的買収者は株主として保護するに値しないし，当該敵対的買収者を放置すれば他の株主の利益が損なわれることが明らかであるから，取締役会は，対抗手段として必要性や相当性が認められる限り，経営支配権の維持・確保を主要な目的とする新株予約権の発行を行うことが正当なものとして許されると解すべきである。」

Q50 社外取締役の独立委員会委員としての活動

社外取締役が独立委員会の委員に選任された場合，社外取締役はどのような活動を行うのか。

A 社外取締役は，独立委員会の委員として選任された場合，独立委員会の役割に応じて，対抗措置の発動・不発動の判断に当たっての役割を果たすことになる。

解説

近時の敵対的買収防衛策においては，独立委員会（特別委員会，企業価値委員会などの名称で呼ばれる場合もある。）と呼ばれる委員会が設置されることが多い。独立委員会は，経営陣から独立した委員から構成され，対抗措置の発動・不発動の判断等を経営陣から独立した立場から行うことにより，敵対的買収防衛策が経営陣の保身に利用されることなく企業価値・株主共同の利益の確保・向上に資するものであることを担保するために設置される委員会である。独立委員会は，有識者等の社外者から構成される場合，社外者に加えて社外監査役から構成される場合，社外者，社外監査役，社外取締役から構成される場合，社外監査役と社外取締役から構成される場合，社外取締役から構成される場合など様々な構成があるが，社外取締役が委員の一員として選任される例も多い。

独立委員会が有事においてどのような役割を果たすかは，敵対的買収防衛策の内容によって異なる。すなわち，対抗措置の発動・不発動の判断を取締役会が中心になって行い，独立委員会は取締役会の判断に当たっての勧告を行う（その上で，取締役会は，独立委員会の勧告を最大限尊重して判断を行う。）という場合もあれば，独立委員会が対抗措置の発動・不発動の判断を行うという場合もあり，その中間的な形態もある。社外取締役は，独立委員会の委員として選任された場合，独立委員会の役割に応じて，対抗措置の発動・不発動の判断に当たっての役割を果たすことになる。

また，独立委員会の委員は，有事において対抗措置の発動・不発動の判断等を行うことが主な役割であるが，そのためには，平時から会社の経営方針及び経営状況等について理解を深め，有事において迅速かつ適切な判断が可能なように備えておく必要がある。社外取締役が独立委員会の委員として選任されている場合には，社外者が委員となる場合に比較して，特にそのような会社の経営方針及び経営状況等についての理解・他の委員への情報提供を期待されることになるであろう。

(8) 決算手続における留意事項

Q51 会計不祥事に関する内部通報があった場合の対応

> 当社は、内部通報制度の窓口の一つに社外取締役を置いているところ、先日、営業課長が架空売上を計上しているとの匿名の通報があった。社外取締役は当該通報を受けてどのように対応すべきか。

A 社外取締役は、会社の内部通報制度を遵守しつつ、まずその情報を監査役に報告し、監査役を通じて会社による不祥事対応を促すべきである。また、不祥事発覚後の対応が不適切であると批判を浴びることのないよう、会社の不祥事対応に問題がないか検討し、適宜、必要な意見を述べることが期待されている。

解説

1 不祥事発生時に社外取締役に期待される役割

社外取締役は、日常の業務執行に関与しないことから、会社で発生した不祥事に関与している可能性は社内取締役と比較して低いなど、会社の不祥事を客観的に分析することができる立場にあることから、社内取締役とは異なる第三者的な視点からの意見を述べることが期待されている。また、自らの担当業務を有しないことから、不祥事に関与した者の責任追及の場面においても社内のしがらみにとらわれることなく、公平かつ中立的な判断をすることもまた期待されている。

会社が内部通報制度の窓口の一つとして社外取締役を置く理由も不祥事対応において客観的な立場から公平な判断・対応を望んでいるからであり、また、通報する側の従業員にとっても総務部などの純粋な社内の窓口に比べてより適切な調査がなされることなどを期待できることから、不祥事に関する情報提供が促されるという効果も考えられる。

2　決算手続における社外取締役の役割

　会社の決算手続の適切性を判断するためには，企業会計に対する一定程度の理解を有していることはもとより，会社の事業内容，属する業界の商慣習などにも精通していることが望まれる。この点，社外取締役は，当該会社の業務執行に携わることがないことから，一般的にはこれらの事情には疎いといえる。しかしながら，粉飾決算は業績予測への未達を隠すために行われることが多く，また過去の粉飾を隠すために更なる粉飾が実行されがちであることからすれば，社外取締役であれば，社内取締役では気付けない，又は気付いていても問題視しづらいことであっても，しがらみにとらわれずに問題点を指摘することができると考えられ，会社からはそのような率直な意見が求められているといえる。

3　会計不祥事に関する内部通報があった場合の対応

　社外取締役には，内部通報があった情報について事実関係を調査させるための組織や部下がいないことが通常である。他方で，会社の執行部に安易に情報提供することにより，内部通報者が不利益を被ることや，事案の解明がかえって阻まれることもあり得る。そこで，社外取締役は，会社の内部通報制度を遵守しつつ，まずその情報を監査役に報告し，監査役を通じて会社による不祥事対応を促すべきと考えられる（会社357条）。

　また，会社が会計不祥事の事実関係の調査などの対応を行うなかにあっては，社外取締役は，その不祥事対応を正確に把握し，法令，上場規則等により求められる開示等を含めてその対応に問題がないかを検討しつつ，第三者委員会ガイドライン等を参考に，第三者委員会設置の必要性を検討するなど不祥事発覚後の会社の対応が不適切であると批判を浴びることのないよう留意して対応する必要がある。

(9) 企業不祥事発生時の対応

Q52 企業不祥事発覚時における社外取締役の対応

企業不祥事が発覚した場合，社外取締役としてどのような点に留意して対応すべきか。

A 企業不祥事が発覚した場合，社外取締役は，各段階での対応において，不祥事を客観的に分析して，社内取締役とは異なった視点から意見を述べること，また，誰がどのような責任を負うべきかについて，公平かつ中立的な判断をすることが役割として期待されており，その点に留意して対応すべきである。

解 説

1 企業不祥事発覚時の対応

企業不祥事とは，企業が起こした社会的信頼を損なわせる行為や出来事（犯罪や違法行為にとどまらず，倫理的に非難される行為も含まれる。）をいう。企業不祥事には，例えば，組織ぐるみのものや，役員や従業員個人がその業務に関連して行うものがあるが，いずれの場合も不祥事により会社が損害を被るものであり，不祥事が発覚した場合，社外取締役は適切な行動をとらなければ，取締役として善管注意義務違反の責任を問われる可能性がある（取締役の会社に対する責任についてはQ14（取締役の会社に対する責任の概要）参照）。

社外取締役ガイドラインでは，不祥事発生時に社外取締役に期待される役割として，「不祥事を客観的に分析し，社内取締役とは異なった視点から意見を述べること」「発生した不祥事に対して，誰がどのような責任を負うべきかにつき，公平かつ中立的な判断をすること」とされ，かかる役割を踏まえて社外取締役がどのような点に留意して行動すべきかが各段階別に規定されている[43]。

---

43) 社外取締役ガイドライン第3，6(1)。

2 各段階における対応について

具体的に不祥事が発生した場合，各段階において社外取締役が期待される対応としては次のことが挙げられる。

(1) 社外取締役に不祥事の情報が持ち込まれた場合

昨今，企業不祥事の発覚は，内部通報によるものが多いが，社内外を問わず，情報提供者から社外取締役に対し，企業不祥事に係る情報が持ち込まれるケースも想定される。

その場合について，社外取締役ガイドラインでは，社外取締役は，会社法357条1項に「取締役は，株式会社に著しい損害を及ぼすおそれのある事実があることを発見したときは，直ちに，当該事実を株主（監査役設置会社にあっては，監査役）に報告しなければならない。」と規定されていること（なお，監査役会設置会社では監査役会（同条2項），監査等委員会設置会社では監査等委員会（同条3項）に報告しなければならない。）を踏まえ，持ち込まれた情報を直ちに監査役に報告しなければならない。また，監査役に報告した後は，監査役を通じた会社による不祥事対応を促すべきとされている[44]。この点，提供された情報によっては，会社法357条1項の「会社に著しい損害を及ぼすおそれのある事実があることを発見したとき」に該当しない場合もあると考えられるが，当該情報提供者が社内取締役ではなく社外取締役に情報提供したことに鑑みると，安易に社内取締役に情報提供をすることには留意が必要であり，監査役へ報告をすべきであり，また，社外取締役には部下もおらず，自ら事実解明等するには限界があることから，監査役を通じて不祥事対応を行うべきと考えられる。

(2) 初動対応

社外取締役ガイドラインでは，不祥事対応の初期の段階では，社外取締役は，会社が行おうとしている対応を正確に把握し，法令，上場規則等により求められる開示等を含めてその対応に問題がないかにつき検討し，意見を述べることが必要であり，また，社外取締役は，第三者委員会設置の必要性を検討し，必要な場合には，第三者委員会の設置及び委員の選任手

---

44) 社外取締役ガイドライン第3，6(2)。

続に積極的に関与するとされている[45]（第三者委員会についてはQ54（社外取締役の第三者委員会への関わり方）参照）。

　初動対応については，対応を誤って早期に十分な調査で事実を把握しなかったり，また早期に事実を公表すべきであるにもかかわらず公表しなかった場合等には，更に会社や第三者の被害が拡大する可能性もあり，必要な対応を早急に行うことが必要である。以上は取締役一般に当てはまることであるが，社外取締役は，不祥事の内容によっては社内取締役がその保身や身内びいきゆえに不祥事を隠蔽する可能性も考えられることを踏まえ，会社の初動対応が適切になされているか監督していくことが重要である。特に不祥事の公表については，法令等（金商法に基づく臨時報告書の提出，各種業法による規制及び上場規則による適時開示の規則等）により公表が義務付けられている場合に公表を怠れば，特段の事情のない限り取締役に善管注意義務違反が認められる[46]。公表が義務付けられていない場合にも，被害の発生や拡大の防止に必要な場合に速やかに公表を行わない場合には，やはり善管注意義務違反を問われることになる。また，不祥事が終了しているなど被害の発生や拡大の防止に直接必要がない場合も，近時，不祥事は公表すべきとの世論が強くなっており，後で発覚した場合には会社の信用，評判等が低下するおそれ（レピュテーショナルリスク）があることも踏まえると，取締役が不祥事を公表しないとの判断をする場合には慎重な検討が必要と考えられる。

(3) 会社の対応に問題があると判断される場合

　社外取締役ガイドラインでは，社外取締役は，①会社が行う不祥事について，継続的かつ適切な時期に報告を受け，不適切な兆候を感じた場合[47]は，さらに情報の提供を求め，必要な是正のために積極的な意見を述べること，②これらの状況を是正するために，取締役会で必要な発言を

45）社外取締役ガイドライン第3，6(3)。
46）大阪地判平12・9・20判時1721号3頁［大和銀行株主代表訴訟事件］。最一小判平21・7・9判時2055号147頁［日本システム技術事件］では，重要事実発覚後の法定開示・適時開示は適正に対応している。

して議事録に記録させるほか，監査役，会計監査人とも必要な連携を行うこと，③これらの取組にもかかわらず，孤立するような事態に至った場合，社外取締役は，辞任を含め，毅然とした対応をとることが求められる[48]。

この点，大阪高判平18・6・9判タ1214号115頁［ダスキン株主代表訴訟事件］では，社外取締役が，当時の代表取締役社長に対し詳細な提言書を提出し，未認可添加物を含んだ肉まんの販売の事実につきマスコミに公表しなければならない旨緊急提言をしたとの事実とともに，取締役会でこの提言が取り上げられることがなかったことが指摘されており，社外取締役の意見について社内取締役が検討しなかった点も含めて善管注意義務違反があるとの認定がなされたものと考えられる。かかる裁判例に照らしても，社外取締役の意見は重視されるべきものとなっており，社外取締役は，積極的に意見をすることが求められているというべきである。

(4) 最終段階

社外取締役ガイドラインでは，社外取締役は，会社が不祥事対応を適切に終えるよう，①不祥事の原因が的確に分析され，その原因を踏まえた再発防止策が策定され，実行に移されていること，②不祥事の責任を負うべき者に対して，適切な処分又は責任追及を行っていること，③不祥事により会社が被害を与えた相手に対して，適切な措置をとっていること，④必要な対外的対応をとっていることの各点に注意し，必要な意見を述べる必要があるとされている[49]。

前記最一小判平21・7・9においては，管理体制は整えられているとして，取締役の善管注意義務違反を否定する理由として，「本件以前に同様の手法による不正行為が行われたことがあったなど，……本件不正行為の

---

47) 不適切な兆候とは，特定の者に対する責任が及ばないようにする動きがあると感じられる場合，ことさらに不祥事の事実を公表せず，社内的な措置のみで不祥事を納めようとし，あるいは事実を隠蔽しようとする動きがある場合，また，不祥事の原因が除去されていないのに，適切な対応がなされておらず，不祥事の影響が継続している疑いがある場合が挙げられる（『社外取締役』128頁）。
48) 社外取締役ガイドライン第3，6(4)。
49) 社外取締役ガイドライン第3，6(5)。

発生を予見すべきであったという特別な事情も見当たらない」との指摘がなされている。内部統制システム整備義務違反は、特別な事情がない限り、通常予想される不正行為を防止できる体制を整備していたか否かによって判断されるところ、過去に同様の不正行為があるときは、「特別な事情」があるとされる可能性があることに留意する必要がある。この点からしても、上記①にもあるように、不祥事が発生した後は、それに対する適切な再発防止策が策定され、実行に移されていることについて十分監視することが必要である。

Q53 企業不祥事における社外取締役の法的責任

企業不祥事について，社外取締役はいかなる法的責任を負うか。

A 社外取締役は，取締役として会社に対し善管注意義務，忠実義務を負い，その程度は社内取締役と異ならないが，業務執行に関与していないため，企業不祥事があった場合も監視義務違反の限度で責任を負うことになる。ただし，違法行為を発見しながら，その阻止に努めず，承認した場合にはその承認行為について善管注意義務違反の責任を問われる。

解 説

1 社外取締役の責任

取締役は，その任務を怠り（任務懈怠），これにより会社に損害を与えた場合は，会社に対し損害賠償責任を負うところ（会社423条1項），この任務懈怠には忠実義務（会社355条），善管注意義務違反（会社330条，民644条）違反も含まれる。なお，忠実義務とは，善管注意義務を敷えんし，かつ一層明確にしたものにすぎないと解されている（最大判昭45・6・24民集24巻6号625頁）。

この取締役の注意義務は，社外取締役も取締役として負っており，その注意義務の程度は基本的に社内取締役と変わらないと解されている[50]。

ただし，善管注意義務違反の判断に当たっては，社外取締役が業務執行を行わないことから，業務執行に対する直接の責任を負うものではなく，監視義務違反の限度で責任を負うものである。また，社外取締役は，社内の情報を入手する機会が限定されていることが考慮され，業務執行取締役と比較して，事実上監視義務違反を問われる可能性は低いものと考えられる（大阪高判平10・1・20判タ981号238頁）。

2 企業不祥事についての責任

企業不祥事についての社外取締役としての責任についても上記に述べたところに沿って考えられる。

---
50) 社外取締役ガイドライン第2，2(1)。

社外取締役は業務執行を行わないことから、企業不祥事の発生自体に関与するケースはほとんどないと思われるが、企業不祥事の発生について、内部統制システムに不備又は未整備があるとされる場合には、取締役会はその整備を行う義務を負い、社外取締役もその一員として義務を負っており、業務執行取締役が行う内部統制システムの整備作業について監視することが求められるので、その監視に任務懈怠があれば責任を負うことになる。

　また、業務執行を行わない取締役は、取締役会の非上程事項については代表取締役の業務活動の内容を知り又は知ることが可能であるなどの特段の事情があるのにこれを看過したときは監視義務違反を問われるところ（札幌地判昭51・7・30判タ348号303頁等参照）、企業不祥事が発生した場合について言えば、社外取締役は、それを知り又は知ることが可能であるにもかかわらずこれを看過したときには監視義務違反の責任を負うことになる。

　また、企業不祥事発覚後の対応についても、取締役が、違法行為を発見しながら、その阻止に努めず、承認した場合にはその承認行為について善管注意義務違反の責任を問われるが（東京地判平8・6・20判時1572号27頁参照）、これは社外取締役も同様である。ダスキン株主代表訴訟に係る大阪高判平18・6・9判タ1214号115頁では、食品衛生法上販売等が認められていない添加物が混入した商品が販売されていたことを後に認識した取締役につき、このことを積極的に公表しないとの方針を採用し、積極的な損害回避の方策の検討を怠った点において取締役の善管注意義務違反があるとされている（320頁コラム参照）。

Q54 社外取締役の第三者委員会への関わり方

第三者委員会が設置される場合の留意点は何か。

A 社外取締役は，発生した企業不祥事の内容や社会的影響の度合い等を踏まえて必要に応じ第三者委員会の設置を提言し，第三者委員会の設置及び委員の選任手続に積極的に関与すべきである。社外取締役が第三者委員会の委員となる場合には，当該社外取締役に実質的独立性が確保されているかを十分に検討し，当該社外取締役と企業との関係性，起用の理由を明らかにしてステークホルダーにおいて信頼性を判断できるようにすべきである。

解説

1 調査委員会の類型

不祥事が発覚した場合，早期に，徹底した事実調査，原因究明，再発防止策の策定を行うことが重要であるが，そのために近時，企業において調査委員会を設置する例が増えている。①企業の役員や従業員等の社内のメンバーにより構成されるもの，②社内のメンバーに加え外部の弁護士や有識者等により構成されるもの，③社外の独立した弁護士や有識者等のみにより構成されるもの等があり，第三者委員会，外部調査委員会，特別調査委員会等と呼ばれる[51]。①のタイプの委員会による調査は，社内の内部情報を把握している社内の者により行われることから，円滑かつ効率的な調査が期待できるという面があるが，他方で，調査内容や結果の客観性が疑問視され，「お手盛り」，「経営者の保身」などとの批判を受けることもある。こうしたことから，近年は，③のタイプの委員会（以下「第三者委員会」という。）を設置するケースが増えている。

日本弁護士連合会の第三者委員会ガイドラインでは，第三者委員会とは，「企業等から独立した委員のみをもって構成され，徹底した調査を実施した

---

[51] 本村健編『第三者委員会—設置と運用』84頁（金融財政事情研究会，2011）。

上で，専門家としての知見と経験に基づいて原因を分析し，必要に応じて具体的な再発防止策等を提言するタイプの委員会である。第三者委員会は，すべてのステークホルダーのために調査を実施し，その結果をステークホルダーに公表することで，最終的には企業等の信頼と持続可能性を回復することを目的とする。」とされ，不祥事の規模や社会的影響の度合いによっては，②のタイプの委員会（これを「内部調査委員会」としている。）により目的を達成できる場合もあるが，不祥事により具体的なダメージが生じてしまった企業では第三者委員会を設けることが不可避となりつつあるとされている[52]。

2　各調査委員会の委員

①のタイプの委員会や②のタイプの内部調査委員会では，社外取締役や社外監査役が委員となることが多く，社外取締役は，企業の業務，内部情報をある程度把握していて，かつ，通常の業務執行に関与しないゆえに不祥事を客観的に分析し，公平，中立的に判断できる者としての役割が期待される。

他方，③のタイプの第三者委員会については，第三者委員会ガイドラインでは，「企業等と利害関係を有する者は，委員に就任することができない。」とされ，社外役員については，「直ちに『利害関係を有する者』に該当するものではなく，ケース・バイ・ケースで判断されることになろう。」とされており，一律の基準はないが，社外役員と企業との関係性，起用の理由を記載して，ステークホルダーにおいて信頼性を判断できるようにすべきとされる[53]。社外取締役を第三者委員会の委員とする場合には，当該社外取締役の属性等から，十分な調査・原因分析・再発防止策等の提言をできるだけの実質的独立性，中立性，客観性が確保されているかどうかを十分に検討する必要があると考えられる。

3　社外取締役の対応

社外取締役は，不祥事が発覚した場合，まず第三者委員会ガイドラインを参考に，第三者委員会の設置の必要性を検討し，設置が必要と思われる場合

---

52) 日本弁護士連合会「「企業等不祥事における第三者委員会ガイドライン」の策定にあたって」1頁（2010）。
53) 本村・前掲注51）193頁。

には，他の取締役に対して進言するほか，社外取締役が第三者委員会の設置及び委員の選任手続に積極的に関与すべきである[54]。この点，日本公認会計士協会では，「社外取締役等の調査に関連し，第三者委員会の活用については社外取締役等を中心とした危機管理のための役割を検討し，企業不祥事の発覚時における第三者委員会設置の判断，委員の人選等の権限を社外取締役等に付与する等，会社のルールとして制度的な準備をしておくなどの検討が必要ではないか」との提言も行われている[55]。

また，上記2のように，社外取締役が第三者委員会の委員となった場合には，第三者委員会ガイドラインを参考に活動をすべきである。

---

54) 社外取締役ガイドライン第3，2(5)・6(3)イ。
55) 日本公認会計士協会「不適切な会計処理に係る第三者委員会への対応について」4頁（2013）。

Q55 企業不祥事発覚後の株主総会における社外取締役の留意点

企業不祥事が発覚した後の株主総会における社外取締役の留意点は何か。

A 社外取締役は、取締役として、株主総会において会議の目的事項につき説明する義務を負っているところ、企業不祥事発覚後の株主総会においては、社外取締役が当該不祥事について対応した内容等を事業報告に記載すること、また、株主総会での説明義務等については、議長の判断に従って慎重に対応することが必要である。

解 説

1 事業報告への記載

不祥事が発覚した場合、それが会社の経営に大きな影響を与えるような場合には、取締役は、定時株主総会に提出する事業報告（会社438条1項）中の「株式会社の現況に関する重要な事項」（会社435条2項、会社規120条1項9号）、「事業の経過及びその成果」（会社規120条1項4号）又は「対処すべき課題」（同項8号）にこれを記載すべきであり[56]、また、「役員に関する事項」として、当該事業年度中に当該株式会社において法令又は定款に違反する事実その他不当な業務の執行（当該社外役員が社外監査役である場合にあっては、不正な業務の執行）が行われた事実（重要でないものを除く。）があるときは、各社外役員が、事業年度中に株式会社における法令・定款違反そのほか不当な業務執行（社外監査役の場合は不正な業務執行）の発生の予防のために行った行為及び発生後の対応として行った行為の概要を記載することとされている（会社規124条1項4号ニ）。

2 株主総会での説明義務

取締役は、株主総会において説明義務を負う（会社314条）。この説明義務

---

56) 三菱UFJ信託銀行証券代行部編「事業報告記載事項の分析―平成25年6月総会会社の事例分析―」別冊商事法務385号220頁（2014）。

の範囲は会議の目的事項，すなわち報告事項と決議事項であるところ，上記1のように，不祥事が発生した場合は原則として事業報告への記載事項となることから，その記載がある場合，取締役は株主総会において，その内容を若干補足し，より一層の理解を深めるに必要で合理的な範囲で説明をする義務がある[57]。

また，事業報告には記載できなかった重要な後発事象については，株主総会において口頭で報告することが妥当であると解されていることから[58]，不祥事発覚のタイミングにより事業報告に記載できなかった場合には，口頭で必要な報告をすべきである。

社外取締役も，取締役として株主総会において説明義務を負うが，具体的には，議長の指名により説明を求められた場合にそれに従うべきものである[59]。例えば，事業報告に，社外取締役が不祥事の発生の予防のために行った行為及び発生後の対応として行った行為の概要について記載がある場合には，当該行為については，議長が社外取締役から説明を行うことが適切であると判断することもあり得る。

> **コラム** 独占禁止法に関する社外取締役及び社外監査役の留意事項
>
> 1 近年，企業活動のグローバル化に伴い，国際カルテルに従事していた会社が，公正取引委員会，アメリカ合衆国司法省，欧州委員会，中国国家発展改革委員会から摘発され，多額の課徴金を課される事例が相次いでいます。特に自動車部品業界に対しては，「リニエンシー制度」（談合やカルテルを自主的に申告して調査に協力すれば，課徴金の免除や減額が受けられる制度）の普及なども背景として，2010年以降にアメリカ合衆国司法省による調査が行われ，多くの日本企業が多額の課徴金や罰金を科されています。
> 2 **露見した場合の損失は巨大**
> 　　カルテルや談合等の不当な取引制限行為が露見した場合には，当局から多額の課徴金，クラスアクション（共通点をもつ一定範囲の人々（class）を

---

[57] 河村貢ほか「株主総会想定問答集平成26年版」別冊商事法務382号59頁（2014）。
[58] 東京弁護士会会社法部編『新株主総会ガイドライン』159頁（商事法務，2007）。
[59] 社外取締役ガイドライン第2，2(2)⑤イ(イ)。

代表して1名又は数名の者が全員のために，原告として訴え又は訴えられるとする訴訟形態）が提訴されれば，判決又は和解により支払うことになる賠償金額，証拠収集のためにかかるフォレンジック費用，弁護士費用がかかるだけでなく，公表されることによるレピュテーショナルリスク，取引相手から取引断絶によるビジネス上の損失も生じる可能性があります。

3　背景にある企業の価値判断

カルテルや談合等の不当な取引制限行為が従前から指摘されているにもかかわらず，なおなくならないのは，利益向上を一つの不可避な命題とせざるを得ない企業にとって，利益の薄化リスクを多分に含むし烈な価格競争を回避できるカルテル行為等は，目的を達成するための必要悪と捉えられていることが理由の筆頭として挙げられます。

また，カルテルや談合等の行為は，気の置けない仲間／担当者同士で閉鎖的な環境で行われることが多く，外部に漏れにくいという特質を有しています。

4　社外役員の役割

このように，社内役員では，あえて積極的に発見するモチベーションが働きにくく，「会社の利益のため」の美言の下で黙認されがちな事項にこそ，社外役員には，越えてはならない一線を見極めた上での事態の早期発見及び可及的な予防が期待されています。

具体的には，社外役員は，自らが席をおいている会社の業界におけるカルテル形成リスクを把握し，もしそのリスクが高いものと考えるのであれば，その予防及び早期発見に努める必要があります。典型的には，経営トップの確固たる意思の確認，マニュアルの整備やトレーニングの有無・その有効性の検証が挙げられますが，例えば，社内リニエンシー制度，すなわち，違法行為の自主申告者に対しては社内調査に積極的に協力してもらうことを条件に社内での懲戒処分の減免を認めることを活用促進し，社外役員をその通報窓口とすることなどが考えられるでしょう。

⑽ 任期満了・退任に当たっての留意事項

Q56 社外取締役の任期

社外取締役の任期は何年か。また，再任の可否について具体的に基準はあるか。

A 社外取締役の任期も他の取締役同様，原則として2年以内である。再任の可否について法律上の基準はなく，会社の状況や社外取締役の資質等によって個別具体的に検討するしかないが，1期のみで社外取締役の評価を決めるのは早急であるといった見解がある。

解説

1 社外取締役の任期

会社法上，取締役の任期は，選任後2年以内に終了する事業年度のうち最終のものに関する定時株主総会の終結の時までとされている（会社332条1項本文）。ただし，定款又は株主総会の決議によって，その任期を短縮することは可能であるし（同項ただし書），非公開会社（監査等委員会設置会社及び指名委員会等設置会社を除く。）の場合は定款によって，任期を選任後10年以内に終了する事業年度のうち最終のものに関する定時株主総会の終結の時まで伸長することは可能である（同条2項）。

上記の点について，社外取締役と他の取締役で会社法上区別されておらず，社外取締役の任期は原則として2年である。

なお，監査等委員会設置会社（監査等委員である取締役を除く。会社332条3項・4項）・指名委員会等設置会社の場合は，選任後1年以内に終了する事業年度のうち最終のものに関する定時株主総会の終結の時までとされている（会社332条1項・3項・6項）。

また，会計監査人設置会社において，剰余金の配当等を株主総会でなく取締役会が定め得る旨を定款で規定する場合には，取締役の任期を選任後1年

以内に終了する事業年度のうち最終のものに関する定時株主総会の終結の日以前としなければならない（会社459条1項参照）。

2　再任の可否及び基準

再任の可否については法律上の基準はなく，会社の状況や社外取締役の資質等によって個別具体的に検討するしかない。

この点について，社外取締役ガイドライン第3，7(1)②は，「社外取締役につい任期の保証はないが，社外取締役が就任後会社の営業の内容，ガバナンスの状況等について知識等を深める期間を考慮すると，1期のみで社外取締役の評価を決めるのは早急に過ぎる。他方，再任が長期間継続した場合，会社との癒着といった問題に配慮する。」という指摘がある。

社外取締役には，会社の外部の視点を取り入れて独立した公正な立場から取締役の業務執行を監督することが期待されているわけであるから，社外取締役ガイドラインが指摘するとおり，再任が長期間継続した場合には会社との癒着といった問題が生じる可能性もあり，そのような場合には社外取締役の役割を全うできないから，長期間にわたり再任がなされることは望ましい状況とはいえないと思われる。再任の可否については，会社の状況や社外取締役の資質等によって個別具体的に検討するしかないが，少なくとも2期ないし3期以上の再任は許容されるであろう。

3　社外役員等に関するガイドライン

経済産業省の平成26年6月30日付「社外役員等に関するガイドライン」5.2.5は，「企業は，監督の実効性と独立性のバランスを考慮して，非業務執行役員の最長在任期間を検討することが望ましい。企業は，非業務執行役員の独立性を確保するため，非業務執行役員の最長在任期間を設けることが考えられる。」と規定している。

Q57 社外取締役の解任

社外取締役はどのような場合に解任できるか。社外取締役が解任された場合，社外取締役にはどのような保護があるか。

A 社外取締役は，株主総会決議（普通決議）によって解任できる。当該議案が否決された場合であっても一定の要件を満たす場合には，株主は裁判所に対し解任の訴えを提起することが可能である。

社外取締役が任期途中で解任された場合には，解任に正当な理由がない限り，会社に対し損害賠償請求をすることができる。

解説

1 社外取締役を解任できる場合

会社法339条1項は，「役員及び会計監査人は，いつでも，株主総会の決議によって解任することができる。」とされている。解任の理由は，取締役の解任議案の株主総会参考書類にその理由を記載する必要があるが（会社規78条2号），その理由の真偽は解任の要件にはなっていない。したがって，社外取締役は，株主総会の決議によって，いつでも，またその理由の当否を問わず解任することができるが，その決議は，普通決議であり，原則として，株主の議決権の過半数を有する株主が出席し，出席した当該株主の議決権の過半数の賛成により解任することができる（会社309条1項・339条1項。ただし，監査等委員である取締役の場合は特別決議が必要である（会社309条2項7号）。)。

これに対し，監査役を解任する場合には，特別決議を要する（会社309条2項7号・339条1項）点で異なっている。

なお，取締役の職務執行に関し不正の行為又は法令若しくは定款違反の行為があったにもかかわらず，解任決議が否決された場合，一定の議決権を有する株主は，総会の日から30日以内に訴えをもってその取締役の解任を請求することもできる（会社854条1項）。

2　社外取締役の保護

　取締役が任期途中で解任された場合，解任に正当な理由がない場合には，取締役は会社に対し損害賠償を請求することができる（会社339条2項）。会社が賠償すべき損害は，取締役が解任されなければ在任中又は任期満了までに得られた利益であると解され，具体的には残存任期中に得られたはずの報酬がこれに該当する。この点は社外取締役であるかそうでないかによって区別がないから，解任をされた社外取締役の保護は損害賠償請求によって図られているといえる。なお，解任の正当理由とは，一般に取締役の職務遂行上の法令・定款違反，病状の悪化（最一小判昭57・1・21判時1037号129頁［福岡小型陸運事件］）がこれに該当すると考えられており，これらに該当する事由があるときは当該社外取締役が会社に対し損害賠償を請求することはできない。

　他方で，監査役の場合は，株主総会において解任についての意見を述べることができる（会社345条4項・1項）という点で社外取締役の解任の場合と異なっている。

Q58 社外取締役の退任

社外取締役が辞任に当たって留意すべき事項は何か。

A 社外取締役が辞任する場合，その辞任のタイミングについては慎重に検討するべきである。退任登記をしないと善意の第三者に対し退任の事実を対抗することはできないので，辞任後は退任の登記がなされているか確認する必要がある。また，法的責任追及がなされる可能性がある場合には，在任中に受領した資料等を防御のために保存しておくことも必要である。

解　説

1　辞任を検討するタイミング

　取締役は，いつでも自己の意思で辞任することができる（会社330条，民651条1項）。ただし，辞任により欠員が生じるような場合には新任の取締役が就任するまでに取締役の義務を免れることはできないので注意を要する（会社346条1項）。

　辞任のタイミングについては，企業不祥事が発生した場合等に問題となり得る。例えば，会社が不祥事を隠蔽しようとしている場合に，社外取締役が他の社外取締役，取締役，監査役に事実を公表するよう説得しても，当該社外取締役が孤立してしまうこともあり得る。株主に対し善管注意義務を負っている取締役としては，他の取締役，監査役に対する説得を続けるべきであろうが，是正が困難であるよう場合には，社外取締役としては辞任も検討するべきである。ただし，辞任したことをもって必ずしも法的責任を免れるとも言い切れず（公表等をせずに辞任を選択したこと自体が善管注意義務違反に問われる可能性がないともいえない。），辞任のタイミングは慎重に検討する必要があろう。

2　辞任後に留意すべき点

　取締役の辞任の意思表示が会社に到達すれば，取締役辞任の効力が生じるが，第三者との関係では，取締役退任の登記をしないと善意の第三者には対抗できない（会社908条1項・911条3項13号）。したがって，退任登記がなされ

るまでは第三者との関係では取締役ということになり，その間の任務懈怠につき損害賠償責任（会社429条1項）を追及される可能性もある。

通常は，取締役が辞任した場合には，会社が退任の登記手続をすることになるが，会社がかかる登記手続に協力しない場合には判決により登記の変更を求めることも検討すべきである。

3 資料の取扱い

社外取締役ガイドライン第3，7(2)では，退任に当たっての留意事項として「在任中に受領した資料等は，退任後も会社に対する守秘義務を負うと考えられるので，会社に返還するか，もしくは会社の同意のもとに適切に処分する。ただし，自己に対する責任追及のおそれがある場合には，防御のために有用な資料を，情報漏えい等が起こらないよう保管方法に注意して，取締役の法定責任についての時効期間である10年程度は保存する。」ことが挙げられている。

自己に対する法的責任追及のおそれがある場合，特に社外取締役は，退任後に会社からの支援も受けられない可能性が相応にあると考えられ，このように防御のための証拠を保存しておくことも有用であると考えられる。

第3章　社外監査役

1　社外監査役の意義及び資格要件

Q59　社外監査役の意義及び資格要件

「社外監査役」とは何か。社外監査役の資格要件及び欠格事由は何か。

A 社外監査役の制度は，業務執行担当者の影響を受けずに独自性を保ち，客観的な意見を表明できる者が必要との趣旨から設けられた会社法上の概念である。

　平成26年の会社法改正において，社外監査役の資格要件が，①その就任の前10年間当該株式会社又はその子会社の取締役，会計参与（会計参与が法人であるときは，その職務を行うべき社員。②において同じ。）若しくは執行役又は支配人その他の使用人であったことがないこと，②その就任の前10年内のいずれかの時において当該株式会社又はその子会社の監査役であったことがある者にあっては，当該監査役への就任の前10年間当該株式会社又はその子会社の取締役，会計参与若しくは執行役又は支配人その他の使用人であったことがないこと，③当該株式会社の親会社等（自然人であるものに限る。）又は親会社等の取締役，監査役若しくは執行役若しくは支配人その他の使用人でないこと，④当該株式会社の親会社等の子会社等（当該株式会社及びその子会社を除く。）の業務執行取締役等でないこと，⑤当該株式会社の取締役若しくは支配人その他の重要な使用人又は親会社等（自然人であるものに限る。）の配偶者又は二親等内の親族でないこと等と変更され，社外監査役の範囲が変更されていることに注意が必要である。

　また，監査役の欠格事由については，会社法331条1項に定めるとおりであり（会社335条1項），また，監査役は，株式会社若しくはその子会社の取締役若しくは支配人その他の使用人又は当該子会社の会計参与（会計参与が法人であるときは，その職務を行うべき社員）若しくは執行役を兼ねること

ができず（同条2項），これらは社外監査役にも該当する。加えて，業法等で監査役の欠格事由が追加されている場合がある。

解説

1 社外監査役の意義及び資格要件

　監査役は，取締役の職務の執行を監査することを職務とする（会社381条1項）。

　旧会社法上，社外監査役とは，「株式会社の監査役であって，過去に当該株式会社又はその子会社の取締役，会計参与（会計参与が法人であるときは，その職務を行うべき社員）若しくは執行役又は支配人その他の使用人となったことがないもの」と定義されていた（旧会社2条16号）。社外監査役の制度は，過去のしがらみにとらわれず，業務執行担当者の影響を受けずに独自性を保ち，客観的な意見を表明できる者が必要との趣旨から設けられたものである。

　なお，かかる社外監査役の定義については，平成26年会社法改正において変更されて，①その就任の前10年間当該株式会社又はその子会社の取締役，会計参与（会計参与が法人であるときは，その職務を行うべき社員。②において同じ。）若しくは執行役又は支配人その他の使用人であったことがないこと，②その就任の前10年内のいずれかの時において当該株式会社又はその子会社の監査役であったことがある者にあっては，当該監査役への就任の前10年間当該株式会社又はその子会社の取締役，会計参与若しくは執行役又は支配人その他の使用人であったことがないこと，③当該株式会社の親会社等（自然人であるものに限る。）又は親会社等の取締役，監査役若しくは執行役若しくは支配人その他の使用人でないこと，④当該株式会社の親会社等の子会社等（当該株式会社及びその子会社を除く。）の業務執行取締役等でないこと，⑤当該株式会社の取締役若しくは支配人その他の重要な使用人又は親会社等（自然人であるものに限る。）の配偶者又は二親等内の親族でないこと等の要件が追加されたことに注意が必要である（会社2条16号）。

2 監査役の欠格事由

　監査役であるためには当該会社の株主である必要はない。むしろ，有能な

人材を広く集めることができるように，非公開会社を除き，株式会社は，監査役が株主でなければならない旨を定款で定めることが禁止されているのは，取締役についての場合と同様である（会社335条1項・331条2項）。

株式会社の監査役の欠格事由は，会社法331条1項各号に規定されており，①法人（同項1号），②成年被後見人若しくは被保佐人又は外国の法令上これらと同様に取り扱われている者（同項2号），③一定の刑事罰を受けた者（同項3号・4号）がこれに該当する（会社335条1項）。また，監査役は，株式会社若しくはその子会社の取締役若しくは支配人その他の使用人又は当該子会社の会計参与（会計参与が法人であるときは，その職務を行うべき社員）若しくは執行役を兼ねることができない（同条2項）。これらは社外監査役についても同様に当てはまる。

また，各種業法（銀行法7条の2第1項2号・2項・52条の19第3項，保険業法8条の2第1項2号・2項・271条の19の2第1項，独占禁止法13条1項）において，別途欠格事由等が定められている場合がある。

> **コラム** 監査役の英文呼称
>
> 　日本監査役協会は，従来，監査役の英文呼称として「Corporate Auditor」を推奨してきましたが，平成24年に見直しを行い，監査役が，業務執行に関する情報の収集・提供や評価を行う「監査」にとどまらず，業務執行に関する意思決定にも関与する広義の監督を行う機能（supervisory機能）を有することを適切に表現する呼称として「Audit & Supervisory Board Member」を推奨することとしました。見直しの背景には，日本の監査役制度が業務執行に対する広義の監督機能（supervisory機能）を有していることについて，必ずしも外国人投資家等の理解が十分に得られていないという事情や，監査役について「Corporate Auditor」との呼称を用いることで，監査役とinternal auditor（内部監査人）又は会計監査人（external auditor）との混同を生じさせ，監査役（会）の持つ広義の監督機能が伝わりにくいという事情がありました。
>
> 　諸外国の上場会社において採用されている業務執行に対する監督のモデルとしては，モニタリング・モデルと呼ばれる，株主に選任された取締役から構成される取締役会が，基本的に業務執行に関与せず，経営の基本方針の決

定，業績評価，業務執行者の選任・解任というモニタリングに専念する機関設計によるものが一般的であり，日本では指名委員会等設置会社がこれに近い機関設計のモデルといえます。

　これに対し，監査役設置会社では，取締役会が業務執行者に対する人事権の行使等により監督を行い，監査役（会）は業務執行において善管注意義務に反する行為がないのか等の観点からの監査を行うという形で，取締役会と監査役（会）が協働して業務執行に対する広義の監督機能を担うことが予定されているため，業務執行者の選任・解任の権限を有しない監査役が業務執行に対する監督権限を有するという点で外国人投資家には分かりにくい側面がありました。今日，株式会社制度をグローバルな視点で見たとき，supervisory機能の充実の度合いが注目されているという状況が認められるのであり，改称の必要性が高まっていたといえるでしょう。

　日本監査役協会は，平成26年9月19日，「監査役の英文呼称の採用状況に関するアンケート調査結果」を公表しました。同調査は，日本監査役協会会員のうち監査役設置会社かつ上場会社を対象に実施され，1368社から回答がなされ，そのうち，監査役の英文呼称を定めている会社は1043社ありました。平成24年に監査役の英文呼称として同協会が推奨することとした「Audit & Supervisory Board Member」を採用している会社は全体で681社となり，監査役の英文呼称を定めている会社の約65.3%を占める結果となりました。

　もとより，推奨された英文呼称も完全なものではなく，使用が強制されるわけではないですが，今回の調査結果では，日本監査役協会が推奨する英文呼称が浸透しつつあることが示されました。平成26年6月27日に公布された会社法改正法では監査等委員会設置会社が新設され，コーポレート・ガバナンスの在り方に注目が集まる中，監査役（会）設置会社においても，外国人投資家に対して監査役（会）の持つ広義の監督機能を説明する必要が高まっていることが反映された結果であるといえるでしょう。

> **コラム** 自己監査

　監査役は，株式会社若しくはその子会社の取締役若しくは支配人その他の使用人又は当該子会社の会計参与（会計参与が法人であるときは，その職務を行うべき社員）若しくは執行役と兼任することはできません（自己監査の禁止，会社335条2項）。しかし，取締役を退任すると同時に監査役に就任することは禁止されていません（東京高判昭61・6・26判時1200号154頁参照）。事業年度が終了して定時株主総会で監査役に就任するまでの期間については，既に就任していた他の監査役からその監査内容を引き継いだ上，自らも監査役の立場で自らの取締役としての職務執行に対する監査を実施することになります。

Q60 会計参与との違い

社外監査役と会計参与との違いは何か。

A 社外監査役の職責は取締役（会計参与設置会社にあっては，取締役及び会計参与）の職務の執行を監査することである（会社381条1項）。

他方で，会計参与は，取締役と共同して，計算書類等を作成することをその職責とする（会社374条1項）。

解説

1 社外監査役の職責

会社法上，社内監査役と社外監査役の権限と責任について違いはない。

監査役は，取締役（会計参与設置会社にあっては，取締役及び会計参与）の職務の執行を監査することが職務であり（会社381条1項），具体的には，いつでも取締役及び会計参与並びに支配人その他の使用人に対して事業の報告を求め，又は会社の業務及び財産の状況の調査をすることができ（同条2項），必要があるときには子会社に対して事業の報告を求め，又は子会社の業務及び財産の状況を調査することができる（同条3項）。

また，監査役は取締役会に出席し，必要があると認めるときには，意見を述べなければならない（会社383条1項），取締役が会社の目的の範囲外の行為その他法令若しくは定款に違反する行為をし，又はこれらの行為をするおそれがある場合において，会社に著しい損害が生じるおそれがあるときは，当該取締役に対し，当該行為をやめることを請求することができる（会社385条1項）。

公開会社でない株式会社（監査役会設置会社及び会計監査人設置会社を除く。）は，定款の定めにより監査役の監査の範囲を会計に関するものに限定することができる（会社389条1項）。また，旧会社法では，会社と責任限定契約を締結できる監査役は社外監査役に限られていたが（旧会社427条1項），社外監査役の資格要件が厳格化されることに伴い，全ての監査役が責任限定契約を締結す

ることができる旨を定款に定めることができるようになった（会社427条1項）。

　もっとも，社外監査役に求められる役割は，Q70（社外監査役の役割）で述べるとおり，社内監査役の役割とは異なる。

2　社外監査役と会計参与との違い

　社外監査役と異なり，会計参与は，公認会計士（監査法人を含む。）又は税理士（税理士法人を含む。）の資格を有する者が就く会社の機関で（会社333条1項），取締役と共同して，計算書類及びその附属明細書，臨時計算書類並びに連結計算書類を作成する権限を有する（会社374条1項）。

　全ての株式会社が任意で会計参与を設置することができるが（会社326条2項），公開会社でない取締役会設置会社であって監査役を置かない会社は，会計参与を置く必要がある（会社327条2項）。

　監査役と会計参与は，異なる会社の機関であり，その会社法上の権限，職責及び役割は異なる。すなわち，監査役が取締役の職務執行全般に対して監査する権限を持つのに対し，会計参与の権限はあくまで取締役と共同して計算書類を作成することに限られる。

Q61 監査委員会との違い

社外監査役と監査委員会との違いは何か。

A 監査委員会は，指名委員会等設置会社（旧会社法における委員会設置会社）における一機関であり，その構成員である監査委員は取締役の中から選任され，その過半数は社外取締役でなければならず（会社400条2項・3項），当該会社若しくはその子会社の執行役若しくは業務執行取締役又は子会社の会計参与（会計参与が法人であるときは，その職務を行うべき社員）若しくは支配人その他の使用人を兼ねることができない（同条4項）。また，その主な職務は，執行役等の職務の執行を監査し，監査報告を作成すること，株主総会に提出する会計監査人の選任及び解任並びに会計監査人を再任しないことに関する議案の内容を決定することである（会社404条2項）。指名委員会等設置会社では，このように監査委員会が業務執行者の監督をするので，監査役を置くことはできない（会社327条4項）。

このように，（社外）監査役と監査委員会は，その主な職務が，業務執行者の職務の執行の監査である点で共通するが，監査委員会は，その構成員が取締役（うち過半数は社外取締役）であるため，両者は，会社法上異なる機関設計であり，また両者の機関設計を同時に選択することはできない。

なお，平成26年会社法改正においては，新たな機関設計として「監査等委員会」設置会社が追加されていることに注意が必要である（会社2条11号の2・399条の2以下）。

解 説

1 監査委員会

監査委員会は，指名委員会等設置会社（旧会社法における委員会設置会社）における必置三委員会（指名委員会・監査委員会・報酬委員会）のうちの一つであり，その構成員である監査委員は取締役の中から選任され，その過半数は社外取締役でなければならず（会社400条2項・3項），当該会社若しくはその子

会社の執行役若しくは業務執行取締役又は子会社の会計参与（会計参与が法人であるときは、その職務を行うべき社員）若しくは支配人その他の使用人を兼ねることができない（同条4項）。監査委員会は、執行役等（執行役及び取締役をいい、会計参与設置会社にあっては、執行役、取締役及び会計参与をいう。）の職務の執行の監査及び監査報告の作成を行い、また、株主総会に提出する会計監査人の選任及び解任並びに会計監査人を再任しないことに関する議案の内容の決定を行う（会社404条2項）。指名委員会等設置会社では、このように監査委員会が業務執行者の監督をするので、監査役を置くことはできない（会社327条4項）。

2　監査等委員会設置会社

　平成26年会社法改正では、監査役会設置会社と委員会設置会社の中間に位置する機関設計として監査等委員会設置会社が規定されている（なお、これに伴い、旧会社法の「委員会設置会社」は「指名委員会等設置会社」に名称変更された。）。監査等委員会設置会社においては、取締役会及び会計監査人が置かれる一方（会社327条1項3号・5項）、監査役は置かれず（同条4項）、監査等委員会が監査を担う（会社399条の2第3項1号）。また、指名委員会等設置会社と異なり、執行役は置かれないため、業務執行は、監査役会設置会社と同様に業務執行取締役が行う。監査等委員会は、非業務執行者である取締役3名以上で構成され、その過半数は社外取締役でなければならない（会社331条3項・6項）。監査等委員会設置会社においても、重要な業務執行の決定は取締役会で行い（会社399条の13第1項1号）、原則として、取締役に委任できないが（同条4項）、取締役の過半数が社外取締役である場合（同条5項）、又は定款で定めた場合には重要な業務執行の全部又は一部の決定を取締役に委任することができる（同条6項）。

Q62 社外監査役の設置義務

社外監査役は必ず設置されなければならないか。

A 監査役会設置会社においては、監査役は3人以上選任されなければならず、そのうち半数以上は、社外監査役でなければならないから（会社335条3項）、社外監査役の設置義務があるが、その他の場合については社外監査役の設置義務はない。

解 説

会社法では、社外監査役の選任は全ての会社に対する一般的な義務とはされていない。しかし、監査役会設置会社においては、監査役は3人以上で、そのうち半数以上は、社外監査役でなければならないことから（会社335条3項）、社外監査役の設置義務がある。

なお、東京証券取引所の上場会社には、独立役員を1名以上確保すべきことが義務付けられている（上場規程436条の2）ことは、社外取締役の場合と同様である（Q4（独立役員制度）を参照）。

Q63 社外監査役の登記

社外監査役である旨の登記はどのような場合になされるか。

A 新会社法では、監査役会設置会社である場合のみ、社外監査役である旨の登記が義務付けられる（会社911条3項18号）。また、定款に、監査役の監査の範囲を会計に関するものに限定する旨の定めがある監査役設置会社は、その旨の登記が義務付けられる（同項17号）。

解説

会社法上、監査役会設置会社である場合（会社911条3項18号）のように、社外監査役の存在が会社法上の要件とされている機関設計を採用する場合において、社外監査役である旨の登記が義務付けられている。

また、その定款に、監査役の監査の範囲を会計に関するものに限定する旨の定めがある監査役設置会社は、監査役の業務の範囲に関する登記が義務付けられている（会社911条3項）。かかる登記は、株式会社の設立時（会社911条1項・3項）、又は、登記事項に変更が生じてから2週間以内に行わなければならない（会社915条1項）が、新会社法施行の際に既に上記内容の定款の定めがある株式会社は、新会社法施行後最初に監査役が就任し、又は退任するまでの間は、かかる監査役の業務範囲に関する登記をすることを要しないとされている（会社法改正法附則22条1項）。

加えて、旧会社法上、社外監査役の会社に対する責任限定契約に関する定款の定めがある場合、社外監査役であることが法律上の要件とされていたため、社外監査役である旨が登記事項とされていた（旧会社911条3項26号）が、平成26年改正により、責任限定契約を締結できる監査役は、社外監査役に限定されないことになったため（会社427条1項）、旧会社法911条3項26号は削除された。なお、新会社法施行の際に、かかる登記がある株式会社は、当該登記に係る取締役又は監査役の任期中に限り、当該登記の抹消をすることを要しない（会社法改正法附則22条2項）。

なお，平成27年2月27日から，役員の登記の申請をする場合の添付書面が変わり，就任承諾書に加えて，住民票記載事項証明書等又は運転免許証等の写し（裏面もコピーし，本人が「原本と相違がない。」と記載して，記名押印する必要がある。）の添付が必要となった（商業登記規則61条5項）。

　また，平成27年2月27日から，役員の就任等の登記の申請をするときには，婚姻により氏を改めた役員について，その婚姻前の氏をも記録するよう申し出ることができるようになる（同規則81条の2）。

Q64 常勤監査役・非常勤監査役との違い

社外監査役と常勤監査役・非常勤監査役とはどう違うのか。

A 会社法上，常勤の意義については明確に定義されてはいないが，常勤監査役とは，他に常勤の仕事がなく，会社の営業時間中，原則としてその会社の監査役の職務に専念する者とされ，常勤監査役を2社以上兼任することはできないとされる。また，非常勤監査役とは，常勤監査役以外の監査役である。

これに対して，社外監査役とは，会社法が定める「社外」性の要件を満たすものをいう（Q59（社外監査役の意義及び資格要件）参照）。このように，社外監査役と常勤監査役・非常勤監査役とは，異なる概念である。

解　説

会社法上，「常勤監査役」については，「監査役会は，監査役の中から常勤の監査役を選任しなければならない。」と規定されるのみで（会社390条3項），常勤の意義については明確に定義されていないが，他に常勤の仕事がなく，会社の営業時間中，その会社の監査役の職務に専念する者とされ，原則として常勤監査役を2社以上兼任することはできないとされる（詳しくはQ65（「常勤」の定義について）参照）。また，非常勤監査役とは，常勤監査役以外の監査役である。

これに対し，社外監査役の社外性は，過去に当該会社若しくはその子会社の取締役・使用人等であったことがあるか，親会社若しくは兄弟会社の関係者ではないか，又は当該会社の取締役等若しくは自然人のオーナー株主の近親者ではないか等の観点から判断される（詳しくはQ59（社外監査役の意義及び資格要件）参照）ため，「常勤」監査役・「非常勤」監査役と「社内」監査役・「社外」監査役は異なった概念である。

Q65 「常勤」の定義について

常勤監査役がグループ外の大企業の常勤監査役を兼務することは可能か。

A 2社の常勤監査役となった場合，常勤監査役としての業務を尽くせないため善管注意義務違反を問われる可能性がある。

解説

「常勤」の定義については，見解は分かれているが，①「会社の業務が行われている間，監査役の業務に専念する義務を負う監査役」を意味するという見解[1]が通説であり，これを正当とする説が多いと思われる[2]。

他方，②必ずしも毎日出社しなくても，継続かつ一貫した監査を遂行するのに必要な時間を割り当てればよく，監査のために必要な日数だけ出社すれば足りるという見解もある。

上記①の見解に従えば，ある会社の常勤監査役は，他社の非常勤監査役は兼任できても，常勤監査役の兼務はできないとされ[3]，子会社関連会社の非常勤監査役の場合でも，せいぜい2，3社が限度とする考えも示されている[4]。

このように見解は分かれているが，2社の常勤監査役となった場合，常勤監査役としての業務を尽くせないため善管注意義務違反を問われる可能性がある。

---

1) 稲葉威雄『改正会社法』274頁（金融財政事情研究会，1982），大隅健一郎＝今井宏『会社法論中巻〔第3版〕』305頁（有斐閣，1992）。
2) 森井英雄『新監査役の法律と実務〔改訂版〕』33頁（税務経理協会，2012），上柳克郎ほか編『新版注釈会社法(6)』625頁〔神崎克郎〕（有斐閣，1987），東京弁護士会会社法部編『監査役・監査役会ガイドライン』97頁（商事法務研究会，1994），間藤大和ほか『監査役ハンドブック〔第2版〕』（商事法務，2009）。
3) 森井・前掲注2）33頁，『江頭会社法』529頁。
4) 森井・前掲注2）34頁。

善管注意義務違反を問われない外形標準の目安については，週の過半数を監査業務に充てるなどして支障を生じさせないよう配慮した上で，週のうち1，2日を他社の業務に関与するという形態であれば，一般には，兼業していること自体を理由として，善管注意義務に問われる可能性は低いと思われる。ただし，日常の監査業務を遂行している中で，取締役に不正の兆候を発見した場合等には，監査役は更に具体的な調査を行い取締役会に報告すべき義務を負うことになる（会社382条参照）。他社の業務に専念したがためにかかる調査・報告義務を全うできなかった場合には，善管注意義務違反を問われる可能性がある。したがって，日常の監査業務に支障が生じていないからといって，必ずしも善管注意義務違反に問われないわけではないことには留意する必要がある。

Q66 監査役の員数・任期

社外監査役は何人必要か。また，その任期は社内監査役と異なるか。

A 監査役会設置会社においては，監査役を3人以上選任しなければならず，また，そのうち半数以上が社外監査役でなければならない（会社335条3項）。また，東京証券取引所の上場会社は，独立役員を1名以上確保すべきことが義務付けられているので（上場規程436条の2），社外取締役を選任していない場合には，社外監査役を少なくとも1名選任する必要がある。

社外監査役の任期は，社内監査役と同様で，原則として選任後4年以内に終了する事業年度のうち最終のものに関する定時株主総会の終結の時までである（会社336条1項）。

解説

1 社外監査役の員数

監査役会設置会社においては，監査役を3人以上選任しなければならず，また，そのうち半数以上が社外監査役でなければならない（会社335条3項）。また，東京証券取引所の上場会社は，独立役員を1名以上確保すべきことが義務付けられており，独立役員は会社法上の社外取締役又は社外監査役に当たるので（上場規程436条の2，会社規2条3項5号。Q4（独立役員制度）参照），社外取締役を選任していない場合には社外監査役の選任が必要となる。

2 社外監査役の任期

社外監査役の任期は，社内監査役と同様，原則として選任後4年以内に終了する事業年度のうち最終のものに関する定時株主総会の終結の時までであり（会社336条1項），公開会社でない株式会社においては，定款によって，監査役の任期を選任後10年以内に終了する事業年度のうち最終のものに関する定時株主総会の終結の時までとすることができる（同条2項）。また，定款によって，任期の満了前に退任した監査役の補欠として選任された監査役の任期を退任した監査役の任期の満了する時までとすることができる（同条3項）。

Q67 社外監査役の選任・終任手続

社外監査役の選任・終任手続はどのように定められているのか。

A 社外監査役の選任・終任手続については，社内監査役の選任・終任の手続と同様である。すなわち，社外監査役は，株主総会の普通決議によって選任され，任期の終了，一定の内容の定款変更，死亡又は辞任，資格の喪失，解任によって終任する。

解説

1 社外監査役の選任手続

社外監査役の選任・終任の手続については，社内監査役の選任・終任の手続と特段異なるところはない。すなわち，監査役は，原則として株主総会決議で選任されるが（会社329条1項），社外監査役についても同様である。普通決議（会社309条1項）で足りるが，定足数は，定款の定めによっても，議決権総数の3分の1未満とすることはできない（会社341条）。なお，取締役は，監査役がある場合において，監査役の選任に関する議案を株主総会に提出するには，監査役（監査役が二人以上ある場合にあってはその過半数，監査役会設置会社にあっては監査役会）の同意を得なければならず（会社343条1項・3項），監査役（監査役会設置会社にあっては監査役会）は，取締役に対し，監査役の選任を株主総会の目的とすること又は監査役の選任に関する議案を株主総会に提出することを請求することができる（同条2項・3項）。また，社外監査役候補者については，当該候補者が社外監査役候補者である旨を株主総会参考書類において記載し，併せて法定の事項を記載する必要がある（会社規76条4項各号参照）。

2 社外監査役の終任手続

社外監査役の終任事由については，社内監査役と同様，任期の終了（会社336条1項～3項），一定の内容の定款変更（同条4項），死亡又は辞任（民651条），資格の喪失，解任（会社339条・341条・347条）が挙げられる。

監査役の解任は取締役の場合とは異なり株主総会の特別決議によらなければならない（会社339条1項・309条2項7号・343条4項）。任期中に正当な理由がなく解任された監査役は，残余期間の監査役報酬等不当な解任によって受けた損害の賠償を会社に対して請求することができる（会社339条2項）。その他，少数株主にも役員の解任訴権が付与されている（会社854条）。

2　社外監査役の員数が欠けた場合

Q68　社外監査役の員数が欠けた場合

社外監査役の員数が，法令・定款に反して欠けた場合は，どのように対処すべきか。

A あらかじめ社外監査役の補欠者を予選しておく方法もあるが，予選していない場合には，裁判所に一時監査役の選任の申立てを行うことが考えられる。

解　説

　監査役会設置会社においては，監査役は，3人以上で，そのうち半数以上は，社外監査役でなければならないが（会社335条3項），法令・定款に定める社外監査役の員数を満たさずになされた監査は，資格要件を欠く監査役によりなされたという手続的瑕疵を帯びる[5]。したがって，社外役員の員数が欠けた場合には，原則として，できるだけ速やかに臨時株主総会を開いて，新しい社外監査役を選任すべきである。

　もっとも，特に上場企業の場合には，臨時株主総会を開催することは時間的，コスト的な制約が大きい。そこで，このようなことを避けるための事前の対策として，株主総会であらかじめ補欠社外監査役を選任することが考えられる（会社329条3項）。補欠社外監査役は，待機期間中は監査役ではなく，報酬については会社法上定めがないため，会社が任意に定めることができる。

　また，あらかじめ補欠社外監査役を選任していない場合であっても，利害関係人が裁判所に申し立てることにより，裁判所が一時監査役の職務を行うべき者を選任することもできる（会社346条2項）。この場合，裁判所は，会社及び一時監査役の陳述を聞いた上で，一時監査役の報酬についても定めることができるとされている（会社346条3項・870条1項1号）。

5）『江頭会社法』515頁。

なお，法律の規定又は定款に反して社外監査役の員数が欠けた場合であっても，一時役員を含む新たに選任された役員が就任するまで，従前の社外監査役がなおもその権利義務を有することになる（会社346条1項）が，前任の社外監査役が死亡した場合や退任した者に監査役の権利義務を持たせるのが適当でない場合には，上記で述べたような方法が採られることになる。

全株式譲渡制限会社が種類株主総会における監査役の選任に関する種類株式（会社108条1項9号・347条2項）を発行する場合には，定款をもって，株式の内容として当該選任に関する事項を定めることとなっている（会社108条2項9号ニ，会社規19条2号）。その場合であっても，法令・定款に定める社外監査役の員数を欠き，しかもその員数を満たす社外監査役を選任すべき種類の株主が存在しない事態が生じたときは，種類株主総会単位で監査役を選任する旨の定款の定めを廃止したものとみなされる（会社112条2項）。

> **コラム　補欠監査役**
>
> 　会社法329条3項は，役員が欠けた場合又はこの法律若しくは定款で定めた役員の員数を欠くこととなるときに備えて補欠の役員を選任することができると定めています。そして，会社法施行規則96条2項2号・5号は，株主総会において特定の役員に対しての補欠の会社役員として選任するときはその旨，二人以上の補欠の役員を選任するときはその優先順位等を定めなければならないと定めています。予選の効力は，原則として，選任後最初に到来する定時株主総会までですが，決議により短縮することもできます。補欠監査役は，社外監査役の場合がほとんどですが，監査役に就任するまでの間，監査役としての権利も義務も有さず，報酬も支払われないことが多いと思われます。にもかかわらず，前任の監査役が突然辞任した場合等には，突然就任することを余儀なくされることもあり，そのような不安定な立場は最大1年間に及びます。社外監査役の職責に鑑みると，その資質，時間的な余裕等の点で，いざという時にきちんとした対応をしてもらえる補欠監査役を選任することが肝要といえるでしょう。

Q69 法令・定款に定める社外監査役の員数を満たさない場合の罰則

法令・定款に定める社外監査役の員数を満たさない場合、どのような罰則があるか。

A 過料に処される可能性がある。

解 説

監査役は1名あれば足りるが、監査役会設置会社においては、監査役は3名以上で、そのうち半数以上は、社外監査役でなければならない（会社335条3項）。この規定に反して社外監査役を監査役の半数以上選任しなかったときは、会社法976条20号により、また、監査役の員数が会社法又は定款で定めた員数を欠くこととなった場合において、その選任の手続をすることを怠ったときは同条22号により、代表取締役は100万円以下の過料に処される可能性がある。

なお、監査役の選任は株主総会の権限であるところ（会社329条1項）、誰が当該会社の株式を有する者であるかが訴訟で争われているなどの事情により株主総会の開催が事実上困難であるなどの事情によって、速やかに社外監査役の選任をすることができない場合もある。このような場合であっても、一時監査役の選任を行うことが可能であることから（会社346条2項）、責任は免れないことに注意が必要である（大阪高決平20・3・25判タ1269号257頁）。

3 社外監査役にふさわしい人物，職務内容

Q70 社外監査役の役割

社外監査役に期待されている役割は何か。

A 社外監査役には，社外者としての中立的・第三者的な立場から，取締役の職務執行の監査を通じて，会社経営陣に対する会社の経営・事業運営に関するアドバイスや，会社の経営・事業運営に対するモニタリングを客観的な視点で行うという役割が期待されているものと考えられる。

解説

社外監査役制度は，平成5年の商法改正により導入されたものであり，その趣旨は，「監査役のメンバーに，会社の業務について第三者的な立場にある者を加えることにより，業務執行に対する監督機能を高めることを狙いとするもの」であって，「社内監査役に加えて，業務執行から一定の距離を置き，新たな視点から業務内容を見直すことが期待できるいわば社外監査役の選任を強制することにより，両者が協力して，より一層適正な監査の実現を図ろうとするもの」であると説明されている[6]。したがって，社外監査役には，社内監査役とは異なり，その社外者としての中立的・第三者的な立場から，客観的な視点で監査を行うという役割が期待されているものと考えられる。なお，このことは，日本監査役協会の監査基準において，「社外監査役は，その独立性，選任された理由等を踏まえ，中立の立場から客観的に監査意見を表明することが特に期待されていることを認識し，代表取締役及び取締役会に対して忌憚のない質問をし又は意見を述べなければならない。」と定められている（監査基準5条2項）ことにも表れている。

また，会社法施行規則では，事業報告において社外監査役を含む社外役員

---

6) 法務省民事局参事官室編『一問一答　平成5年改正商法』104〜105頁（商事法務研究会，1993）。

の主な活動状況を記載することが求められており，具体的には，①取締役会への出席の状況，②取締役会における発言の状況，③社外役員の意見により会社の事業の方針等に係る決定が変更された場合には，その内容，並びに，④法令・定款違反行為等が存在する場合には，社外役員がその予防のために行った行為，及びその発生後の対応として行った行為の概要が挙げられている（会社規124条1項4号）。このことからすると，少なくとも法令上は，社外監査役には，業務執行の決定を行う取締役会（会社362条2項1号）に出席・発言し，会社の事業方針に影響を与えることや，法令・定款違反行為の予防・対応等が期待されているものと考えられる。

　以上を踏まえると，社外監査役には，社外者としての中立的・第三者的な立場から，取締役の職務執行の監査を通じて，会社経営陣に対する会社の経営・事業運営に関するアドバイスや，会社の経営・事業運営に対するモニタリングを客観的な視点で行うという役割が期待されているものと考えられる。

　そして，この役割を踏まえて，社外監査役が具体的にどのような活動を行うべきであるかは，個々の会社の組織・風土，事業内容，経営環境等によって異なるものと考えられることから，会社としては，その行うべき活動に応じた資質を有する者を社外監査役として選任すべきことになるものと考えられる。

Q71 社外監査役の資質

社外監査役にはどのような資質を備えていることが求められているのか。

A 社外監査役には，①会社経営に関する一定の専門性，②会社からの客観的独立性，及び，③倫理性が求められているものと考えられる。

解説

会社法上，社外監査役については社外性の要件が定められている（会社2条16号）ことから，社外監査役になろうとする者が，この会社法上の要件を満たしている必要があることは当然である。

そして，この会社法上の要件に加えて，社外監査役には，具体的にどのような資質を備えていることが求められているのであろうか。

前述（Q70（社外監査役の役割））のとおり，社外監査役には，社外者としての中立的・第三者的な立場から，取締役の職務執行の監査を通じて，会社経営陣に対する会社の経営・事業運営に関するアドバイスや，会社の経営・事業運営に対するモニタリングを客観的な視点で行うという役割が期待されている。この役割からすると，社外監査役には，概要，①会社経営に関する一定の専門性，及び，②会社からの客観的独立性に加えて，③倫理性が求められているものと考えられる。

上記①の専門性については，(a)会社経営一般に関連する財務，税務，会計，法務，人事・労務，知的財産等の分野に関する一定の専門的な知見を有していることのみならず，(b)その会社の事業分野・事業内容に精通していることも含まれるものと考えられる。そして，社外監査役がこのような専門性を有していることにより，経営陣に対してその専門的な知見に裏付けられた効果的なアドバイスや，専門分野に関わる問題について実効的なモニタリングを行うことが可能となる。

また，上記②の客観的独立性については，社外監査役が経営・事業運営に

対する実効的なモニタリングを行うためには、その良心に従って自身の職責を果たすことができるよう、会社経営陣から客観的に独立していることが重要であることは言うまでもない。言い換えると、社外監査役が会社経営陣から客観的に独立しているからこそ、その専門性を活かした中立的・第三者的な監査を行うことができるといえ、その意味では、この客観的独立性は社外監査役としての最も重要な前提条件であるともいえよう。

さらに、上記③の倫理性についても、社外監査役が備えるべき資質の一つであるといえる。会社経営の過程では、様々な経営上の問題が発生し、その中には、必ずしも専門的な知見からのみでは解決することができない困難な問題も多々存在し得る。このことから、社外監査役には、その専門性にとらわれることなく、いわばその人生経験・社会通念に照らした常識的な判断が求められることもあるため、倫理性を備えた社外監査役の存在は、実効的な監査に資するものと考えられる。

以上を踏まえると、社外監査役に適した資質を有する者としては、弁護士・公認会計士・税理士等の職業専門家、会社（元）経営者、有識者等が挙げられよう。実際に、日本監査役協会が会員企業（監査役（会）設置会社）を対象に実施したアンケートでは、社外監査役のうち、弁護士が15.9％、公認会計士・税理士が15.7％、（会社と無関係な）会社の役職員が12.7％、大学教授が2.2％などとされ、その半数弱を占めている[7]。なお、親会社・親会社以外のグループ会社・大株主・取引銀行・取引先の役職員も社外監査役の47.0％を占めているが、これらの社外監査役については、上記②の客観的独立性の観点で疑義があるといわざるを得ず、また、新会社法では、親会社の役職員は社外監査役の要件を満たさないこととされている（会社2条16号ハ参照）ことに留意する必要がある。

---

7) 平27・1・9日本監査役協会「役員等の構成の変化などに関するアンケート集計結果——第15回インターネット・アンケート（監査役設置会社版）」。

Q72 顧問弁護士の社外監査役への就任

顧問弁護士が社外監査役に就任できるか。

A 社内弁護士や専属的顧問弁護士のように会社に専属・拘束されているような場合でない限り，顧問弁護士は，社外監査役に就任することができると考えられるが，金融商品取引所規則に基づく独立役員として届け出ることについては，その顧問料や弁護士報酬の額に照らして，慎重な判断が必要であることに加えて，株主・投資家からその独立性について疑問が呈される可能性があることに留意する必要がある。

解説

1 会社法上の規制

顧問弁護士が監査役に就任することができるか否かについては，社外監査役に限らず従来から議論されていた論点であり，具体的には，顧問弁護士が会社の「その他の使用人」に該当するとして，会社法335条2項に定める監査役の兼任規制に抵触するのではないかが問題とされている。

まず，顧問弁護士の監査役への就任を否定する見解は，顧問契約が有償であり，顧問弁護士は業務執行の法律上の処理について業務執行機関の手足として関与し得ること等に鑑みて，顧問弁護士と会社との間には，一般的には使用人に準ずる継続的利害関係が存在すること等を理由としている[8]。これに対して，顧問弁護士の監査役への就任を肯定する見解は，顧問弁護士は会社から直接的に指揮・命令を受ける立場になく，かつ，弁護士としてその職務の公正性・独立性について弁護士法等により規制を受けていること等を理由としている[9]。

顧問弁護士の監査役への就任の可否に関する伝統的な議論は以上のとおり

---

[8] 稲葉威雄ほか編『〔新訂版〕実務相談株式会社法4』5頁〔山口正春〕（商事法務研究会，1992）。
[9] 大隅健一郎＝今井宏『会社法論中巻〔第3版〕』296頁（有斐閣，1992）。

であるが、近時は、顧問弁護士が「その他の使用人」に該当するか否かは、顧問弁護士としての職務の実体が業務執行機関に対して継続的従属性を有するか否かにより実質的に判断すべきであるとの折衷的な見解[10]を前提として、いわゆる社内弁護士や専属的顧問弁護士は「その他の使用人」に該当するものの、独自に法律事務所を経営しているような通常の顧問弁護士は「その他の使用人」には該当しないと解する見解が有力であるとされている[11]。なお、下級審裁判例においても、「その会社の組織機構の一員となり業務執行機関の指揮命令を受けるべき立場におかれるに至った場合、もしくはこれに準じてその会社に専属すべき拘束を受けている場合などの、特段の事情」がない限り、上記兼任規制には違反しないとの判断が示されている（大阪高判昭61・10・24金法1158号33頁）。

したがって、社内弁護士や専属的顧問弁護士のように会社に専属・拘束されているような場合でない限り、顧問弁護士は会社の「その他の使用人」に該当せず、会社法335条2項に定める監査役の兼任規制に抵触するものではないことから、社外監査役に就任することができると考えられる。

2 その他の留意点

もっとも、以上については、あくまでも会社法上の議論にすぎないところ、(社内監査役ではなく)社外監査役の場合には、この問題とは別に以下の点に留意する必要がある。

まず、①顧問弁護士である社外監査役については、金融商品取引所規則に基づく「独立役員」として届け出ることはできない場合があることに留意する必要がある。すなわち、金融商品取引所規則では、一般株主の保護の観点から、独立役員を1名以上確保することが義務付けられている（上場規程436条の2等）ところ、「当該会社から役員報酬以外に多額の金銭その他の財産を得ている……法律専門家」はこの独立役員に該当せず、その者を独立役員として届け出ることはできないとされている（上場管理等に関するガイドラインⅢ

---

[10] 『江頭会社法』513頁。
[11] 岩原紳作編『会社法コンメンタール7　機関(1)』482頁〔山田純子〕（商事法務、2013）。

5(3)の2c等)。

　この点に関して，東京証券取引所は，上記の例示として顧問弁護士を挙げているが，他方で，顧問弁護士であれば必ず「多額の金銭その他の財産を得ている」者に該当するというわけではないとも述べているものの，いかなる金額であれば「多額」であるかは，金融商品取引所の規則等では明らかにされていない。したがって，顧問弁護士を独立役員として届け出ることについては，その顧問料や弁護士報酬の額に照らして，慎重な判断が必要であると考えられる。

　次に，②顧問弁護士を社外監査役として選任する場合には，株主・投資家からその独立性について疑問が呈され，場合によってはその選任議案について反対の議決権を行使される可能性があることにも，併せて留意する必要がある。近時，社外役員については，その「社外性」のみならず，「独立性」にも着目されるようになっており，法令上の要件ではないものの，社外役員の適格性として，「独立性」の有無が問題となる可能性は十分にあると考えられる。この点については，既に複数の上場会社が公表しているように，会社独自の社外役員に関する独立性の基準を具体的に定めた上で，当該基準に適合していることをもって，顧問弁護士である社外監査役について独立性に問題がないことを，株主・投資家に対して丁寧に説明するという対応をとることが考えられる（したがって，この独立性の基準の内容自体が，他社事例等に照らして合理的なものである必要があることは言うまでもない。なお，この独立性の基準を定めるに当たっては，日本取締役協会が公表している「取締役会規則における独立取締役の選任基準」が参考になる。)。

Q73 主要な取引先の関係者と社外監査役

主要な取引先の関係者が社外監査役に就任できるか。

A 主要な取引先の関係者が社外監査役に就任することは、会社法上は禁止されていないものの、金融商品取引所規則に基づく独立役員として届け出ることができない場合があることに加えて、株主・投資家からその独立性について疑問が呈される可能性があることに留意する必要がある。

解説

会社法上、主要な取引先の関係者は、社外監査役の要件を定める同法2条16号に抵触しないことから、法令上は、社外監査役に就任することが可能である。

もっとも、主要な取引先の関係者である社外監査役については、金融商品取引所規則に基づく「独立役員」として届け出ることはできない場合があることに留意する必要がある。すなわち、金融商品取引所規則では、一般株主の保護の観点から、独立役員を1名以上確保することが義務付けられている（上場規程436条の2等）ところ、「当該会社を主要な取引先とする者若しくはその業務執行者又は当該会社の主要な取引先若しくはその業務執行者」はこの独立役員に該当せず、その者を独立役員として届け出ることはできないとされている（上場管理等に関するガイドラインⅢ5(3)の2b等）。

この点に関して、「主要な取引先」とは、「当該会社における事業等の意思決定に対して、親子会社・関連会社と同程度の影響を与え得る取引関係がある取引先」をいうとされており、その具体例として、①当該取引先との取引による売上高等が当該会社の売上高等の相当部分を占めている相手、②当該会社の事業活動に欠くことのできないような商品・役務の提供を行っている相手、③いわゆるメインバンク等が考えられるとされているものの、その具体的な数値基準（売上高、仕入高等）については、金融商品取引所の規則等では明らかにされていない。したがって、（取引規模が極めて僅少であるような場合

を除き）取引先の関係者のうち，その業務執行者を独立役員として届け出ることについては，慎重な判断が必要であると考えられる。

　また，仮に独立役員として届け出ない場合であっても，主要な取引先の関係者を社外監査役として選任する場合には，株主・投資家からその独立性について疑問が呈され，場合によってはその選任議案について反対の議決権を行使される可能性があることにも，併せて留意する必要がある。近時，社外役員については，その「社外性」のみならず，「独立性」にも着目されるようになっており，法令上の要件ではないものの，社外役員の適格性として，「独立性」の有無が問題となる可能性は十分にあると考えられる。この点については，既に複数の上場会社が公表しているように，会社独自の社外役員に関する独立性の基準を具体的に定めた上で，当該基準に適合していることをもって，主要な取引先の関係者である社外監査役について独立性に問題がないことを，株主・投資家に対して丁寧に説明するという対応をとることが考えられる（したがって，この独立性の基準の内容自体が，他社事例等に照らして合理的なものである必要があることは言うまでもない。なお，この独立性の基準を定めるに当たっては，日本取締役協会が公表している「取締役会規則における独立取締役の選任基準」が参考になる。）。

Q74 財務・会計に関する知見の要否

社外監査役は，財務・会計に関する知見を有している必要があるか。

A 社外監査役が財務・会計に関する知見を有していることは必ずしも必須ではなく，むしろ，財務・会計に関する知見のみならず，その他の専門分野に関する知見を有する者も社外監査役として選任することにより，多様な視点での横断的な監査が可能となり，ひいては，広範多岐にわたる会社の経営・事業運営について実効的な監査を行うことが可能となるものと考えられる。

解 説

会社法上，（社外）監査役には計算書類を監査する役割が求められている（会社436条1項・2項1号）ことから，社外監査役は，その役割を果たすために，財務・会計に関する知見を有している必要があろうか。

この点に関して，会社法上，監査役の資格が明文で定められている（会社335条）ものの，その中では財務・会計に関する知見を有していることは要件とされていないことから，少なくとも法令上の要件としては，社外監査役が財務・会計に関する知見を有していることは求められていない。

そして，上記のとおり，監査役には計算書類を監査する役割が求められているが，その具体的な内容は，監査役設置会社（ただし，会計監査人設置会社を除く。以下本設問において同じ。）である場合と会計監査人設置会社である場合とで異なる。

まず，監査役設置会社の場合，計算書類の監査については，監査役のみで行われることになる（会社436条1項）ものの，ここでいう「監査」には，「計算関係書類に表示された情報と計算関係書類に表示すべき情報との合致の程度を確かめ，かつ，その結果を利害関係者に伝達するための手続」が含まれるとされている（会社計算121条2項）。そして，監査役設置会社の計算書類については，そもそもここでいう「計算関係書類に表示すべき情報」の内容が

必ずしも明らかでないことから，計算書類が著しく真実に反するものではないことを何らかの合理的根拠をもって確認することで足りると解されている[12]。

次に，会計監査人設置会社の場合，計算書類の監査については，監査役及び会計監査人により重畳的に行われることが想定されている（会社436条2項1号）が，具体的には，職業専門家である会計監査人が一次的に会計監査を行い，監査役はその会計監査の方法及び結果の相当性を判断して監査報告を作成することになる（会社計算127条2号・128条2項2号）ことから，監査役による監査はあくまでも二次的なものであり，むしろ，会計監査人との連携が重視されている。

また，会社法上，内部統制システムの一つとして，監査役がその職務を補助すべき使用人を置くことを求めた場合における当該使用人に関する事項を定める必要がある（会社362条4項6号，会社規100条3項1号）ことから，監査役は，これを根拠として，会社に対して，自己の監査業務を補助すべき使用人として財務・会計に関する知見を有している者を設置するように求めることができる。

以上からすると，財務・会計に関する知見については，社外監査役による監査業務に資する資質の一つであることは言うまでもないものの，社外監査役が財務・会計に関する知見を有していることは必ずしも必須ではないものと考えられる。むしろ，財務・会計に関する知見のみならず，その他の専門分野に関する知見を有する者も社外監査役として選任することにより，多様な視点での横断的な監査が可能となり，広範多岐にわたる会社の経営・事業運営について実効的な監査を行うことが可能となるものと考えられる。

---

[12] 江頭憲治郎＝弥永真生編『会社法コンメンタール10 計算等(1)』176頁〔片木晴彦〕（商事法務，2011）。

Q75 社内監査役と社外監査役の役割

社内監査役と社外監査役の役割の違いは何か。

A 社内監査役には，監査に必要・有益な情報を効率的に社内で収集すること，当該会社・当該事業固有の問題を発見すること，監査について社内関係者との調整やその協力を得ること等の役割が期待される一方で，社外監査役には，社外者としての中立的・第三者的な役割が期待でき，これを相互に補完することが監査の質を高めることにつながるものと考えられる。

解 説

監査役の分類の一つとして，社内監査役と社外監査役とが存在するが，その役割にはどのような違いがあろうか。

社内監査役は，いわゆる常勤監査役であることが多く，会社の取締役・執行役員・使用人等の職歴を経た上で，監査役に就任することが一般的であろう。したがって，社内監査役には，組織・風土，事業内容等の会社の事情に精通していることから，監査に必要・有益な情報を効率的に社内で収集すること，当該会社・当該事業固有の問題を発見すること，監査について社内関係者との調整やその協力を得ること等の役割が期待される一方で，社内での人間関係等のしがらみから，客観的・中立的な意見を述べることが難しい，これまでの執行サイドの役職員としての実務経験や成功体験にとらわれるあまり，執行サイドとは異なる視点や新たな発想を持つことが難しい，特に常勤監査役である場合には，生計をその報酬に依存していることが多いため，（会社法上は様々な規制があるものの）監査役の事実上の任免権を有する経営陣に反対意見を述べることが難しいなどといった問題点がある。

これに対して，社外監査役にはその逆のことがいえる。すなわち，社外監査役はいわゆる非常勤監査役であることが多いところ，会社の事情に必ずしも精通していないことから，社外監査役には，社内での情報収集が容易ではない，当該会社・当該事業固有の問題を発見することが難しい，意見が一般

論に終始するか，あるいは自身の専門分野に偏りやすいなどといった問題点があるものの，前述（Q70（社外監査役の役割），Q71（社外監査役の資質））のとおり，専門性・客観的独立性・倫理性を有することにより，社外監査役には，社外者としての中立的・第三者的な立場から，取締役の職務執行の監査を通じて，会社経営陣に対する会社の経営・事業運営に関するアドバイスや，会社の経営・事業運営に対するモニタリングを客観的な視点で行うという役割が期待できる。

　社内監査役と社外監査役の役割の違いは，概要以上のとおりであるが，このことからすると，監査役による監査に際しては，社内監査役と社外監査役の役割分担が極めて重要であるといえよう。すなわち，監督機能を高めるためには，専門性・客観的独立性・倫理性を有する社外監査役の存在が極めて重要であることは言うまでもないが，そのためには，組織・風土，事業内容等の会社の事情に精通している社内監査役との連携が必要である。具体的には，社内監査役から社外監査役に対して，監査の基礎となるべき情報の提供，固有の問題点の示唆等がなされ，その一方で，社外監査役から社内監査役に対しては，客観的・中立的な意見の示唆，専門的知見・社外情報の提供等がなされることにより相互に補完することで，組織的監査の充実に努めることが重要であって，監査の質を高めることにつながるものと考えられる。このことは，平成5年の商法改正により社外監査役制度が導入された際に，その制度趣旨として「社内監査役に加えて，業務執行から一定の距離を置き，新たな視点から業務内容を見直すことが期待できるいわば社外監査役の選任を強制することにより，両者が協力して，より一層適正な監査の実現を図ろうとするもの」と説明されていることからも[13]，制度導入の当初から想定されていたものといえよう。

---

13) 法務省民事局参事官室編『一問一答　平成5年改正商法』104～105頁（商事法務研究会，1993）。

4 監査役会の構成，職務分担，権限
(1) 監査役と監査役会の役割，構成，活動

Q76 監査役会設置会社

監査役会はどのような会社に必要か。

A 監査役会は，大会社である公開会社（監査等委員会設置会社及び指名委員会等設置会社を除く。）に設置することが必要となる。

解説

大会社（会社2条6号）である公開会社（会社2条5号）は，監査役を置かなければならない（会社328条1項）。すなわち，大会社が譲渡制限のない株式を一部でも発行する場合には，監査役会を設置しなければならない。

監査等委員会設置会社においては監査等委員会が取締役の職務執行に対する監査を行い（会社399条の2第3項1号），指名委員会等設置会社においては監査委員会が執行役等の職務執行に対する監査を行う（会社404条2項1号）ことになるから，監査役会を設置する義務を負わない。

Q77 監査役会と各監査役の関係

監査役会と各監査役はどのような関係があるか。

A 監査役会は，全ての監査役で組織される（会社390条1項）が，監査役はあくまでも独任制の機関であって，各自が単独でその権限を行使することができる。

解説

監査役会は，全ての監査役で組織される（会社390条1項）。監査役会は，その決定をもって，監査の方針，会社の業務及び財産の状況の調査の方法その他の監査役の職務の執行に関する事項の決定を行うことができるが，一方で，当該決定が各監査役の権限の行使を妨げることはできない（同条2項）とされている。すなわち，監査役会は，各監査役の役割分担を容易にし，かつ，情報の共有を可能にすることにより，組織的・効率的監査を可能にするための機関であるが，監査役はあくまでも独任制の機関であり，各自が単独でその権限を行使することができる。

Q78 監査役会の構成

監査役会は何名の監査役で構成されるか。監査役会の監査役にはどのような種類があるか。

A 監査役会設置会社においては、監査役は3名以上でなければならない。監査役会は、社外監査役と社内監査役とで構成され、また、常勤監査役と、非常勤監査役により構成される。

解 説

監査役会設置会社においては、監査役は3人以上でなければならず、その半数以上は社外監査役でなければならない（会社335条3項）。したがって、監査役会は、社外監査役とそれ以外の者（社内監査役）とで構成される。

また、監査役会設置会社は、監査役の中から、常勤の監査役を選定することとされている（会社390条2項2号・3項）。常勤監査役とは、他に常勤の仕事がなく、会社の営業時間中、原則として、その会社の監査役の職務に専念するものをいう。監査役会は、かかる常勤監査役と、それ以外の監査役（非常勤監査役）により構成される。

Q79 監査役会の職務

監査役会はどのような職務を行うか。

A 監査役会は、監査役の職務の執行に関する事項の決定を行うほか、監査報告の作成、常勤の監査役の選定及び解職を行う。

解説

Q77（監査役会と各監査役の関係）でも述べたとおり、監査役会は、その決定をもって、監査の方針、会社の業務及び財産の状況の調査の方法その他の監査役の職務の執行に関する事項の決定を行うことができる（会社390条2項3号）。ただし、この場合でも監査役の権限の行使を妨げることはできない（会社390条2項ただし書）。

また、監査役会は、株主総会に提出する会計監査人の選任・解任・不再任の議案の内容を決定する権限を有する（新会社344条1項・3項）。この点、旧会社法の下では、会計監査人の選任・解任議案についての監査役会の権限は同意権に限られていたのに対し（旧会社344条1項1号・2号・3項）、新会社法の下では、監査役会の権限が強化されている。

そのほか、監査役会は、監査報告の作成（会社390条2項1号）、常勤の監査役の選定及び解職（同項2号）を行う。また、監査役会は、監査役に対して、その職務の執行の状況を報告させることができ（会社390条4項）、これにより監査役間の情報共有を可能としている。

Q80 監査役会の開催時期

監査役会はいつ開催されるか。

A 監査役会の開催時期について、法令上特段の定めはないが、取締役会と同日に監査役会も開催されることが多い。

解 説

監査役会の開催時期について、法令上特段の定めはない。もっとも、監査役は取締役会に出席する義務があるので（会社383条1項）、実務上は、社外監査役との日程調整の便宜上、取締役会と同日に監査役会も開催されることが多い。

Q81 監査役会の運営

監査役会はどのように運営されるか。

A 監査役会の決議は，監査役の過半数をもって行われる。監査役は，代理により議決権を行使することは認められないが，テレビ会議や双方向の電話会議などにより出席することは認められる。また，監査役会の決議は，決議の省略（書面決議）は認められない。

解 説

　監査役会は，各監査役の招集により開催される（会社391条）。実務上は，監査役会規則等で原則として招集権を有する監査役（例えば，議長など）を定めることが一般的ではあるが，当該規定により各監査役の招集権限が制約されるものではないことに留意が必要である。監査役会の招集通知は監査役会の日から1週間前までに発しなければならないが，当該期間は定款で短縮でき（会社392条1項），監査役の全員の同意がある場合には招集手続を省略することもできる（同条2項）。

　監査役会の決議は，監査役の過半数をもって行われる（会社393条1項）。監査役会については，取締役会とは異なり，特別利害関係を有する監査役の議決権を排除する規定はなく，定足数の規定もないので（会社369条1項・2項参照），「監査役の過半数」とは，監査役の出席数にかかわらず監査役全員の過半数を意味する。なお，監査役は，代理による議決権行使は認められないが，テレビ会議や双方向の電話会議などにより出席することも認められる。また，監査役会の決議は，取締役会の場合と異なり，決議の省略（書面決議）は認められない（会社370条参照）。

　取締役，会計参与，会計監査人は監査役会に対して一定の場合に報告義務を負うこと（会社357条1項・2項・375条1項・2項・397条1項～3項）から，監査役会には，取締役，会計参与，会計監査人の出席を求めることもあり得る。ただし，これらの者が監査役の全員に対して監査役会に報告すべき事項を通

知したときは，当該事項を監査役会に報告することを要しないこととされている（会社395条）。

　監査役会では議事録が作成され，出席監査役が署名又は記名押印を行わなければならない（会社393条2項）。取締役会と同様，議事録に異議をとどめない監査役は，決議に賛成したものとみなされる（同条4項）。

(2) 監査役間の職務分担と社外監査役

Q82 社外監査役の職務の分担

社外監査役はどのような職務を分担するか。

A 社内監査役と社外監査役の特性からすると，社内監査役は日常監査全般を担当する一方で，社外監査役が取締役会及び監査役会に出席し，社内監査役の日常監査に係る報告を受けて客観的な意見を述べ質問を行うなどの職務分担が考えられる。

解 説
1 社外監査役の特性と職務分担

監査役は独任制の機関であり，各監査役がそれぞれ独自に監査を行うのが本来の姿ではあるが，一方で，会社法が公開会社である大会社には監査役会の設置を義務付け（会社328条1項），組織的監査を前提としていることからすれば，各監査役による職務分担が当然の前提となっていると考えられる（会社390条2項3号参照）。実際にも，会社の規模によっては，一人の監査役がその会社の全体について把握し，監査業務を行うことが実質的に不可能である場合もあるだろう。したがって，各監査役はそれぞれ職務を分担することが想定されている。

その中で，社外監査役はどのような職務を分担することが想定されているのであろうか。**Q70**（社外監査役の役割），**Q75**（社内監査役と社外監査役の役割）において述べたとおり，社外監査役は，過去のしがらみにとらわれることなく，また，会社の外部の視点を取り入れて独立した公正な立場から監査役の職務を執行することが期待されている一方で，社内事情には通じておらず，会社固有の問題点には疎いという弱点がある。また，社外監査役は非常勤監査役であることがほとんどであろう。

社内監査役と社外監査役のかかる特性からすると，社内監査役は重要な会

議への出席,書類の閲覧等の調査による日常監査全般を担当する一方で,社外監査役が取締役会及び監査役会に出席し,社内監査役の日常監査に係る報告を受けて客観的な意見を述べ質問を行うなどの職務分担が考えられるであろう。

2 監査役監査基準

社内監査役と社外監査役のかかる特性を踏まえ,監査基準においては,「社外監査役は,その独立性,選任された理由等を踏まえ,中立の立場から客観的に監査意見を表明することが特に期待されていることを認識し,代表取締役及び取締役会に対して忌憚のない質問をし又は意見を述べなければならない。」(監査基準5条2項),「社外監査役は,監査体制の独立性及び中立性を一層高めるために法令上その選任が義務付けられていることを自覚し,積極的に監査に必要な情報の入手に心掛け,得られた情報を他の監査役と共有することに努めるとともに,他の監査役と協力して監査の環境の整備に努めなければならない。」と規定している(同条1項)。

Q83 社外監査役の分担外の職務に係る責任

社外監査役は，分担外の職務について責任を負うか。

A 社外監査役は，自己の職務を誠実に遂行し，他の監査役の職務遂行について相当の注意をしていれば，任務懈怠の責任を問われないと解される。

解説

　監査役は独任制の機関であり，各監査役がそれぞれ独自に監査を行うのが原則であるとはいえ，監査役の監査の対象は，会社の規模，事業の内容等によっては相当広範囲に及ぶこととなり，到底一人の監査役が監査役としての全ての職務を執行することは想定できない場合もある。会社法が公開会社である大会社には監査役会の設置を義務付け（会社328条1項），組織的監査を前提としているのはそのような趣旨からである。

　そうすると，監査役が分担外の職務について無条件に責任を負うと解するべきではないであろう。職務分担の定めが合理的と解されるのであれば，自己の分担外の職務については職務執行上の善管注意義務（会社330条，民644条）が軽減されると解される。したがって，社外監査役は，自己の職務を誠実に遂行し，他の監査役の職務遂行について相当の注意をしていれば，任務懈怠の責任を問われないと解するべきである。

(3) 監査役の権限

Q84 監査役の監査の対象

監査役の監査の対象は何か。

A 監査役は、業務監査と会計監査とを行う。

解説

　監査役は、取締役の職務の執行を監査する（会社381条1項前段）。また、監査役は、計算関係書類が会社の財産及び損益の状況を適正に表示しているかに関する会計監査人の監査の方法及び結果の相当性につき監査意見を形成することが求められる（監査基準27条1項。なお、会計監査人設置会社であることを前提としている。）。すなわち、監査役は、業務監査と会計監査とを行う。

　ただし、公開会社でない株式会社（監査役会設置会社及び会計監査人設置会社を除く。）では、定款で定めることにより、監査役の監査の範囲を、会計監査に限定することができる（会社389条1項）。この場合、監査役は、業務監査の権限がないため、取締役会に出席せず、取締役の違法行為を差し止めることもできない（会社389条7項・383条1項・385条1項等）。なお、新会社法において、監査役の監査の範囲を会計監査に限定する定款の定めは登記事項とされた（会社911条3項17号）。

> **コラム** 監査役設置会社と限定監査役設置会社の相異

　監査役は，本来，株主に代わって取締役の業務執行について監督する機関ですので，監査役の職務権限が会計監査に限定される会社（限定監査役設置会社）においては，株主が直接取締役の業務執行を監督する制度が必要となります。そこで，限定監査役設置会社では，取締役が会社の目的の範囲外，法令・定款違反行為をし，又はそのおそれがあるときは，株主には取締役会招集請求権が付与され（会社367条），裁判所の許可なしに取締役会議事録の閲覧請求をすることができます（会社371条2項）。また，限定監査役設置会社では，株主は，会社に「著しい損害」が生じるおそれがあれば，「回復することができない損害」が生じるおそれがなくても，取締役の違法行為の差止めを求めることができます（会社360条3項）。新会社法において限定監査役設置会社であることが登記事項とされた背景には，株主がかかる相異点を踏まえて適正な権限行使ができるようにする目的があります。

Q85 監査役による業務監査権限の範囲

監査役による業務監査権限はどこまで及ぶか。

A 監査役が行う業務監査は、一般には、いわゆる適法性監査に限られ、妥当性監査にまでは及ばない。

解説

監査役が行う業務監査は、取締役の業務執行について、法令若しくは定款違反又は著しく不当な事項の有無についての調査・指摘であり（会社382条、384条参照。いわゆる適法性監査）、一般には、取締役の業務執行の妥当性一般についての調査・指摘（いわゆる妥当性監査）にまでは及ばない。

もっとも、業務執行の不当性が一定限度を超えれば、取締役の善管注意義務違反となることから、監査役は、取締役の業務執行に不当な点がないかについても監査の対象とする必要がある。また、監査役が取締役の業務執行の妥当性を監査する権限を有しないとしても、違法な業務執行を早い段階で未然防止することは必要であるから、監査役が取締役の業務執行の妥当性について取締役又は取締役会に報告し（会社382条）又は取締役会において意見を述べること（会社383条1項）は制限されるものではない。

なお、監査役が違反の有無を監査する「法令」には、株主・会社債権者の利益の保護を目的とする規定（会社156条・356条1項・365条等）や取締役の善管注意義務・忠実義務を定める一般的な規定（会社330条・355条）に加えて、公益の保護を目的とする規定（独占禁止法・労働関係諸法等）を含む全ての法令が含まれると考えられている。

> **コラム** 適法性監査と妥当性監査

　監査役の職務は，取締役の職務の執行を監査することであり，この監査には業務監査と会計監査とがあります（非大会社かつ非公開会社では会計監査に限定することができます。）。業務監査は，取締役の職務の執行が法令・定款を遵守して行われているかどうかを監査すること（適法性監査）に限られるのか，それとも業務執行として妥当な選択なのか，又は代替案はないのかという取締役の職務執行の妥当性についての監査（妥当性監査）にまで及ぶのかについては議論があります。

　一般には取締役の職務執行の妥当性については取締役会の監督機能でチェックすることが適切と考えられることから，監査役の業務監査は適法性監査に限られるとされています。しかしながら，取締役の職務の執行が著しく妥当性を欠く場合は，それが取締役の善管注意義務・忠実義務違反になるため，この点において妥当性の監査は適法性監査に含まれると解することができます。また，会社法では，内部統制システムや会社の支配に関する基本方針などについての意見を監査報告の内容にするなど，監査役に妥当性監査を認めているとみることができる規定もあります。株式会社資生堂のように，監査役が適法性監査だけでなく妥当性監査も行うことを公表している会社もあります。

Q86 監査役の業務遂行のための権限

監査役は，その業務を遂行するためにどのような権限を有するか。

A 監査役は，その業務を遂行するため，大別して，(1)調査権限，(2)是正権限，(3)報告権限を有する。

解説

監査役は，その業務を遂行するため，大別して，(1)調査権限，(2)是正権限，(3)報告権限を有する。

(1) **調査権限**

調査権限とは，監査役がその業務を行うために必要となる情報を収集するための権限である。具体的には，取締役，会計参与，使用人に対する報告請求や会社の業務・財産の状況を調査する権限（会社381条2項），子会社調査権限（同条3項）が会社法上定められている。

(2) **是正権限**

是正権限としては，取締役による不正の行為若しくは不正の行為をするおそれがあると認めるとき，又は法令・定款に違反する事実若しくは著しく不当な事実があると認めるときには取締役会に対して報告する権限（会社382条），取締役の行為の差止めを行う権限（会社385条1項。Q87（監査役による取締役の行為の差止め）参照）などの権限が認められている。

(3) **報告権限**

報告権限としては，株主総会に対する報告（会社384条），取締役の職務執行に関する監査報告の作成（業務監査につき会社381条1項）や株主総会における説明（会社314条）などの権限が認められている。

Q87 監査役による取締役の行為の差止め

監査役が取締役の行為を差し止められるのはどのような場合か。

A 監査役は，取締役が会社の目的の範囲外の行為その他法令・定款に違反する行為をし，又はこれらの行為をするおそれがある場合において，当該行為によって会社に著しい損害が生じるおそれがあるときには，当該取締役に対し，当該行為をやめることを請求することができる（会社385条1項）。

解説

監査役は，取締役が会社の目的の範囲外の行為その他法令・定款に違反する行為をし，又はこれらの行為をするおそれがある場合において，当該行為によって会社に著しい損害が生じるおそれがあるときには，当該取締役に対し，当該行為をやめることを請求することができる（会社385条1項）。

監査役が取締役の法令・定款に違反する行為を発見した場合には，取締役会に報告して監督権の発動を促すこともできる（会社382条。なお，会社383条2項・3項参照）が，それを待っていては会社に損害が生じてしまう場合や取締役会が監督権を行使しない場合には直接差止めを請求することになる。直接取締役に対して当該請求を行う場合でも，まずは訴訟外で請求を行うのが通常であろうが，その余裕がない場合には訴えを提起するとともに仮処分の申立てを行うことも有り得る。当該差止めの仮処分命令については，通常の仮処分命令（民保14条参照）とは異なり，担保の提供は必要ではない（会社385条2項）。

Q88 監査役による子会社に対する権限行使

監査役は，子会社に対してどのような権限を行使できるか。

A 監査役は，その職務を行うため必要があるときは，会社の子会社に対して事業の報告を求め，また，子会社の業務及び財産の状況の調査をすることができる。

解　説

　監査役は，その職務を行うため必要があるときは，会社の子会社に対して事業の報告を求め，また，子会社の業務及び財産の状況の調査をすることができる（会社381条3項）。かかる子会社調査権は，子会社を悪用した粉飾決算などの事例がまま見られることから設けられた規定である。一方，親会社に対する調査権限は認められていない。

　ただし，子会社は正当な理由がある場合には報告又は調査を拒むことができるとされており（会社381条4項），監査の目的と無関係に子会社の事業全般について報告を求めたり調査を行ったりできるわけではない。

　かかる調査権限の対象となる子会社には外国法に基づき設立された会社等も含まれるが，海外子会社には設立準拠法である外国法が適用されるため，必ずしも海外子会社が当該調査に応じる義務を負うわけではない。

　したがって，実務上は，海外子会社の往査等の監査が円滑に遂行できるよう，日頃から親会社の海外子会社担当役員，海外子会社の経営責任者等との間で信頼される人間関係を築くことが重要である。また，海外子会社の実効性のある監査（特に往査）を実行するためには，親会社の内部監査部門や会計監査人と連携することが必要となる場合が多いであろう。

5 社外監査役の責任

Q89 監査役の会社に対する責任の概要

会社法上，監査役はどのような場合に会社に対し責任を負うか。この点は社外監査役と差があるか。

A 会社法上，監査役は会社に対して善管注意義務を負っており，その任務を怠って会社に損害を与えた場合には，会社に対して損害賠償責任を負う。この点は社外監査役も同様である。

解説

1 そもそも，監査役は会社の役員であり（会社329条1項），会社と役員の関係は委任に関する規定に従うとされていることから（会社330条），民法の委任に関する規定により，善良な管理者の注意義務（善管注意義務）をもって委任事務を処理する義務を負い（民644条），この義務に違反して会社に損害を与えた場合には，債務不履行に基づく損害賠償責任を負うと解される（民415条）。

2 また，監査役の会社に対する責任については，会社法423条1項にも規定があり，監査役がその任務を怠り（任務懈怠），これにより会社に損害を与えた場合には，会社に対して損害賠償責任を負うとされる。もっとも，会社法423条1項の規定は，民法上の委任における受任者の善管注意義務以上の義務，民法上の受任者の委任者に対する責任以上の責任を負わせる趣旨ではないと解され，前述した善管注意義務に基づく損害賠償責任を確認するものにすぎないとも考えられよう。

3 具体的にいかなる行為が善管注意義務違反ないし任務懈怠となるかについては，Q90（任務懈怠）を参照されたい。

4 なお，この善管注意義務ないし任務懈怠に基づく損害賠償責任については，会社が監査役に対しこれらの責任を追及しない場合であっても，監査

役は株主から代表訴訟を提起され，責任追及をされる可能性がある（会社847条3項・1項）。

5　以上の点については，社外監査役についても妥当する。

Q90 任務懈怠

監査役のどのような行為が任務懈怠に当たるか。この点は社外監査役と差があるか。

A 監査役は、会社法上義務とされている事項及び監査役監査の実務において現に行われている監査業務を尽くす注意義務があり、これを怠れば任務懈怠に当たる。

社外監査役であることをもってかかる注意義務が軽減されることはないが、期待される役割、監査役に就任する者の経歴、資格等の属性によって、尽くすべき監査業務の内容は異なり得る。

解説

1 監査役の善管注意義務は、抽象的には、会社の監査役として一般的に要求される平均的な注意義務といえる。そして、監査役について、「一般的に要求される平均的な注意義務」として何を行うべきかについては、原則として、会社法上義務とされている事項及び監査役の監査の実務において現に行われている監査業務を尽くすことが求められ、これを怠れば任務懈怠に当たると解される。

2 もっとも、監査役には、常勤監査役と非常勤監査役、社内監査役と社外監査役といった役職の類型があり（会社390条3項・335条3項）、かつ、選任者の属性としても、会社経営実務の経験者のみならず、弁護士・公認会計士等の有資格者など経歴や知見も様々に異なり得る。こうした諸事情により要求される具体的な注意義務の内容ないしは尽くすべき監査業務が異なることはあり得よう。

3 社外監査役の制度は、業務執行担当者の影響を受けず独立性を保つことを目的としているが、その反面、会社の業務内容・会社の運営状況・業界への精通が限られてしまう場合も多い。そうした社外監査役に対して、会社の業務内容等に精通した社内出身の監査役と全く同じ職務遂行を期待す

ることはできないというべきであり，社外監査役は，原則として社内監査役の収集した情報を基に判断することも合理的な職務の分担として許容されると考えられる（会社390条2項3号）。もちろん，社外監査役は，収集された情報が信頼に足るべきものか否かに注意を払う必要があるし，情報に不備・不足があると判断した場合には自身又は第三者を通じて情報収集を補充する必要もあろう。このように社外監査役として期待され，あるいは，分担される役割が社内監査役と異なることはあり得るものの，社外監査役であることをもって注意義務が一般的に軽減されるとはいえない。

　なお，監査役会決議による職務の分担の決定において，情報収集そのものを社外監査役の分担とした場合（会社390条2項3号）には，社外監査役であることをもって情報収集の不備について責任を免れることはできない。

Q91 監査役に対する責任免除と責任限定契約

> 監査役の責任が免除又は限定される場合として，どのようなものがあるか。社外監査役との間に差はあるか。

A 監査役の会社に対する損害賠償責任は，総株主の同意，株主総会決議又は定款の定めに基づく取締役会決議によって免除することができる。

上記に加え，あらかじめ会社との間で責任限定契約を締結しておくこともできる。

解説

1 監査役の会社に対する損害賠償責任は，後述の一部免除及び責任限定契約を除き，総株主の同意がなければ免除することができない（会社424条）。総株主の同意に基づく免除は，責任の一部のみならず，その全部を対象とすることも可能である。

2 上記に加え，監査役の会社に対する損害賠償責任は，監査役が職務を行うにつき善意でかつ重大な過失がないときは，株主総会決議（ただし，最終完全親会社等がある場合において，当該責任が会社法847条の3第4項に規定する特定責任であるときにあっては，当該株式会社及び当該最終完全親会社等の株主総会決議）によって，当該監査役が会社から受け取る報酬2年分に相当する額（最低責任限度額）を控除した残額を限度として，免除することができる（会社425条1項1号ハ・309条2項8号，会社規113条・114条）。

3 さらに，監査役設置会社，監査等委員会設置会社又は指名委員会等設置会社では，あらかじめ定款に定めを置くことにより，株主総会決議によるのではなく，取締役会決議（取締役会非設置会社においては取締役の過半数の同意。以下同じ。）によって行うことができる（会社426条1項）。ただし，総株主の議決権の100分の3（定款でこれを下回る割合を定めた場合はその割合）以上の議決権を有する株主が，1か月以上で会社が定めた期間内に異議を述べた場合には，取締役会決議による損害賠償責任の免除を行うことはできず

（同条7項），別途前記2の株主総会決議による責任の一部免除を行わなければ，監査役はその任務懈怠により会社に生じた損害の全部を賠償しなければならないこととなる。

4 　前記1～3の監査役に対する会社に対する責任の免除に加えて，あらかじめ会社との間で監査役の会社に対する損害賠償責任について，最大で，定款で定めた額の範囲内であらかじめ会社が定めた額と最低責任限度額とのいずれか高い額にまでこれを限定する契約（責任限定契約）を締結することができる（会社427条1項）。この責任限定契約を締結するには，当該会社の定款において，責任限定契約を監査役と締結することができる旨の定めが必要となる。

5 　なお，前記1～4の責任の免除又は限定はいずれも監査役の会社に対する損害賠償責任（会社423条1項）を対象とするものであり，監査役の第三者に対する責任（会社429条1項）まで免除又は限定するものでない。

> **コラム　セイクレスト監査役責任追及事件**
> （大阪地判平25・12・26金判1435号42頁，判時2220号109頁）
>
> 　本件は，株式会社セイクレスト（平成23年5月2日破産手続開始決定）の元監査役（非常勤・社外・公認会計士）の会社に対する損害賠償責任が認められた役員責任査定決定を不服として，元監査役（原告）が，善管注意義務違反はないなどと主張して，被告破産管財人に対して査定決定の取消しを求めた同決定に対して異議の訴えを提起した事件（第1事件），破産管財人が，原告には善管注意義務違反につき重大な過失があり，責任限定契約の適用はないなどと主張して，原告に対し，同決定の変更を求めて異議の訴えを反訴として提起した事件（第2事件）です。
> 　本判決は，取締役にはリスク管理体制の構築義務を果たす義務があるとした上で，監査役には，これを監視する義務があり，会社のリスク管理体制が構築されていない場合や不十分なものである場合には，「取締役に対して，適切なリスク管理体制の構築を勧告すべき義務を負うと解される」としました。
> 　本判決は，セイクレスト社の元代表取締役Aが，同社が大幅な債務超過の状況を解消しなければ上場廃止になるおそれがある中で，回収可能性に疑義のある会社への貸付，現物出資の価額が著しく不足する現物出資，実際の借

入金額をはるかに上回る額面の約束手形の濫発等を行ったことを認定し、Ａの注意義務違反及び忠実義務違反及びＢら元取締役のリスク管理体制構築義務違反を認めました。
　また、本判決は、原告ら元監査役も、取締役会において報告を受けるなどして、破産会社の財務状況やＡの上記任務懈怠行為の反復について十分に認識していたと認められるから、Ａが、会社の手元に資金がない場合には、支払原因が不明確な約束手形等を振り出して資金を調達し、資金がある場合には、使途不明の出金を行うことを繰り返しており、今後もこれらの任務懈怠行為が繰り返されるおそれがあることを予見できたとして、とりわけ、平成22年12月29日に、本件募集株式の発行による払込金として多額の現金が入金されることとなっていたのであるから、原告としては、遅くとも同月７日開催の定時取締役会の時点で、Ａが同払込金を不当に流出させるおそれがあることを予見できたといえ、取締役会に対し、直ちに、Ａによる資金流出を防止するためのリスク管理体制（例えばＡ単独の指示では金庫からの出金をしないよう経営管理本部長及び出納責任者に指示する等）を直ちに構築するよう勧告すべきであったとしました。加えて、本判決は、原告ら監査役が再三にわたり、Ａの行為が不適切であることは指摘したにもかかわらず、それが受け入れられなかったことが繰り返されたという状況に鑑みると、原告には、上記リスク管理体制構築義務違反に係る勧告義務にとどまらず、Ａの代表取締役解職及び取締役解任決議を目的事項とする臨時株主総会を招集することを勧告すべき義務もあったと認められると述べ、原告がＢら元取締役に対してＡの代表取締役からの解職等を勧告したとしても、Ｂら元取締役が、同勧告に従って行動した可能性はさほど高くなかったとはいえるものの、そのことは、監査役として、監査役監査規程に明示されている職務をしない理由にはならないと判示しました。
　なお、本判決は、会社法における重過失（会社429条１項等参照）とは、注意義務の違反の程度が著しい場合をいうところ、原告は、Ａの上記貸付や出金、現物出資に関し、取締役会に意見書を提出して反対の意見を表明し、注意喚起を行うなど、Ａら取締役による違法、不当な行為が行われないようにそれなりの活動をしていたと評価できること、本件手形振出に対しても、同様に反対意見を表明したほか、振り出した約束手形の行方等の報告を求めるなど、破産会社に損害が生じないように努力し、Ａによる約束手形の濫発に対する防止措置も一応構築されていたと認められること等も併せ考えると、原告の善管注意義務の違反につき、その程度が著しいと評価することは酷であり、重過失があるとは認められないとして、原告と破産会社との間の責任限定契約が適用され、破産管財人の原告に対する損害賠償請求権は、原告の監査役報酬の２年分（648万円）に限定されるとしました。

Q92 監査役の賠償責任保険（D＆O保険）

監査役の責任について保険を付すことはできるか。

A 会社役員賠償責任保険（D＆O保険）により，監査役が職務につき行った行為に起因して損害賠償請求がなされたことにより被った損害を一定程度塡補することができる。塡補の具体的な内容については，保険契約に適用される普通保険約款と各種の特約によって決定される。

解説

1 会社役員賠償責任保険（D＆O保険）は，一般に，「会社役員賠償責任保険普通保険約款」（普通保険約款）による基本部分と，「会社補償担保特約条項」及び「株主代表訴訟担保特約条項」によって構成される。

2 これらのうち，普通保険約款は，被保険者となる監査役が職務につき行った行為に起因して保険期間中に被保険者に対して損害賠償請求がなされたことにより被保険者が被った損害のうち，法律上の損害賠償金及び争訟費用を塡補するものであるが，会社からなされた損害賠償請求，代表訴訟による損害賠償請求については，保険会社は免責される。

3 「会社補償担保特約」は，監査役が監査役としての業務として行った行為に起因して保険期間中に損害賠償請求がなされたことにより監査役が被った損害を，会社が監査役に対して補償した場合に，その補償により会社に発生した損失を塡補するものである。

4 「株主代表訴訟担保特約」は，代表訴訟等により被保険者である監査役が会社に対して損害賠償責任を負担することによって被る損害を塡補するものである。なお，本特約は代表訴訟等による場合のみを対象とするものであり，会社から損害賠償請求を受けた場合には前記2のとおり保険会社は免責されることになる。また，本特約が付されている場合であっても，法令違反を認識しながら行為した場合など一定の場合には，なお保険会社が免責されること（故意免責条項等）には注意を要する。

Q93 監査役の第三者に対する責任

会社法上，監査役はどのような場合に第三者に対し責任を負うか。この点は社外監査役と差があるか。

A 監査役は，その職務を行うについて悪意又は重大な過失があった場合に，第三者に対して責任を負う。

このほか，監査役は，監査報告の重要事項に関する虚偽の記載に関し，注意を怠らなかったことを証明しない限り，責任を負う。

以上の点は社外監査役も同様である。

解説

1　本来，監査役は会社に対し義務を負うにすぎないから，第三者に対しては，一般の不法行為責任（民709条）以外には，損害賠償責任を負わないはずである。

もっとも，会社法は，監査役がその職務を行うについて悪意又は重大な過失があったときに，当該監査役は，これによって第三者に生じた損害を賠償する責任を負うものとした（会社429条1項）。

一般に，会社法429条1項は，第三者保護を目的とする規定であると解されており，責任を負うべき「損害」は間接損害と直接損害の両方を含み，「悪意又は重大な過失」は会社に対する任務懈怠についてのもので足り，具体的な第三者に対する加害に関するものとしては必要としないと解されている。

なお，同項にいう「第三者」に株主が含まれるかには争いがあり，学説・裁判例上は見解が分かれている。

2　上記に加えて，監査役が，監査報告に記載し，又は記録すべき重要な事項についての虚偽の記載又は記録をした（以下「虚偽記載等」という。）ときも，第三者に生じた損害を賠償する責任を負う（会社429条2項3号）。計算書類について調査をせず，粉飾を見逃したような場合がこれに当たる。た

だし，監査役が虚偽記載等をすることについて注意を怠らなかったことを証明したときは，この限りでないとされる（会社429条2項ただし書）。

　本項の責任については，株主も第三者又は個人としての資格における損害として賠償を請求できるものと解されている。

3　これらの監査役の第三者に対する損害賠償責任は，他の役員等と共に連帯債務として負担することになる（会社430条）。

4　以上の点については，社外監査役についても妥当する。

Q94 有価証券報告書等の不実記載と監査役の責任

　有価証券報告書等の開示書類の重要事項に虚偽の記載又は記載の不足があった場合，監査役はどのような責任を負うか。この点は社外監査役と差があるか。

A　監査役は，虚偽の記載又は記載の不足に関し，相当な注意を用いたにもかかわらず，こうした不実記載を知ることができなかったことを証明しない限り，会社の有価証券取得者に対して連帯して責任を負う。

　ここにいう「相当な注意」の内容が，個別具体的な事情により社内監査役と社外監査役とで異なることはあり得る。

解説

1　金商法は，上場会社に有価証券報告書・四半期報告書・臨時報告書・有価証券届出書といった開示書類（以下「有価証券報告書等」という。）の提出を義務付けており（金商24条・24条の7・24条の5等），作成された有価証券報告書等も監査役による監査の対象になるものと解される。

2　そして，金商法24条の4は，有価証券報告書のうち，①重要な事項について虚偽の記載があり，又は，②記載すべき重要な事項若しくは誤解を生じさせないために必要な重要事実の記載が欠けている場合（以下①と②の場合を総称して「不実記載」という。），監査役は不実記載を知らずに有価証券を取得した者に対して損害賠償責任を負い（金商24条の4・22条1項・21条1項1号），この責任を免れるためには「相当な注意を用いた」にもかかわらず不実記載を知ることができなかったこと（以下「免責の抗弁」という。）を立証しなければならないとされる（金商24条の4・22条2項・21条2項1号）。

3　近時はかかる不実記載をめぐる監査役その他の役員等の責任が裁判例で争われるケースが増加しており，監査役の責任が肯定されたもの（すなわち，免責の抗弁が認められなかったもの）としてライブドア株式一般投資家集団訴訟控訴審判決（東京高判平23・11・30判時2152号116頁），否定されたもの

（すなわち，免責の抗弁が認められたもの）としてアーバンコーポレイション役員責任追及訴訟第一審判決（東京地判平24・6・22金法1968号87頁）などがある。

　裁判例の傾向として免責の抗弁が認められるための「相当な注意」は高い水準のものが求められることが多く，監査役に限らず会社役員等の免責の抗弁が認められた裁判例はいまだ少ない。

4　「相当な注意」の具体的な内容は，役員が会社において占めている地位，担当職務の内容，当時認識していた事実等に応じて個別に検討されるべきとされており，会社ごとの業務分担や問題となった不実記載の内容等といった個別事情により，当該事案において社外監査役に求められる「相当な注意」の具体的内容と社内監査役に求められるものとが異なることはあり得よう。

　いずれにせよ，上場会社の監査役においては，有価証券報告書等の不実記載に関する責任には十分に留意すべきである。

Q95 監査役に対する罰則

会社法上，監査役に対する罰則としてどのようなものがあるか。この点は社外監査役と差があるか。

A 監査役に対する罰則としては，刑罰と過料が規定されている。

刑罰のうち特別背任罪の成否については，基本的には社外監査役と社内監査役とで差はないと思われるが，それぞれ期待される役割や分担が異なるのであれば，その点が考慮されることはあり得ると考えられる。

解説

1 はじめに

会社法上，監査役に対する罰則としては，刑罰と過料が規定されている。

2 刑罰

(1) 概要

会社法上の刑罰は，主に，①会社財産の侵害に関する罪（特別背任罪（会社960条），会社財産を危うくする罪（会社963条），預合いの罪（会社965条）），②会社運営の健全性の侵害に関する罪（贈収賄罪（会社967条），株主等の権利の行使に関する贈収賄罪（会社968条）），③会社法上の義務違反に関する罪（業務停止命令違反の罪（会社973条），虚偽届出等の罪（会社974条））に大別される。このうち，実務上問題となりやすいのは，特別背任罪（会社960条）であろう。

(2) 特別背任罪

監査役は，自己若しくは第三者の利益を図り，又は会社に損害を加える目的で，任務違背行為をし，会社に財産上の損害を加えたときは，10年以下の懲役若しくは1000万円以下の罰金に処され，又はこれを併科される（会社960条1項3号）。特別背任罪は，刑法上の背任罪（刑247条）の加重類型であり，主体を除き，その構成要件も同一である。

監査役の行為が「任務違背行為」に該当するか否かは，監査役が善管注意義務に違反したかという観点から，実質的に解釈される。

社外監査役に要求される善管注意義務の程度は，社外監査役であることをもって一般的に軽減されるとはいえない。もっとも，社外監査役として期待され，あるいは，分担される役割が社内監査役と異なり，その点が「任務違背行為」の該当性の判断に当たって考慮されることはあり得よう。

3　過　料

　過料とは，金銭を徴収する制裁であるが，刑罰ではなく行政制裁である。

　会社法上の過料は，監査報告等の不記載・虚偽記載（会社976条7号），株主総会における説明義務違反（同条9号）等，会社法上の一定の義務違反について規定されている。

6 社外監査役の金融商品取引法上の責任

Q96 有価証券届出書等の提出に関する留意点

会計監査人設置会社であり，かつ，監査役会設置会社である株式会社が有価証券届出書，有価証券報告書や四半期報告書を提出する場合，社外監査役としてどのような点に留意すべきか。

A 提出される有価証券届出書，有価証券報告書や四半期報告書に，①重要な事項について虚偽の記載がないこと，②記載すべき重要な事項が欠けていないこと，及び③誤解を生じさせないために必要な重要な事実の記載が欠けていないことを確認する必要がある。また，有価証券届出書や有価証券報告書が提出される場合には，会社法に基づいて作成が求められる監査報告についても，重要な事項について虚偽の記載がないことを確認する必要がある。

解 説

1 金融商品取引法上の役員の賠償責任
(1) 損害賠償責任の性質

有価証券届出書のうちに重要な事項について虚偽の記載があり，又は記載すべき重要な事項若しくは誤解を生じさせないために必要な重要な事実の記載が欠けているときは，当該有価証券届出書を提出した会社のその提出の時における役員は，当該有価証券を募集又は売出しに応じて取得した者に対し，記載が虚偽であり又は欠けていることにより生じた損害を賠償する責めに任ずる（金商21条1項1号）。同条の役員には監査役も含まれるため（同条1項1号括弧書），虚偽記載等のある有価証券届出書を提出した会社の社外監査役も損害賠償責任を負うこととなる。また，有価証券報告書や四半期報告書のうちに重要な事項について虚偽の記載があり，又は記載すべき重要な事項若しくは誤解を生じさせないために必要な重要な事実の

記載が欠けている場合について，当該報告書の提出者が発行者である有価証券を取得した者に対して損害賠償責任を負う（金商24条の4及び24条の4の7第4項による金商22条の準用）。「役員等」（金商22条）には，監査役も含まれる。そのため，虚偽記載等のある有価証券報告書や四半期報告書を提出した会社の社外監査役も損害賠償責任を負うこととなる。

　金商法21条の損害賠償責任は，同条2項により，証明責任の転換された過失責任となる[14]。また，金商法24条の4及び24条の4の7第4項は，金商法22条を準用している。金商法22条2項は，金商法21条2項1号及び2号を準用している。そのため，金商法22条の法的性質は，金商法21条と同様に，証明責任を転換された過失責任である[15]。このことから，金商法22条を準用する金商法24条の4（虚偽記載等のある有価証券報告書に係る損害賠償責任）及び金商法24条の4の7第4項（虚偽記載等のある四半期報告書に係る損害賠償責任）の法的性質も，証明責任を転換された過失責任となる。

(2) 「相当な注意」の意義

　有価証券届出書の提出会社の役員が，記載が虚偽であり又は欠けていることを知らず，かつ，相当な注意を用いたにもかかわらず知ることができなかったことを証明したときは，当該役員は金商法21条1項本文に係る賠償責任を負わない（同条2項1号）。また，有価証券報告書や四半期報告書の提出会社の役員が，記載が虚偽であり又は欠けていることを知らず，かつ，相当な注意を用いたにもかかわらず知ることができなかったことを証明したときは，当該役員は同条1項本文に係る賠償責任を負わない（金商21条2項1号・22条2項・24条の4・24条の4の7第4項）。

　金商法21条2項1号において，どの程度の注意を果たせば免責されるのかは，各役員の職務内容や地位に応じて異なると解されている[16]。なお，①相当な注意を用いなかった場合は，たとえ相当な注意を用いても知ることができなかったであろうことを立証しても免責されないこと，また，②

---

14) 近藤光男ほか『金融商品取引法入門〔第3版〕』194～195頁（商事法務，2013）。
15) 神崎克郎ほか『金融商品取引法』553頁（青林書院，2012）参照。
16) 近藤ほか・前掲注14) 195頁。また東京地判平21・5・21判時2047号36頁参照。

記載が虚偽等であることを知っていれば，虚偽等の記載を避けるために相当な注意を用いたとしても免責されないことに留意すべきである。

ところで，有価証券届出書を提出する前に，取締役会において，有価証券届出書の内容そのものや当該内容の前提となる事項について審議されるものと思われる[17]。社外監査役の場合には，有価証券届出書の記載事項の正確性を確かめるために，取締役会や監査役会において適確な質問を行う必要がある[18]。そして，虚偽記載等の存在がうかがわれるなどの特別の事情があれば，調査の義務が生じると解されている[19]。

他方，有価証券報告書や四半期報告書の提出に取締役会の決議は要しないと解する見解が有力である[20]。この見解は，①有価証券報告書の内容は計算書類や事業報告など（会社436条・444条）の内容とほぼ同一であり，これら書類等とは別に，有価証券報告書の内容について取締役会の承認を得る必要ないと考えられていること[21]，②四半期報告書に記載される四半期連結財務諸表については公認会計士又は監査法人の監査証明が必要であり（金商193条の2），四半期レビュー報告書が作成されており（監査証明府令3条），有価証券報告書との均衡を考慮すべきことを理由としている[22]。この見解によれば，有価証券報告書や四半期報告書の提出に際して，これらの書類そのものが，取締役会において審議されることはない。この点が，

---

17) 有価証券届出書と目論見書の内容は取締役会の審議事項とされるべきであるという見解として，岸田雅雄監修『注釈金融商品取引法 第1巻』283頁注40〔加藤貴仁〕（金融財政事情研究会，2011）。
18) 財務諸表に対する注意義務について，河本一郎「証券取引法の基本問題―民事責任を中心として―」神戸法学雑誌21巻3・4号245頁（1972）参照。
19) 岸田・前掲注17) 273頁〔加藤貴仁〕。
20) 東京弁護士会会社法部編『新・取締役会ガイドライン』203頁（商事法務，2011）。これに対して，有価証券報告書について，取締役会に付議すべきとする見解もある（岩原紳作ほか『金融商品取引法セミナー――開示制度・不公正取引・業規制編――』254頁（神田秀樹発言）（有斐閣，2011））。
21) 会計監査人設置会社の場合には，計算書類及びその附属明細書は会計監査人及び監査役の監査を受け（会社436条2項1号），取締役会の承認（会社436条3項）を得るのが原則となる。
22) 東京弁護士会会社法部編・前掲注20) 203～204頁。

有価証券届出書と異なることになる。仮に，取締役会において，有価証券報告書や四半期報告書そのものが審議されないとしても，その内容を構成する計算書類や事業報告を取締役会で審議・承認する際に，記載事項の正確性を確かめるために，取締役会において適確な質問を行う必要がある。同様に，監査役会において，有価証券報告書や四半期報告書の内容を構成する計算書類や事業報告を審議する場合も同様である。そして，虚偽記載等の存在がうかがわれるなどの特別の事情があれば，調査の義務が生じると解される。

　社外監査役にとって，有価証券届出書，有価証券報告書や四半期報告書の記載事項の基となった原資料を常時確認することは困難である。そこで，内部統制報告書との関係が問題となる。具体的には，財務報告に係る内部統制は有効である旨の評価がなされた内部統制報告書に対して，無限定適正意見が付された監査証明がある場合に，社外監査役は相当な注意を尽くしたことになるのか，という問題である。この点に関しては，内部統制システムの存在を無視する行動や，内部統制システムの機能を阻害する行動という特段の事情がなく，かつ，取締役会や監査役会において有価証券届出書の内容や有価証券報告書・四半期報告書の内容を構成する計算書類等について十分に審議していれば，当該社外監査役は，一応，相当な注意を尽くしたと評価されると解される[23]。

2　会社法上の責任

(1)　代表訴訟との関連

　有価証券届出書のうちに，重要な事項について虚偽の記載があり，又は記載すべき重要な事項若しくは誤解を生じさせないために必要な重要な事実の記載が欠けているときは，当該有価証券届出書の届出者は，有価証券を募集又は売出しに応じて取得した者に対し，損害賠償責任を負う（金商18条本文）。同条の損害賠償額は法定されている（金商19条）。また，重要な事項につき虚偽の記載があり，又は記載すべき重要な事項の記載が欠けている発行開示書類を提出した発行者が，当該発行開示書類に基づく募集又

---

[23]　社外取締役について，岸田・前掲注17）274頁〔加藤貴仁〕参照。

は売出し（当該発行者が所有する有価証券の売出しに限る。）により有価証券を取得させ，又は売り付けたときは，内閣総理大臣は，当該発行者に対し，法定の課徴金を国庫に納付することを命じなければならない（金商172条の2）。また，有価証券報告書や四半期報告書のうちに，重要な事項について虚偽の記載があり，又は記載すべき重要な事項若しくは誤解を生じさせないために必要な重要な事実の記載が欠けているときは，当該有価証券報告書・四半期報告書の提出者は，公衆の縦覧に供されている間に有価証券を募集又は売出しによらないで取得した者に対し，損害賠償責任を負う（金商21条の2第1項本文）[24]。また，発行者が，重要な事項につき虚偽の記載があり，又は記載すべき重要な事項の記載が欠けている有価証券報告書や四半期報告書を提出したときは，内閣総理大臣は，法定の課徴金を国庫に納付することを命じなければならない（有価証券報告書について金商172条の4第1項，四半期報告書について金商172条の4第2項）。

　虚偽記載等のある有価証券届出書，有価証券報告書や四半期報告書を提出した株式会社が行う①有価証券の取得者に対する損害賠償や②国に対する課徴金の納付は，当該株式会社に金銭的支出を発生させる。そのため，会社法の視点においては，これらの金銭的支出を当該株式会社の「損害」（会社423条1項）として把握することも可能である。このことから，当該株主が，社外監査役の任務懈怠により，上記「損害」が発生したと考えれば，代表訴訟の対象となり得る（会社847条）。代表訴訟のリスクを低減するためには，提出される有価証券届出書，有価証券報告書や四半期報告書に，①重要な事項について虚偽の記載がないこと，②記載すべき重要な事項が欠けていないこと，及び③誤解を生じさせないために必要な重要な事実の記載が欠けていないことを，相当な注意を尽くして確認する必要がある。

(2) 第三者責任

　有価証券届出書や有価証券報告書の内容には，財務諸表として貸借対照表や損益計算書などが含まれる。これらの計算書類について，社外監査役

---

[24] 平成26年改正法により，同条の責任の性質は，証明責任が転換された過失責任となった（平成26年改正金商21条の2第2項）。

も監査役である以上，会社法上，監査報告を作成することとなる（会社436条，会社計算127条・128条）。そのため，社外監査役も，監査報告に記載・記録すべき重要な事項について虚偽の記載・記録を行った場合には，このことにより損害を被った第三者に対して損害賠償責任を負う可能性がある（会社429条2項3号）[25]。会社法429条2項は，証明責任を転換した過失責任である（同条2項ただし書参照）。第三者に対する損害賠償責任という観点からも，監査報告についても重要な事項について虚偽の記載がないことを，注意を尽くして確認する必要があると解される。

---

[25] なお，監査等委員会設置会社の監査等委員や指名委員会等設置会社の監査委員となる社外取締役についても，同様の問題が生じる（会社429条2項3号参照）。

7 報　酬

Q97 監査役の報酬の決定方法

監査役の報酬はどのように決められるか。社外監査役と差があるか。

A 定款の定め又は株主総会の決議に基づき決められるが、通常は定款に定めがなく株主総会の決議に基づき決められる。株主総会の決議をもって報酬枠（限度額）のみが決められ、具体的な配分については、監査役の協議において決定することが通常である。社外監査役と社内監査役において報酬の決定方法につき差はない。

解　説

1 　監査役の報酬については、定款にその額を定めていないときは、株主総会の決議によりその額を定めることとなる（会社387条1項）。そして、各監査役の報酬の具体的な支給額について株主総会の決議により定めがないときは、具体的な支給額につき監査役の協議によって定めることとなる（同条2項）。

　ここでいう「監査役の協議によって定める」とは、監査役全員一致により決定することを意味し、多数決により定めることではない。また、監査役会設置会社においても、各監査役の報酬の具体的な支給額については監査役会の決議事項とされておらず、やはり監査役全員一致により決定する必要がある。

　監査役の報酬につき株主総会の決議が必要とされるのは、監査役の独立性確保のためであり、具体的な支給額について監査役の協議により定めることとされているのも、当該独立性の確保を徹底するためである。取締役にその配分の決定を委任することはできない（ただし、取締役が配分の原案を示すことはできる。）。

2 　監査役の報酬等が会社業績を示す指標等に連動する形やストック・オプ

ションの形をとることは、その職務内容から不合理ともいえるとする見解があるが[26]、賞与については、反対説もあるものの、監査役も監査を通じて会社の信用維持・業績向上に寄与するから賞与を支給される理由があると一般に考えられている[27]。これらの形の報酬に係る株主総会決議には、取締役に関する規定（会社361条1項各号・2項）を類推すべきとされている[28]。

3　なお、現行法上、社外監査役か否かによって、監査役の報酬の決定方法につき差を設けるような規定は存せず、社内監査役と同一の方法により決定されることとなる。

---

26) 『江頭会社法』533頁。
27) 稲葉威雄ほか編『〔新訂版〕実務相談株式会社法4』174頁（商事法務研究会、1992）。
28) 『江頭会社法』533頁。

Q98 社外監査役と業績連動報酬等

社外監査役の報酬を業績連動報酬とすることはできるか。

A 業績連動報酬とすることはできるが，社外監査役の役割等に鑑みれば固定報酬が相当と思われる。

解説

会社法上，社外監査役の報酬について特段の規定は存せず，社外監査役の報酬を業績連動報酬とすることは可能であり，社外監査役の報酬を業績連動報酬ではなく固定報酬とすべきことを根拠付ける規定も存しない（Q97（監査役の報酬の決定方法））。

もっとも，社外監査役は，監査体制の独立性及び中立性を一層高めるために法令上その選任が義務付けられていることを自覚し，積極的に監査に必要な情報の入手を心掛け，得られた情報を他の監査役と共有することに努めるとともに，他の監査役と協力して監査の環境の整備に努めることが期待され（監査基準5条），会社からの独立性及び中立性の確保が求められているのであって，このような観点からは，社外監査役の報酬の決定方法については，会社の業績向上に対して強いインセンティブを有し会社の業績向上に腐心するあまり，内部統制を含めたガバナンスや法令遵守を軽視して経営陣に迎合する（構造上の）リスクを極力排すべきである。

そのため，社外監査役の独立性及び中立性という観点からは，社外監査役の報酬の決定方法については，一次的・短期的な会社の業績向上に腐心することなく，内部統制を含めたガバナンスや法令遵守に注力し，長期的な企業価値の維持，向上にインセンティブを有する構造とすべきである。

したがって，社外監査役の報酬を業績連動報酬とすることは可能ではあるものの，その果たすべき役割に鑑みれば，業績との連動性を抑制することがむしろ望ましいものと思われる。

なお，日本監査役協会が，平成26年10月21日から11月14日までに，同協会

会員のうち,監査役設置会社及び監査役会設置会社に対して行ったアンケートの結果によれば,回答を行った3148社のうち,監査役に対する報酬については,定額基本給のみとする会社が93.4％を占めており,業績連動報酬を合わせて支給している会社が6.4％にすぎないのであって,監査役の報酬については,業績との連動性が抑制される傾向にあった[29]。同アンケートでは社外監査役の報酬に特化した調査は行われていないが,上記調査結果からは,社外監査役の報酬について業績連動報酬を合わせて支給している会社が6.4％以下であることは間違いなく,社外監査役の独立性及び中立性という観点から,業績との連動性が抑制される傾向にある。

---

[29] 平27・1・9日本監査役協会「役員等の構成の変化などに関するアンケート集計結果——第15回インターネット・アンケート」。

Q99 社外監査役が業務に関して報酬を取得することの可否

社外監査役が会社の特定の業務に関連して会社と継続的なコンサルティング契約を締結し，コンサルティング業務の報酬を取得してよいか。

A コンサルティング契約の内容・性質等にもよるが，法的に疑義が生ずるおそれがあるため，会社とコンサルティング契約を締結し，報酬を取得することには慎重であるべきである。

解説

コンサルタントが会社の「その他の使用人」に該当するとして，会社法335条2項に定める監査役の兼任規制に抵触するのではないかが問題となる。

顧問弁護士の監査役資格をめぐって，近時は，社外監査役が「その他の使用人」に該当するか否かは，顧問弁護士としての職務の実態が業務執行機関に対して継続的従属性を有するか否かにより実質的に判断すべきであるとの折衷的な見解[30]が主張されている（**Q72**（顧問弁護士の社外監査役への就任）参照）。かかる趣旨は，顧問，嘱託等との兼職や，本件のように会社のコンサルタントとの兼職の場合についても当てはまるものといえる。

コンサルティング契約の内容・性質等にもよるが，社外監査役が会社の業務に関連して継続してコンサルティング業務を行い，報酬を受領することは，職務が実質的に業務執行機関に対して継続的従属性を有すると評価される可能性は否定できないものと思われる。

社外監査役は，本来，独立の立場から，会社の業務全般に関する内部統制を含めたガバナンスや法令遵守の監査に注力すべきであって，この点からも，特定の業務に関してコンサルティング契約を締結し，報酬を受領することは，社外監査役の本来の役割を逸脱したものと評価される可能性は否定できない。

---

30) 『江頭会社法』513頁。

Q100 社外監査役の退職慰労金

監査役の退職慰労金はどのように決められるか。社外監査役と差があるか。

A 定款の定め又は株主総会の決議に基づき決められるが、通常は定款に定めがなく株主総会の決議に基づき決められる。なお、社外監査役と社内監査役において退職慰労金の決定方法に差はない。

解 説

監査役の退職慰労金は、退任後に支給されるという点において通常の役員報酬と異なる側面を有するものの、在任中の職務執行の対価としての性質が認められるのであれば、「報酬」(会社361条) に該当するものとして整理され、報酬と同様に決められることとなる。

もっとも、退職慰労金については、実務上、株主総会の決議をもって監査役全体の退職慰労金の限度額すら定めず、具体的な金額及び支給方法につき各監査役の協議に一任する旨の決議を行うことが通常である。

このような決議は、判例上も、①当該会社の慣行及び内規によって一定の支給基準が確立されていること、②当該支給基準が株主にも推知し得べきものであること、並びに③株主総会の決議が、明示又は黙示的に当該支給基準の範囲内において相当な金額を支給すべきものとすること、とのいずれの要件をも満たすことを前提として、適法なものであると考えられている (最二小判昭39・12・11民集18巻10号2143頁)。

なお、会社法上、社外監査役か否かによって、監査役の退職慰労金の決定方法につき差を設けるような規定は存せず、社内監査役と同一の方法により決定されることとなる。

8 社外監査役の具体的活動の指針
(1) 就任時に留意すべき事項

Q101 社外監査役就任時の留意点

社外監査役への就任を検討するに際しては，どのような点に留意すべきか。

A 社外監査役への就任を要請された場合には，①当該会社との利害関係の有無，②自己の能力や経験等に照らし職責を全うすることの可否，③社外監査役が負担する法的責任の内容，及び④当該会社のその他の状況等を慎重に検討の上，就任の可否を判断すべきである。

解説

監査役は，「株主の負託を受けた独立の機関として取締役の職務の執行を監査することにより，企業の健全で持続的な成長を確保し，社会的信頼に応える良質な企業統治体制を確立する責務を負っている」(監査基準2条1項)株式会社の重要な機関であり，その職責を適切に果たすことができなければ，代表訴訟を通じた責任追及がされるおそれもある。そのため，会社から社外監査役への就任を要請された場合には，その諾否を慎重に検討する必要がある。具体的には，以下の(1)～(4)程度の検討は必要となろう。

(1) 利害関係の有無

Q70 (社外監査役の役割) において述べたように，社外監査役は，過去のしがらみにとらわれることなく，また，会社の外部の視点を取り入れて独立した公正な立場から監査役の職務を執行することが期待されている。そのため，法令上 (会社2条16号) 社外監査役としての要件を満たす場合であっても，就任先の会社との間に固有の利害関係を有する場合には，独立性に疑義が生じ，また，社外監査役として公正に職務を遂行する上での障害ともなり得る。この点について株主から社外監査役としての適性に疑問

が呈される事態となれば，そもそも監査役としての選任議案が否決されることにもなりかねない。

よって，社外監査役への就任を要請された場合には，自己と就任先の会社との間の関係性に照らし，独立性を維持し，また，公正に職務を執行することが可能かを慎重に検討する必要がある。

例えば，以下の①～④のような場合には，会社との利害関係とその影響を慎重に検討すべきであるといえよう。

① 社外監査役として就任を要請されている会社の代表取締役が自己の古くからの友人である場合
② 自己が社外監査役として就任を要請されている会社の顧問弁護士を務めており，当該会社が重要な顧客である場合
③ 自己が代表取締役を務める会社が，社外監査役として就任を要請されている会社の取引先である場合
④ 自己の親族が大株主である会社が，社外監査役として就任を要請されている会社の重要な取引先又は競合事業者である場合

上記①の場合には，代表取締役と社外監査役の個人的な人間関係の存在に照らし，時には経営陣と対峙して株主の利益を守らなければならない監査役の職務を適切に果たすことができるのかという点に疑義が生じ得るし，上記②の場合にも，当該社外監査役が自己の本業における重要な顧客である経営陣に対し，本当にチェック機能を十分に発揮し，株主の利益を代弁していくことが可能なのかという問題がある。また，当該②の場合には，顧問弁護士として入手した会社の重要情報について，一定の場合に，監査役としての立場では株主総会に報告する必要が生じるため（会社384条），弁護士としての守秘義務と監査役としての報告義務が衝突することも懸念される。

上記③の場合には，当該社外監査役が監査業務を通じて入手した会社の機密情報は，自らが代表取締役を務める会社の利害にも関わる性質のものであるから，当該社外監査役としては，同人が両社のいずれに対しても相反する善管注意義務を負う結果，いずれか（又は両方）の会社に対して善

管注意義務違反を構成する可能性がある。同様の事態は，上記③の場合のみならず，自己が他社の社外役員を兼任している場合にもあり得る。

そして，上記④の場合には，上記③の場合のような善管注意義務の衝突は発生しないものの，会社の利益を犠牲に，自己の親族の利益を優先することがあり得るため，このような状況下では，社外監査役の職務の公正性に疑義が生じる可能性がある。

以上の①～④は単なる例示であるが，社外監査役への就任を検討するに際しては，自己（及びその関係者）と会社（及びその経営陣）との関係に照らし，独立，公正に監査役の職務を遂行することの可否を実質的に検討することが必要である。

(2) 社外監査役の職責を果たすことの可否

社外監査役に就任することによる負担は，常勤であるか非常勤であるか，各就任先の会社における監査役の人数及びその構成，自己が当該会社から特に期待されている役割が何か，といった個別の事情によって異なるが，非常勤の社外監査役の場合であっても，株主総会，取締役会及び監査役会への出席に加え，取締役会で議論される問題の事前検討や，社内監査役との情報交換，各期の監査計画に基づく具体的な監査業務についての分担，及び各期末の監査業務等，相応の負担を強いられることになる。そのため，適切に業務をこなしていくことが現実的に可能かという点を，自己の知識や経験に照らし，慎重に検討する必要がある。非常勤であれば，他に本業があるため，まずは，本業との兼ね合いで，社外監査役として監査業務に従事する時間の確保が可能か，という点を検討する必要がある。

(3) 社外監査役が負担する法的責任の内容

Q90（任務懈怠）等で述べたように，社外監査役は，会社に不祥事等が発生した場合には，代表訴訟等を通じて損害賠償責任を負担する可能性がある。そのため，会社に対し，責任限定契約（その詳細はQ91（監査役に対する責任免除と責任限定契約）参照）の締結やD＆O保険に係る保険料負担をあらかじめ求めていくことが考えられる。特に，会社が過去に多くの不祥事を起こしている場合等，リスクレベルの高い会社である場合には，責任限

定契約を締結しておく必要性が高く，また，あらかじめそれを会社に要求することも合理的であるといえる。この点，予定されている報酬額がそのような責任やリスクレベルに合致しているかという待遇面の考慮も就任を検討するに当たっては必要である。

(4) 会社のその他の状況

社外監査役への就任を要請されている会社について，その要請を承諾する前に，十分な事前調査を行っておくことは，自己が顧問弁護士等の業務を通じて会社の事情に精通しているような場合を除き，必須と考えられる。

具体的には，会社の事業内容，グループ会社の概要，財務状態，主要な株主の状況，内部統制システムの整備・運用状況，過去の違法行為や法令違反等の事実の有無，業界内での風評等について自ら情報を収集し，社外監査役に就任した場合に重大なリスク要因となり得る事実の有無をあらかじめ調査しておくべきである。

また，このような調査は，上記(2)及び(3)の検討の前提としても，非常に重要である。つまり，会社の情報を把握することなしに，自らの能力に照らして社外監査役を務めることが可能か否かを判断することはできないし，将来的に責任追及を受けるリスクの検討も，事実関係の調査なしでは不可能である。

なお，これらの事実関係の調査は，会社のホームページや，EDINET，適時開示情報閲覧サービス等の公開情報を中心に行うことになるが，社内に知り合い等がいる場合には，経営者の人柄等，関係者以外が知り得ない貴重な情報を得られる可能性があるため，是非とも話を聞いておくべきである。

Q102 就任前に準備すべき事項

社外監査役への就任に際しては、事前にどのような準備をすべきか。

A 社外監査役としての職責を果たす上で必要な基本的知識に加え、社外監査役として就任する会社についての基本知識の習得に努めるべきである。また、社外監査役就任後に業務に用いる資料については、就任前から可能な範囲で手元にそろえておくことが望ましい。

解説

監査役の職務は、取締役の職務執行の状況を監査し、その結果を株主に報告することであり（会社381条1項等）、取締役の職務執行が法令に違反していないことも監査の対象なのであるから、監査役には、関連する法令に関する一定の知識が求められる。また、会計監査のために、一定の会計知識が必要となることは言うまでもない。

そのため、社外監査役への就任に際しては、事前にその職責を果たすために必要な基本的知識の習得と情報収集を行っておく必要がある。

具体的には、以下の①～⑥程度の事項については、資料を収集し、基礎的な知識の習得に努めておくべきであろう。ただし、下記①～⑥のような事項を就任承諾後実際に社外監査役に就任するまでの僅かな期間で網羅することは現実的とはいえないため、例えば、③及び④に該当する法令が多数に上る場合には、就任先の会社の状況に照らし、重要度・優先度の高いものに絞って事前準備の時間を割くといった取捨選択も必要であろう。

① 会社法及び関連する政令・規則・ガイドライン
② 金商法（特に、就任先の会社が上場会社である場合は重要）及び関連する政令・規則・ガイドライン
③ 就任先の会社の事業を規制する他の業法及び関連する規則・ガイドライン
④ その他の重要法令（個人情報の保護に関する法律、独占禁止法、下請代金支払

遅延等防止法，不正競争防止法，公益通報者保護法，製造物責任法，環境関連法令，暴力団対策・排除に関する法令・条例，税法等）

⑤　企業会計
⑥　監査役実務に関する公表資料等（監査基準や監査実施要領その他の日本監査役協会の公表資料）

　以上に加え，社外監査役は，社内での勤務経験がないため，就任先の会社の事情に疎い場合も多く，就任に先立ち，会社に関する基本的な知識（会社の規模，組織，主要事業，業況，沿革等）の習得も必要である。この点，可能であれば，定款・就業規則その他の規程類，事業報告，会社組織図，計算書類等を含めた過去の株主総会資料，有価証券報告書，適時開示書類，子会社・グループ会社に関する資料等にも目を通しておくことが望ましい。

　また，就任後の監査業務のために必要になる資料については，社外監査役への就任前から手元にそろえておくと，就任直後から円滑に業務を遂行する上で便宜である。なお，日本監査役協会が公表している「新任監査役ガイド〔第5版〕」118頁（2011）によれば，手元にそろえておくと便利な参考資料として，①六法・辞典等（監査役小六法（監査役協会），会社法法令集（中央経済社），法律用語辞典（自由国民社）ほか），②監査役協会の基準等（監査役監査基準ほか），③法律関係の定期刊行物（月刊監査役（監査役協会），旬刊商事法務（商事法務研究会）ほか），④実務書・参考書籍等が例示されている。

(2) 社内監査役・他の社外監査役等との連携における留意事項

Q103 社内監査役との連携における留意事項

> 社外監査役が、社内監査役と連携していく上でどのような点に留意すべきか。

A 社外監査役は、監査役会等の機会を利用し、より社内事情に通じている社内監査役から積極的に社内の情報を得られるように努めるべきである。

解説

　通常、社内監査役は、当該会社において長年勤務してきた者であって、社内事情に精通しているため、監査業務を行う上でも、社外監査役に比べ、社内における不祥事のリスク等についてよりよく知り得る立場にある。加えて、会社の現在の従業員や取締役の中には、社内監査役のかつての上司や部下又は同僚も多く含まれているため、社内監査役は、それらを通じて、社内の情報を効率的に収集することが可能である。そのため、一般に社内監査役は、社外監査役に比べ、日々の監査業務をより効率的に遂行することが可能である。

　他方、社外監査役は、その専門性や独立性を期待され、外部から迎え入れられた立場にあり、（顧問弁護士が社外監査役に就任するような場合を除き）社内の業務フローに精通していないことが多い。また、社外監査役が非常勤の場合には、本業との兼ね合いによる時間的制約により、社内で自ら情報収集を行うことが現実的に難しい場合もあり得る。

　そのため、社外監査役としては、主として常勤の社内監査役を通じて社内の事情を把握することで、初めて監査業務を効果的に行うことが可能となるのであり、監査役会等の機会を利用して、積極的に社内監査役に質問をし、社内の情報把握に努めるべきである。

特に，社外監査役には，取締役会において，社外の視点に立って忌憚のない意見を述べることが期待されているのであるから，社外監査役としては，取締役会に先立って必ず社内監査役と情報交換の機会を持ち，議案に関連する社内情報を収集し，取締役会での協議に備えるべきである。

以上のとおり，社外監査役が効率的に監査業務を行う上で，社内監査役との連携，特に，社内監査役を通じた情報収集は必要不可欠といえるが，社外監査役が負っている善管注意義務に照らし，社外監査役は，社内監査役の収集した情報をうのみにすることはできない点に留意する必要がある。社外監査役としては，社内監査役の収集した情報について，その情報源や収集方法について確認するなどし，情報の信頼性について，逐一吟味する姿勢が重要である。

Q104 他の社外監査役との連携における留意事項

社外監査役が，他の社外監査役と連携していく上でどのような点に留意すべきか。

A 複数の社外監査役がいる場合には，各社外監査役の専門性に照らし，各々が有する強みを活用できるよう，監査役会において合理的な職務分担を検討すべきである。

解説

複数の社外監査役が選任されている場合，各社外監査役は，その経歴等に照らし，それぞれが異なる役割を期待されていることが通常である。

例えば，本業が弁護士である社外監査役については，通常その法的知識と法律業務に係る経験を活かすことが期待され，公認会計士や税理士である社外監査役については，その本業での経験が特に会計監査に活かされることが期待されるであろう。また，会社のメインバンク出身の社外監査役であれば，その金融知識や数多くの企業及び企業経営者を見てきた長年の経験と眼力を業務監査・会計監査に活かすことも期待される。

そうであるなら，各社外監査役がそれぞれ異なる各自の専門性や強みを最大限活かして監査業務を遂行することが最も効果的かつ効率的であり，また，それは，株主が社外監査役の選任に際して期待していたことでもある。

監査役は独任制の機関であり，各自が独立して監査を行うものとされているものの，Q82（社外監査役の職務の分担）等において述べたとおり，監査役会決議による職務の分担が認められているので，当該職務分担の決定において，各社外監査役の専門性や強みを最大限活かすことができる合理的な分担を検討すべきである。

Q105 内部監査部門の監査と監査役監査

内部監査部門と監査役監査とは何が異なるか。

A 内部監査部門の役割は，主として，社長又は社長から委任された取締役の指示を受け，社内の各部門，各工程の業務プロセスが定められたルールどおりに進められているかどうかをチェックするものであり，取締役の職務の執行（当然，取締役の指示で行う従業員の職務執行を含む。）を監査する監査役監査とは異なる。

解 説

内部監査部門の組織としての員数や指揮命令系統等は会社により様々であり，専門の内部監査部門を設けていない会社も皆無ではない。平成26年10月～11月に日本監査役協会が同協会会員を対象に実施したアンケート結果によれば，3123社の回答のうち，内部監査部門を有している会社は2672社（85.6％）であった。

内部監査部門の役割は，主として，社長又は社長から委任された取締役の指示を受け，社内の各部門，各工程の業務プロセスが定められたルールどおりに進められているかどうかをチェックし，問題の有無を指示者（主として社長又は社長から委任された取締役である。）に報告することにある。したがって，内部監査部門は，取締役の職務の執行（当然，取締役の指示で行われる従業員の職務執行を含む。）を監査する監査役監査とは目的が異なる。なお，内部監査部門は，あくまでも社内の立場であり，純粋に社外の目で監査を実施する会計監査人ともおのずから視点は異なっているといえる。

内部監査部門と監査役との関わり方については各社各様であり，監査役と共に監査を実施するケースもあるし，内部監査部門の監査の講評時に監査役が立ち会うケースもある。監査そのものは独立して行い，監査結果についてのみ監査役に報告している場合もある。

Q106 内部監査部門との連携における留意事項

社外監査役が内部監査部門と連携する上でどのような点に留意する必要があるか。

A 社外監査役を含む監査役は，監査業務の遂行に当たり，内部監査部門とも緊密に連携し，監査の実効性を高めるよう努めるべきである。そのため，期初に内部監査計画の提出を受けるとともに，期中においても監査役が内部監査部門から定期的な報告を受けられる枠組みを整理することが望ましい。

解説

内部監査部門とは，内部統制システムにおけるモニタリング機能を所管する部署であり（監査基準34条1項），社内の各部門において社内規則・ルールが遵守されていること等の調査を行うものである。かかる内部監査部門は，あくまで代表取締役の指揮命令系統の下で，社内業務のチェックを担当するものであるから，経営陣の業務執行を担当する監査役監査とは性質が異なるが，通常，内部監査部門による監査は，会計監査人による監査，監査役による監査とともに，三様監査の一環として位置付けられる。

最近では，コーポレート・ガバナンス強化の一環として，内部監査部門の陣容は強化される傾向にあるといわれており[31]，社外監査役を含む監査役としても，特に内部統制システムに対する監査の実効性（ひいては会社全体としての監査の実効性）を高めるため，内部監査部門との連携及び情報交換が重要である。

具体的には，監査役は，内部監査部門に対し，内部監査計画その他モニタリングの実践計画及びその実施状況について適時かつ適切な報告を求め，また，内部監査部門から各体制における重大なリスクへの対応状況その他各体制の構築・運用の状況に関する事項について定期的に報告を受け，必要に応

---
[31]『社外監査役』391頁。

じ内部監査部門が行う調査等へ立会い・同席を求め，又は内部監査部門に対して追加調査等とその結果の監査役への報告を求めることが必要である（内部統制システムに係る監査の実施基準6条4項）。そのため，期初に当該年度の内部監査計画等の提出を受けて，内部監査部門の方針や問題意識等を確認するとともに，例えば，監査役会において内部監査部門が定期的に報告を行うといった取決めを行い，期中においても監査役が内部監査部門と緊密に連携・情報交換を行える枠組みを整理していくことが望ましい。また，企業不祥事などの問題行為が発覚した場合にも，内部監査部門と連携・情報交換を行うことにより，迅速な事実解明がなし得る場合もある。

Q107 会計監査人との連携の留意事項

社外監査役は，会計監査人との連携においてどのような点に留意すべきか。

A 社外監査役を含む監査役（及び監査役会）は，会計監査人と定期的に会合を持つなど，緊密な連携を保ち，期末だけではなく，期中から積極的に意見及び情報交換を行い，実効性のある効率的な監査の実施に努めるべきである。その際，監査役及び会計監査人の期待に相違が生じないように，監査の初期段階で協議を行い，相互の報告事項や情報提供の範囲，それらの伝達方法・伝達時期等を協議し，確認しておくことが望ましい。

解 説

会社法上，監査役は，原則的に，業務監査と会計監査の両方を行うものとされており，会計監査人がいる場合には，その監査の方法と結果の相当性を判断する責務を負っている。他方で，監査役の多くは，会計に関する専門知識を有せず，会計監査の場面では，会計の職業専門家たる会計監査人と緊密に連携し，監査の実効性・効率性を高めていく必要がある。この点，監査役が会計監査人に報告を求める権限を定めた会社法397条2項や，会計監査人が取締役の不正行為等を発見した場合における監査役への報告義務を定めた同条1項からすれば，監査役と会計監査人が連携して監査業務を遂行することを法も予定していると考えられる。また，監査基準44条1項では，「監査役……は，会計監査人と定期的に会合をもつなど，……積極的に意見及び情報交換を行い，効率的な監査の実施に努めなければならない。」とされている。

この点，監査役と会計監査人の連携の方法としては，会合，口頭又は文書による情報交換や，会計監査人の監査現場への立会いなどが考えられるが，その具体的方法や，頻度，時期等については，監査役と会計監査人とで十分に協議をし，連携の効果が上がるように努めなければならない（監査実施要領

5章4項)。その際,監査役及び会計監査人の期待に相違が生じないように,できるだけ監査の初期段階で協議を行い,相互の報告事項や情報提供の範囲,それらの伝達方法・伝達時期等を事前に協議し,確認しておくことが望ましいと考えられる[32]。

なお,会計監査人との具体的な連携の態様について,「新任監査役ガイド〔第5版〕」99頁(2011)では,大要以下の説明がされている。

① 事前に協議すべき事項

連携に際して,両者の期待に相違が生じないように,事前に協議事項を決めておくことが望ましい。

② 連携のための会合の時期等

定期的会合は,監査契約締結,監査計画策定,四半期レビュー及び期末監査の各時点において,それぞれ1~数回の会合を持ち,それに加えて,必要に応じて臨時の会合を持って意見交換をすることも望ましい。

③ 会計監査人の選任・解任・不再任時の連携

会計監査人の解任・不再任については,取締役と会計監査人の双方に説明を求めることが望ましい。また,会計監査人の選任時の連携も重要である。

④ 監査契約更新時又は監査法人の業務執行社員・監査役の交代時の連携

各事業年度の監査体制,監査契約の内容,監査報酬等,人事交代時の説明などについて,会計監査人と意見交換を行っておくことが考えられる。

⑤ 監査計画策定時の連携

監査役及び会計監査人双方の監査計画について意見交換を行い,また,連携のメインになる事項の洗い出しを行っておくことが考えられる。

⑥ 四半期レビューの連携

四半期レビューの実施状況の報告と意見交換を行うことが考えられる。

⑦ 期末監査時の連携

期末監査時に行う会計監査人との会合は,会計監査人の監査の相当性を最終的に判断するための重要な報告・意見交換の場である。

---

32) 日本監査役協会「新任監査役ガイド〔第5版〕」99頁(2011)。

⑧ 随時の連携

　監査役としては，会計監査人の監査に立ち会い，その監査講評に同席することで期中の連携を密にし，また，環境変化・企業不祥事発生時などにも情報交換を行うことが重要である。

　以上の会計監査人との各連携の場面には，非常勤の社外監査役も出席することが望ましいが，**Q82**（社外監査役の職務の分担）等において述べたように，監査役間で一定の役割分担が必要となることはやむを得ないため，多くが非常勤であり本業を有している社外監査役の場合には，常勤の社内監査役から事後的に報告を受けるという形でもやむを得ないと考えられる。ただし，その場合であっても，社外監査役は，特に重要性が高い期末監査時の報告・意見交換の場には極力自ら出席し，会計監査人に自ら質問等すべきである。

(3) 内部統制システムの構築と運用状況に関する監査

Q108 会社法上の内部統制システム

内部統制システムとは何か。

A 内部統制システムとは，取締役（又は執行役）の職務の執行が法令及び定款に適合することを確保するための体制その他株式会社の業務並びに当該株式会社及びその子会社から成る企業集団の業務の適正を確保するために必要なものとして法務省令で定める体制等をいう（会社348条3項4号（取締役会設置でない場合）・362条4項6号（取締役会設置会社）・399条の13第1項1号ロ・ハ（監査等委員会設置会社の場合）・416条1項1号ロ・ホ（指名委員会等設置会社の場合））。

会社法上の大会社に当たる株式会社，監査等委員会設置会社及び指名委員会等設置会社においては，内部統制システムの整備に係る事項の決定が義務付けられているが（会社348条4項・362条5項・399条の13第2項・416条2項），それ以外の会社においても内部統制システムの構築義務が認められる場合もあるので注意が必要である。

解 説

内部統制システムとは，法令上の用語ではないが，監査等委員会設置会社及び指名委員会等設置会社以外の場合は「取締役の職務の執行が法令及び定款に適合することを確保するための体制その他株式会社の業務並びに当該株式会社及びその子会社から成る企業集団の業務の適正を確保するために必要なものとして法務省令で定める体制」（会社348条3項4号・362条4項6号）が，監査等委員会設置会社の場合は「監査等委員会の職務の執行のため必要なものとして法務省令で定める事項」及び「取締役の職務の執行が法令及び定款に適合することを確保するための体制その他株式会社の業務並びに当該株式会社及びその子会社から成る企業集団の業務の適正を確保するために必要な

ものとして法務省令で定める体制」(会社399条の13第1項1号ロ・ハ)が，指名委員会等設置会社の場合は「監査委員会の職務の執行のため必要なものとして法務省令で定める事項」及び「執行役の職務の執行が法令及び定款に適合することを確保するための体制その他株式会社の業務並びに当該株式会社及びその子会社から成る企業集団の業務の適正を確保するために必要なものとして法務省令で定める体制」(会社416条1項1号ロ・ホ)がそれに該当すると解されている。それぞれの具体的な内容については会社規98条，100条，110条の4及び112条に規定されており，その内容をまとめたものが後掲の表となる。

内部統制システムに関する先例的な判断を示したのが大和銀行株主代表訴訟事件判決(大阪地判平12・9・20判時1721号3頁)である。同判決では，会社が営む事業の規模，特性等に応じたリスク管理体制，すなわち内部統制システムを整備することが必要であるとした上で，取締役は，取締役会の構成員として，また，代表取締役又は業務担当取締役として，リスク管理体制を構築すべき義務を負い，さらに，代表取締役及び業務担当取締役がリスク管理体制を構築すべき義務を履行しているか否かを監視する義務を負うのであり，これもまた，取締役としての善管注意義務及び忠実義務の内容をなすとの判断を示した。

平成14年商法改正において，委員会等設置会社(ただし名称は当時のもの)につき，内部統制システムに関する事項の決定義務が定められることとなり，その後，平成18年5月1日に施行された会社法において，指名委員会等設置会社(ただし，当時の名称は「委員会設置会社」)に限らず，全ての大会社について，内部統制システムの体制に係る事項の決定が義務付けられることとなった。

新会社法では，取締役又は取締役会は，株式会社及びその子会社から成る企業集団の業務の適正を確保するために必要なものとして法務省令で定める体制の整備についての決定を各取締役に委任することができないとされており(会社348条3項4号・362条4項6号・416条1項1号ホ・2項)，この点は，新会社法で新設された監査等委員会設置会社でも同様である(会社399条の13第1項

1号ハ・2項)。

　また，新会社法では，内部統制システムについて，会社法施行規則において，監査を支える体制や監査役による使用人からの情報収集に関する体制に関する規定の充実・具体化がなされている点も注目される（会社規98条4項・100条3項)。

　なお，会社法上，内部統制システムに係る事項の決定を義務付けられているのは大会社，監査等委員会設置会社及び指名委員会等設置会社であるが，それ以外の会社において何らの内部統制システムも構築しなくてよいというわけではない。上記大和銀行株主代表訴訟事件判決において判示されているとおり，取締役は会社が営む事業の規模，特性等に応じたリスク管理体制を構築すべき義務及びリスク管理体制を構築すべき義務を履行しているか否かを監視する義務を負っていると考えられており，大会社，監査等委員会設置会社及び指名委員会等設置会社以外の取締役であっても，かかる義務を怠った場合には善管注意義務違反の問題となり得ることには注意が必要である。

《会社法下の内部統制システムの内容》

		取締役会非設置会社	取締役会設置会社（委員会設置会社以外）	監査等委員会設置会社	指名委員会等設置会社
基本		取締役の職務の執行が法令及び定款に適合することを確保するための体制	取締役の職務の執行が法令及び定款に適合することを確保するための体制	取締役の職務の執行が法令及び定款に適合することを確保するための体制	執行役の職務の執行が法令及び定款に適合することを確保するための体制
		当該株式会社の取締役の職務の執行に係る情報の保存及び管理に関する体制	当該株式会社の取締役の職務の執行に係る情報の保存及び管理に関する体制	当該株式会社の取締役の職務の執行に係る情報の保存及び管理に関する体制	当該株式会社の執行役の職務の執行に係る情報の保存及び管理に関する体制
		当該株式会社の損失の危険の管理に関する規程その他の体制	当該株式会社の損失の危険の管理に関する規程その他の体制	当該株式会社の損失の危険の管理に関する規程その他の体制	当該株式会社の損失の危険の管理に関する規程その他の体制
		当該株式会社の取締役の職務の執行が効率的に行われることを確保するための体制	当該株式会社の取締役の職務の執行が効率的に行われることを確保するための体制	当該株式会社の取締役の職務の執行が効率的に行われることを確保するための体制	当該株式会社の取締役及び執行役の職務の執行が効率的に行われることを確保するための体制
		当該株式会社の使用人の職務の執行が法令及び定款に適合することを確保するための体制	当該株式会社の使用人の職務の執行が法令及び定款に適合することを確保するための体制	株式会社並びにその親会社及び子会社から成る企業集団における業務の適正を確保するために必要な体制	当該株式会社の使用人の職務の執行が法令及び定款に適合することを確保するための体制
			次に掲げる体制その他の当該株式会社並びにその子会社から成る企業集団における業務の適正を確保するための体制、執行役、業務を執行する社員、会社法598条1項の職務を行うべき者その他これらの者に相当する者（ハ及びニにおいて「取締役等」という。）の職務の執行に係る事項の当該株式会社への報告に関する体制	次に掲げる体制その他の当該株式会社並びにその子会社から成る企業集団における業務の適正を確保するための体制、執行役、業務を執行する社員、会社法598条1項の職務を行うべき者その他これらの者に相当する者（ハ及びニにおいて「取締役等」という。）の職務の執行に係る事項の当該株式会社への報告に関する体制	次に掲げる体制その他の当該株式会社並びにその子会社から成る企業集団における業務の適正を確保するための体制、執行役、業務を執行する社員、会社法598条1項の職務を行うべき者その他これらの者に相当する者（ハ及びニにおいて「取締役等」という。）の職務の執行に係る事項の当該株式会社への報告に関する体制
			ロ 当該株式会社の子会社の損失の危険の管理に関する規程その他の体制	ロ 当該株式会社の子会社の損失の危険の管理に関する規程その他の体制	ロ 当該株式会社の子会社の損失の危険の管理に関する規程その他の体制
			ハ 当該株式会社の子会社の取締役等の職務の執行が効率的に行われることを確保するための体制	ハ 当該株式会社の子会社の取締役等の職務の執行が効率的に行われることを確保するための体制	ハ 当該株式会社の子会社の取締役等の職務の執行が効率的に行われることを確保するための体制
			ニ 当該株式会社の子会社の取締役等及び使用人の職務の執行が法令及び定款に適合することを確保するための体制	ニ 当該株式会社の子会社の取締役等及び使用人の職務の執行が法令及び定款に適合することを確保するための体制	ニ 当該株式会社の子会社の取締役等及び使用人の職務の執行が法令及び定款に適合することを確保するための体制
取締役2名以上		業務の決定が適正に行われることを確保するための体制			

		取締役が株主に報告すべき事項の報告をするための体制	監査等委員会の職務の執行のため必要事項	監査委員会の職務の執行のため必要事項
監査役の設置なし				
監査役の設置あり	当該監査役設置会社の監査役がその職務を補助すべき使用人を置くことを求めた場合における当該使用人に関する事項	当該監査役設置会社の監査役の職務を補助すべき使用人を置くことを求めた場合における当該使用人に関する事項	当該株式会社の監査等委員会の職務を補助すべき取締役及び使用人に関する事項	当該株式会社の上記監査委員会の職務を補助すべき取締役及び使用人に関する事項
	上記使用人の当該監査役設置会社の取締役からの独立性に関する事項	上記使用人の当該監査役設置会社の取締役からの独立性に関する事項	上記取締役及び使用人の当該株式会社の取締役(当該監査等委員を除く。)からの独立性に関する事項	上記取締役及び使用人の当該株式会社の執行役等からの独立性に関する事項
		当該監査役設置会社の監査役の上記使用人に対する指示の実効性の確保に関する事項	当該株式会社の監査等委員会の上記取締役及び使用人に対する指示の実効性の確保に関する事項	当該株式会社の上記監査委員会の上記取締役及び使用人に対する指示の実効性の確保に関する事項
		次に掲げる体制その他の当該監査役設置会社への報告に関する体制 イ 当該監査役設置会社の取締役(監査役設置会社にあっては、監査役を除く。)及び会計参与並びに使用人が当該監査役設置会社の監査役に報告をするための体制 ロ 当該監査役設置会社の子会社の取締役、会計参与、監査役、執行役、業務を執行する社員、会社法598条1項の職務を行うべき者その他これらに相当する者及び使用人又はこれらの者から報告を受けた者が当該監査役設置会社の監査役に報告をするための体制	次に掲げる体制その他の当該監査等委員会への報告に関する体制 イ 当該株式会社の取締役(監査等委員である取締役を除く。)及び会計参与並びに使用人が当該監査等委員会に報告をするための体制 ロ 当該株式会社の子会社の取締役、会計参与、監査役、執行役、業務を執行する社員、会社法598条1項の職務を行うべき者その他これらに相当する者及び使用人又はこれらの者から報告を受けた者が当該株式会社の監査等委員会に報告をするための体制	次に掲げる体制その他の当該監査委員会への報告に関する体制 イ 当該株式会社の取締役及び執行役並びに会計参与(会計参与設置会社の場合に限る。)及び使用人が当該監査委員会に報告をするための体制 ロ 当該株式会社の子会社の取締役、会計参与、監査役、執行役、業務を執行する社員、会社法598条1項の職務を行うべき者その他これらに相当する者及び使用人又はこれらの者から報告を受けた者が当該株式会社の監査委員会に報告をするための体制
		上記報告をした者が当該報告をしたことを理由として不利な取扱いを受けないことを確保するための体制	上記報告をした者が当該報告をしたことを理由として不利な取扱いを受けないことを確保するための体制	上記報告をした者が当該報告をしたことを理由として不利な取扱いを受けないことを確保するための体制
		当該監査役の職務の執行について生ずる費用の前払又は償還の手続その他の当該職務の執行について生ずる費用又は債務の処理に係る方針に関する事項	当該株式会社の監査等委員の職務の執行について生ずるもの(監査等委員の職務の執行に関するものに限る。)について生ずる費用の前払又は償還の手続その他の当該職務の執行について生ずる費用又は債務の処理に係る方針に関する事項	当該株式会社の監査委員の職務の執行(監査委員会の職務の執行に関するものに限る。)について生ずる費用の前払又は償還の手続その他の当該職務の執行について生ずる費用又は債務の処理に係る方針に関する事項
		その他当該監査役の監査が実効的に行われることを確保するための体制	その他の体制その他の当該株式会社の監査等委員会の監査が実効的に行われることを確保するための体制	その他の当該株式会社の監査委員会の監査が実効的に行われることを確保するための体制

> **コラム** 大和銀行株主代表訴訟事件
> （大阪地判平12・9・20判時1721号3頁，
> 　商事1573号4頁，判タ1047号86頁）

　大和銀行ニューヨーク支店の行員が昭和59年から平成7年までの間に約3万回もの無断取引を行い合計約11億ドルの損失を発生させ（第1訴訟），大和銀行がその損失をアメリカ当局に隠匿したことによりアメリカで刑事訴追を受け，罰金3億4000万ドル，弁護士費用1000万ドルの計3億5000万ドルの損失を支払ったこと（第2訴訟）について，取締役だけでなく監査役も善管注意義務違反及び忠実義務違反に基づく損害賠償責任が問われた代表訴訟の事案です。

　大阪地裁は50名のうち11名の取締役等に合計7億7500万ドルの賠償責任を認めました（高裁にて和解が成立）。本件では監査役についても取締役の職務執行の監査及び会計監査人の監査結果の適正性の監査について任務懈怠がなかったかどうかが争点となり，ニューヨーク支店に往査した監査役のみが，会計監査人による米国財務省証券の保管残高の確認方法が不適切であることを知り得たものであり，これを是正しなかった点に任務懈怠があると認定されています（ただし，判決は当該監査役の任務懈怠と因果関係のある損害額が確定できないという理由で具体的に損害を賠償する責任はないと判示しています。）。

　また，同判決は，非常勤の社外監査役の責任につき，「社外監査役が，監査体制を強化するために選任され，より客観的，第三者的な立場で監査を行うことが期待されていること，監査役は独任制の機関であり，監査役会が監査役の職務の執行に関する事項を定めるに当たっても，監査役の権限の行使を妨げることができないこと……を考慮すると，社外監査役は，たとえ非常勤であったとしても，常に，取締役からの報告，監査役会における報告などに基づいて受働的に監査するだけで足りるものとは言えず，常勤監査役の監査が不十分である場合には，自ら，調査権……を駆使するなどして積極的に情報収集を行い，能動的に監査を行うことが期待されているものと言うべきである。」旨述べています。

Q109 金融商品取引法上の内部統制報告制度

金商法上の内部統制報告制度とは何か。会社法上の内部統制システムとの違いは何か。

A 金商法においては、上場会社等は、事業年度ごとに、内部統制報告書を有価証券報告書と併せて提出しなければならないとされている（金商24条の4の4第1項）。かかる内部統制報告書については、有価証券報告書に記載される財務諸表や連結財務諸表を監査する監査法人・公認会計士の監査を受けることが必要とされている（金商193条の2第2項）。

会社法上の内部統制システムとは、①対象とする業務の範囲、②体制整備のために準拠すべき基準の有無、③監査役又は監査委員会の関与の有無及び④監査人の関与の程度において差異がある。

解　説

従来の証券取引法を改正する形で制定された金商法は、上場会社等の企業内容の開示制度につき重要な改正を行ったが、その中の一つとして位置付けられるのが内部統制報告制度（J-SOXともいわれる。）である。

金商法においては、上場会社等は、事業年度ごとに、内部統制報告書を有価証券報告書と併せて提出しなければならないとされている（金商24条の4の4第1項）。かかる内部統制報告書については、有価証券報告書に記載される財務諸表や連結財務諸表を監査する監査法人・公認会計士の監査を受けることが必要とされている（金商193条の2第2項）。

会社法上では、一定の範囲の会社につきいわゆる内部統制システムの構築を義務付けているが（Q108（会社法上の内部統制システム））、①対象とする業務の範囲、②体制整備のために準拠すべき基準の有無、③監査役又は監査委員会の関与の有無、及び④監査人の関与の程度において、内部統制報告制度とは差異がある。

すなわち、内部統制システムは株式会社の業務の適正等を確保するための

ものであり（会社348条3項4号・362条4項6号・399条の13条1項1号ロ・ハ・416条1項1号ロ・ホ参照），その対象は会社の業務全般に及ぶと考えられるが，内部統制報告制度は財務報告を中心にした財務情報の適正性を主眼としている。

また，内部統制システムには，具体的体制の内容やその評価方法などに関する規定が存在しないが，内部統制報告制度には，内部統制府令，内部統制監査基準及び実施基準において，財務報告に係る内部統制についての経営者の評価又は監査人の監査において依拠するべき客観的かつ具体的な評価基準が存在する。

さらに，内部統制システムでは，取締役の職務執行に対する業務監査の一環として，監査役監査の対象となり，内部統制システムの内容が相当でないと認めるときにはその旨と理由を監査報告に記載することが求められているが（会社規129条1項5号），内部統制報告制度では，監査役自身が財務報告に係る内部統制の有効性を評価したり監査したりすることは求められていない[33]。

加えて，内部統制システムでは，会計監査人が監査を行う対象は連結計算書類及び計算書類並びにそれらの附属明細書に限定されており（会社436条2項・441条2項・444条4項），かつ，その有効性の監査も求められていないが，財務報告に係る内部統制の評価を記載した内部統制報告書では，原則として特別の利害関係のない公認会計士又は監査法人の監査証明を得ることが必要とされている（金商193条の2第2項）。

---

33) ただし，取締役の職務執行に対する業務監査として，経営者が，財務報告の重大な虚偽記載等につながるリスクを有しない適正な財務報告内部統制を構築し，運用しているのかについて監査を行うこととなるとされている（森・濱田松本法律事務所編『新・会社法実務問題シリーズ・10　内部統制—会社法と金融商品取引法—』162頁（中央経済社，2009））。

Q110 内部統制システム構築上の留意点

内部統制システム構築に当たっての留意点は何か。

A 内部統制システムに関する決定を行う時期については，設立時から大会社や監査等委員会設置会社，指名委員会等設置会社であるのか，それとも期中に大会社や監査等委員会設置会社，指名委員会等設置会社になるのかによって異なってくるので，注意が必要である。決定されるべき事項は体制そのものではなく，体制の整備に係る事項であり，目標の設定，目標達成のために必要な内部組織及びその権限，内部組織間の連絡方法，是正すべき事実が生じた場合の是正方法等に関する重要な事項（要項・大綱）を決定すれば足りる。ただし，過去に決議した内部統制システムが十分に機能しなくなったにもかかわらず，これを放置し続けた場合で，かかる不備を原因として不正行為等が発生したときは，取締役等が善管注意義務違反に問われる可能性があることには注意が必要である。

解 説

1 内部統制システムに関する決定を行う時期

会社法に規定する大会社になった際は，内部統制システムに関する体制の整備に関する事項の決定をしなければならないところ（会社348条4項・362条5項），大会社とは以下のような会社をいうとされている（会社2条6号）。

(1) 最終事業年度に係る貸借対照表（会計監査人設置会社において，会社439条前段の特例の適用がある場合は，当該特例により取締役が定時株主総会に報告した貸借対照表をいい，株式会社の成立後最初の定時株主総会までの間においては，会社435条1項の成立の日における貸借対照表をいう。(2)において同じ。）に資本金として計上した額が5億円以上であること。

(2) 最終事業年度に係る貸借対照表の負債の部に計上した額の合計が200億円以上であること。

この定義に従い，会社設立時から大会社の要件を満たしている株式会社に

については，設立後直ちに内部統制システムの整備に係る事項の決定を行う必要がある。

　また，期中に大会社の要件を満たした株式会社は，直ちに大会社になるわけではなく，最終事業年度に係る貸借対照表が定時株主総会において承認又は報告された時点で大会社となるため，当該事業年度に係る株主総会の日まで又は当該定時株主総会直後に開催される取締役会等開催時に内部統制システムの整備に係る事項の決定を行う必要がある。

　また，監査等委員会設置会社及び指名委員会等設置会社については，会社設立後直ちに内部統制システムの整備に係る事項の決定を行う必要がある。

　そして，監査等委員会設置会社又は指名委員会等設置会社に移行した株式会社については，移行に係る定款変更後直ちに又は定款変更を行った株主総会直後に開催される取締役会等開催時に内部統制システムの整備に係る事項の決定を行う必要がある。

2　決定されるべき事項

　内部統制システムについて，決定されるべき事項は体制そのものではなく，体制の整備に係る事項であり，目標の設定，目標達成のために必要な内部組織及びその権限，内部組織間の連絡方法，是正すべき事実が生じた場合の是正方法等に関する重要な事項（要項・大綱）を決定すれば足りる。

　この点，日本監査役協会第39期本部監査役スタッフ研究会第4グループが公表している「会社法内部統制システムに係る監査役監査活動の概要」(2012) では，取締役会設置会社の内部統制システムに係る取締役会決議の内容例が後掲の表のとおり示されている（ただし，会社法改正法成立前に公表されているものである。）。新会社法では，監査を支える体制や監査役による使用人からの情報収集に関する体制に係る規定の充実・具体化等を図るための改正（会社規98条4項・100条3項等）がなされているため，これに沿って当該表も改められることになろう。

　なお，内部統制システムの各項目の全部又は一部について「内部統制システムを設けない」又は「当該体制の整備を行わない」という決定を行うことも内部統制システムの整備に係る事項の決定義務には反しないとされている

《内部統制システムに係る取締役会決議の内容》

決定すべき体制 （施規100条）	取締役会決議の内容例
① 取締役の職務の執行に係る情報の保存及び管理に関する体制 （情報保存管理体制）	□決定に関する記録作成，決裁書類等文書保存規定の整備 □監査役の閲覧請求した場合の対応
② 損失の危険の管理に関する規程その他の体制 （損失危機管理体制）	□コンプライアンス，情報セキュリティ，環境，災害対応，品質，輸出管理等に関する規則・体制の整備，これらに関する教育・研修の実施 □リスクが発見された場合の監査役への報告
③ 取締役の職務の執行が効率的に行われることを確保するための体制 （効率性確保体制）	□経営会議，予算会議，計画策定会議の設置と多面的な検討による意思決定の実施 □内部監査，財務報告に係る内部統制の実施と業務改善 □その他各種経営管理システムの設置
④ 使用人の職務の執行が法令及び定款に適合することを確保するための体制 （法令定款遵守体制）	□法令遵守体制の整備，教育・研修の実施 □内部監査の実施 □コンプライアンス内部通報制度の整備
⑤ 当該株式会社並びにその親会社及び子会社から成る企業集団における業務の適正を確保するための体制 （企業集団内部統制）	□子会社への内部統制システムの展開 □子会社への財務報告にかかる内部統制の展開 □親子会社間での経営理念の共有 □親子会社間での報告体制の展開 □親子会社間の役員派遣 □親子会社間の業務・コンプライアンス監査の実施 □子会社まで含めたコンプライアンス内部通報制度の展開 □市価に基づいた取引することを宣言
⑥ 監査役がその職務を補助すべき使用人（監査役スタッフ）を置くことを求めた場合における当該使用人に関する事項 （監査役スタッフ配置） ⑦ 監査役スタッフの取締役からの独立性に関する事項 （監査役スタッフ独立性）	□監査役スタッフを置いていること（又は求めが有れば置くこと），監査役スタッフ以外に内部監査部門等が補助すること □監査役スタッフの独立性（人事異動の監査役会への事前説明・懲戒の場合の事前承認　等）

⑧ 取締役及び使用人が監査役に報告をするための体制その他の監査役への報告に関する体制 （監査役への報告体制）	□経営会議付議案件，内部監査結果は都度報告 □内部通報制度，取締役が会社に著しい損害が発生する恐れのある事実を発見した場合のその事実等を遅滞なく監査役に報告する	
⑨ その他監査役の監査が実効的に行われることを確保するための体制 （監査役監査実効性確保体制）	□代表取締役と定期会合の実施 □内部監査部門・会計監査人との連係	

出典：日本監査役協会第39期本部監査役スタッフ研究会第4グループ
「会社法内部統制システムに係る監査役監査活動の概要」(2012)

が，現実的には，一般的な大会社や監査等委員会設置会社・指名委員会等設置会社については，会社法が示す内部統制システムの全ての項目について，一定の体制整備について決議するべきとの指摘がなされている。

3 再度の決議や変更の要否

内部統制システムに関する決議は，一度決定されれば，その決定を取り消さない限りは有効に存続することとなるため，いったん内部統制システムに係る事項の決定がなされれば，これを取り消さない限り決定義務自体は果たされていることになる。

しかしながら，会社の実情の変化や内部統制システムに関する水準の変化などにより，過去に定められた内部統制システムが十分に機能しなくなる場合もある。このような事態にもかかわらず，これを放置し続けた場合で，かかる不備を原因として不正行為等が発生したときは，取締役等が善管注意義務違反に問われる可能性があることには注意が必要である。

Q111 内部統制システムの監査における留意点

内部統制システムの監査に当たっての留意点は何か。

A 内部統制システムに係る決定の適法性・網羅性の確認，かかる決定に基づく体制構築の確認，構築された体制の運用状況・モニタリング体制の確認及び抽出された問題点や監査役が指摘した問題点への対応状況の確認といったステップを踏んで監査に当たる必要があり，適宜内部統制部門や常勤監査役との連携を図っていくべきである。また，上場会社等においては，会社法に基づく計算書類の作成から株主総会の開催までの一連のプロセスと，金商法に基づく内部統制報告書の作成と提出までの一連のプロセスを同時に進行していかなくてはならないため注意が必要である。

解説

会社法では，監査役が直接的に内部統制システムを監査することを明示する条文は規定されておらず，内部統制システムに係る決定又は決議がある場合，監査役は，その内容が相当でないと認めるときはその旨及び理由を事業報告に係る監査報告に記載することが求められているのみである（会社規118条2号・129条1項5号・130条2項2号・130条の2第1項2号）。

しかしながら，内部統制システムの構築・運用は，取締役の義務であり業務執行の一環であり，監査役の監査対象範囲となることは明らかである。また，内部統制システムは体制の構築・運用・問題の有無の確認及び見直しという一連のプロセスを経て運用されるものであり，ある一時点での監査のみで相当性を判断することは不可能であり，日常の監査業務の中で運用状況を随時確認する必要がある。

そこで，内部統制システムに係る決定又は決議の適法性・網羅性（具体的な内容についてはQ108（会社法上の内部統制システム）を参照）を確認し，かかる決定に基づく体制が構築されているかどうかを確認するだけではなく，構築された体制の運用状況・モニタリング体制の確認まで行う必要がある。

具体的には，以下の点につき，代表取締役との会合，重要な会議への出席，役職員からの報告聴取，重要な書類の閲覧及び実地調査（往査）等の期中監査を通じて確認していくこととなる[34]。

(1) 法令定款・規則違反，不正防止など，問題の発生を未然に防ぐ仕組みとなっているか
(2) 問題が発生した場合に適切に抽出・報告される仕組みになっているか，報告されたか
(3) 問題が発生した場合に適切に対応される仕組みとなっているか，対応したか（しているか）
(4) 業務の効率性が確保されているか，管理過剰な点，経営の効率性を阻害している点はないか
(5) 社内すみずみに周知徹底され，意識と行動に落とし込まれているか
(6) 運用の状況が取締役によって適切にモニタリングされているか
(7) 以上について有効に機能しているか

特に，内部監査部門を始めとした内部統制部門からの報告聴取，これらの部門に対する実地調査（往査）は，内部統制システムを監査する上で有効な手立てとなる。

また，上記(1)ないし(7)の事項全てを常勤でない社外監査役が実施するのは難しい場合もあるため，常勤監査役との役割分担を確認するとともに，タイムリーに情報交換を行える体制を整えておくことも大切である。

監査の過程において問題点等が発見された場合は，その問題の大きさや重要性に応じ，現場での指摘・改善要請，管掌取締役への改善の助言及び監査役会の審議の上での代表取締役又は取締役会に対する助言・勧告，改善要請を行っていくこととなる。

期末においては，以上の期中監査において確認してきた内容をベースに，内部統制システムの相当性に関する監査意見を形成し，必要に応じて上記のとおり監査報告に記載することとなる。

---

[34] 日本監査役協会第39期本部監査役スタッフ研究会第4グループ作成に係る「会社法内部統制システムに係る監査役監査活動の概要」13頁（2012）参照。

この点，上場会社等においては，会社法に基づく計算書類の作成から株主総会の開催までの一連のプロセスと，金商法に基づく内部統制報告書の作成と提出までの一連のプロセスを同時に進行していくことになるため，内部統制報告書に対する監査役の意見が会計監査人監査の方法と結果の相当性に対する監査役の意見にも影響を及ぼし得ることになる。

　監査報告の作成時点までに財務報告に係る内部統制について不備又は重大な欠陥が認識された場合には，監査意見に反映させる必要があるが，監査報告書の校了時点においては，経営陣による財務報告に係る内部統制の有効性の評価及び内部統制報告書に対する会計監査人の監査は未了であることも予想されるため，そのような場合には，当該時点における経営陣及び会計監査人の中間的な意見を可能な限り聴取するのが現実的な対応であるとの指摘がなされている。また，監査報告の校了後であっても，株主総会会日までに内部統制の不備などが認識された場合は，株主総会における監査役による口頭での監査報告の修正などを検討する必要があるとも指摘されている。

(4) 取締役会への出席に当たっての留意事項

Q112 取締役会への出席に当たっての留意事項

　社外監査役は，取締役会への出席に当たって，どのような点に留意すべきか。

Ⓐ　社外監査役は，取締役会の付議事項・議案について事前に入手をした上でその内容をあらかじめ確認し，必要に応じて，担当部署へ質問し，また，社内監査役との間で意見交換や情報共有を行い，取締役会への出席に向けた事前準備を行うべきである。また，取締役会の招集手続に不備がないかという手続面の確認も必要と考えられる。

解　説

　監査役は，取締役会に出席し，必要と認めるときは意見を述べなければならないとされており（会社383条1項本文），社外監査役は，取締役会に出席し，取締役の業務執行や取締役会の運営が適正になされているかを監視する法令上の権限及び義務を有している。

　そのため，社外監査役は，正当な理由なく取締役会を欠席できないだけではなく，取締役会が適正に運営されていることをチェックすることが監査役監査における極めて重要な職務であることを十分に理解し，事前に十分な準備をした上で取締役会に出席すべきである。

　具体的には，社外監査役は，取締役会の開催に先立ち，付議事項・議案に関する資料を事前に入手するとともに，当該付議事項・議案について担当部署から説明を受けるなどし，内容について理解を深めておく必要がある。社外監査役の場合，担当部署から直接説明を受けることが困難な場合も考えられるが，その場合でも，社内監査役が聞き取った内容について，取締役会に先立つ監査役会において説明を受け，又は個別に説明を受けるなどし，議案の理解に努めるべきである。

また，社外監査役を含む監査役は，事前に入手した付議事項・議案について事前に監査役間での協議を行い，取締役会において意見陳述（会社383条1項本文）を行う必要があるかといった点を事前に整理しておくことも有益と考えられる。

　その他，監査役としては，取締役会に先立ち，招集手続や付議事項が法令及び定款その他の社内規程に合致していることの確認も必要であり，不備があれば，取締役会の開催日を待たずに代表取締役等に対し指摘を行い，是正を求めるべきである。

270　第3章　社外監査役

Q113 取締役会における監査の留意事項

　社外監査役は，取締役会における監査において，どのような点に留意すべきか。

A　社外監査役は，取締役会における取締役の意思決定に関し，善管注意義務，忠実義務等の法的義務の履行状況を，①事実認識に重要かつ不注意な誤りがないこと，②意思決定過程が合理的であること，③意思決定内容が法令又は定款に違反していないこと，④意思決定内容が通常の企業経営者として明らかに不合理ではないこと，及び⑤意思決定が取締役の利益又は第三者の利益でなく会社の利益を第一に考えてなされていること，といった観点から監視し，検証しなければならない。また，社外監査役は，代表取締役等が法令に従った職務の執行状況の報告を最低でも3か月に1回以上取締役会に行い，取締役会が監督機能を発揮している点についても監視し，検証する必要がある。

解　説

　監査役は，取締役会に出席し，必要と認めるときは意見を述べなければならないとされており（会社383条1項本文），取締役会への出席は監査役の義務であるとともに，基本的かつ重要な監査の手段であるといえる。

　社外監査役を含む各監査役は，取締役会決議等において行われる取締役の意思決定に関して，善管注意義務，忠実義務等の法的義務の履行状況を，①事実認識に重要かつ不注意な誤りがないこと，②意思決定過程が合理的であること，③意思決定内容が法令又は定款に違反していないこと，④意思決定内容が通常の企業経営者として明らかに不合理ではないこと，及び⑤意思決定が取締役の利益又は第三者の利益でなく会社の利益を第一に考えてなされていること，といった観点から監視し，検証しなければならない（監査基準19条1項）。

　この点，日本監査役協会が公表している監査実施要領の183頁以下では，

具体的には，以下の観点から監視・検証がされるべきであるとされている。
① 事実認識に重要かつ不注意な誤りがないこと。
　（ⅰ）意思決定のために必要な情報を十分に得ているか
　（ⅱ）情報（事実，計数，予測）は正確，客観的，中立的か
② 意思決定過程が合理的であること。
　（ⅰ）法令・定款，決裁権限規程等に準拠した意思決定か
　　　（取締役会，経営会議等の付議基準，招集手続，議事運営等を含む。）
　（ⅱ）代替案や想定し得る利益・不利益等必要事項の検討・審議が行われているか
　（ⅲ）必要な場合，該当案件についての専門家の見解を徴しているか
③ 意思決定内容が法令又は定款に違反していないこと。
　（ⅰ）業法や定款で認められる範囲内か
　（ⅱ）株式会社，経済・市場秩序，その他一般刑事事項等に対する法規制に違反していないか
　（ⅲ）必要な場合，弁護士等の専門家の見解を徴しているか
④ 意思決定内容が通常の企業経営者として明らかに不合理ではないこと。
　（ⅰ）集めた情報と適正な検討・審議に基づく合理的な結論となっているか
　（ⅱ）想定し得るリスクが会社の経営にとって致命的なレベルとなっていないか
⑤ 意思決定が取締役の利益又は第三者の利益でなく会社の利益を第一に考えてなされていること。
　（ⅰ）取締役個人の保身や利得を得ることを目的としていないか
　（ⅱ）親族・友人等，会社以外の第三者の利益を図るためではないか

社外監査役としては，以上の観点から必要と認めた場合には，取締役に対し助言若しくは勧告をし，又は差止めの請求を行わなければならず（監査基準19条2項），そのような助言・勧告・差止請求は，事実関係の正確な理解なくしてはなし得ないものであるから，上記①～⑤について疑問等があれば，取締役会において積極的に質問等を行い，疑問の解消及び事実関係の正確な

把握に努めなければならない。この点，取締役会における報告は，書面・資料を配布して行われることが多いものの，機密保持その他の理由からスクリーン等に映写するなどの方法で説明が行われ，書面・資料の配布がされない場合もあり得る。その場合には，後の参照上の便宜や記録の保持という観点から，必要に応じて，書面・資料やデータを要求すべきであろう。

　また，各監査役は，代表取締役その他の業務を執行する取締役が適時かつ適切に職務の執行状況を取締役会に報告し，取締役会が監督義務を適切に履行していることを監視し，検証しなければならない（監査基準20条）。

　会社法362条2項によれば，取締役会は「会社の業務執行の決定」に加え，「取締役の職務の執行の監督」をするものとされており，代表取締役及び業務を執行する取締役は3か月に1回以上自己の職務の執行の状況を取締役会に報告しなければならない（会社363条2項）。当該報告は，その省略が認められないため（会社372条2項），代表取締役等は，経営会議等における報告だけでは足りず，取締役会において報告をする必要がある。そのため，社外監査役としては，取締役会が少なくとも3か月に1回以上開催され，上記代表取締役等からの職務の執行状況に係る報告がされている点も確認する必要がある。

　さらに，出席した監査役は，取締役会の議事録に署名又は記名押印しなければならないが（会社369条3項），監査役としては，議事録が適切に作成されていることを確認し，修正を要する点があれば，署名又は記名押印の前に指摘し，訂正を求めるべきである。

Q114 取締役会において意見を述べる場合の留意事項

社外監査役が取締役会において意見を述べる場合，どのような点に留意すべきか。

A 社外監査役を含めた監査役は，取締役会に先立ち，付議事項・議案・関連資料等を入手し，意見陳述の要否について事前に監査役間で協議しておくべきである。また，社外監査役は，その独立性，選任された理由等を踏まえ，代表取締役及び取締役会に忌憚のない質問をし，又は意見を述べなければならない。

解説

会社法383条1項より，監査役は必要があるときは，取締役会において意見を述べなければならない。当該取締役会における意見の陳述は，各監査役がそれぞれの判断で発言し得るものであるが，各監査役は，取締役会議案について内容を把握し，経営判断の原則等の観点から問題点の有無を判断し，これらについて非常勤監査役にも説明する等により情報を共有化し，意見陳述の要否を確認する必要がある。このため，監査役は，取締役会の開催に先立ち，事前に議題・資料を入手し，必要な場合は取締役又は使用人から事前に内容の説明を受け，可能な限り，取締役会開催前に，意見陳述について監査役会において審議又は各監査役間で意見交換を行う。

意見陳述の必要性とその内容について，監査役の意見が一致した場合は，陳述する意見の内容に適した監査役の一人が監査役会の意見を代表し，陳述してもよい。

この点，社外監査役は，その独立性，選任された理由等を踏まえ，中立の立場から客観的に監査意見を表明することが特に期待されていることを認識し，代表取締役及び取締役会に忌憚のない質問をし，又は意見を述べなければならない（監査基準5条2項）。

また，独立役員に指定された社外監査役は，一般株主の利益ひいては会社

の利益を踏まえた公平で公正な経営の意思決定のために行動することが特に期待されていることを認識し，他の監査役と協力して一般株主との意見交換等を所管する部署と情報の交換を図り，必要があると認めたときは，一般株主の利益への配慮の観点から代表取締役に対して意見を述べるべきである（監査基準5条4項）。

Q115 取締役会以外の営業会議等に関する留意事項

社外監査役は，取締役会以外の営業会議等について，どのような点に留意すべきか。

A 社外監査役は，取締役会以外の営業会議等の重要な会議・委員会等への出席が監査の重要な方法であることを理解し，自らが出席しなかった会議等については，資料や議事録の閲覧とともに，出席した監査役から議事の経過と結果について説明を受けるなどし，状況の把握に努めるべきである。

解説

　監査基準39条1項は，監査役は，取締役会のほか，重要な意思決定の過程及び職務の執行状況を把握するため，経営会議，常務会，リスク管理委員会，コンプライアンス委員会その他の重要な会議又は委員会に出席し，必要があると認めたときは，意見を述べなければならない旨を定めている。これは，取締役会以外の重要な会議への出席は，業務・財産の調査権（会社381条2項）に基づく監査役の監査の重要な方法の一つであるからであるが，そのような重要な会議に出席することは，他の監査業務に活かすための情報収集の手段としても，重要である。

　そのため，監査役のうち常勤監査役は原則として全ての重要な会議等に出席することが望ましいと考えられ，難しい場合には，複数の監査役で分担する（例えば，会計監査人との面談の場合には常勤監査役と公認会計士資格を有する社外監査役が原則として出席することとする。）などし，監査役としての出席を確保するよう努力すべきである。監査基準39条2項は，重要な会議等への出席の機会を確保するため，監査役は，取締役等に対して必要な要請を行うものと定めており，監査役としては，取締役を含めた関係部署と粘り強く交渉し，出席の機会確保に努めるべきである。

　他方，非常勤の社外監査役の場合には，本業との兼ね合いもあり，上記の重要会議に出席することは困難である場合が想定される。その場合には，議

案書や議事録等を閲覧するとともに，出席した監査役がいる場合には，当該監査役を通じて重要な会議の状況について情報共有を図るべきである。

(5) 株主総会での役割，参考書類での社外監査役の開示事項

Q116 社外監査役の株主総会での役割

株主総会の準備段階（議案決定，招集等）から本番当日までにおいて，社外監査役に求められる役割は何か。

A 株主総会の準備段階においては，株主総会提出書類を調査し，取締役の職務執行に関する監査，各事業年度に係る計算書類及び事業報告並びにこれらの附属明細書に関する監査の結果についての監査報告を作成する必要がある。

株主総会当日においては，原則として株主総会に出席し，株主からの質問につき議長の指名に従い，かつ，監査役又は監査役会の協議等により説明担当者とされた場合は答弁することになる。

解　説

1　株主総会当日までの流れ

株主総会当日までの流れについては，Q38（社外取締役の株主総会での役割）を参照されたい。

2　準備段階における役割

(1)　議案等書類の調査と報告義務

監査役は，取締役が株主総会に提出しようとする議案，書類，電磁的記録その他の資料を調査しなければならない（会社384条前段，会社規106条）。

調査対象となるのは，株主総会に上程する議案のほか，株主総会参考書類，計算書類，事業報告，監査報告などであるが，「監査役が調査すべきものについては，条文の文言上制約はなく，議題・議案に直接関係するものに限らず，取締役が法令または定款に基づき株主総会に提出するすべてのものが含まれる。」ことになっている[35]。

これらの調査の結果，法令若しくは定款に違反し，又は著しく不当な事項があると認めたときは，その調査結果を株主総会に報告しなければならない（会社384条後段）。議案の調査の結果，株主総会に報告すべき事項があるときは，その概要を株主総会参考書類に記載しなければならない（会社規73条1項3号）。

また，新会社法において，コーポレート・ガバナンスの強化の一環として，会計監査人の選解任等に関する議案の決定権が監査役（又は監査役会）に付与され，会計監査人の独立性の強化が図られたが（会社344条），これに伴い，同議案について監査役が候補者を監査人の候補者にした理由等を株主総会参考書類に記載しなければならないとし（会社規77条3号・81条2号），また監査役が会計監査人の報酬等について同意した理由を事業報告に記載しなければならない（会社規126条2号）。

(2) **監査報告の作成**

監査役は，対象事業年度において実施してきた監査の総括として，監査報告を作成しなければならない。具体的には，取締役の職務執行に関する監査（会社381条1項），各事業年度に係る計算書類及び事業報告並びにこれらの附属明細書に関する監査（会社436条1項）の結果についての監査報告を作成する義務がある（会社規129条1項，会社計算122条・127条）。監査役会設置会社の場合，まず各監査役が監査報告を作成し，これを受けて監査役会が監査役会監査報告を作成することになる（会社規130条，会社計算123条・128条）。

3 株主総会当日における役割

(1) **株主総会への出席**

株主総会は，監査役が株主から委任された監査の結果を報告する場であり，監査役の一員である社外監査役も株主総会において説明義務を負うため（会社314条），原則として株主総会に出席すべきである。

もっとも，社外監査役の多くは他の会社や組織の役職員であるため，やむを得ず出席できない場合もあると思われるが，その場合は，他の監査役

---

35) 相澤哲ほか編著『論点解説　新・会社法――千問の道標』412頁（商事法務，2006）。

が説明義務を果たすことになる。

(2) 社外監査役の説明義務

　社外監査役も株主総会において説明義務を負うところ，株主からの質問に対して社外監査役を指名して答弁させるか否かは，議長の判断に従うこととなる。株主から社外監査役を指名して質問がなされた場合であっても，監査役又は監査役会が事前に協議して定めた説明担当の監査役や，その場で適任と考える監査役に答弁させることができるため，必ずしも当該社外監査役が答弁する必要はない。ただし，監査役が独任制の機関であり，各自が独立して監査につき責任を負っていることから，特定の監査役が指名された場合には，かかる株主の指名に拘束され，その監査役が答弁すべきであるという見解もある。なお，事業報告の記載事項として，社外監査役の意見により会社の事業の方針等が変更された場合の当該内容や，社外監査役が法令違反等事実の発生の予防のために行った行為の概要等があるところ，それら社外監査役の意見や行為についての質問がなされた場合は，当該社外監査役が説明することになるであろう。

　一方で，社外監査役による第三者的な立場からの答弁は，経営の透明性や信頼性などの観点から有益であるし，特に会社の経営危機時，企業不祥事発生時，敵対的買収遭遇時など，社内監査役では利害関係が生じている場合には，より積極的に答弁することが期待される。

　したがって，社外監査役であっても指名されることがあり得ることを認識し，答弁を求められ得る事項やその際の対応について事前に確認しておくべきである。

Q117 監査役・会計監査人選任等への関与

株主総会で監査役又は会計監査人が選任等される過程において，監査役はどのように関与できるか。

A 監査役には，監査役の選任に関する同意権，議案等提出請求権，選任等に関する意見陳述権が与えられており，さらに，会計監査人の選任及び解任並びに会計監査人を再任しないことに関する議案の内容の決定権，会計監査人の解任権が与えられている。

解 説

1 監査役の選任等への関与

(1) 監査役の選任に関する同意権

取締役が監査役の選任に関する議案を株主総会に提出するためには，監査役（監査役が2名以上の場合はその過半数，監査役会設置会社の場合は監査役会）の同意を得る必要がある（会社343条1項・3項）。つまり，株主総会に提出する監査役選任議案に対し拒否権を有するということである。

これは，監査役の選任について，取締役の恣意的な人事を排除して，独立・公正な監査役の地位を強化することを目的としたものである。

(2) 監査役選任議題・議案の提出権

監査役（監査役会設置会社の場合は監査役会）は，取締役に対し，監査役の選任を株主総会の目的とすることを請求できる（会社343条2項前段・3項）。さらに，特定の監査役候補者を挙げて，取締役に対し，その選任議案を株主総会に提出するよう請求することもできる（会社343条2項後段・3項）。

監査役・監査役会は，監査役の選任に関して，上記(1)の拒否権の行使のみならず，積極的に関与することもできるのである。

(3) 監査役の選任・解任・辞任に関する株主総会での意見陳述権

監査役は，株主総会において，監査役の選任・解任・辞任につき意見を述べることができる（会社345条4項・1項）。他の監査役についてのみなら

ず，自身の選任等についても意見陳述ができる。これは，監査役の選任議案を決定する取締役・取締役会をけん制し，監査役の意向がより反映されることを企図したものである。

また，任期途中で辞任した監査役は，辞任後最初の株主総会で辞任理由を述べることができる（会社345条4項・2項）。監査役が不本意な辞任を取締役から強いられることがないよう，取締役をけん制し，もって監査役の地位の強化を図るものである。

2　会計監査人の選任等への関与

(1)　会計監査人の選任・解任・不再任に関する議案の決定権

旧会社法下においては，取締役が，①会計監査人の選任に関する議案を株主総会に提出する場合，②会計監査人の解任を株主総会の目的とする場合，③会計監査人を再任しないことを株主総会の目的とする場合，監査役（監査役が2名以上の場合はその過半数，監査役会設置会社の場合は監査役会）の同意を得る必要があるとされていた（旧会社344条1項・3項）。

さらに，旧会社法下においては，監査役（監査役会設置会社の場合は監査役会）は，取締役に対し，①会計監査人の選任に関する議案を株主総会に提出すること，②会計監査人の選任又は解任を株主総会の目的とすること，③会計監査人を再任しないことを株主総会の目的とすることを請求することができるとされていた（旧会社344条2項・3項）。

このように監査役設置会社においては，会計監査人の選解任等の議案の決定権を取締役（取締役会設置会社においては取締役会）に付与していたが，この点については，監査を受ける立場にある会社経営者が監査を行う立場にある会計監査人の選解任等の議案の決定権を有することは，いわゆる「インセンティブのねじれ」が生じ，会計監査人の独立性確保の障害になるとの議論があった。新会社法下においては，会計監査人の独立性をより高めるため，株主総会に提出する会計監査人の選任及び解任並びに会計監査人を再任しないことに関する議案の内容は，取締役ではなく，監査役（監査役が2名以上の場合はその過半数，監査役会設置会社の場合は監査役会）が決定することとされている（会社344条）。

一方で，会計監査人に対する報酬等の決定については，財務に関わる経営判断と密接に関連することから，その決定権を監査役又は監査役会に付与する旨の改正は見送られ，旧会社法と同様に，監査役又は監査役会は同意権のみを有することになる（会社399条）。

(2) 会計監査人の解任権

　監査役（監査役会設置会社の場合は監査役会）は，会計監査人が，①職務上の義務に違反し，又は職務を怠ったとき，②会計監査人としてふさわしくない非行があったとき，③心身の故障のため，職務の執行に支障があり，又はこれに堪えないときのいずれかに該当するときは，監査役全員の同意によって，当該会計監査人を解任することができる（会社340条1項・2項・4項）。

　会計監査人に上記のような重大事由が生じた場合でも，上場会社等ではその解任のために臨時株主総会を招集することは容易ではないことが多いため，かかる制度が設けられているのである。

　会計監査人を解任したときは，監査役（監査役が2名以上の場合は監査役の互選によって定めた監査役，監査役会設置会社の場合は監査役会が選定した監査役）は，その旨及び解任の理由を解任後最初に招集される株主総会において報告しなければならない（会社340条3項・4項）。

　新会社法下における監査等委員会設置会社においては，会計監査人の解任は，監査等委員全員の同意によって行われ，また，株主総会への報告は，監査等委員会が選定した監査等委員が行う（会社340条5項）。さらに，指名委員会等設置会社においては，会計監査人の解任は，監査委員会の委員全員の同意によって行われ，また，株主総会への報告は，監査委員会が選定した監査委員会の委員が行う（同条6項）。

Q118 株主総会における社外監査役の選任に関する質問に対する答弁

株主総会において社外監査役選任議案に関する質問があった場合，どの程度答弁しなければならないか。

A 株主の合理的な判断に必要な範囲内で答弁する必要がある。

解 説

　株主総会において株主から社外監査役選任議案に関する質問があった場合，当該議案の審議（合理的な判断）に必要な範囲内で答弁する必要がある。

　社外監査役であるためには，その就任の前10年間，当該株式会社又はその子会社の取締役，会計参与，執行役又は支配人その他の使用人となったことがない等の要件を満たす必要があるところ（会社2条16号，Q59（社外監査役の意義及び資格要件）参照），かかる要件を充足しているか否かの質問に対しては，当然に要件充足性について説明しなければならない。

　また，監査役の選任に関する議案の提出に当たり株主総会参考書類に記載する必要がある事項，それが社外監査役である場合の追加的な記載事項や，社外監査役が再任される場合において当該社外監査役について事業報告に記載される事項（これら事項については，Q119（株主総会参考書類及び事業報告における社外監査役に関する記載）を参照）に関して補足的な説明を求められた場合，株主の合理的な判断に必要と認められる範囲内で補足的な説明を行う必要がある。もっとも，株主総会参考書類等記載事項の補足説明に限られず，社外監査役選任議案の合理的な審議・判断に必要な事項につき質問があれば，答弁する必要がある。

Q119 株主総会参考書類及び事業報告における社外監査役に関する記載

株主総会参考書類や事業報告においては，社外監査役に関してどのような記載が求められるか。

A 監査役選任議案を提出する場合，株主参考書類には，候補者に関する一定の事項を記載する必要があるが，当該候補者が社外監査役候補者である場合は，さらに，社外監査役としての適格性等に関わる事項を記載する必要がある。事業報告においては，社外役員が存する場合には，その活動状況や報酬等について特に記載する必要がある。

解説

1 株主総会参考書類

監査役の選任に関する議案を提出する場合，株主総会参考書類には，候補者について，氏名・生年月日等，特別な利害関係に係る事実の概要，株式の保有状況，重要な兼職といった一定事項を記載する必要があるが（会社規76条1項～3項），候補者が社外監査役候補者である場合は，これらに加えて，以下の事項を記載する必要がある（同条4項）。

① 当該候補者が社外監査役候補者である旨
② 当該候補者を社外監査役候補者とした理由
③ 当該候補者が現に当該株式会社の社外監査役である場合において，当該候補者が最後に選任された後在任中に当該株式会社において法令又は定款に違反する事実その他不正な業務の執行が行われた事実があるときは，その事実並びに当該事実の発生の予防のために当該候補者が行った行為及び当該事実の発生後の対応として行った行為の概要
④ 当該候補者が過去5年間に他の株式会社の取締役，執行役又は監査役に就任していた場合において，その在任中に当該他の株式会社において法令又は定款に違反する事実その他不正な業務の執行が行われた事実が

あることを当該株式会社が知っているときは，その事実（当該候補者が当該他の株式会社における社外取締役又は監査役であったときは，当該事実の発生の予防のために当該候補者が行った行為及び当該事実の発生後の対応として行った行為の概要を含む。）

⑤ 当該候補者が過去に社外取締役（社外役員に限る。）又は社外監査役以外の方法で会社の経営に関与していない者であるときは，当該経営に関与したことがない候補者であっても社外監査役としての職務を適切に遂行することができるものと当該株式会社が判断した理由

⑥ 当該候補者が次のいずれかに該当することを当該株式会社が知っているときは，その旨

イ 過去に当該株式会社又はその子会社の業務執行者又は役員（業務執行者であるものを除く。ハ及びホ(2)において同じ。）であったことがあること。

ロ 当該株式会社の親会社等（自然人であるものに限る。ロ及びホ(1)において同じ。）であり，又は過去5年間に当該株式会社の親会社等であったことがあること。

ハ 当該株式会社の特定関係事業者の業務執行者若しくは役員であり，又は過去5年間に当該株式会社の特定関係事業者（当該株式会社の子会社を除く。）の業務執行者若しくは役員であったことがあること。

ニ 当該株式会社又は当該株式会社の特定関係事業者から多額の金銭その他の財産を受ける予定があり，又は過去2年間に受けていたこと。

ホ 次に掲げる者の配偶者，三親等以内の親族その他これに準ずる者であること。
  (1) 当該株式会社の親会社等
  (2) 当該株式会社又は当該株式会社の特定関係事業者の業務執行者又は役員

ヘ 過去2年間に合併等により他の株式会社がその事業に関して有する権利義務を当該株式会社が承継又は譲受けをした場合において，当該合併等の直前に当該株式会社の社外監査役でなく，かつ，当該他の株式会社の業務執行者であったこと。

⑦　当該候補者が現に当該株式会社の監査役であるときは，監査役に就任してからの年数
⑧　以上に掲げる事項に関する記載についての当該候補者の意見があるときは，その意見の内容

2　事業報告

　事業報告においては，社外監査役を含む社外役員が存する場合において一定の事項を記載する必要があるが（会社規124条），その詳細については**Q41**（株主総会参考書類及び事業報告における社外取締役に関する記載）を参照されたい。

(6) 事業報告の監査

Q120 事業報告の監査

> 監査役は，事業報告及びその附属明細書が法令又は定款に従い当該株式会社の状況を正しく示しているかどうかについて意見を述べなければならないが，社外監査役はどのような点に留意して監査すべきか。

A 社外監査役は，その有する法律や会計の専門性や経営者としての経験などに基づき，従前の記載方法等にとらわれることなく，会社法が求める記載事項として過不足等がないか，株主にとってよりよい事業報告にするにはどうすべきか見解を述べることが期待されている。

解 説

1 監査役による事業報告及びその附属明細書の監査

　監査役は，事業報告及びその附属明細書（以下「事業報告等」という。）を取締役から受領したときは，事業報告等が法令又は定款に従い当該会社の状況を正しく示しているかどうかについての意見を含む会社規129条1項各号が定める各事項を内容とする監査報告を作成しなければならず，監査役会は，その監査役が作成した監査報告に基づき監査役会としての監査報告を作成しなければならない（会社規130条1項）。

　そのため，監査役は，監査報告を作成するために，その記載事項（会社規118条～126条・128条）に照らして，①内容が法令及び定款に従った適法なものか，②記載すべき事項で記載漏れはないか，③記載内容は正確で明瞭であるかといった観点で期末監査において事業報告等の調査を行うことになる[36]。そこで，監査役は，期末監査に臨むに当たり，事業報告等の記載事項に関して，期中の監査結果を整理し，未消化の監査事項を実施するとともに，内部統制システムに係る期末に必要な監査その他期末に実施すべき監査を行い，

---

[36] 監査実施要領257頁。

また，代表取締役との会合や担当取締役からの説明などによって前回の事業報告の「会社が対処すべき課題」等に記載された事項の遂行状況や今年度に記載する内容についての見解等について確認する[37]。

2 社外監査役が留意すべき事項

　社外監査役の多くは非常勤であるが，常勤であったとしても社内監査役と比較すると一般的に会社の事業や属する業界，取締役による業務執行の実態について疎いといえる一方で，専門家や経営者としての長年の経験を有していることが多く，また，会社との間で特別な利害関係もないことから第三者の立場から忌憚のない意見を述べることができる立場にある。社外監査役を選任する会社も，その高度な専門知識や長年の経験に基づく社内のしがらみにとらわれない独立の立場からの率直な意見・見解の表明を期待しているといえる。

　しかるところ，事業報告等は，旧商法及び会社法の下で長年にわたって毎年作成されるものであることから，過去の記載方法や記載内容がそのまま現在まで踏襲され，その作成を担当する総務・財務・経理部門などもそれに倣って作成すれば足りると考えがちであることから，社外監査役は，その有する専門性や経営者としての経験などに基づき，会社法が求める記載事項として過不足等はないか，株主の目線からよりよい記載内容にすることはできないかといったことを，従前の取扱いに拘泥することなく，外部の目から率直に見解を述べていくことが求められているといえる。

---

37) 監査実施要領248頁。

(7) 会計監査における留意事項

Q121 売掛金の実在性

当社の会計監査人から、監査役に対し、期中監査を行っていたところある支店の売掛金に関してその実在性に疑義がある得意先があるとの連絡があった。しかし、社内監査役は、当該支店から正常な取引に基づく売掛金であることを聴取しているとして特に問題視していない。このような状況下で社外監査役はどのように対応すべきか。

A 社外監査役は、会計監査人の指摘する売掛金の実在性に問題がないという社内監査役の見解に疑問を差し挟む余地がないか調査しなければならない。

解説

1 会計監査人との連携

監査役又は監査役会は、会社法上、会計監査人に関して、選任・解任・不再任に関する議案の内容の決定権（会社344条）、会計監査人の報酬の同意権（会社399条）、会計監査人から報告を受ける権限（会社397条1項・3項）など様々な権限を与えられており、監査役は、会計監査人と常に接触を保ち連携を深めることで、自らの善管注意義務を尽くさなければならない[38]。そこで、監査役と会計監査人は、監査上必要な事項について情報提供と意見交換を行い、監査役からは日常の業務監査で知り得た情報を会計監査人に伝え、会計監査人からは会計監査で得た情報の提供を受けて、それぞれの監査の品質と監査効率の向上に役立てるのが望ましいとされる。

しかるところ、支店の売掛金の実在性は資産の過大計上の可能性に関連することから、会計監査の観点からは会計監査人が主体的に監査手続を行っていくことが期待されるものの、監査役も会計監査人と協議を行ってその監査

---
[38] 日本監査役協会「会計監査人との連携に関する実務指針」9頁（2014）。

に協力し，必要に応じて自らも担当役員や従業員に質問するなどの調査を行うなど連携しながら対応する必要がある。

2 社外監査役の対応

　常勤の社内監査役と非常勤の社外監査役では，会社業務への精通の程度や監査を実施する時間の多寡に差があることから，それぞれ役割分担して一体となって組織的に監査を実施することが必要になる。そのため，例えば，常勤監査役が日常的な監査活動を通じて会社情報の収集と分析を担い，非常勤の社外監査役は，常勤監査役や担当の従業員からの報告を受けて，第三者的な立場から取締役会などの会議体で意見・見解を述べるといった分担などが考えられる。通常であれば積極的に情報収集するなど監査業務の中心を担うべきは社内監査役であるが，本件では社内監査役と会計監査人の間で売掛金の実在性について見解が分かれている。監査役及び監査役会は，会計監査人の計算関係書類の監査の方法と結果の相当性について判断を求められることから，役割分担の上では社内監査役が監査手続を行うことになっていたとしても，社外監査役も監査役会の構成員かつ独任制の機関として，会計監査人の指摘する売掛金の実在性に問題がないという社内監査役の見解に疑問を差し挟む余地がないか調査しなければならない。そのため，社外監査役は，社内監査役及び会計監査人と意見交換を行い，また，担当役員や従業員に詳細な報告を求めるなどの監査手続を行うべきである。

Q122 貸倒引当金の妥当性

当社の大口取引先であるA社について，長年にわたって販売していた主力製品に欠陥が発見され，先日，製品の自主回収を行うこととなった旨の報道がなされた。当社は，現在，決算手続の最中であったが，財務担当役員は同社に対する売掛金の回収可能性に影響はないとして貸倒引当金を積み増すことはせず，常勤の社内監査役も問題視していない。社外監査役は同社に対する貸倒引当金の妥当性についてどのように考えるべきか。

A 社外監査役は，常勤監査役の判断を無批判に信頼することは許されず，当該常勤監査役，財務担当役員及びその他の関係者からの情報収集などにより常勤監査役の判断に疑念を差し挟むべき事情がないか確認しなければならない。

解説

1 貸倒引当金の考え方

大口取引先であるA社の主力製品が欠陥によって自主回収されているとなれば，その規模次第では経営に重要な影響を及ぼし，会社の売掛金が約定どおりに支払われないおそれがある。一般に引当金は，将来の特定の費用又は損失であって，その発生が当期以前の事象に起因し，発生の可能性が高く，かつ，その金額を合理的に見積もることができる場合に計上が求められ（企業会計原則注18），具体的な貸倒見積高は，一般に公正妥当と認められる会計基準（金融商品に関する会計基準（企業会計基準第10号）及び金融商品会計に関する実務指針（会計制度委員会報告第14号））に従って算定される。なお，製品の自主回収は事業年度末後に生じているが，それによる売掛金の回収可能性への影響の実質的原因が事業年度末に既に生じている場合には，事業年度末時点の状況に関連する会計上の判断ないし見積もりをする上で追加的ないし客観的な証拠を提供するものとして貸倒引当金の計上に際して考慮しなければならな

い（日本公認会計士協会「後発事象に関する監査上の取扱い」3(1)）。

2　社外監査役が留意すべき事項

　社外監査役の多くは非常勤監査役であるが，仮に常勤監査役であったとしても社内監査役に比べ，会社の事業や属する業界についての知識は豊富ではないことが通常である。そのため，公認会計士の資格を有するなど企業会計の専門家として社外監査役に選任されたということでなければ，監査役間の監査業務の分担として，常勤監査役が積極的にA社の主力製品の自主回収の売掛金回収への影響を調べるために，事実関係に関する情報を集めて検討するという調査をすべきといえる。もっとも，常勤監査役の監査の結果が貸倒引当金の積み増しは不要というものであったとしても，大口取引先の主力製品の自主回収というイレギュラーな事態が生じている以上，非常勤の社外監査役は，常勤監査役の判断を無批判に信頼することは許されず，当該常勤監査役，財務担当役員及びその他の関係者からの情報収集などにより常勤監査役の判断に疑念を差し挟むべき事情がないか確認しなければならない。その上で，疑念を生じさせるような事情が認められたとすれば，自ら会社の取締役会などの重要な会議で問題提起をし，また，さらに詳細な報告を担当役員等に求めるといった調査・是正のための手続を常勤監査役と共に，又は単独で行う必要がある。

(8) 剰余金配当における留意事項

Q123 剰余金の配当

> 当社は不動産業界に属する会社であるところ，昨今の不動産価格の下落を受けて前期に多額の減損損失を計上した結果，欠損（分配可能額がマイナス）に陥った。しかしながら，本年の定時株主総会において資本準備金を取り崩して前期末の欠損は填補された。このような状況下で，当社は，今期の中間配当として剰余金配当を行うことを検討しているが，社外監査役として当該剰余金配当について留意すべき事項はなにか。

A 社外監査役は，社内監査役の監査結果に依拠するに際して，社内監査役と意見交換を行うなどして，その判断に疑問を差し挟む余地がないか調査し，必要に応じて担当役員や従業員から報告を求めるなどして事業年度末に再び欠損になるおそれがないことの心証を得る必要がある。

解説

1　剰余金の配当制限等

株主に対する剰余金の配当は，配当の効力発生日における分配可能額の範囲内でなされなければならず（会社461条），その分配可能額は，大まかに，剰余金（その他資本剰余金・その他利益剰余金）の額から，①自己株式の帳簿価額，②決算日後の自己株式処分対価額及び③その他会社計算規則が定める勘定科目に計上した額を控除し，④（臨時計算の場合）臨時計算書類の期間純損益を加減算し，⑤（臨時計算の場合）臨時計算の期間に行った自己株式処分対価額を加算した額として求められる。

本件では，資本準備金を取り崩したことでその他資本剰余金が増加し，中間配当時点では分配可能額が正の値になっているから，剰余金の分配はなし得るといえる。しかしながら，剰余金の配当をした日の属する事業年度末に係る計算書類において分配可能額がマイナス（欠損）になった場合，剰余金

の配当の決定に係る取締役会において賛成した取締役などの業務執行者は原則として剰余金の配当額と当該マイナス額のいずれか小さい額を弁済する義務を負うとされている（会社465条1項10号・462条1項柱書，会社計算159条8号）。監査役も，欠損が発生する中間配当の取締役会の決定に関して，その監査手続に任務懈怠があれば過失による損害賠償責任を負う（会社423条，430条）。

2 中間配当に係る監査役ないし社外監査役としての監査

監査役は，中間配当金の額が分配可能額の範囲内であることをその計算式の詳細な報告を求めるなどして確認し，配当の手続・内容が法令に従って行われていることを監査する必要がある[39]。

本件ではこの確認手続に加えて，事業年度末に再び欠損になる可能性がないかも慎重に検討を要する。特に前期に多額の減損損失を計上していることから，今期において追加の減損損失の計上を迫られるおそれがあるなど業績予想のとおりに進捗するか不確実性が高いと考えられる。

社内監査役は，一般に会社の業務やその属する業界に精通しており，また日頃から会社の状況に関する情報に接する機会が多いことから，当該事業年度の決算見込みの精度について社外監査役より適切に判断できる場合が多いといえるが，上記のとおり本件では業績に不確実な要素が存在していることから，社内監査役の監査結果に依拠するに当たって，社内監査役と意見交換を行うなどして，その判断に疑問を差し挟む余地がないか調査し，仮に存在する場合には自らも担当役員や従業員から報告を求めるなどして事業年度末に再び欠損になるおそれがないことの心証を得る必要がある。

---

39) 監査実施要領241頁。

(9) 子会社（海外も含む。）監査の留意事項

Q124 子会社監査の分担

当社は全国に子会社・関連会社を複数社有している。社外監査役は，社内監査役及び会計監査人とどのように連携・分担して子会社・関連会社の監査を行うことが望ましいか。

A ①常勤の社内監査役が子会社及び関連会社（以下「子会社等」という。）への訪問実地調査を含めた日常的な監査活動を通じて子会社等の情報収集等を行うとともに，会計監査人や内部監査部門との会合などによる連携を担い，②非常勤の社外監査役は，常勤の社内監査役などから報告を受けて，主に第三者的な立場から取締役会などの会議体で意見・見解を述べることで子会社等の監査を行うという役割分担が考えられる。

解 説

1 企業集団における監査役監査

子会社を有する会社の監査役は，連結経営の視点を踏まえ，取締役の子会社等の管理に関する職務の執行の状況を監視し検証するとともに，子会社等において生じる企業不祥事等が会社に与える損害の重大性の程度を考慮して，内部統制システムが会社及び子会社等において適切に構築・運用されているかに留意してその職務を執行し，企業集団全体における監査の環境の整備に努めることとされている（監査基準22条）。殊に，新会社法ではいわゆる内部統制システムの整備に係る規定に関して，「当該株式会社及びその子会社から成る企業集団の業務の適正を確保するために必要な」体制の整備が法文に規定され（会社348条3項4号・362条4項6号等），会社法施行規則では，企業集団における業務の適正を確保するための具体的な体制が規定されている（会社規98条1項5号等）。

そして，監査役は，その監査の方法として，子会社等の状況についての自

社内調査（①自社における子会社等に対する経営方針，子会社等の管理体制の状況についての把握，②内部統制システムの企業集団内の構築・運用状況についての把握，③子会社等の事業報告，決算関係書類の閲覧，④親子会社間取引で一般的でない取引の存否の把握）及び重要性，適時性，必要性等を勘案した監査計画に基づく子会社等への訪問実地調査を実施することが求められている[40]。

2 子会社監査における連携・分担

(1) 社内監査役との連携・分担

　常勤の社内監査役と非常勤の社外監査役では，会社業務への精通の程度や監査の実施時間の制約に違いがあることから，それぞれ役割分担して一体となって組織的に監査役監査を実施することが必要になる。そのため，例えば，常勤監査役が子会社等への訪問実地調査を含めた日常的な監査活動を通じての情報収集と分析を担い，非常勤の社外監査役は，常勤監査役から報告を受けて，第三者的な立場から取締役会などの会議体で意見・見解を述べるなどすることで子会社監査を分担することが考えられる。

(2) 会計監査人との連携・分担

　会計監査人設置会社では，会社外部の会計専門家としての立場で会計監査人が第一次的に会計監査を行う一方，監査役は，業務監査によって会社内部の実態を熟知した企業人の視点から，計算関係書類が会社の状況を適正に表示しているか否かに関する総括的・重点的な調査等を行い，会計監査人の監査の方法と結果の相当性を判断する。このように，監査役は，連結計算書類等の計算関係書類の適正性の確保のために密に会計監査人と連携を図る必要があり，そのためには，会計監査人との会合，口頭又は文書による情報交換や，監査役による会計監査人の監査現場への立会いが求められていることから[41]，役割分担の上では社内監査役が会計監査人との連携のための会合等の中心を担い，社外監査役は監査役会の構成員として，会計監査人と社内監査役の監査結果等に疑問を差し挟む余地がないか調査をするという役割を担うことが考えられる。

---

40) 監査実施要領199頁。
41) 監査実施要領125頁。

(3) 内部監査部門との連携・分担

　また，子会社監査においても，監査役が内部監査部門と連携することは有用である（**Q106**（内部監査部門との連携における留意事項））。この場合も，社外監査役は，常勤監査役から報告を受けて，第三者的立場から意見・見解を述べることが考えられる。

298　第3章　社外監査役

Q125　現地法人の設立に伴う監査体制の整備

> 当社は，今般，中国に現地法人を合弁で設立することを検討している。連結単位の監査体制の整備に当たって社外監査役はどのように携わっていくことが望まれるか。

A 社外監査役は，海外子会社における監査体制の整備に際して，常勤監査役による日常的な監査活動を通じて得られた情報の報告を受けて，その専門性や経営者としての経験を踏まえた第三者的な立場から取締役会などの会議体において意見・見解を述べることが期待されていると考えられる。

解　説

1　内部統制システムの適切な構築・運用に向けた監査役の役割

内部統制システムとは，会社法上，「取締役の職務の執行が法令及び定款に適合することを確保するための体制その他株式会社の業務並びに当該株式会社及びその子会社から成る企業集団の業務の適正を確保するために必要なものとして法務省令で定める体制の整備」（会社348条3項4号，会社規98条）とされ，金商法上，「当該会社の属する企業集団及び当該会社に係る財務計算に関する書類その他の情報の適正性を確保するために必要なものとして内閣府令で定める体制」（金商24条の4の4第1項，内部統制府令1条ほか）とされている。

内部統制システムの構築・運用は取締役の職務執行の一環であることから，内部統制システムに不備があることの責任は取締役が負うことになるが，監査役も会社の規模及び事業内容等に応じて適切に構築して運用されているかについて監視・検証し，①内部統制システム監査により発見した不備に関し，取締役又は使用人に対して適時に指摘を行い，②必要に応じて取締役及び取締役会に「内部統制システムの構築・運用・改善を行うこと」，並びに「方針の決議を行うこと」又は「その見直しの決議を行うこと」に関して助言・勧告を行う[42]。特に海外の子会社の場合は，言語，文化，商慣習，法規制

等が異なるためそれぞれの国に応じた内部統制システムの構築が求められるが，親会社のコントロールが十分に及ばないことにより，重大な不祥事や会計不正が生じるリスクが相対的に高くなることから，監査役は現地法人特有の経営環境，経営上の課題，所在国特有のリスクを踏まえた監査が求められることには留意が必要である。

2　社外監査役による監査体制の整備

監査役は，取締役の職務執行における善管注意義務に係る監査の一環として内部統制システムの監査を実施しなければならず，会社の規模及び事業内容等に応じて取締役会決議に基づき内部統制システムが構築されて現実に有効に運用されているかを監査することが求められている（監査基準4条2項・18条2項2号）。

内部統制システムの監査に当たっては，会社の業務内容，商慣習，法規制等を的確に把握している必要があるが，社外監査役は，社内監査役と比較して，一般的に会社の業務内容等について精通しているとはいい難く，また日常的に会社の状況に関する情報に接する機会を設けることも困難である一方で，法律・会計の専門家や経営者としての長年の経験を有していることが多く，また，会社との間で特別な利害関係もないことから，社外監査役を選任する会社は，その高度な専門知識や長年の経験に基づく社内のしがらみにとらわれない独立の立場からの率直な意見・見解の表明を期待しているといえる。そのため，社外監査役は，海外子会社における監査体制の整備に際して，常勤監査役による海外子会社に対する日常的な監査活動を通じて得られた情報の分析結果などの報告を受けて，その専門性や経営者としての経験を踏まえた第三者的な立場から取締役会などの会議体において海外子会社における監査体制の整備・運用に関して意見・見解を述べることなどが期待されていると考えられる。

---

42) 監査実施要領144頁。

⑽ 自己株式の取得及び株式取引における留意点（インサイダー取引ほか）

Q126 株式会社や社外監査役による株式取引

> 株式会社が株式取引を行う場合，社外監査役としてどのような点に留意すべきか。また，社外監査役が株式取引を行う場合はどうか。

A 株式会社が株式取引を行う場合，社外監査役は，会社の役職員等が，当該銘柄の発行企業の金商法に定める重要事実や公開買付け等事実（以下，これらを総称して「重要事実等」という。）を保有していないか留意すべきである。

　また，社外監査役が株式取引を行う場合においても，発行企業の重要事実等を保有していないか留意すべきである。

解　説

　株式会社や社外監査役は，他の上場企業等の未公表の重要事実等を知る機会を有しており，株式取引に当たっては，インサイダー取引となるリスクが常にあるといえる。

　したがって，社外監査役としては，株式会社が株式取引を行う場合には，株式取引やその意思決定に関与している役職員等が，取引銘柄の発行会社の重要事実等を知っていないかに留意する必要がある。

　また，当該発行会社と取引関係があるなどして同社の重要事実等を知る可能性のある部署が社内に存在する場合には，当該部署と株式取引やその意思決定を行う部署との間でチャイニーズウォール（企業内部の情報障壁）を敷くなどして，重要事実等を遮断する措置を講じることも必要に応じて検討する必要がある。

　次に，社外監査役が株式取引を行う場合も，同様に，当該発行会社の未公表の重要事実等を有していないかにつき，留意する必要がある。

また，会社名義の取引ではなくとも，株式会社の役職員等が重要事実等を知って，会社の計算で取引をした場合には，会社自身が課徴金納付命令の対象となることもあり，また，会社の役職員等が重要事実等を知って，会社の業務又は財産に関して取引をした場合には，両罰規定により，取引を行った役職員等に加え，会社も刑事罰の対象となり得るため（金商207条），会社に損害を与えるおそれも存在する。

　加えて，上場会社等の役員が，当該上場会社等の株式を，自己の計算において取引した場合には，売買等に関する報告書を，売買等があった日の属する月の翌月15日までに内閣総理大臣に提出する必要があること（金商163条1項），売買等を行った後6か月以内に反対売買を行って利益を得た場合には，上場会社はその利益を提供すべきことを請求することができること（金商164条1項），保有する株式の額・数量を超える空売りが禁止されていること（金商165条）にも留意が必要である。

Q127 自己株式の取得と社外監査役

株式会社が自己株式の取得を行う場合，社外監査役としてどのような点に留意すべきか。

A 上場企業が自己株式の取得を行う場合には，事前に金商法上の公表措置をとる必要がある。また，同社において金商法に定める重要事実や公開買付け等事実（以下，これらを総称して「重要事実等」という。）が生じていないか留意する必要がある。

解説

上場会社等による自己株式の取得に関する決定は，それ自体が重要事実となる（金商166条2項1号ニ）ため，自己株式の取得を行うことについての決定後，公表前に，自己株式の取得を行うと，インサイダー取引規制に抵触するおそれがあるため留意が必要である。

ただし，会社法上，自己株式の取得に関する手続としては，
① 株主総会決議によって一定期間内に取得する自己株式の数量等を決定した後，取締役会決議に基づき，具体的買付けを行う場合（会社156条1項・157条2項・1項）
② 取締役会決議に基づき，市場において買い付ける又は公開買付けにより買い付ける場合（会社165条3項・156条1項）

が定められているところ，金商法は，①の場合における株主総会決議，②の場合における取締役会決議が公表されていれば，個々の買付けについての決定については，公表は不要としている（金商166条6項4号の2）。

また上述の自己株式の取得についての公表を行っていた場合であっても，他の重要事実等が生じている場合，自己株式の取得を行うとインサイダー取引規制違反となるおそれがあるので留意が必要である。

なお，上場企業においては，重要事実等が生じていることも多く，自己株式の取得を機動的に行うことが困難な場合が多い。

そのような事態を避けるため，信託契約や投資一任契約を用いた自己株式の取得が行われる場合もあり，金融庁及び証券取引等監視委員会が公表している「インサイダー取引規制に関するQ＆A」においては，

　　上場会社が信託方式又は投資一任方式によって自己株式取得を行う場合，
　(1)　信託契約又は投資一任契約の締結・変更が，当該上場会社により重要事実を知ることなく行われたものであって，
　(2)①　当該上場会社が契約締結後に注文に係る指示を行わない形の契約である場合，

　　　又は，

　　②　当該上場会社が契約締結後に注文に係る指示を行う場合であっても，指示を行う部署が重要事実から遮断され，かつ，当該部署が重要事実を知っている者から独立して指示を行っているなど，その時点において，重要事実に基づいて指示が行われていないと認められる場合，

においては，基本的にインサイダー取引規制違反とならない

との考えが示されているので，参考にされたい。

　また，未公表の重要事実等が存在する場合であって，市場外で特定株主から自己株式を取得する際には，金商法166条6項7号又は167条5項7号が定める適用除外（いわゆるクロクロ取引）により，インサイダー取引規制に違反せず自己株式の取得を行うことも可能である。

(11) 組織再編（特に支配株主との取引，MBO等経営陣又は支配株主と一般株主との利害が対立する場面）における留意点

Q128　社外監査役の新株発行の場面における留意事項

> 社外監査役は新株発行の場面においていかなる事項に留意しなければならないか。

A　社外監査役は，①新株発行の必要性及び相当性並びに調達資金使途の合理性，②株価算定根拠及びその他の発行条件の合理性，③有利発行の非該当性判断及び判断におけるプロセスの公正性，並びに④割当先選定の妥当性及び相当性に留意しなければならない。

解説

新株発行がなされる場合には，既存株式の希釈化や資本構成の変化，支配株主の異動等が伴う場合がある。特に，第三者割当の場合には，既存株主の利益を害するおそれがある[43]。

そこで，社外監査役としては，資金調達の必要性の程度に加え，資金調達の時期や資金調達の金額が予定されている運用目的に照らして相当であるか否かの検証を行うべきである。また，そもそも資金調達の目的とされる使途が合理的であるかどうかも確認を要する。

次に，社外監査役としては，原則として第三者算定機関の算定書を確認して，慎重に払込金額を検証する必要がある。また，払込金額以外の払込条件についても，既存株主の利益保護の観点も踏まえて検証する必要がある。

加えて，もし，発行金額又は発行条件が，第三者に特に有利な価格又は条件なものである場合には，かかる第三者割当による新株発行は株主総会決議に基づいて行われる必要があるから（会社199条2項・3項・200条2項・201条1

---

43) 社外取締役の留意点に関する，『社外取締役』107頁以下が参考となるものと考えられる。

項・309条2項5号），社外監査役にはその旨を指摘することが期待される。特に，東京証券取引所の上場会社において，1億円以上の第三者割当を行う場合には，適時開示が必要となり，その際には，払込金額が特に有利でないことに係る適法性に関する社外監査役を含む監査役又は監査委員会の意見を開示しなければならない（上場規程402条1号a，上場規程施行規則401条1項1号・402条の2第2項2号b）。

　最後に，第三者割当の場合には，割当先の資力や，割当先決定の経緯を確認することが望ましい。特に，近時，企業が反社会的勢力との関係を遮断すべき要請が高まっていることから，割当先の属性についても検証することが重要である。東京証券取引所においては，割当先が上場会社又は取引参加者等である場合を除き，反社会的勢力との関係がないことを示す確認書を作成後，直ちに提出することが要求されている（上場規程402条1号a，上場規程施行規則417条1号g等）。

⑿ 代表訴訟における対応──具体的手続，弁護士の選定，提訴の判断

Q129 代表訴訟における社外監査役の役割

> 代表訴訟において，社外監査役は，弁護士の選定・提訴の判断についてどのように行うか。

A 株主の提訴請求を受けて事実調査等を迅速に行い，提訴するかどうかを慎重に判断する。

解説

　株主は，代表訴訟を提起しようとするときは，上場企業の場合には提訴請求に先立ち個別株主通知を行ってその有効期間内に，上場企業でなければ直接株式会社に対して提訴請求を行う。ただし，代表訴訟がその株主若しくは第三者の不正な利益を図り又は株式会社に損害を加えることを目的とする場合にはこの限りでない（会社847条1項）。会社を代表してこの請求を受けるのは監査役である（監査役設置会社の場合。会社386条1項）。

　株式会社が提訴請求の日から60日以内に提訴しない場合には，当該請求をした株主は，会社のために代表訴訟を提起できる。

　このため，株主から提訴請求がされた場合，①提訴請求の適法性を確認し，さらに②株主の指摘する事実関係の存否につき，上記60日以内に調査する必要がある。

　①提訴請求が会社法847条1項，会社規217条の要件を満たしていない場合には，提訴請求は不適法といえるので，返答を行わない対応をするのが通常である。その場合であっても，提訴請求をした株主や，内容によってはマスコミからの問合せ等の対応の準備のため，対応窓口を定め，返答内容等の対応準備をしておく必要がある。

　①の提訴請求が適法である場合には，②株主の指摘する事実関係の存否に

ついて調査を開始する。調査をするまでは事実関係の存否は分からないため，客観的証拠をできる限り収集する必要がある。この際，調査対象が取締役等であるため，当初はその取締役等が証拠隠滅を行えないように部門を限って内密に調査を行い，客観的証拠等が固まり次第，提訴請求があったことを関係者に通知し，取締役等の事情聴取を行う。その後，専門家を含めた調査チームによる事実調査を踏まえ，責任発生原因の有無，損害額等について確認した上で弁護士等専門家の意見を聴取し，社外監査役を含む監査役会としての調査結果の評価と提訴するかどうかの判断を慎重に行い，提訴する場合には，具体的な提訴内容や提訴スケジュールなどを弁護士と打ち合わせた上で，速やかに提訴を行う。

　なお，提訴しないこととした場合，60日間が経過した後に株主から不提訴理由の通知請求が来た場合には，不提訴理由の通知を行う必要がある。この不提訴理由には，会社が行った調査の内容，調査対象者の責任又は義務の有無についての判断，請求対象者に責任又は義務があると判断した場合において，責任追及等の訴えを提起しないときは，その理由を記載することになる（会社規218条）。その上で，株主から代表訴訟を提起された場合の対応準備を行う必要がある。その場合，顧問弁護士は利害が相反するため，依頼ができないのが原則であるので，注意が必要である。

⒀ 敵対的買収防衛策についての留意点

Q130 敵対的買収防衛策の導入時の社外監査役の留意点

社外監査役は，敵対的買収防衛策の導入時に際して，どのような点に留意するべきか。

A 社外監査役は，敵対的買収防衛策が企業価値，ひいては株主共同の利益を確保し，又は向上させる目的をもって導入されるものであるか，敵対的買収防衛策の導入手続・内容を検証する必要がある。

解説

Q47（敵対的買収防衛策の導入時の社外取締役の留意点）で述べたとおり，敵対的買収防衛策の導入は，取締役会の決議による場合と，株主総会決議による場合がある。いずれの場合も，監査役が直接敵対的買収防衛策の導入の決議に加わるわけではないが，Q131（敵対的買収防衛策と監査の対象）で述べるとおり敵対的買収防衛策は監査役の監査の対象となり，監査役は，敵対的買収防衛策が適法なものであるか，相当なものであるかについて判断する必要がある。

その場合の観点はQ47において社外取締役の留意点として挙げたところと同様であり，経済産業省・法務省が平成17年に公表した「企業価値・株主共同の利益の確保又は向上のための買収防衛策に関する指針」や，企業価値研究会の平成20年6月30日付「近時の諸環境の変化を踏まえた買収防衛策の在り方」を踏まえて，敵対的買収防衛策が企業価値，ひいては株主共同の利益を確保し，又は向上させる目的をもって導入されるものであるか，敵対的買収防衛策の導入手続・内容を検証する必要がある。

Q131 敵対的買収防衛策と監査の対象

敵対的買収防衛策は監査役の監査の対象となるか。

A 敵対的買収防衛策は，監査役の監査の対象となり，監査役の意見を監査報告に記載する必要がある。

解説

敵対的買収防衛策が導入された場合，会社の事業報告には，下記会社規118条3号に規定する事項，すなわち当該株式会社の財務及び事業の方針の決定を支配する者の在り方に関する基本方針に関する事項が記載されることになる。監査役・監査役会は，当該事項についての意見を監査報告に記載する必要があることから（会社規129条1項6号・130条2項2号），敵対的買収防衛策は監査の対象となる。

なお，監査報告に記載される意見の内容は特に制約されているわけではなく，適法性にかかわる意見のみならず，相当性に関することも含まれると考えられる。

［会社法施行規則］

第118条 事業報告は，次に掲げる事項をその内容としなければならない。

一 当該株式会社の状況に関する重要な事項（計算書類及びその附属明細書並びに連結計算書類の内容となる事項を除く。）

二 法第348条第3項第4号，第362条第4項第6号，第399条の13第1項第1号ロ及びハ並びに第416条第1項第1号ロ及びホに規定する体制の整備についての決定又は決議があるときは，その決定又は決議の内容の概要及び当該体制の運用状況の概要

三 株式会社が当該株式会社の財務及び事業の方針の決定を支配する者の在り方に関する基本方針（以下この号において「基本方針」という。）を定めているときは，次に掲げる事項

イ　基本方針の内容の概要
　　ロ　次に掲げる取組みの具体的な内容の概要
　　　(1)　当該株式会社の財産の有効な活用，適切な企業集団の形成その他の基本方針の実現に資する特別な取組み
　　　(2)　基本方針に照らして不適切な者によって当該株式会社の財務及び事業の方針の決定が支配されることを防止するための取組み
　　ハ　ロの取組みの次に掲げる要件への該当性に関する当該株式会社の取締役（取締役会設置会社にあっては，取締役会）の判断及びその理由（当該理由が社外役員の存否に関する事項のみである場合における当該事項を除く。）
　　　(1)　当該取組みが基本方針に沿うものであること。
　　　(2)　当該取組みが当該株式会社の株主の共同の利益を損なうものではないこと。
　　　(3)　当該取組みが当該株式会社の会社役員の地位の維持を目的とするものではないこと。
　四　当該株式会社（当該事業年度の末日において，その完全親会社等があるものを除く。）に特定完全子会社（当該事業年度の末日において，当該株式会社及びその完全子会社等（法第847条の3第3項の規定により当該完全子会社等とみなされるものを含む。以下この号において同じ。）における当該株式会社のある完全子会社等（株式会社に限る。）の株式の帳簿価額が当該株式会社の当該事業年度に係る貸借対照表の資産の部に計上した額の合計額の5分の1（法第847条の3第4項の規定により5分の1を下回る割合を定款で定めた場合にあっては，その割合）を超える場合における当該ある完全子会社等をいう。以下この号において同じ。）がある場合には，次に掲げる事項
　　イ　当該特定完全子会社の名称及び住所
　　ロ　当該株式会社及びその完全子会社等における当該特定完全子会社の株式の当該事業年度の末日における帳簿価額の合計額
　　ハ　当該株式会社の当該事業年度に係る貸借対照表の資産の部に計上した額の合計額

五 当該株式会社とその親会社等との間の取引（当該株式会社と第三者との間の取引で当該株式会社とその親会社等との間の利益が相反するものを含む。）であって，当該株式会社の当該事業年度に係る個別注記表において会社計算規則第112条第1項に規定する注記を要するもの（同項ただし書の規定により同項第4号から第6号まで及び第8号に掲げる事項を省略するものを除く。）があるときは，当該取引に係る次に掲げる事項

　　イ　当該取引をするに当たり当該株式会社の利益を害さないように留意した事項（当該事項がない場合にあっては，その旨）

　　ロ　当該取引が当該株式会社の利益を害さないかどうかについての当該株式会社の取締役（取締役会設置会社にあっては，取締役会。ハにおいて同じ。）の判断及びその理由

　　ハ　社外取締役を置く株式会社において，ロの取締役の判断が社外取締役の意見と異なる場合には，その意見

Q132 敵対的買収防衛策と社外監査役の選任

> 社外監査役の選任は、敵対的買収防衛策の導入によって影響を受けるか。

A 社外監査役の候補者が敵対的買収防衛策における独立委員会委員の候補者でもある場合、当該社外監査役の候補者は、社外監査役としてのみならず、独立委員会委員としても経営陣から独立した立場で株主共同の利益を追求することができるか、より厳しく、実質的な観点から独立性を吟味される可能性がある。

解説

　敵対的買収防衛策に対して、いわゆる機関投資家の視線は一般的に厳しく、敵対的買収防衛策の導入・継続に当たっては、常に、敵対的買収防衛策が現経営陣の保身につながるものではないかが吟味されている。敵対的買収防衛策に定められる対抗措置の発動等の判断を行う独立委員会（社外の有識者や社外役員から構成される委員会であり、特別委員会、企業価値委員会などの名称で呼ばれる場合もある。）が対抗措置の発動等の判断を行うことで敵対的買収防衛策が現経営陣の保身ではなく株主の共同の利益のために機能することが担保されるという制度設計にもかかわらず、独立委員会が経営陣から独立していなければその機能を果たし得ないことから、機関投資家による敵対的買収防衛策の導入・継続に関する検討においては、独立委員会委員の経営陣からの独立性が問題となることがある。

　このような観点から見た場合、社外監査役の候補者が敵対的買収防衛策における独立委員会委員の候補者でもある場合、当該社外監査役の候補者は、社外監査役としてのみならず、独立委員会委員としても経営陣から独立した立場で株主共同の利益を追求することができるか、より厳しく、実質的な観点から独立性を吟味される可能性がある。

Q133 敵対的買収防衛策の発動手続への社外監査役の関与

社外監査役は，敵対的買収防衛策の発動手続にどのように関与するのか。

A 社外監査役は，取締役会において意見陳述を行うとともに，独立委員会の一員として発動の是非を判断することもある。

解 説

Q48（敵対的買収防衛策の発動手続への社外取締役の関与）において述べたとおり，敵対的買収防衛策に定められた敵対的買収防衛に対する対抗措置の発動手続には，各社が定める敵対的買収防衛策の内容に応じて，様々なパターンがある。取締役会において対抗措置の発動が判断される場合には，社外監査役は当該判断に直接関与するわけではないが，取締役会に出席して意見を陳述することになると考えられる。また，社外監査役は対抗措置の判断等を行う独立委員会の委員に選任されることがあるから，対抗措置の判断に独立委員会が関与する場合には，社外監査役は，独立委員会の一員として発動の是非を判断することになる。

Q134 社外監査役による敵対的買収防衛策の発動手続の意思決定過程での留意点

社外監査役は，敵対的買収防衛策の発動の意思決定過程でどのような点に留意するべきか。

A 社外監査役は，買収提案が企業価値・株主共同の利益の確保・向上に資するものであるか否かを実質的に判断する必要がある。

解説

Q133（敵対的買収防衛策の発動手続への社外監査役の関与）のとおり，社外監査役は，独立委員会の一員として発動の是非を判断することもあり得る。

その場合，社外監査役は，社外取締役と同様に（**Q49**（社外取締役による敵対的買収防衛策の発動手続の意思決定過程での留意点）参照），買収防衛策に定められる対抗措置の発動条件に沿って，買収提案が企業価値・株主共同の利益の確保・向上に資するものであるか否かを実質的に判断する必要がある。

Q135 社外監査役の独立委員会委員としての活動

> 社外監査役が独立委員会の委員に選任された場合，社外監査役はどのような活動を行うのか。

A 社外監査役は，独立委員会の委員として選任された場合，独立委員会の役割に応じて，対抗措置の発動・不発動の判断に当たっての役割を果たすことになる。

解 説

独立委員会の役割については，Q50（社外取締役の独立委員会委員としての活動）を参照されたい。社外監査役は，独立委員会の委員として選任された場合，独立委員会の役割に応じて，対抗措置の発動・不発動の判断に当たっての役割を果たすことになる。

社外監査役が独立委員会の委員として対抗措置の発動・不発動の判断を行う場合，会社の業務執行に携わる社外取締役が委員である場合と比して，さらに，経営陣から独立した，客観的な観点から判断を行うことが期待される一方で，監査に携わってきた経験から会社の経営方針及び経営状況等について理解をした上で判断を行うことが期待されることになるであろう。

⒁ 企業不祥事発生時の対応

Q136 企業不祥事発覚時における社外監査役の対応

企業不祥事が発覚した場合，社外監査役としてどのような点に留意して対応すべきか。

A 企業不祥事が発覚した場合には，①損害の拡大防止，②原因の究明，③再発防止の各対応が必要であり，第一次的には，取締役が各対応に当たり，監査役はこれを監査する立場にあるが，取締役の対応が不適切な場合には，監査役は，会社法所定の権限の駆使又は第三者委員会の設置などを通じて，適切な措置を講じる必要がある。このことは社外監査役にも当てはまる。

解 説

1 企業不祥事発覚時の対応

企業不祥事とは，法令又は定款に違反する行為その他社会的非難を招く不正又は不適切な行為をいう。企業不祥事は様々な観点から分類できる。例えば，役員や社員が企業に向けて行う不祥事と，役員や社員が企業の行為として企業の外に向けて行う不祥事とに分類することができる。前者の典型例としては経理担当社員による使い込みが，後者の典型例としては社員による自社製品の品質偽装等が挙げられる。いずれにしても，不祥事が発覚した場合，社外監査役は適切な行動をとる必要があり，これを怠った場合には，自身の責任をも問われる可能性がある。ダスキン株主代表訴訟に係る大阪高判平18・6・9判タ1214号115頁は，食品衛生法上販売等が認められていない添加物が混入した商品が販売されていたことを後に認識した取締役が，この事実を積極的に公表しないとの方針を採用し，積極的な損害回避の方策の検討を怠った点をとらえて，取締役の善管注意義務違反があるとするだけでなく，同様に事実を後に認識した監査役についても，取締役の任務懈怠に対する監査を怠ったとして損害賠償責任を肯定している（企業不祥事に関する責任につい

てはQ137（企業不祥事における社外監査役の法的責任）参照）。

　日本監査役協会は，平成23年3月10日付「監査役監査基準の改正について」の中で，監査基準を改定する際，「不祥事発生に伴う損害の拡大防止や説明責任等の観点から，透明性の高い抜本的対応を求められ」，「取締役が関与するなど重大な企業不祥事の場合，早期の信頼回復と損害の拡大防止のためには，透明性を確保した原因究明や再発防止等を行う会社の自浄作用が，迅速に発揮される必要がある。」，「非業務執行役員である監査役は，会社の自浄作用の観点から，会社法上有している業務監査権限等を行使し，利益相反のない徹底した原因究明と再発防止等を検討する第三者委員会の設置等について主導的役割を果たすことが重要である。」としている（第三者委員会の設置等については，Q138（社外監査役の調査委員会への関わり方）参照）。

2　企業不祥事に係る監査基準の定め

　監査基準には以下のとおり定められている。

　まず，監査役は，企業不祥事が発生した場合，直ちに取締役等から報告を求め，必要に応じて調査委員会の設置を求めて調査委員会から説明を受け，当該企業不祥事の事実関係の把握に努めるとともに，原因究明，損害の拡大防止，早期収束，再発防止，対外的開示の在り方等に関する取締役及び調査委員会の対応の状況について監視し検証しなければならないとされている（監査基準24条1項）。

　次に，取締役の対応が，独立性，中立性又は透明性等の観点から適切でないと認められる場合には，監査役は，監査役会における協議を経て，取締役に対して当該企業不祥事に対する原因究明及び再発防止策等の検討を外部の独立した弁護士等に依頼して行う第三者委員会の設置の勧告を行い，必要に応じて外部の独立した弁護士等に自ら依頼して第三者委員会を立ち上げるなど，適切な措置を講じることとされている（監査基準24条2項。第三者委員会設置における留意点はQ138参照）。

　このように，不祥事が発覚した場合には，①損害の拡大防止，②原因の究明，③再発防止の各対応が必要であり，第一次的には取締役が各対応に当たり，監査役はこれを監査する立場にあるものの，取締役の対応が不適切な場

合には監査役自ら適切な措置を講じる必要があり，このことは社外監査役にも同様に当てはまる。

3　社外監査役の有する権限

前記2で述べた社外監査役の対応を基礎付けるものとして，監査役には以下のような権限が与えられている[44]。

(1)　監査役は，いつでも，取締役・使用人等に対して事業報告を求め，会社の業務財産状況を調査することができる（会社381条2項）。事業報告請求権は取締役を介さずに使用人に直接行うことができ，業務財産調査権もその方法に制限はなく，取締役・使用人等はこれらに協力すべき義務を負っている。

(2)　監査役は，その職務を行うため必要があるときは，子会社に対して事業報告を求め，その子会社の業務財産状況を調査することができる（会社381条3項）。親会社が子会社に対する支配関係を悪用する違法事例（粉飾決算等）が後を絶たない状況を踏まえて規定されたものであるが，子会社は，調査が権限濫用である等正当な理由があるときは，その報告・調査を拒むことができる（同条4項）。

(3)　監査役は，取締役が不正の行為をし，当該行為をするおそれがあると認めるとき又は法令・定款に違反する事実や著しく不当な事実があると認めるときは，遅滞なく，その旨を取締役会（取締役会非設置会社においては取締役。以下同じ。）に報告しなければならない（会社382条）。また，監査役は，必要があると認めるときは取締役（通常は定款に規定された招集権者）に対し，取締役会の招集を請求することができ（会社383条2項），その請求日から5日以内に，請求日から2週間以内の日を取締役会の日とする取締役会の招集通知が発せられない場合は，その請求をした監査役は自ら取締役会を招集することができる（同条3項）。

(4)　監査役は，取締役が会社の目的の範囲外の行為その他法令・定款に違反する行為をし，又はこれらの行為をするおそれがある場合において，

---

[44]　間藤大和ほか『監査役ハンドブック〔第2版〕』429頁（商事法務，2009），『社外監査役』133頁。

当該行為によって会社に著しい損害が生ずるおそれがあるときは，当該取締役に対し，当該行為をやめることを請求することができる（会社385条1項）。監査役は，取締役による不正行為等が発覚した場合，取締役会（取締役会非設置会社においては取締役。以下同じ。）に報告して監督権の発動を促すのが通常であるが（会社382条），その時間的余裕がない場合や取締役会が何ら是正措置を講じない場合には，取締役の違法行為及び損害の発生を未然に防止するためにこの差止請求権を行使することになる。この差止めは，訴訟外で請求することも，仮処分申立てにより請求することも可能である。

(5) 監査役は取締役が違法行為等により会社に損害賠償債務を負担している場合，会社を代表してその支払を求める訴訟を提起することができる（会社423条1項・386条1項1号）。その他，監査役は，各種会社訴訟（組織行為無効の訴え（会社828条1項）や株主総会等決議取消請求訴訟（会社831条1項））を提訴する権限を有する（会社828条2項1号）。

> **コラム** ダスキン株主代表訴訟事件
> （大阪高判平18・6・9判タ1214号115頁，
> 　判時1979号115頁，資料商事268号74頁）

　本件は，ダスキンが運営するドーナツ店で無認可添加物（t-ブチルヒドロキノン）が混入した「大肉まん」を販売したことにより，ダスキンにドーナツ加盟店への営業補償や信用回復のためのキャンペーン関連費用，新聞掲載・信頼回復費用等ダスキンが出損した106億2400万円の損害を与えたとして，当時の取締役及び監査役10名に対し損害賠償を求めた株主代表訴訟の事案です。

　一審大阪地裁は「大肉まん」に無許可添加物が含まれていることを認識した当時の専務取締役生産本部担当の1名のみに善管注意義務違反を認め5億2955万円の支払を命じました（大阪地判平16・12・22判タ1172号271頁，判時1892号108頁，金判1214号26頁）。

　これに対して，二審大阪高裁は，被告全員について請求の一部を認め，上記専務には5億5805万円，当時の代表取締役会長兼社長に5億2805万円，その他の取締役及び社外監査役（計9名）は2億1122万円を連帯して支払う義務があると判示しました（確定）。

　同判決は，無認可添加物が混入した「大肉まん」の販売そのものについてはその他の取締役及び監査役には善管注意義務違反は認められないとした上で，①本件混入及び販売等の事実を知った後，速やかにダスキンの損害及び信用失墜を最小限度にとどめるために適切な措置を講じなかった点に善管注意義務違反が認められる，②主要な役員の間で本件混入及び販売継続の経緯等について「自ら積極的には公表しない」との方針が決定され，取締役会においては「当然の前提として了解されていたのであるから，取締役会に出席した……取締役らもこの点について取締役としての善管注意義務違反の責任を免れない」，③取締役らが「自ら積極的には公表しない」という方針を採用し，消費者やマスコミの反応をも視野に入れた上での積極的な損害回避の方策の検討を怠った点において，善管注意義務違反のあることは明らかであり，④したがって，監査役も自ら上記方策の検討に参加しながら，以上のような取締役らの明らかな任務懈怠に対する監査を怠った点において，善管注意義務違反のあることは明らかであると判示しています。

Q137 企業不祥事における社外監査役の法的責任

企業不祥事について，社外監査役はいかなる法的責任を負うか。

A 社外監査役は，監査役会による職務分担の決定により，他の監査役が分担する職務に関しては，会社に対する善管注意義務が軽減され得るが，その場合でも，社内監査役による情報収集の方法及び結果を精査し，信頼に足るべきものか否かに相当の注意を払う必要があり，情報収集の方法又は収集された情報に不備・不足があると認められるときは，再度情報収集を行うことを社内監査役に要請する必要がある。また，当該要請にもかかわらず社内監査役が十分な情報収集を行わないときには，社外監査役が自ら情報収集を行うなど適切な対応をとる必要があり，これを怠ると責任を問われる可能性がある。企業不祥事に関する事項についても同様であり，社外監査役は，自らの分担する職務の範囲に含まれなかったとしても，他の社外監査役の情報収集の方法等につき相当の注意を払うなどの対応を怠ると責任を問われる可能性がある。

解説

1 社外監査役の法的責任

監査役は，その任務を怠り，これにより会社に損害を与えた場合は，会社に対し損害賠償責任を負うところ（会社423条1項），この任務懈怠には善管注意義務違反（会社330条，民644条）も含まれる。この監査役の注意義務は，監査役として一般的に要求される程度の注意義務をもって職務を遂行したか否かによって判断され，報酬の有無・多寡は影響せず，また，取締役が監査役に対しどのような職務遂行を期待したか，監査役の職務遂行の一部又は責任の一部を免除する意思を有していたかといった事情等が考慮されることはないと解されている[45]。

監査役には，社内監査役・社外監査役，常勤監査役・非常勤監査役の別が

---

45) 『社外監査役』400頁。

あり，非常勤監査役であること，社外監査役であることをもって直ちに監査役として要求される注意義務を軽減すべき根拠はないとされている[46]。しかしながら，監査役は独任制が維持されつつも（会社390条2項ただし書等），監査役会決議により各監査役の職務の分担を決定することが可能である（会社390条2項3号参照）。そして，各監査役の職務分担が決定された場合，その分担が合理的なものである限り，各監査役は，自らの分担する職務について善管注意義務を尽くして遂行し，他の監査役が分担する職務については分担する監査役がその職務を適正に遂行しているかどうかについて相当の注意を払うことで足り，その限度に注意義務は軽減されると解されている[47]。もちろん，社外監査役は，社内監査役の収集した情報をうのみにすることは許されず，社内監査役が収集した情報を基に判断するに際しては社内監査役による情報収集の方法及び結果を精査し，信頼に足るべきものか否かに相当の注意を払う必要がある。そして，情報収集の方法又は収集された情報に不備・不足があると認められるときは，社外監査役は，再度情報収集を行うことを社内監査役に要請する必要があり，当該要請にもかかわらず社内監査役が十分な情報収集を行わないときには自ら情報収集を行う必要があり，これを怠ると責任を問われる可能性がある点に留意する必要がある[48]。

　なお，弁護士，公認会計士，税理士等の有資格者が社外監査役に就任した場合には，有資格者として一般的に要求される注意義務が監査役としての善管注意義務の内容になると解されている。弁護士が監査役（当該監査役が社外監査役に該当するかどうかは，判決文からは明らかではない。）を務める被告株式会社（土建業及び不動産業）が原告とマンションの建築請負契約を締結し代金の一部の支払を受けたが，被告株式会社は当時負債総額が20億円に達しており資金に窮する状態にあり，杭打ち作業をしただけで倒産したという事案について，東京地判平4・11・27判時1466号146頁は，粉飾決算を看過したこと

---

[46] 『社外監査役』410頁。
[47] 法務省民事局参事官室編『一問一答　平成5年改正商法』150頁（商事法務研究会，1993）。
[48] 『社外監査役』408頁。

についての監査役の第三者に対する責任につき，当該監査役が会計監査を真摯に行わず，計算書類につき説明を何ら求めることもなく不正経理を見過ごしたという事実に加えて，「弁護士であって，監査役に就任した以上一般人に比して監査役の職務をより一層真摯になすべきことが期待される職責にあること」も斟酌して，監査役として重大な任務懈怠があり，その任務懈怠に悪意・重過失があるとした。

2　企業不祥事についての法的責任

　企業不祥事についての社外監査役としての責任についても上記1に述べたことがそのまま当てはまり，企業不祥事に関する事項につき，自らの分担する職務の範囲に含まれなかったとしても，他の社外監査役の情報収集の方法等につき相当の注意を払うなどの対応を怠った場合には責任を免れない場合もある。

　この点につき，監査役の職務分担の定めが合理的なものである限り，各監査役は，会社法上，他の監査役の職務執行の適正さについて疑念を生ずべき特段の事情がない限り，原則として，当該職務分担の定めに従って職務を行えば，任務懈怠の責任は問われないというべきであるなどとした上で，職務分担，社外監査役の職務遂行いずれについても監査基準に照らして相当性を欠くとはいえないとして社外監査役の責任を否定した裁判例（東京地判平25・10・15（判例集未搭載））がある一方，監査役の職務分担の定めが設けられていたものの，取締役にリスク管理体制を構築するよう勧告すべき義務や，代表取締役からの解職及び取締役の解任決議を目的事項とする臨時株主総会を招集することを勧告すべき義務に違反したとして社外監査役の責任を認めた裁判例もある（大阪地判平25・12・26金判1435号42頁［セイクレスト監査役責任追及事件］）。

　また，企業不祥事発覚後の社外監査役の対応についても，同様に，責任を免れない場合もある。ダスキン株主代表訴訟に係る大阪高判平18・6・9判タ1214号115頁は，食品衛生法上販売等が認められていない添加物が混入した商品が販売されていたことを後に認識した取締役につき，このことを積極的に公表しないとの方針を採用し，積極的な損害回避の方策の検討を怠った

点において取締役の善管注意義務違反があるとするだけでなく，同様に上記事実を後に認識した監査役についても，取締役の任務懈怠に対する監査を怠ったとして損害賠償責任を肯定した。

Q138 社外監査役の調査委員会への関わり方

企業不祥事が発覚した場合，社外監査役は調査委員会にどのように関わるか。

A 企業不祥事が発覚した場合，企業の役員や従業員等の社内の者により構成される調査委員会や，社内の者に加えて外部の弁護士や有識者等により構成される調査委員会が設置される場合があるが，社外監査役はこれらの構成員となることが多い。社会への影響が非常に大きい企業不祥事の場合には，社外監査役は，監査役会において協議の上，必要に応じ第三者委員会の設置を提言し，仮に第三者委員会が設置される場合，自らその委員に就任し当該企業不祥事の調査等に積極的に関与すべきか，委員への就任を辞退し第三者委員会の外からその対応状況等について監督，意見を述べるべきか検討する必要がある。

解説

1 調査委員会の類型

企業不祥事が発覚した場合，その原因究明や再発防止を講じる必要があり（Q136（企業不祥事発覚時における社外監査役の対応）参照），そのために調査委員会を設置する場合が増えている。委員会には様々なタイプがあり，①企業の役員や従業員等の社内の者により構成されるもの，②社内の者に加えて外部の弁護士や有識者等により構成されるもの，③社外の独立した弁護士や有識者等のみにより構成されるもの等がある[49]。①のタイプの委員会による調査は，社内の内実に精通した社内の者により行われることから，従業員等からの調査協力も得やすく，円滑な調査が期待できる。しかしながら，当該調査は「内輪」の人間によるものであるとして，その客観性，公正性，透明性の観点から疑問があるとの評価は避けられない。こうしたことから，近年は，法律上の要請ではないものの，③のタイプの委員会を設置し，経営者等自身

---

[49] 本村健編『第三者委員会―設置と運用』84頁（金融財政事情研究会，2011）。

のためではなく，全てのステーク・ホルダーのために調査を実施し，これを対外公表することで，企業の信頼と持続可能性を回復することを目指すケースが増えており，実務の中に定着しつつある。こうした事情等を背景に，平成22年日本弁護士連合会から，第三者委員会ガイドラインが策定された。同ガイドラインによれば，企業不祥事の規模や社会的影響の度合いによっては，②のタイプの委員会（これを「内部調査委員会」としている。）により目的を達成できる場合もあるが，企業不祥事により具体的なダメージが生じてしまった企業では③のタイプの委員会（これを「第三者委員会」としている。）を設けることが不可避となりつつあるとされている[50]。

2　各調査委員会の構成員

①のタイプの委員会や②のタイプの内部調査委員会は，社外監査役が構成員となることが多い。他方，③のタイプの第三者委員会については，第三者委員会ガイドラインでは，「企業等と利害関係を有する者は，委員に就任することができない。」とされ，顧問弁護士は「利害関係を有する者」に該当するとされているが，社外役員については，「直ちに『利害関係を有する者』に該当するものではなく，ケース・バイ・ケースで判断されることになろう。」とされている。この点，社内の実情を知しつしている監査役が第三者委員会をサポートすることにより委員会活動の実効性・効率性が高まるから，特に社外監査役は第三者委員会の委員に就任し，事実認定や会計処理の適否の判断過程に参画するか検討に値し，仮に委員に就任しない場合であっても，第三者委員会の進行状況を委員から聴取し，第三者委員会において自身の意見を述べるなど，積極的に第三者委員会の活動に協力することが望ましいとの指摘も見られる[51]。監査基準においても，監査役は，当該企業不祥事に対して明白な利害関係があると認められる者を除き，第三者委員会の委員に就任することが望ましいとされている（監査基準24条3項）。

---

[50] 日本弁護士連合会「「企業等不祥事における第三者委員会ガイドライン」の策定にあたって」1頁（2010）。

[51] 『社外監査役』320頁。

3　社外監査役の対応

　上記 1 記載の調査委員会のうちいずれのタイプの委員会を設置するかは，法律に規定はなく，基本的には経営者等の判断に委ねられている。しかしながら，企業不祥事の原因の究明等を行う委員会の設置方針を見誤れば，当該企業不祥事により傷ついた信用が更に失墜することにもなりかねない。そこで，社外監査役としては，監査役会において，いずれのタイプの委員会を設置するのが妥当な事案なのか協議し，必要に応じ第三者委員会の設置を提言することが望ましい[52]。このうち第三者委員会を設置すべき事例としては，社会への影響が非常に大きい不祥事であり，具体的には，粉飾決算や会社全体で長期間製品やサービスの不正を行い消費者を欺いていたというケースが考えられるとの指摘が見られる[53]。

　第三者委員会が設置される場合，その委員に就任し当該企業不祥事の調査等に積極的に関与すべき場合がある一方で，当該企業不祥事に直接又は間接の関与が疑われるときには，委員への就任を辞退し，第三者委員会の外から，その対応状況等について監督，意見を述べることが妥当と思われる。

---

[52] 監査役会の要請で第三者委員会が設置されることもあり得るとされている（本村・前掲注50）118頁）。

[53] 本村・前掲注50）113頁。

Q139 企業不祥事発覚後の株主総会における社外監査役の留意点

> 企業不祥事が発覚した後の株主総会における社外監査役の留意点は何か。

A 社外監査役は，株主総会に提出する監査報告に必要事項を記載し，議案等に法令・定款違反等があれば株主総会において報告し，さらに，株主総会において会議の目的事項につき説明する義務を負っているところ，企業不祥事発覚後の株主総会においては，監査報告への記載，株主総会における説明等につき慎重に対応すべきである。

解説

1 監査報告

企業不祥事が発覚した場合，取締役は，定時株主総会に提出する事業報告（会社438条1項）中の「株式会社の現況に関する重要な事項」（会社435条2項，会社規120条1項9号），「事業の経過及びその成果」（会社規120条1項4号）又は「対処すべき課題」（同項8号）にこれを記載すべきであり[54]，また，社外役員に関する事項には，各社外役員が，事業年度中に株式会社における法令・定款違反その他不当な業務執行（社外監査役の場合は不正な業務執行）の発生の予防のために行った行為及び発生後の対応として行った行為の概要を記載することとされている（会社規124条1項4号ニ）。

監査役は，取締役の作成した事業報告及びその附属明細書を監査し（会社436条1項），監査報告を作成しなければならないから（会社規129条1項），事業報告中の上記記載の有無及び記載内容を監査し，事業報告が法令・定款に従い当該会社の状況を正しく示しているかどうかについての意見を監査報告に記載する必要がある（同項2号）。また，事業報告中の上記記載とは別に，①

---

[54] 三菱UFJ信託銀行証券代行部編『事業報告記載事項の分析─平成25年6月総会会社の事例分析─』別冊商事法務385号220頁（2014）。

当該企業不祥事が取締役の職務遂行に関する不正行為又は法令・定款に違反する重大な事実であった場合には，その事実（同項3号），②監査のために必要な調査ができなかったときは，その旨及びその理由（同項4号），③内部統制システムの整備に関する取締役会決議の内容が相当でないと認めるときはその旨及びその理由（同項5号・118条2号），④会社の財務及び事業の方針の決定を支配する者の在り方に関する基本方針についての意見（会社規129条1項6号・118条3号）を監査報告に記載しなければならないとされており，企業不祥事に関連しこれらを記載すべき場合もある。

さらに，監査役は，取締役の作成した計算書類及びその附属明細書を監査し（会社436条1項），監査報告を作成しなければならず（会社計算127条），事業報告の監査と同様，監査のために必要な調査ができなかったときは，その旨及びその理由（同条5号）を記載するほか，企業不祥事が事業年度末日以降発生した計算書類に関するものであって会計監査人の監査報告の内容となっていなければ記載することになる（同条3号）[55]。

2　議案等についての調査

監査役は，株主総会に提出しようとする議案，書類等を調査し，法令・定款に違反し，著しく不当な事項があると認めるときは，その調査結果を株主総会に報告しなければならない（会社384条）。当該調査結果については，株主総会参考書類にその概要を記載しなければならず（会社規73条1項3号），監査役は取締役に記載を請求することができる。したがって，企業不祥事発覚後も議案等に法令・定款違反，著しく不当な事項があるときは上記対応が必要となる。

3　株主総会における説明義務

監査役は，株主総会において，株主から特定事項について説明を求められた場合には，当該事項が株主総会の目的である事項に関しないものである場合，その説明をすることにより株主の共同の利益を著しく害する場合その他正当な理由がある場合として法務省令で定める場合（会社規71条）を除き，当

---

[55] 日本監査役協会「監査報告のひな型について」（平成23年3月10日最終改正）ⅠⅠ．（注30）。

該事項について必要な説明をする義務を負っている（会社314条）。この説明義務の範囲は会議の目的事項，すなわち報告事項及び決議事項であり，監査役との関係では，①監査報告に関する事項，②事業報告に含まれる監査役関連事項，③監査役に関係する決議事項，④監査役又は監査役会の職責とされる事項（会社343条1項・389条・425条3項等）等につき説明義務を負うとされている[56]。

　企業不祥事が発覚した後の株主総会においては，当該企業不祥事に関する監査役の見解，調査方法・内容等につき質問を受ける可能性があり，①監査報告に関する事項として説明義務の対象になり得る[57]。この際，複数の監査役がいる場合に監査役のうちどの者が説明するかは株主総会議長の議事運営権限（会社315条参照）に属し，株主の指名に拘束されないが，株主が，あえて，企業不祥事に関し社外監査役としての立場からの見解を求め，議長が社外監査役の方から説明を行うことが適当であると判断して社外監査役に説明を求めた場合には，当該社外監査役が説明する必要があり得ることに留意する必要がある。

---

56) 『社外監査役』303頁。
57) 『社外監査役』303頁。

⒂ 任期満了・退任に当たっての留意事項

Q140 任期満了・退任に当たっての留意事項

社外監査役は，任期満了その他の事由による退任時に，どのような点に留意すべきか。

A 社外監査役は，退任時に，在任中に受領した資料等を，会社にその取扱いを確認の上，返還又は破棄する。ただし，退任後に，社外監査役在任中の任務懈怠等を理由に責任追及がされる場合もあり得るため，防御のために有用な資料については，情報漏えい等が起こらないよう保管方法に注意して，監査役の法定責任についての時効期間である10年程度は保存すべきである。また，監査役退任の登記がされるまでは，退任を善意の第三者に対抗できないため，会社に対し速やかに登記を完了するよう求めるべきである。

解説

社外監査役が退任すべき場合及び各手続については，**Q67**（社外監査役の選任・終任手続）等において既に述べたとおりである。社外監査役は，理由を問わず，その退任に際しては，実務上，以下の諸点に留意すべきである。

まず，社外監査役と会社との関係は民法上の委任関係であるから（会社330条），社外監査役は会社に対して善管注意義務を負っている（民644条）。そのため，社外監査役は，在任中に知り得た秘密情報等については，守秘義務を負い，退任後であっても，引き続き当該守秘義務に服すると考えられている。

このような守秘義務に鑑み，社外取締役は，在任中に受領した資料等は，退任時に会社にその取扱いを確認し，返還又は破棄するべきであろう。なお，社外取締役ガイドライン第3，7⑵においては，社外取締役退任時の留意点として，「自己に対する責任追及のおそれがある場合には，防御のために有用な資料を，情報漏えい等が行らないよう保管方法に注意して，取締役の法

定責任についての時効期間である10年程度は保存する。」とされており，当該規定内容は，社外監査役も在任中の任務懈怠を理由に退任後に責任追及を受ける可能性があることに照らし，基本的に社外監査役にも妥当すると考えられる。

　以上のほか，社外監査役は，退任後であっても，当該退任の登記がされるまでは，善意の第三者に対し対抗することができないとされており（会社908条1項・911条3項17号・18号），自己の退任後に生じた不祥事等について善意の第三者から責任追及を受ける事態もあり得るため，会社が退任登記を適時に完了しない場合には，会社に対し，速やかに登記を完了するよう求めることも必要となろう。

9 監査報告書,監査費用,スタッフ

Q141 監査役スタッフと監査役の関係

監査役スタッフと監査役との関係はどのようにあるべきか。

A 監査業務を補助する監査役スタッフは,その職務の性格上専任であることが望ましいが,内部監査部門や総務部,法務部などの構成員との兼任とすることも考えられる。また,監査役スタッフの人選又は異動に当たっては監査役に同意権が付与されるとともに,人事考課について監査役の意見が尊重されるようにすることが望ましい。

解説

監査役の員数には特に制限があるわけではないが,どんな大規模な会社でもせいぜい数人であるのが通常である。昨今のように質・量ともに増加しつつある監査役業務にこれだけの員数で対応するのは極めて困難であって,そのため,監査役の指示に従って監査業務を補佐する監査役スタッフが必要となる。

監査役スタッフについては,執行部からの独立性を確保するという観点からは監査役が独自に採用し,そのコストを監査費用として会社に請求することが考えられるが,実務上は会社の使用人の中から選ばれ,監査役の指揮下で職務を行うケースが多い。

監査役スタッフは,その職務の性格上専任であることが望ましいが,実際には内部監査部門や総務部,法務部などの構成員との兼任とすることが多いようである。平成26年10月～11月に日本監査役協会が同協会会員を対象に実施したアンケート結果によれば,監査役スタッフ(専属・兼務を含む。)がいる上場会社は839社(49.8%)であり,うち269社では専属スタッフのみで構成されている。また,他部署と兼務する場合,内部監査部門系との兼務が最も多いようである(上場会社における監査役スタッフの51.3%が内部監査部門系で,24.8%

が総務系である。)。

　総務・法務系のスタッフが監査役スタッフを兼任する場合，通常の業務もこなさなければならないため，十分な監査役スタッフの活動ができない可能性や，各業務部門からの独立性が十分ではない可能性がある。

　他方，内部監査部門のスタッフが監査役スタッフを兼任する場合，他部門スタッフが兼任する場合に比べて職種の等質性がある程度認められ，内部統制システムの整備・運用状況に関する情報共有にも資するため，監査役スタッフとしての活動の効率性が相対的に高いといえる。しかし，そもそも内部監査部門は，経営目標の効果的な達成を目的に，合理性と合法性の観点から営業部等の他の部門から独立して経営管理体制の監査を行う部門である。また，内部監査部門は，代表取締役直轄部署でありその監査には経営者の意向が反映されることから，内部監査部門スタッフが監査役スタッフを兼任する場合，監査役スタッフとしての職務執行に際して経営者からの独立性を図る工夫が必要である。監査役は，経営者から独立した立場から会社の業務の適法性を監査する必要があり，内部監査部門による監査が十分でない可能性（例えば，代表取締役等の不正行為）もあるため，このような観点からも専任の監査役スタッフを選任することが望ましい。

　日本監査役協会が定める監査基準においても，監査役及び監査役会の事務局は，専任の補助使用人が当たることが望ましいとされ（監査基準15条2項），監査役は，補助使用人の人事異動や人事評価に対する監査役の同意権を確保するなど，補助使用人の独立性の確保に必要な事項を検討することとされている（監査基準16条2項）。

Q142 監査報告書の記載事項

監査報告書に記載される事項にはどのようなものが含まれるか。

A 監査役が作成する監査報告書には、①事業報告及びその附属明細書についての監査報告書と、②計算書類及びその附属明細書についての監査報告書の二つがあるが、前者については会社規129条1項各号に規定される各事項を、後者については会社計算127条各号に規定される各事項を、それぞれ記載する必要がある。これらをまとめると下表のようになる（会計監査人設置会社の場合）。

事業報告等についての監査報告書 （会社規129条1項）	計算書類等についての監査報告書 （会社計算127条）
① 監査役の監査（計算関係書類に係るものを除く。）の方法及びその内容 ② 事業報告及びその附属明細書が法令・定款に従い会社の状況を正しく示しているかについての意見 ③ 会社の取締役（指名委員会等設置会社の場合は執行役を含む。）の職務の遂行に関し、不正の行為又は法令・定款に違反する重大な事実があったときは、その事実 ④ 監査のため必要な調査ができなかったときはその旨及びその理由 ⑤ 内部統制システムの整備についての決定又は決議がある場合において、当該事項の内容が相当でないと認めるときは、その旨及びその理由 ⑥ 株式会社の支配に関する基本方針、並びに当該株式会社とその親会社等との間の一定の利益相反取引が当該株式会社の利益を害さないかどうか	① 監査役の監査の方法及びその内容 ② 会計監査人の監査の方法又は結果を相当でないと認めたときは、その旨及びその内容 ③ 重大な後発事象（会計監査報告の内容となっているものを除く。） ④ 会計監査人の職務の執行が適正に実施されることを確保するための体制に関する事項 ⑤ 監査のため必要な調査ができなかったときは、その旨及びその内容 ⑥ 監査報告を作成した日

についての取締役の判断及び理由等が事業報告の内容となっているときは，当該事項についての意見 ⑦　監査報告を作成した日	

> **解　説**

　監査報告は，監査役が対象事業年度において年間を通して実施してきた監査の結果を総括し報告するものである。上場企業のような大会社においては，監査役会のほかに会計監査人が必要であり（会社328条1項），大会社の監査役としては，会計監査については基本的に会計監査人の監査に依拠し，自らは業務監査に専念することとなる。

　監査役会設置会社においては，まず各監査役が監査報告を作成し，これに基づき監査役会が監査報告を作成する（会社規129条1項・130条1項，会社計算127条・128条1項）。監査役及び監査役会の監査報告は，「事業報告等に関する監査報告」と「計算関係書類等に関する監査報告」で構成される。

　監査報告の記載内容や留意点は以下に述べるとおりである。監査報告の記載様式は特に法定化されていないが，日本監査役協会から公表されている「監査報告のひな型」を会社類型ごとに活用することで監査報告に記載すべき事項を網羅することができる。

(1)　事業報告等に関する監査報告

　監査役及び監査役会は，事業報告及びその附属明細書に関する以下の事項の監査報告を作成しなければならない（会社規129条1項・130条）。

　　①　監査役及び監査役会の監査の方法及びその内容

　　　この区分では各監査役及び監査役会が実施した監査方法ないし監査手続内容を記載する。監査の方法は，株主にとって監査のポイントを理解する重要な要素であるから，各会社の実状に応じて，簡潔・明瞭に記載する。

　　　(a)　監査の実施に当たっては，監査方針を作成し，監査役の職務分担を行った上で計画的に監査を実施している旨

(b) 取締役会その他重要な会議への出席，取締役等からその職務の執行状況の聴取，重要な決裁書類等の閲覧。本社及び主要な事業所において業務及び財産の状況を調査した旨
(c) 取締役の職務の執行が法令及び定款に適合することを確保するための体制その他株式会社の業務並びに当該株式会社及びその子会社から成る企業集団の業務の適正を確保するための体制（会社規100条1項・3項に定める体制）についての取締役会決議の内容及び当該決議に基づき整備されている当該体制（内部統制システム）の状況を監視及び検証した旨
(d) 事業報告に当該株式会社の財務及び事業の方針の決定を支配する者の基本方針とその取組み（買収防衛策）が記載されている場合にはその内容について検討を加えた旨
(e) 取締役の競業取引，取締役と会社との間の利益相反取引その他重要な取引について，必要に応じて取締役等に対して報告を求め，詳細に調査した旨
(f) 子会社について，子会社の取締役及び監査役等と意思疎通及び情報の交換を図り，必要に応じて子会社から事業の報告を受けた旨

② 監査の結果

この区分では，監査を実施した結果を記載する。具体的記載事項は以下のとおりである。

(a) 事業報告及びその附属明細書が法令又は定款に従い会社の状況を正しく示しているかについての意見
(b) 取締役の職務の遂行に関する不正の行為又は法令・定款に違反する重大な事実の有無
　　株式会社の財産・事業・社会的信用などに著しい影響を及ぼすような重大な事実があった場合には当該事実の内容を記載する。
(c) 監査のために必要な調査ができなかった場合はその旨及びその理由
　　監査役は必要かつ十分な監査をした上で監査報告に意見を記載す

ることとなるが，何らかの理由で調査をすることができなかったときは，その旨及びその理由を記載する。これにより，十分な監査ができなかったことを明らかにして，監査役自身の責任を限定するとともに，監査報告を閲覧する株主や債権者に警告を与える。

監査ができない理由としては，会社側の責に帰すべき事由（例えば，取締役や従業員等が監査役の調査に非協力的な場合）のほか，会社側の責に帰すべきでない事由（例えば，天災等によって調査に必要な資料が滅失した場合）が含まれるが，監査役の体調不良などの個人的事由や監査役の責に帰すべき事由は含まれない。

(d) 内部統制システムの整備についての決定又は決議がある場合に，その内容が相当であるかどうかについての意見及び当該内部統制システムに関する取締役の職務執行の妥当性

(e) 事業報告に記載されている会社の財務及び事業の方針の決定を支配する者の在り方に関する基本方針や取組（買収防衛策等及びそれに対する取締役会の判断）が株主の利益を損なうものではなく，会社役員の地位の維持を目的とするものではないことについての意見

(2) **計算関係書類に関する監査報告**

① 監査役及び監査役会の監査の方法及びその内容

以下に述べるとおり，会計監査人の独立性と職務遂行体制の確保の適正性を確認し，会計監査人から報告及び説明を受け，計算書類及び附属明細書に検討を加えた旨を記載する。

(a) 会計監査人が独立の立場を保持し，かつ適正な監査を実施しているかを監視及び検証するとともに，会計監査人から職務の執行状況について報告を受け，必要に応じて説明を求めた旨

(b) 会計監査人から「職務の遂行が適正に行われることを確保するための体制」を「監査に関する品質管理基準」等に従って整備している旨の通知を受け必要に応じて説明を求めた旨

② 監査の結果

(a) 計算書類及びその附属明細書，連結計算書類に関する会計監査人

の監査結果に関する意見を記載する。また，会計監査人の監査の方法又は結果が相当でないと認めた場合には，その旨及びその理由を記載しなければならない。
　　(b)　監査のために必要な調査が実施できなかった場合には，その旨及びその理由
　③　重要な後発事象
　監査報告に記載すべき重要な後発事象とは，事業年度の末日の後，監査報告の作成日までに生じた会社の翌事業年度以降の財産又は損益に重要な影響を及ぼす事象（会社計算114条）であって，会計監査人の監査報告に記載されていないものをいう。具体例としては，天災地変等による重大な損害の発生，多額の増資，合併や分割等，重要な係争案件の発生・解決等が挙げられる。

(3)　**付記事項**

　監査役会設置会社においては，監査役会の監査報告書は，各監査役が作成した監査報告に基づき監査役会で十分に審議した上で作成される。その結果，各監査役の意見が監査役会の監査報告の内容と異なる場合がある。そのような場合には，各監査役は自らの監査報告の内容を監査役会の監査報告に付記することができる（会社規130条2項，会社計算128条2項）。

(4)　**監査報告作成日**

　監査報告の作成日は法定記載事項である（会社規130条2項3号，会社計算128条2項3号）。

Q143 監査業務の執行における費用

監査業務の執行上必要となる費用についてはどのように取り扱われるか。

A 監査役がその職務を執行するのに必要な費用については会社に請求することができ、会社は、請求された費用が、当該職務の執行に必要でないことを証明しない限りその支払を拒むことはできない。

解説

監査役が職務を執行する際には、①実地調査のための費用（出張費、調査費、資料費など）、②監査技術の研修のための費用（図書費、セミナー参加費など）及び③監査の実施のための補助的な人件費（補助使用人、弁護士、公認会計士、税理士など）といった経常的な費用のほか、臨時的な費用として、会社と取締役との間の訴訟費用、各種の訴訟提起のための費用などが生じる。これらの費用については本来会社が負担すべきものであり、会社法は、監査役の費用請求を容易にするため、費用等の必要性の証明責任を転換している（会社388条）。

実務においては、期初の監査計画作成時に、監査役会においてあらかじめ当該監査期間中に必要になると考えられる費用を予算化し、その金額や支出方法等について経営側と十分に協議し、監査計画書に記載するケースが多い。

なお、監査費用の支出に当たっては、監査役は、その効率性及び適正性に留意しなければならないことは言うまでもない（監査基準12条2項参照）。

また、平成27年5月1日から施行される会社法施行規則では、取締役会の決議事項である内部統制システムの内容として、監査業務の執行について発生する費用又は債務の処理に係る方針に関する事項が含まれることになった（会社規100条3項6号）。大会社である取締役会設置会社においては、内部統制システムに係る事項を取締役会で決定しなければならないこととされている（会社362条5項）。

10　中小規模会社の監査役監査

Q144　中小規模会社の内部統制

> 当社は，売上高20億円の中小企業である。長年，内部統制システムの必要性は意識されていなかったが，従業員の会計不正が発生したことを端緒として内部統制システムの整備が急務となった。当社の監査役（監査範囲の限定はない。）はいかなる点に留意して内部統制システムの監査を実施していくべきか。

A 監査役は，取締役の職務執行における善管注意義務に係る監査の一環として内部統制システムの監査を実施しなければならず，会社の規模及び事業内容等に応じて取締役会決議に基づき内部統制システムを構築して現実に有効に運用されているかを監査することが求められている。

解 説

1　会社法における内部統制システムの構築

会社法が定める内部統制システムとは，「取締役の職務の執行が法令及び定款に適合することを確保するための体制その他株式会社の業務並びに当該株式会社及びその子会社から成る企業集団の業務の適正を確保するために必要なものとして法務省令で定める体制の整備」をいい，大会社では，取締役会決議により当該内部統制システムを決議することが義務付けられている（会社348条3項4号，会社規98条）。

もっとも，内部統制システムは，会社法による取締役会決議の義務付けいかんにかかわらず，取締役が会社を事業目的に沿って適切に運営するために本来必要なものであるから，その適切な構築と運用は取締役の職務執行における善管注意義務に含まれるので，大会社だけではなくその他の全ての監査役設置会社にとっても，監査役による取締役の職務執行に係る通常の監査の一環として各社各々の監査環境に応じた監査を実施することになる[58]。

特に本問では内部統制システムの不備から従業員による会計不正が現に発生していることから，取締役は，その原因を調査して再発防止策を講じ，取締役会の決議に諮るなどして内部統制システムの構築・運用をしなければならない。

2 監査役による内部統制システムの監査

監査役は，取締役の職務執行における善管注意義務に係る監査の一環として内部統制システムの監査を実施しなければならず，会社の規模及び事業内容等に応じて取締役会決議に基づき内部統制システムを構築して現実に有効に運用されているかを監査することが求められている（監査基準4条2項，18条2項2号）。

そして，監査役は，大会社以外の場合においても，内部統制システムに係る取締役会決議及び各体制の構築・運用状況の監査方法として，①内部統制システムに係る取締役会決議の内容の監査，②取締役会決議の実行体制についての監査，③法令等遵守体制の監査，④損失危険管理体制の監査，⑤情報保存管理体制の監査，⑥効率性確保体制の監査，⑦企業集団内部統制の監査，⑧財務報告内部統制の監査，及び⑨監査役監査の実行性確保体制（監査環境整備事項）の監査により，会社の規模，事業の性質その他の個性・特質などの監査環境等に留意して，取締役の重要な職務執行に含まれる内部統制システムの構築・運用の状況について，内部統制システムが会社に著しい損害を及ぼすおそれのあるリスクに対応しているか否かという観点から必要な項目を取捨選択して監査を実施することになる[59]。この点，本問では，社外監査役は，内部統制システムにより従業員の会計不正の発生を防止する体制が整備され，実際に整備されたとおりに運用されているかについて特に留意して監査すべきといえる。

---

58) 監査実施要領140頁。
59) 監査実施要領153頁以降。

Q145 監査範囲の限定がある監査役による会計監査

当社は，監査役会非設置会社かつ会計監査人非設置会社であり，監査役の監査は会計監査に限定されているが，監査の範囲に限定がない監査役と比較して，監査役の会計監査においてどのような違いがあるか。

A 監査範囲を限定された監査役は，その監査権限が制限されており，得られる情報にも制約があることから，取締役の職務執行の監査まで行う監査役とは期待される会計監査の水準にも一定の相違があるものと思われる。

解 説

1 監査役の監査範囲の限定

監査役の職務権限は，取締役の職務執行を監査することにあるが（会社381条），非公開会社（監査役会設置会社及び会計監査人設置会社を除く。）では，定款に定めることにより，監査の範囲を取締役が株主総会に提出しようとする会計に関する議案，書類その他の法務省令で定めるものを調査し，その調査結果を株主総会に報告すること（会計監査）に限定することができる（会社389条1項）。

定款により会計監査に限定された監査役は，業務監査権（会社381条），取締役会への出席及び意見陳述の権限・義務（会社383条），取締役の違法行為の差止権（会社385条）を有せず，取締役会への報告義務（会社382条）及び株主総会への報告義務（会社384条）もなく，会社と取締役間の訴訟における代表権（会社386条）も有しない（会社389条7項）。

このように監査範囲の限定のない監査役と異なり取締役の職務執行を監査することができないため，その調査・報告請求権等として，①会計に関する総会提出議案等の調査及びその結果の総会への報告（会社389条3項，会社規108条），②会計帳簿等の閲覧・謄写権（会社389条4項前段），③会計に関するものについて取締役・使用人等に対する報告請求権（会社389条4項後段），④業務及び財産の調査権（会社389条5項）を行使して監査を行うことになる。

2　会計監査に関する相違点

　非公開会社では株主の異動が少なく，株主自身が会社の業務に通じていることが想定されることから，監査役の監査範囲が限定されている会社では，株主による経営の監督を強化することとして種々の権限（会社357条1項・375条1項・360条1項・2項・367条）が株主に与えられている。しかし，株主の権限が強化されている一方で，監査範囲を限定された監査役は，会計に関する範囲においては限定のない監査役と比べてその責任において違いは定められていないものの，前記のとおり，その監査権限に大きな違いがあるため，会計監査に関する事項であっても提供される情報や自ら調査することによって得られる情報の多寡には違いがあるといわざるを得ないことから，取締役の職務執行の監査まで担う監査役とは期待される会計監査の水準にも一定の相違があるものと思われる。

Q146 監査役の監査の範囲に関する登記を求める会社法改正（法）の影響

　新会社法911条3項17号イは，監査役の監査の範囲を会計に関するものに限定する旨の定款の定めがある株式会社であるときは，会社設立の登記において，その旨を登記しなければならないとする。これが施行された場合，監査役の監査実務にどのような影響が生じるか。

A 登記簿上，監査役の監査範囲の限定の有無が明確にされることから，これを契機に監査役監査の充実を図ることとして，監査役の監査範囲の限定を取りやめるという対応をとるという選択肢も有り得ると考えられる。

解 説

　旧会社法では監査役の監査の範囲を会計監査に限定する旨の定款の定めがある株式会社は，「監査役設置会社」に含まれない（会社2条9号）。他方，監査役設置会社は，その旨及び監査役の氏名を登記しなければならないが，ここでは監査の範囲に限定がある監査役を設置している会社も含まれるものの，監査の範囲に限定がある旨は登記の対象になっていない。そのため，会社法上，監査役設置会社であるか否かによって手続が変わってくるもの（取締役の責任を追及する訴えの提起の請求を受ける場合（会社847条1項・386条2項1号）など）について外部の第三者が登記を確認してもいずれであるか把握できず，手続に支障を来すおそれがあるという問題が提起されていた。

　そこで新会社法では，監査役の監査の範囲に限定がある場合にはその旨登記することを求めることで，第三者が監査役設置会社であるか否かを確認できるように変更された（会社911条3項17号イ）。

　このように対外的にも監査役の監査の範囲の限定の有無が明確にされることから，これを契機に監査役監査の充実を図ることとして，監査役の監査の範囲の限定を取りやめるという対応をとる選択肢も有り得ると考えられる。

　なお，監査役の監査範囲を限定している会社は中小企業に多いことへの配

慮として，会社法改正法の施行後，最初に監査役が就任又は退任するまでの間は監査範囲を限定している旨の登記は要しないという経過措置が設けられている（会社法改正法附則22条）。

第4章　資料編

【資料1】社外取締役ガイドライン

(日本弁護士連合会，平成25年2月14日)

第1　社外取締役にはどのような者がふさわしいか
1　社外取締役に望まれる資質
(1) 社外取締役に望まれる資質

　　社外取締役は，それぞれの経歴や専門性を背景に，社会における一般常識，会社経営に関する一般的常識，及び取締役及び取締役会のあり方についての基本的理解に基づき，取締役の業務執行について，ブランド価値・レピュテーション等の社会的評価を含めた企業価値を最大化し，かつ企業不祥事等による企業価値の毀損を避けるため，内部統制を含めたガバナンスや法令遵守等経営全般のモニタリングを行い，また業務執行に関与しない範囲でアドバイスを行うことが期待されている。

　　そこで，社外取締役には，それぞれの専門性のほか，以下の資質が望まれていると考えられる。

　　ア　様々な事業への理解力，資料や報告から事実を認定する力，問題及びリスク発見能力，応用力，説明・説得能力
　　イ　取締役会等の会議において，経営者や多数の業務執行取締役等の中で，率直に疑問を呈し，議論を行い，再調査，継続審議，議案への反対等の提案を行うことができる精神的独立性[1]

(2) 社外取締役の候補者

　　以上の資質を備える者としては，以下の者が考えられる。

　　ア　会社の経営者もしくは経営者OB
　　イ　弁護士
　　ウ　公認会計士
　　エ　その他有識者

---

[1] 自らまたは自らが現在または過去において所属する組織との取引への影響も独立性に影響しうることに留意する必要がある。

2 客観的独立性について

(1) 社外取締役の客観的独立性に関する基準の開示

社外取締役の独立性については，会社法，金融商品取引法，金融商品取引所規則等において開示が義務づけられている。

ところで，社外取締役については，各会社に応じて求められるものが異なることも多く，必要とされる独立性についても自ずから異なってくる。また，投資家等様々なステークホルダーもまた，独立性について様々な基準や考え方を持っている。

そこで，会社法，金融商品取引法，金融商品取引所規則等の法令等（海外子会社等については当該国の法令・規則が含まれる）及び会社と取引先の関係その他の事情を踏まえ，各社の実情を考慮して社外取締役の客観的独立性に関する基準等を定め，当該基準を開示することが望ましい。

(2) 会社の重要な取引先等の関係者等の場合

銀行等会社の重要な取引先の役職員を兼任する者や出身者等も社外取締役の候補者となることがある。これらの者も社外取締役になれば，会社に対して守秘義務，善管注意義務及び忠実義務を負うため，取引先ではなく会社の利益を最優先しなければならない。そのため，かかる社外取締役においては，兼任・出身先と会社の間の取引等に関する意思決定に際して，関係先と会社の板挟みとなるおそれがあることに留意する必要がある[2]。

3 専門性について

(1) 社外取締役と専門性

ア 社外取締役の職務の遂行において，専門性は不可欠なものではないが，専門性を活用したモニタリングや業務執行に関与しない範囲でのアドバイスは，有用である。

専門性として，以下のような分野が考えられる。

(ア) 会社経営一般にかかわる会計，経理，財務，税務，人事，労務，IT，法律などの専門分野に関する知見

(イ) その会社の営業の分野に関する専門的知見（例えば，医薬品製造販売会社にお

---

[2] かかる議案の審議については取締役会を退席して審議・議決に加わらない等の対応が考えられる。

ける医学的ないし薬学的知見や医薬品業界に関する知見等）
　　イ　取締役会の審議においては，社外取締役の専門性に関する分野の議題であっても，その社外取締役の意見やアドバイスにのみ依拠するような審議は避け，専門性を有していない取締役も含め，すべての取締役が議論できるような審議方法（説明と資料の充実，事前に業務執行をサポートする外部の専門家の意見を複数求める等）に配慮する。
(2)　社会通念・一般常識に基づくモニタリングの重要性
　　ア　社外取締役としては，専門性を活用するだけでなく，社会通念・一般常識からみればどのように評価されるかを念頭に置きつつモニタリングを行う。
　　イ　取締役会の議案が専門分野に係る場合，その分野の専門性を有しない社外取締役は，社会通念・一般常識に基づいて質問し説明を求めることによって，議案の理解に努め，取締役としての職務を遂行する。
(3)　専門性と社外取締役の責任
　　専門性のある社外取締役も，業務執行に関与しない社外取締役としての義務や責任を持つ者であることは他の社外取締役と変わらないが，取締役の注意義務の水準について「とくに専門的能力を買われて取締役に選任された者については，期待される水準は高くなる」とする考え方もあるので[3]，専門性に関連する事柄について，その者の専門的能力に応じて専門性のない社外取締役よりも期待される水準が高くなることにより，責任が重くなる可能性があることに留意する。

第2　社外取締役の善管注意義務の法的分析

1　取締役の善管注意義務の概略

(1)　取締役の善管注意義務
　　株式会社とその取締役との関係は委任に関する規定に従うとされていることから（会社法第330条），取締役は，その職務を遂行するに際して，善良な管理者としての注意義務（いわゆる善管注意義務）を負う（民法第644条）。
(2)　善管注意義務違反が具体的に問題となる場合
　　取締役の善管注意義務違反が具体的に問題となる場合としては，大きく分けて，以下の2つの場合が挙げられる。

---

[3]　江頭憲治郎「株式会社法第4版」（有斐閣）403頁

ア　取締役自身の業務執行に関する判断に誤りがあった場合
イ　他の取締役・使用人の業務執行に対する監視・監督等を怠った場合[4]

ただし，取締役の業務執行によって会社に損害が生じた場合に常に取締役の責任を問うことは必ずしも適切でないことから，裁判例においては，経営判断の原則（主にアの場合に問題となる。）や信頼の原則（ア・イ双方で問題となる。）等の基準により，当該責任が一定程度限定されている。

① 経営判断の原則

具体的な法令違反がある場合又は会社の利益を図る目的でない場合若しくは取締役の個人的利害関係が存する場合等の例外的な場合を除き，取締役自身の業務執行に関する判断に誤りがあった場合における善管注意義務違反の有無を判断するに際しては，

(ア)　行為当時の状況に照らし合理的な情報収集・調査・検討等が行われたか
(イ)　その状況と取締役に要求される能力水準に照らし著しく不合理な判断がなされなかったか

という基準が採用され，これが充たされていれば，取締役の判断が一定程度尊重される傾向にある[5]。

② 信頼の原則

取締役自身の業務執行の場合の経営判断の原則の適用に関して，情報収集・調査・検討等に関する体制が十分に整備されていれば，取締役は，当該業務を担当する取締役・使用人が行った情報収集・調査・分析等の結果に依拠して意思決定を行うことに当然に躊躇を覚えるような不備・不足があるなどの特段の事情がない限り，当該結果に依拠して意思決定を行えば足りる[6]。

また，他の取締役・使用人の業務執行に対する監視・監督等の場合も，リス

---

4) 会社法上，明文の規定は存しないが，取締役は，一般に，他の取締役等の業務執行一般につき，これを監視し，必要があれば，取締役会を自ら招集し，あるいは招集することを求め，取締役会を通じて業務執行が適正に行なわれるようにする等の義務（いわゆる監視義務）を負うと解されている（最判昭和48年5月22日民集27巻5号655頁）。

5) 東京地判平成14年4月25日判時1793号140頁（長銀初島事件），東京地判平成14年7月18日判時1794号131頁（長銀イ・アイ・イ事件），東京地判平成16年3月25日判時1851号21頁（長銀日本リース事件），東京地判平成17年3月3日判時1934号121頁（日本信販事件），最判平成22年7月15日資料版商事316号166頁（アパマンショップHD株主代表訴訟事件）等

6) 東京地判平成14年4月25日判時1793号140頁（長銀初島事件），東京地判平成16年12月16日資料版商事250号233頁・東京高判平成20年5月21日資料版商事291号116頁（ヤクルト本社事件）等

ク管理等に関する体制が十分に整備されていれば，他の取締役・使用人の業務活動に問題のあることを知り又は知ることが可能であるなどの特段の事情がある場合に限り，これを看過した時に善管注意義務違反が認められる[7]。
③ 善管注意義務に違反した場合の責任
　ア　会社又は第三者に対する損害賠償責任
　　　取締役が，善管注意義務に違反し，会社又は第三者に損害を与えた場合には，当該会社又は第三者に対して，損害賠償責任を負う場合がある（会社法第423条第1項，第429条第1項）。
　イ　免責が認められる場合
　　　このうち，会社に対する損害賠償責任は，原則として総株主の同意がなければ免除することができない（会社法第424条）。ただし，例外として，当該取締役が職務を行うにつき善意かつ重大な過失がない場合であって，
　　(ｱ)　株主総会の決議を得た場合（会社法第425条）
　　(ｲ)　定款の規定に基づき取締役会の決議を得た場合（会社法第426条）
　　(ｳ)　社外取締役であって，定款の規定に基づき責任を限定する旨の契約を締結した場合（会社法第427条）
のいずれかの要件を満たす際には，一定の限度で免責が認められている。

2　社外取締役の責任
(1)　善管注意義務の水準
　社外取締役の善管注意義務の程度，他の取締役に対する監視義務の水準は，一般の取締役と異ならない。ただし，社外者であること[8]，業務遂行に関与しない立場であること[9]が考慮される。なお，専門性との関係については，前記第1，3(3)を参照。

---

[7] 大阪地判平成12年9月20日資料版商事199号248頁（大和銀行事件），東京地判平成16年12月16日資料版商事250号233頁・東京高判平成20年5月21日資料版商事291号116頁（ヤクルト本社事件）等
[8] 大阪高判平成10年1月2日判タ981号238頁（ネオ・ダイキョー自動車学院事件）
[9] 東京地方裁判所商事研究会編「類型別会社訴訟Ⅰ（第三版）」（判例タイムズ社，2011年12月）252頁

(2) 社外取締役の職務と責任
　① 社外取締役の職務
　　　取締役会の権限事項（会社法第362条第2項、第363条第1項第2号）を、会議体である取締役会の一員として行うことである。
　② 社外取締役の責任の種類
　　ア　一般の取締役と同様、法的責任と経営責任がある。
　　イ　法的責任は、会社に対する忠実義務・善管注意義務違反による損害賠償責任等、法的効果に基づくものである。
　　ウ　経営責任は、経営の結果に対する責任であり、法的な効果を持たないものである。
　③ 社外取締役の経営責任
　　ア　社外取締役も取締役として経営責任を負う。
　　イ　経営責任の取り方は、社外取締役の職務、期待される役割（経営のモニタリング等）に応じたものでなければならず、その経営責任の取り方には、退任、辞任、報酬の返上・減額等がある。
　④ 社外取締役の法的責任
　　　会社に対する忠実義務・善管注意義務を果たすため、社外取締役は、下記の職務を行う（なお、社外取締役は、以下の法的義務を果たすだけではなく、後記第3、3の経営のモニタリングの役割を果たすことが重要である）。
　　ア　取締役会の上程（付議）事項に関して
　　　(ｱ)　審議の過程について
　　　　　説明や資料に基づき、必要な調査と検討が行われているか、合理的な手続が行われているかという観点から審査を行う。
　　　(ｲ)　決議の内容について
　　　　　取締役会の決定が、その業界における通常の経営者の経営上の判断として著しく不合理でないかという基準から検討する。
　　イ　取締役会の上程（付議）事項以外について
　　　(ｱ)　取締役相互間で役割の分担がなされ、相応の内部統制システム、リスク管理体制に基づいて職務執行に対する監視が行われていれば、次の(ｲ)の場合を除き、担当取締役の職務執行が適法であると信頼することが許容される。

(ｲ)　社外取締役は，特に他の取締役の職務執行が違法であることを疑わせるような特段の事情がある場合[10]には，適切な措置（監査役への報告等）をとる必要がある。
　ウ　内部統制システムの構築・運用等について
　　(ｱ)　社外取締役は，就任後のなるべく早期に，会社法上の内部統制リスク管理体制の構築，整備について，会社の状況，業界の水準に応じた合理性を有する内容となっているか[11]，点検しておくことが推奨される。
　　(ｲ)　財務報告に係る内部統制については，独立監査人の監査証明を受けた内部統制報告書において有効であるとされている場合には，その後に粉飾決算等の財務計算に関する特段の不祥事等が現実に発生していない限り，報告時点において有効に整備，運用されていると信頼してよい（社外取締役が，公認会計士である等会計についての専門性を有する場合にも同様。前記第1，3(3)を参照。）。
　　(ｳ)　会社に損失を発生させる事態，粉飾決算，反社会的勢力との取引等の不祥事が現実に発生した場合，又は，財務報告に係る内部統制報告書において開示すべき重要な不備があるとされている場合には，社外取締役は，内部統制，リスク管理体制の見直しを行うプロセスの監督責任を有する。
⑤　社外取締役と株主総会
　ア　株主総会への出席
　　社外取締役も，原則として，株主総会に出席するべきである。
　イ　社外取締役の説明義務
　　(ｱ)　社外取締役も，取締役として，株主総会における株主の質問に対し，取締役として説明義務を負う。
　　(ｲ)　具体的な説明の必要性については，議長の判断，指名に従う。
⑥　責任限定契約，会社役員賠償責任保険（D&O保険）
　ア　社外取締役は，就任に当たり，会社との間で，責任限定契約の締結を要請することを検討する。
　イ　社外取締役が希望する場合には，自己の負担で会社役員賠償責任保険（D&O保険）[12]へ加入できるようにすべきである。

---

10)　東京高判平成20年5月21日資料版商事291号116頁（ヤクルト本社事件）
11)　最判平成21年7月9日資料版商事308号268頁（日本システム技術事件）等

3 情報入手のあり方についての善管注意義務

(1) 信頼の原則

　　社外取締役は，取締役会の構成員であり，監査役のように独自の権限を行使するのではなく，取締役会に出席し，報告事項及び議案について審議を行い，採決を行う権限が中心である。

　　そのため，社外取締役としては，以下のとおり，取締役会における審議及び採決に関連した情報収集を中心に，善管注意義務を尽くすことになる。この情報収集については，取締役会やその事前説明における，役職員の報告や説明に依拠することになり，信頼の原則に基づき，それで善管注意義務を充たせることになる（第2，1(2)②「信頼の原則」参照）。

(2) 例外となる場合

　　ただし，役職員による報告や説明について疑問，齟齬，不自然な事項，その他の特別な事情があった場合には，これを疑い，更なる調査，報告を要求する必要がある。

　　そして，取締役会での報告，従業員からの事前説明や報告，内部通報その他の方法により，通常でない事態を把握した場合，まず，監査役に当該事実を報告することが望ましい。なお，会社に著しい損害を及ぼすおそれのある事実を把握した場合には，直ちに監査役（会）に報告する義務となる（会社法第357条）。その後は，随時，どのような対処がなされているかの情報について，業務執行取締役や監査役，従業員，又は必要に応じて会計監査人等との間で情報を交換する必要がある。

第3　社外取締役の具体的活動の指針

1　就任検討時における留意事項

(1) 経営陣の社外取締役への期待

　　社外取締役就任にあたって，経営陣が社外取締役に何を期待しているのか（期待される視点・発言，所属する委員会，報酬や条件等）を確認する。

(2) 自社株保有についてのルール等の確認

　　社外取締役の自社株保有については，これを積極的に是とする考えと社外性の

---

12) 基本部分の保険料は会社負担となり，株主代表訴訟補償特約保険料は自己負担となる。

観点から非とする考えとがある。会社より保有ルール，インサイダー取引防止のための自社株売買ルールについて，提示を求める。
(3) 能力・資質・独立性の自己確認
  ① 社外取締役にふさわしい能力・資質の確認
    取締役，取締役会のあり方についての基本的理解や社外取締役としての精神的独立性を有しているか否かの自己確認が必要である。このうち，率直に疑問を呈し，議論を行い，提案を行うことができるか否か，という精神的独立性の確認が特に重要である（第1,1参照）。
  ② 独立性の確認
    会社から独立性のルールの提示を受け，このルールの適切性を確かめた上で，これに照らして自らの業務内容や会社との取引の状況を確認すると共に，会社に対して独立性判断に必要な情報を提供する[13]。
(4) 会社概況の把握
  会社の概況を把握する手段，内容としては，以下のようなものがある。最終的には経営陣と面談して就任の可否を判断する。
  ① 情報獲得手段
    ア 会社法上の開示書類[14]
    イ 金融商品取引法上の開示書類[15]
    ウ その他[16]
  ② 把握内容
    時間的な制約等によって入手できる情報量や種類が限定される場合もある。
    ア 業界状況[17]
    イ 社業の確認[18]
    ウ 取締役，監査役（会），会計監査人等の状況の把握[19]

---

[13] なお，弁護士が社外取締役となる場合には，弁護士職務基本規程にも留意する。
[14] 計算書類，事業報告等
[15] 有価証券報告書，四半期報告書等
[16] 株主通信，事業報告書，ホームページの開示情報，前任社外取締役からのヒアリング等
[17] 業界における競争の程度，取引先や顧客との関係等
[18] 事業の概況，当該企業の評判，当該企業の事業所の所在地，当該企業の企業グループの構成やグループ各社の位置づけ，主要な取引先，株主構成，ガバナンス機構，主要な投資計画，メインバンクの把握を含めた資金調達構造，関連当事者との人的・資本的関係等

エ　経営姿勢[20]

2　内部統制部門，監査役（会）・会計監査人等との連携の留意事項

(1) 連携の重要性

　　社外取締役は，モニタリングを有効に行うため，通常は，担当取締役等を通じて情報を得ていくことになるが，当該連携は，有事の場合にはそのあり方が相当程度異なるので，分けて考えるべきである（有事の場合については(5)参照）。

(2) 内部統制，コンプライアンス部門との連携について[21]

　　社外取締役は，内部統制部門が経営陣に行った内部監査結果報告について，取締役会等で担当取締役を通じて確認することが有用である。その際，疑問点があれば，担当取締役に質問し，疑問を解消する。

(3) 監査役（会）と社外取締役の役割分担を踏まえた連携について[22]

　　監査役（会）は，常勤監査役を有し，会社法上様々な調査権能等を与えられており，またスタッフも充実している会社が少なくない。このため社外取締役よりも情報入手が容易な環境であることが多いので，取締役会の場以外でも，監査役（会）と随時情報交換を行うことは有用である。

(4) 会計監査人の役割・機能を踏まえた連携について

　　社外取締役が，取締役会等で，会計監査人からの指摘事項の有無や内容を担当取締役等から聞き，必要があれば当該担当取締役等を通じて追加の情報を求めることも有用である。

(5) 有事の連携

　　社外取締役は，会社で不祥事の発生又は具体的な不祥事発生兆候を知ったときには，違法性を監査する役割の監査役（会）に報告すべきである（第357条）。

　　また，社外取締役は，有事においては，正確な情報を把握するために，内部監

---

19) 取締役，監査役（会），会計監査人の構成，過去に任期途中で辞任・解任された役員等の有無及びその理由等
20) 企業理念や行動指針，過去に発生した不祥事の対応方法，経営陣の事業に対する考え等
21) 会社法上，内部統制，コンプライアンス部門は取締役会が監督しているのであるから，社外取締役がこれらの者にアクセスし情報収集を行うことは妨げられるものではない。
22) 監査役と取締役の連携について，会社法では，監査役に，取締役会出席義務，意見陳述義務を課し（第383条），また，有事には取締役会への報告義務も課し（第382条），更に，取締役の会社に著しい損害を生ぜしめる恐れのある違法行為の差止請求権を与えている（第385条）。また，取締役も有事においては監査役（会）への報告義務がある（第357条）。

査部門，監査役（会），会計監査人等が有する情報を適時に把握できるように，緊密なコミュニケーションをとる必要があり，会社の対応が不十分であると思われる場合には，取締役会で発言するだけでなく，監査役（会），会計監査人と必要な連携を取る。

　さらに，第三者委員会の設置が必要と思われる場合には，他の取締役に対して進言するほか，社外取締役が第三者委員会の設置及び委員の選任手続きに積極的に関与すべきである（第3，6参照）。

3　取締役会でのモニタリング時の留意事項
(1)　付議事項の内容把握
　①　付議事項の事前の確認
　　　社外取締役は，事前に資料等を精査し，事務局の事前説明を求め，不足があれば，更に説明を求め，取締役会において質問をし，十分に内容把握をした上で取締役会決議や報告に臨む必要がある。
　②　日常的な情報収集
　　　日常的に，会社の開示事項等を把握するなどの努力や，他の役員，業務執行者とのコミュニケーションを行う。
(2)　審議における質問（発言）の重要性
　①　社外者の視点からの質問（発言）の重要性
　　　社外取締役は，取締役会の席で，積極的に質問をし，社外，一般社会，一般株主の視点からの合理的な説明を求める。
　②　社内者に期待しにくい質問（発言）の提起
　　　社外取締役には，特に，社内の取締役の場合には上下の関係もあって質問しにくい事柄，企業価値の向上や一般株主の利益という視点からの質問をすることが要請される。
(3)　採決時の留意事項
　①　賛否のみならずその他発言の重要性
　　ア　決議事項については，賛成，反対，棄権を明確にする。
　　イ　賛成する場合にも，問題点があると思えばそれを指摘し，その他改善点があれば指摘する。
　　　(ア)　専門家の意見聴取を行った方が良い場合には，それを行うことを条件と

して賛成する。
(イ) 当該案件を支持するような場合でも、単に賛意を表するだけでなく、社外の立場から積極的な意見を述べる。
② 説明等が納得できない場合の対応
説明等が不合理であり、納得できない場合や疑問が残る場合には、納得できるまで質問等を行い、かつ、他の取締役と十分に議論を尽くし、それでも不十分と判断すれば、当該決議に反対または棄権をすべきである。
(4) 議事録の記載についての留意事項
① 議事録の記載事項と署名の重要性
取締役会の議事録には、「議事の経過の要領及びその結果」を記載するが（会社法369条第3項、会社法施行規則第101条第3項第4号）、反対または留保付きで賛成した場合や、棄権した場合には、その旨を議事録に記載させる（議事録に異議をとどめなければ賛成したものと推定される（会社法第369条第5項）。）。
② 記載の誤りや記載が不十分な場合の対応
ア 議事録には、出席した取締役、監査役は署名または記名押印をしなければならないが（同第3項）、反対の意思表示が記載されていないなど議事録の内容に誤りがある場合や、留保等の発言の記載がなかった場合には、その旨を記載するように求め、応じなければ署名を拒否する。
イ 自分が述べた意見で重要と思ったことはその旨の記載を求める（会社法施行規則第124条第4号ロでは社外役員の「取締役会における発言状況」を事業報告に記載される）。

4 取締役会でのモニタリングの項目

(1) 取締役会の決議事項について
① 企業価値向上のための視点からのモニタリング
ア ブランド価値、レピュテーション等の社会的評価を含めた企業価値を最大化するものか
イ ステークホルダー間の利益の均衡がどの程度とれているか
ウ 株主共同の利益（一般株主の利益）を損なわないか
② 法的責任を果たすための判断基準
ア 法令、上場規則等により求められる開示等を含めて違法性がないか

イ　会社と取締役との間に利益相反がないか
　　ウ　事実とリスクの調査と検討は十分か
　　エ　意思決定は合理的な過程（手続）に基づいているか
　　オ　その業界における通常の経営者の経営上の判断として著しく不合理でないか
(2) 経営者に関するモニタリング
　　経営に関するモニタリング事項は以下のとおりである。
　① 事業計画等の策定及び評価について
　　ア　中長期経営計画，年度事業計画，経営戦略等の策定について
　　　(ｱ)　揺籃期か成長期か収穫期か等の会社のビジネス状況と中長期経営計画等が適合しているか
　　　(ｲ)　経営指標の選択は適切か
　　　(ｳ)　数値目標の予測に根拠や妥当性等があるか
　　　(ｴ)　特に上場企業の場合，ROE等や株主の資本コスト（期待収益率）を意識し，(ｱ)に応じた成長戦略に適合した計画となっているか
　　イ　達成状況の評価について
　　　(ｱ)　月次，四半期，年度の（決算）報告が経営目標の達成状況の評価のために活用されているか
　　　(ｲ)　経営目標の評価，見直しが適切にされているか
　　　　a　数値目標の達成状況の評価が適切か
　　　　b　数値目標未達の場合の原因の分析，対応策の検討が適切か
　② 新規事業参入，事業撤退について
　　ア　新規事業参入や新規投資の可否の判断について，資本コストを上回るリターンが得られることが意識されているか，その予測は適正か
　　イ　事業継続，撤退の判断が収益性，成長性を踏まえた合理的観点から行われているか
　③ 剰余金の処分について
　　ア　合理的な配当政策の方針を定めているか
　　イ　株主を意識した株主還元策（自己株式の取得を含む。）をとっているか
　④ 役員報酬について
　　ア　役員報酬の決定に達成状況の評価やガバナンスの視点が反映されているか

イ　報酬議案については，報酬総額，種類（金銭・非金銭，ストック・オプション，業績連動型）の妥当性，取締役に十分なモチベーションを与える内容か

ウ　取締役会において取締役報酬の「算定方法の決定に関する方針」[23]を策定する場合には，具体性，合理性（報酬の内容及び金額を，各役員の達成状況の評価に見合ったものとする効果があるか）

エ　社外取締役が取締役報酬の決定により強く関与するためには，任意の報酬委員会を設置し，その委員に就任することが考えられる。

⑤　取締役候補の指名について

ア　会社が作成した取締役選任議案について，内部昇進の場合には社内での実績，再任の場合には中期経営計画等の達成状況等に基づき，株主の信任が得られるかという観点も考慮に入れて，その妥当性を検証する。

イ　代表取締役社長（CEO）の在任期間について，3期6年等の慣例がある場合にも，その適用が株主の信任が得られる状況か。

ウ　社外取締役が取締役人事の決定により強く関与するためには，任意の指名委員会を設置し，その委員に就任することが考えられる。

⑥　経営陣交替への関与について

業績の著しい悪化，不祥事の発生等の場合に，ブランド価値，レピュテーションへの影響を含め株主の信任が得られるかという観点も踏まえ，経営陣の続投の可否，責任の取り方について，助言する。

⑦　親会社・取締役等との利益相反取引について

会社法や社内の付議基準に基づいて上程される利益相反取引等の承認議案については，次の観点等から審査を行う。

ア　利益相反の内容（経営者，親会社等）

イ　会社に与える可能性がある損害の内容及び程度

ウ　特別利害関係取締役の有無

5　組織再編等の株主共同の利益に影響が及ぶ事項

組織再編等において経営陣または支配株主と一般株主との利害が対立することが想定される場面では，独立した立場にある社外取締役が，以下のような視点か

---

[23]　有価証券報告書等の記載事項となる（開示府令第2号の2様式記載上の注意(57)(d)等）

ら株主共同の利益を最大化するための意見を述べることが期待される。
　　(ア)　企業価値の向上に資する意思決定か。
　　(イ)　株主共同の利益に配慮した手続がとられているか。
　　(ウ)　一般株主に十分な説明または情報提供がなされているか。
　　また，独立委員会が設置される場合には，その委員の選任及び構成に留意する他，場合によっては社外取締役が自ら委員となり，中立で客観的な意思形成に積極的に関与する。
　　株主共同の利益に影響が及ぶ各事項の留意点は以下のとおりである。
(1)　M&A等の組織再編の場合
　ア　目的の合理性及び手法の相当性
　イ　デューデリジェンスにより抽出された問題点の検討及び解消状況
　ウ　買収価格（比率）とその決定プロセスの公正性[24]
　エ　費用（コンサルタント費用を含む）の相当性
(2)　新株発行の場合
　ア　新株発行の必要性及び相当性[25]並びに調達資金使途の合理性
　イ　株価算定根拠及びその他の発行条件の合理性
　ウ　有利発行の非該当性判断及び判断におけるプロセスの公正性
　エ　割当先選定の妥当性及び相当性[26]
(3)　支配株主との取引の場合[27]
　ア　取引目的の合理性
　イ　価格及びその他の取引条件の相当性及び決定プロセスの公正性[28]

---

[24]　買収価格（比率）については，デューデリジェンスの結果を踏まえ独立した機関による算定がなされることが望ましい。特に，株価に一定のプレミアムを加算して買収価格（比率）を決定する場合，プレミアムが組織再編に伴うシナジー効果（コスト・シナジー及びレベニュー・シナジー）に見あうかの検証は重要である。特に，支配株主との取引の場合には，注27参照。

[25]　金融商品取引所の規則で定められている企業行動規範においては，上場会社が第三者割当を行うにあたり，希釈化率が25％以上となるとき又は支配株主が異動するときは，①経営陣から一定程度独立した者（第三者委員会，独立役員等）による三者割当の必要性及び相当性に関する意見の入手，または，②株主総会の決議等による株主の意思確認を行うべきとされている。

[26]　反社会的勢力に関係しないことの調査を含む。

[27]　支配株主の有無，名称，議決権割合，支配株式との取引を行う際における少数株主の保護の方策に関する指針は，「コーポレート・ガバナンスに関する報告書」の記載項目となっており，また，東京証券取引所規則においては，支配株主との重要な取引等に際しては支配株主との利害関係を有しない者から意見を入手することが義務づけられている。

(4) MBOの場合[29]
　ア　MBOの背景事情を踏まえた目的の合理性
　イ　買付価格の相当性とその決定プロセスの公正性及び透明性
　ウ　利益相反関係にある取締役の範囲及び関与（遮断）の程度
(5) 敵対的買収防衛策の導入及び発動の場合
　ア　買収防衛策導入の必要性及び相当性
　イ　買収防衛策発動の正当性[30]
　ウ　一般株主が買収の是非を判断するための情報及び時間の確保

6　不祥事発生時の対応策

(1) 不祥事発生時に社外取締役に期待される役割

　不祥事が発生した場合，社外取締役には，次の点が期待される。
　ア　不祥事を客観的に分析し，社内取締役とは異なった視点から意見を述べること
　イ　発生した不祥事に対して，誰がどのような責任を負うべきかにつき，公平かつ中立的な判断をすること

(2) 社外取締役に不祥事の情報が持ち込まれた場合

　情報提供者が，不祥事の情報を社外取締役に持ち込んだ場合，社外取締役は，会社法第357条の規定を踏まえ，その情報を直ちに監査役に報告し，監査役を通じた会社による不祥事対応を促す。

(3) 初動対応

　ア　社外取締役は，会社から不祥事が発生した旨の報告を受けた場合，会社が行おうとしている不祥事対応を正確に把握し，法令，上場規則等により求められ

---

[28] 独立した当事者との間の取引条件が参考となる。
[29] MBOにおいては，株主の利益を代表すべき経営陣たる取締役が一般株主から株式を取得するという構造的な利益相反関係や，会社に関する正確かつ情報を有している経営陣と一般株主との間に情報の格差が生じるという問題がある。
[30] 敵対的買収に対する防衛策は，企業価値を損なう買収提案から株主の利益を守るものでなければならない。防衛策が被買収会社の経営陣の保身のために濫用されると，一般株主にとって望ましい買収を阻害し，また株主平等原則に反することになりかねない。経済産業省・法務省が2005年に公表した「企業価値・株主共同の利益の確保又は向上のための買収防衛策に関する指針」（企業価値防衛指針），及び経済産業省の企業価値研究会が平成20年に公表した「近時の諸環境の変化を踏まえた買収防衛策の在り方」が参考となる。

る開示等を含めてその対応に問題がないかにつき検討し，必要な意見を述べる。
  イ　社外取締役は，日本弁護士連合会の「企業等不祥事における第三者委員会ガイドライン」を参考に，第三者委員会設置の必要性を検討し，必要な場合には，第三者委員会の設置及び委員の選任手続に積極的に関与する。
(4) 会社の不祥事対応に問題があると判断される場合の対応
  ア　社外取締役は，会社が行う不祥事対応について，継続的かつ適切な時期に報告を受け，不適切な兆候を感じた場合は，さらに情報の提供を求め，必要な是正のために積極的な意見を述べる。
  イ　社外取締役は，これらの状況を是正するために，取締役会で必要な発言をして議事録に記録させるほか，監査役，会計監査人とも必要な連携を行う。
  ウ　これらの取組にもかかわらず，孤立するような事態に至った場合，社外取締役は，辞任を含め，毅然とした対応を取る。
(5) 不祥事対応の最終段階における対応
  社外取締役は，会社が不祥事対応を適切な形で終えるよう，以下の点に注意し，必要な意見を述べる。
  ア　不祥事の原因が的確に分析され，その原因を踏まえた再発防止策が策定され，実行に移されていること
  イ　不祥事の責任を負うべき者に対して，適切な処分，あるいは責任追及を行っていること
  ウ　不祥事により会社が被害を与えた相手に対して，適切な措置を取っていること
  エ　必要な対外的対応を取っていること

7　任期及び退任に当たっての留意事項

(1) 任期
  ① 法令上の任期
　　会社法上，取締役の任期は原則２年以内である（会社法第332条第１項）。
　　ただし，定款または株主総会決議によって，任期を１年とする会社等も存する。
  ② 再任の可否と期間
　　会社の個別的な諸事情にもよるが，一般的に言えば，２期ないし３期の期間

を見込むことが望ましい。

社外取締役について任期の保証はないが，社外取締役が就任後会社の営業の内容，ガバナンスの状況等について知識等を深める期間を考慮すると，1期のみで社外取締役の評価を決めるのは早急に過ぎる。

他方，再任が長期間継続した場合，会社との癒着といった問題に配慮する。

(2) 退任に当たっての留意事項

社外取締役が，任期中に辞任を求められ，または，株主総会決議により解任される場合，その理由について監査役，会計監査人，株主等から説明を求められることがある（会社側が隠ぺい工作のため解任を請求しているのではないか等）。社外取締役は，事実を簡潔に偏りなく説明する。

任期途中の解任で，正当の理由が無い場合には，取締役は，会社に対して損害賠償請求ができる（会社法第339条第2項）。

在任中に受領した資料等は，退任後も会社に対する守秘義務を負うと考えられるので，会社に返還するか，もしくは会社の同意のもとに適切に処分する。ただし，自己に対する責任追及のおそれがある場合には，防御のために有用な資料を，情報漏えい等が起こらないよう保管方法に注意して，取締役の法定責任についての時効期間である10年程度は保存する。

8 監査・監督委員会設置会社（仮称）における同委員会所属の社外取締役[31]

(1) 監査・監督のための内部統制システムの整備・運用

ア　監査・監督委員である社外取締役は，監査・監督委員会を通じて，監査・監

---

[31]「会社法制の見直しに関する要綱」において，定款の定めにより監査・監督委員会を置く株式会社（以下，「監査・監督委員会設置会社」という）の創設が予定されている。監査・監督委員会設置会社では，監査役（会）は置かず，3名以上の取締役で構成される監査・監督委員会が設置される。そして，同委員会構成員の過半数は社外取締役でなければならないため，監査・監督委員会設置会社では，2名以上の社外取締役が就任することになる。

監査・監督委員会設置会社においては，監査・監督委員会が監査及び経営全般についての監督機能を果たすことが求められる。したがって，監査・監督委員である社外取締役には，監査及び監督において，委員会設置会社における監査委員会の構成員と同様の役割が期待される。なお，監査・監督委員会設置会社においては，必ずしも常勤の監査・監督委員を置くことを要せず，同委員会は，原則として内部統制システムを利用して，取締役の職務執行を監査し，監査報告を作成する。したがって，監査・監督委員である社外取締役も，委員会の構成員として，内部統制システムを利用した監査の遂行に努める。

督委員としての職務を遂行するために必要な内部統制システムの整備・運用状況について監査する[32]。
　　イ　必要があれば取締役会における審議を通じて，相当な内部統制システムの整備・運用を求める。
(2) 内部統制システムを利用した監査の方法
　　ア　監査に必要な情報について，内部統制部門，内部監査部門，会計・経理部門等を統括する取締役から定期的な報告を求める。
　　イ　職務の遂行にあたり必要があれば，いつでも内部統制部門，内部監査部門，会計・経理部門等に対して具体的な指示を出し，その報告を受ける。
(3) 監査・監督委員である社外取締役に求められる監査機能
　　ア　監査・監督委員会を通じて，取締役会が株主総会に提出しようとする議案等を監査し，法令違反等を認めた場合には株主総会に報告する。
　　イ　取締役の会社に著しい損害を生ぜしめる恐れのある違法行為を認めた場合には，単独で，その差止請求を行うことができる。
　　ウ　監査・監督委員会として遂行する監査及び監督における独立性を保持しうるよう，委員間におけるコミュニケーションに努める。
(4) 監査・監督委員である社外取締役に求められる監督機能
　　取締役会構成員としてのモニタリングに努め，必要があれば，監査・監督委員会を通じて，以下の監督機能を果たすことが望ましい。
　　ア　監査・監督委員である取締役以外の取締役の選解任及び報酬につき，株主総会で意見を述べること
　　イ　監査・監督委員である取締役以外の取締役と会社との利益相反取引につき，事前承認の可否を検討すること
(5) 監査・監督委員会に所属しない社外取締役
　　ア　監査・監督委員会設置会社において，監査・監督委員会に所属しない社外取締役の活動指針は，監査役（会）が存在しないことを除けば前項7までに述べたところと同様である。
　　イ　監査・監督委員会設置会社において，監査・監督委員会に所属しない社外取締役が選任されることは，社外取締役によるモニタリングの向上に役立つ。

---

[32] 監査役（会）設置会社における監査役監査とは異なり，監査・監督委員会設置会社の監査は各監査・監督委員が単独で行うものではなく，組織として行うことが原則である。

【資料2】社外役員等に関するガイドライン

(経済産業省,平成26年6月30日)

1. 前 文

1.1 コーポレート・ガバナンスの基本原則

　　グローバリゼーションの進展,少子高齢化の進展など我が国の社会経済構造が大きく変革を迫られる中,企業が成長を続け,将来にわたって持続的に繁栄していくためには,国際的にも納得が得られる,社会経済的に望ましいコーポレート・ガバナンス・システムの在り方について絶えず議論し,検討を深めていくことが不可欠である。

　　コーポレート・ガバナンスが達成すべきものとしては,
① 長期的なパフォーマンスを実現すること
② 不祥事,あるいは企業としての非常に不健全な事態の発生を防止するメカニズムを用意すること,
という二つの視点があり得る。
これに加えて,
③ 上記①,②の点を,投資家に分かりやすく提示すること
も重要である。

　　企業は,自社の置かれた状況,リスクなどの取り巻く経営環境を踏まえ,自社のビジネス・モデルに応じて,企業価値向上のための経営戦略を構築すべきである。企業は,かかる経営戦略を踏まえて,自社の企業価値向上に適う機関設計の在り方,取締役会の役割・構成その他のコーポレート・ガバナンス・システムの在り方について,継続的かつ不断に検討すべきである。かかる検討を行う際の視点は,たとえば以下の事項が考えられる。
①自社の置かれた状況,リスクは何か。自社の経営戦略をどう考えるのか。これらを踏まえ,取締役会にどのような機能を求めるのか(たとえば,監督に特化したモニタリング型か,業務執行の意思決定を中心的役割としたオペレーション型か,

両者のハイブリッド型か等。)。
②どのような機関設計を選択するのか。
③取締役会に求める役割を踏まえて，その構成員はどのような人材がふさわしいか。また，社外役員を含めた取締役会の構成員をサポートする体制としてどのようなものがあるか。
④自社のコーポレート・ガバナンス・システムの在り方を，投資家に対して分かりやすく開示できているか。

1.2 本ガイドラインの趣旨

　本ガイドラインは，本研究会が行ったヒアリングから得られた我が国企業におけるベスト・プラクティスを中心に，欧州各国のコーポレート・ガバナンス・コードを参照しながら，社外役員を含む非業務執行役員及びそのサポート体制に関する事項を中心とした[1]我が国の上場会社が国内外から信頼を受ける良質なコーポレート・ガバナンスを確保するために求められる又は望まれる事項等を示したものである。

1.3 検討経緯

　我が国では，平成21年の東京証券取引所有価証券上場規程改正を受けて独立役員の導入が進むなど，着実にコーポレート・ガバナンスの強化が図られてきているが，一部の上場会社における不祥事を契機に，我が国のコーポレート・ガバナンス・システムは，その在り方について内外から批判を受けている。

　このような中，東京証券取引所は，独立役員制度の改正にかかるパブリックコメントを実施し，平成24年5月に独立役員に係る情報開示の拡充等を内容とする有価証券上場規程の改正を行った。
　さらに，法制審議会会社法制部会では，社外取締役導入義務付けを巡る議論が行われ，法制審議会は，平成24年9月に「社外取締役が存しない場合には，

---

1) 企業の健全で持続的な成長のためには，まずは業務執行役員がその責務を適正に果たすことが重要であり，非業務執行役員を含む監督機関の在り方を検討するにあたっては，業務執行役員との役割分担・連携に留意しなければならないことはいうまでもない。したがって，本ガイドラインには，取締役会及び業務執行役員等に関連する基本的な事項も記載している。

社外取締役を置くことが相当でない理由を事業報告の内容とする」こととする要綱，上場規則において取締役である独立役員を一人以上確保するよう努める旨の規律を求める附帯決議を採択し，直ちに法務大臣へ答申した。

　これを受けて，平成25年11月に，会社法改正案が閣議決定された。改正案においては，「社外取締役を置くことが相当でない理由」の，定時株主総会における説明義務が追加された。さらに，改正案施行から2年経過後において，「社外取締役の選任状況その他の社会経済情勢の変化等を勘案し，企業統治に係る制度の在り方について検討を加え，必要があると認めるときは，その結果に基づいて，社外取締役を置くことの義務付け等所要の措置を講ずる」こととする附則が追加された。上記会社法改正案は，平成26年6月20日に成立した。

　また，平成26年2月，上記附帯決議に基づき，上場規則において，上場会社は「取締役である独立役員を少なくとも1名以上確保するよう努めなければならない。」旨の規定が設けられた。

　かかる社外役員の導入に向けた動きの中，経済産業省は，社外取締役を含む非業務執行役員を活用する大前提である，非業務執行役員に期待される役割について整理を行い，広く企業システムのあるべき形について検討を行うため，平成24年3月「コーポレート・ガバナンス・システムの在り方に関する研究会」（以下，「本研究会」）を設置した。

2. 本ガイドラインを踏まえた，企業の情報発信

2.1 本ガイドラインの対象

　本ガイドラインは，金融商品取引所における上場会社及びその役員を対象としている。また，自社のコーポレート・ガバナンス・システムの在り方を積極的に検討する非上場会社及びその役員も，本ガイドラインを参照することが考えられる。

　本ガイドラインでは，
「企業」とは，金融商品取引所における上場会社をいう。
「業務執行役員」とは，監査役会設置会社においては代表取締役その他の業務

執行取締役を，委員会設置会社においては執行役をいう。
「非業務執行役員」とは，社外取締役[2]及び監査役をいう。
「役員」とは，取締役，監査役及び執行役をいう。
「社外役員」とは，社外取締役及び社外監査役をいう。
「監査役等」とは，監査役及び監査委員をいう。

また，本ガイドラインでは，
① 上場会社を対象とした事項は「企業は」
② 役員等を対象とした事項は「取締役会は」，「社外役員は」，「社外取締役は」，「監査役は」等
と記載している。

また，本研究会の考えとして，
① 遵守しなければならない事項は，「べきである。」
② 推奨される事項は，「望ましい。」
③ 一つの選択肢として検討される事項は，「考えられる。」
と記載している。

2.2 企業の情報発信

本ガイドライン及び本研究会の中間取りまとめに記載された事項を踏まえて，企業は，社外役員を含む非業務執行役員の戦略的な活用状況等の自社のコーポレート・ガバナンス・システムの在り方[3]を，積極的に情報発信することが考えられる（Comply AND Explain）。

その際，上記1.1（中略）に述べたことを踏まえれば，取締役会に求める役割（たとえば，監督に特化したモニタリング型か，業務執行の意思決定を中心的役割としたオペレーション型か，両者のハイブリッド型か等）に応じ，非業務執行役員の役割やこれを巡る企業内システムも変わるのであり，企業は，これらを整合的に検討・発

---

2) 社外取締役は，外部の視点から期待された役割を果たすため，当該会社及びその子会社で「業務を執行した」ものでないことが要件とされている（会社法第2条第15号）。
3) 会社法改正案においては，新たな機関設計として，監査等委員会設置会社を選択することが可能であり，企業はかかる新たな機関設計の選択肢も踏まえて，自社のコーポレート・ガバナンス・システムの在り方を検討し，情報発信することが考えられる。

信することが重要であり，本ガイドライン及び本研究会の中間取りまとめに記載された事項も，かかる観点を踏まえて参照されることが重要である。

3. 取締役会の役割等

3.1 取締役会の役割

3.1.1　取締役会は，会社法の定めるところに従い，会社の重要な業務執行を決定し，かつ業務執行役員の職務の執行を監督すべきである。

3.1.2　取締役会は，十分な情報を得た上で，誠実かつ相当な注意を払って，企業価値向上に適う判断を行うべきである。

3.2 取締役会の人選及び構成

3.2.1　企業は，多様な価値観に基づく経営アドバイス，経営の監督を可能とするため，取締役会の構成員の人選における多様性（ダイバーシティ）に配慮することが考えられる。

3.3 取締役会の運営

3.3.1　企業は，取締役会において，重要な業務執行の決定及び職務執行の監督に必要な事項に関し，活発な議論が可能になるように，取締役会の議題を設定することが望ましい。

3.3.2　企業は，取締役会において意義のある意見・指摘・質問が行われるよう，取締役会の付議議案について，取締役会出席者の事前準備に要する期間に配慮して，資料の送付又は説明をすることが望ましい。

3.3.3　取締役会議長は，取締役会の主催者として，業務執行役員と非業務執行役員との建設的な関係を確保し，開かれた議論を行うことができる環境を整備・促進すべきである。

3.3.4 企業は，取締役会の監督機能を強化するため，取締役会議長と業務執行役員とを分離することが考えられる。

3.4 株主との対話

3.4.1 企業は，企業価値向上に向けた株主との対話の在り方等について検討することが望ましい。

4. 業務執行役員の役割等

4.1 業務執行役員の役割

4.1.1 業務執行役員は，企業価値向上を果たすための中心的役割を担う者として，十分な情報を得た上で，誠実かつ相当な注意を払って，業務執行に当たるべきである。

4.2 業務執行役員の人選

4.2.1 企業は，人事が評価の重要な手段であることを踏まえ，業務執行役員の選任・選定過程の透明性の在り方について検討することが望ましい。

4.3 業務執行役員の報酬

4.3.1 企業は，業績を客観的な視点から評価し，それを報酬に適正に反映させるため，業務執行役員の報酬の決定過程の透明性の在り方について検討することが望ましい。

5. 社外役員を含む非業務執行役員の役割等

5.1 社外役員を含む非業務執行役員の役割

5.1.1 非業務執行役員は，取締役会に上程される事項に限らず，自らが知り得た情報の中に，違法性を疑わせる事情があれば，監査役を含む他の非業務執行役員等と連携して，調査し，取締役会で意見を述べること等により，違法又は著し

く不当な業務執行を防止すべきである。

5.1.2 社外取締役は，経営戦略の策定，投資・M＆Aの実行，企業の経営・構造改革などの業務執行の重要な事項について，社内外での知見・経験を生かし，業務執行の過程で不可避的に生じる各種利益相反事象を含むリスクに対処し，企業価値の持続的な向上のため外部の視点から忌憚のない意見を述べることが望ましい。

5.1.3 社外取締役は，役員の選任・選定過程，報酬の決定過程において，人事・報酬の決定が役員評価の重要な手段であることを考慮し，忌憚のない意見を述べることが望ましい。

5.1.4 非業務執行役員は，企業の経営方針や取締役会の付議案件について，業務執行役員とコミュニケーションをとることが望ましい。

5.1.5 非業務執行役員は，自らに期待された役割を十分理解した上で職務の執行に当たり，必要となる時間を十分に確保すべきである。

5.2 社外役員を含む非業務執行役員の人選

5.2.1 企業は，非業務執行役員の人選に当たって，非業務執行役員に期待する役割を，非業務執行役員及び株主に対して明らかにすべきである。

5.2.2 企業は，非業務執行役員の人選に当たって，企業の経営戦略との関係で適切なモニタリング又は助言のできる人材か否かを選任基準とすることが望ましい。

5.2.3 企業は，非業務執行役員に独立性のある者が選任されることを確保するため，非業務執行役員の独立性に関して，法令上の基準に加えて，具体的な基準を定めることが考えられる。

5.2.4 企業は，非業務執行役員に業務執行役員からの独立性を強く求める場合，非業務執行役員の人選過程において，業務執行役員からの推薦とするのではなく，

非業務執行役員に候補者の選定を依頼することが考えられる。

5.2.5　企業は，監督の実効性と独立性のバランスを考慮して，非業務執行役員の最長在任期間を検討することが望ましい。企業は，非業務執行役員の独立性を確保するため，非業務執行役員の最長在任期間を設けることが考えられる。

5.3 社外役員を含む非業務執行役員の報酬

5.3.1　企業は，非業務執行役員の報酬水準を，その職務に投入する時間及び職務上果たすべき役割を反映したものとすることが望ましい。

5.4 監査役等の役割

5.4.1　監査役等は，業務調査権限を有した非業務執行役員として，違法又は著しく不当な業務執行の有無を調査し，内部統制システムの整備運用状況その他業務執行役員の業務執行の状況を監査するとともに，会計監査人の独立性その他会計監査の実効性について監査すべきである。

5.4.2　監査役等は，取締役や会計監査人との意思疎通や，内部監査・内部統制部門との連携を図ることにより，自らの職務遂行に必要な情報を収集すべきである。社外監査役は，必要に応じて，自ら一次情報を取得することが考えられる。

5.4.3　監査役等は，企業不祥事が生じた有事においては，不正の原因を徹底的に追及するとともに，必要により当該事象と利害関係のない社外専門家等と協働し，調査委員会等を組織することが望ましい。

5.4.4　監査役は，取締役会その他の自らが出席する重要会議において，適法性の観点に限らず，妥当性の観点からも意見を持った場合には，自らの意見を述べることが考えられる。

6. 社外役員を含む非業務執行役員のサポート体制

6.1 情報の共有

6.1.1 企業は，非業務執行役員の就任時などの適切な機会に，経営を監督する上で必要となる事業活動に関する情報・知識を提供することが望ましい。

6.1.2 企業は，非業務執行役員に社内の情報を十分に共有するシステムを構築することが望ましい。企業は，非業務執行役員が意義のある意見・指摘・質問をすることが可能となるように，取締役会の付議議案について，非業務執行役員の事前準備に要する期間に配慮して，資料の送付又は説明をすることが望ましい。

6.1.3 企業は，監査の実効性を高めるために，監査役等と内部監査・内部統制部門との連携を強化すべきである。

6.1.4 企業は，内部監査・内部統制に関する情報について，経営者に対する報告と同内容の報告を，経営者に対する報告と同時期に，非業務執行役員に伝達する仕組み（デュアルレポート体制）を構築することが望ましい。

6.1.5 企業は，企業内における不正の端緒を掴むために，内部通報システムの情報の受領先に監査役等を加えることが考えられる。

6.2 サポート・スタッフ

6.2.1 企業は，非業務執行役員がその役割を果たすために，非業務執行役員をサポートする人員を確保することが望ましい。

6.3 費用の負担

6.3.1 企業は，非業務執行役員がその役割を果たすために必要な費用（企業から独立した外部専門家に委託することが必要な場合には，その費用を含む。）を負担すべきである。

6.4 役員間の連携のための環境整備

6.4.1　企業は，非業務執行役員が経営に対する監督を実効的に行うために，業務執行役員や他の非業務執行役員との間で定期的に会合を開くなど，役員相互での情報共有，意見交換を充実させるための環境を整備することが望ましい。

以　上

【資料3】企業等不祥事における第三者委員会ガイドライン

（日本弁護士連合会，平成22年12月17日改訂）

第1部　基本原則

　本ガイドラインが対象とする第三者委員会（以下，「第三者委員会」という）とは，企業や組織（以下，「企業等」という）において，犯罪行為，法令違反，社会的非難を招くような不正・不適切な行為等（以下，「不祥事」という）が発生した場合及び発生が疑われる場合において，企業等から独立した委員のみをもって構成され，徹底した調査を実施した上で，専門家としての知見と経験に基づいて原因を分析し，必要に応じて具体的な再発防止策等を提言するタイプの委員会である。

　第三者委員会は，すべてのステークホルダーのために調査を実施し，その結果をステークホルダーに公表することで，最終的には企業等の信頼と持続可能性を回復することを目的とする。

第1．第三者委員会の活動
1．不祥事に関連する事実の調査，認定，評価

　第三者委員会は，企業等において，不祥事が発生した場合において，調査を実施し，事実認定を行い，これを評価して原因を分析する。

(1) 調査対象とする事実（調査スコープ）

　第三者委員会の調査対象は，第一次的には不祥事を構成する事実関係であるが，それに止まらず，不祥事の経緯，動機，背景及び類似案件の存否，さらに当該不祥事を生じさせた内部統制，コンプライアンス，ガバナンス上の問題点，企業風土等にも及ぶ。

(2) 事実認定

　調査に基づく事実認定の権限は第三者委員会のみに属する。
　第三者委員会は，証拠に基づいた客観的な事実認定を行う。

(3) 事実の評価，原因分析

　第三者委員会は，認定された事実の評価を行い，不祥事の原因を分析する。
　事実の評価と原因分析は，法的責任の観点に限定されず，自主規制機関の規則やガイドライン，企業の社会的責任（CSR），企業倫理等の観点から行われる[1]。

2．説明責任

　第三者委員会は，不祥事を起こした企業等が，企業の社会的責任（CSR）の観点から，ステークホルダーに対する説明責任を果たす目的で設置する委員会である。

3．提言

　第三者委員会は，調査結果に基づいて，再発防止策等の提言を行う。

第2．第三者委員会の独立性，中立性

　第三者委員会は，依頼の形式にかかわらず，企業等から独立した立場で，企業等のステークホルダーのために，中立・公正で客観的な調査を行う。

第3．企業等の協力

　第三者委員会は，その任務を果たすため，企業等に対して，調査に対する全面的な協力のための具体的対応を求めるものとし，企業等は，第三者委員会の調査に全面的に協力する[2]。

第2部　指針

第1．第三者委員会の活動についての指針

1．不祥事に関連する事実の調査，認定，評価についての指針

(1) 調査スコープ等に関する指針

①第三者委員会は，企業等と協議の上，調査対象とする事実の範囲（調査スコープ）を決定する[3]。調査スコープは，第三者委員会設置の目的を達成するために必要十分なものでなければならない。

②第三者委員会は，企業等と協議の上，調査手法を決定する。調査手法は，第三者委員会設置の目的を達成するために必要十分なものでなければならない。

---

1) 第三者委員会は関係者の法的責任追及を直接の目的にする委員会ではない。関係者の法的責任追及を目的とする委員会とは別組織とすべき場合が多いであろう。
2) 第三者委員会の調査は，法的な強制力をもたない任意調査であるため，企業等の全面的な協力が不可欠である。
3) 第三者委員会は，その判断により，必要に応じて，調査スコープを拡大，変更等を行うことができる。この場合には，調査報告書でその経緯を説明すべきである。

(2) 事実認定に関する指針

①第三者委員会は，各種証拠を十分に吟味して，自由心証により事実認定を行う。

②第三者委員会は，不祥事の実態を明らかにするために，法律上の証明による厳格な事実認定に止まらず，疑いの程度を明示した灰色認定や疫学的認定を行うことができる[4]。

(3) 評価，原因分析に関する指針

①第三者委員会は，法的評価のみにとらわれることなく[5]，自主規制機関の規則やガイドライン等も参考にしつつ，ステークホルダーの視点に立った事実評価，原因分析を行う。

②第三者委員会は，不祥事に関する事実の認定，評価と，企業等の内部統制，コンプライアンス，ガバナンス上の問題点，企業風土にかかわる状況の認定，評価を総合的に考慮して，不祥事の原因分析を行う。

2．説明責任についての指針（調査報告書の開示に関する指針）

第三者委員会は，受任に際して，企業等と，調査結果（調査報告書）のステークホルダーへの開示に関連して，下記の事項につき定めるものとする。

①企業等は，第三者委員会から提出された調査報告書を，原則として，遅滞なく，不祥事に関係するステークホルダーに対して開示すること[6]。

②企業等は，第三者委員会の設置にあたり，調査スコープ，開示先となるステークホルダーの範囲，調査結果を開示する時期[7]を開示すること。

③企業等が調査報告書の全部又は一部を開示しない場合には，企業等はその理由を開示すること。また，全部又は一部を非公表とする理由は，公的機関による捜査・調査に支障を与える可能性，関係者のプライバシー，営業秘密の保護等，具体的なものでなければならないこと[8]。

4）この場合には，その影響にも十分配慮する。

5）なお，有価証券報告書の虚偽記載が問題になっている事案など，法令違反の存否自体が最も重要な調査対象事実である場合もある。

6）開示先となるステークホルダーの範囲は，ケース・バイ・ケースで判断される。たとえば，上場企業による資本市場の信頼を害する不祥事（有価証券報告書虚偽記載，業務に関連するインサイダー取引等）については，資本市場がステークホルダーといえるので，記者発表，ホームページなどによる全面開示が原則となろう。不特定又は多数の消費者に関わる不祥事（商品の安全性や表示に関する事案）も同様であろう。他方，不祥事の性質によっては，開示先の範囲や開示方法は異なりうる。

3．提言についての指針

　第三者委員会は，提言を行うに際しては，企業等が実行する具体的な施策の骨格となるべき「基本的な考え方」を示す[9]。

第2．第三者委員会の独立性，中立性についての指針

1．起案権の専属

　調査報告書の起案権は第三者委員会に専属する。

2．調査報告書の記載内容

　第三者委員会は，調査により判明した事実とその評価を，企業等の現在の経営陣に不利となる場合であっても，調査報告書に記載する。

3．調査報告書の事前非開示

　第三者委員会は，調査報告書提出前に，その全部又は一部を企業等に開示しない。

4．資料等の処分権

　第三者委員会が調査の過程で収集した資料等については，原則として，第三者委員会が処分権を専有する。

5．利害関係

　企業等と利害関係を有する者[10]は，委員に就任することができない。

---

7) 第三者委員会の調査期間中は，不祥事を起こした企業等が，説明責任を果たす時間的猶予を得ることができる。したがって，企業等は，第三者委員会が予め設定した調査期間をステークホルダーに開示し，説明責任を果たすべき期限を明示することが必要となる。ただし，調査の過程では，設定した調査期間内に調査を終了し，調査結果を開示することが困難になることもある。そのような場合に，設定した調査期間内に調査を終了することに固執し，不十分な調査のまま調査を終了すべきではなく，合理的な調査期間を再設定し，それをステークホルダーに開示して理解を求めつつ，なすべき調査を遂げるべきである。

8) 第三者委員会は，必要に応じて，調査報告書（原文）とは別に開示版の調査報告書を作成できる。非開示部分の決定は，企業等の意見を聴取して，第三者委員会が決定する。

9) 具体的施策を提言することが可能な場合は，これを示すことができる。

第3．企業等の協力についての指針
1．企業等に対する要求事項
　第三者委員会は，受任に際して，企業等に下記の事項を求めるものとする。
　①企業等が，第三者委員会に対して，企業等が所有するあらゆる資料，情報，社員へのアクセスを保障すること。
　②企業等が，従業員等に対して，第三者委員会による調査に対する優先的な協力を業務として命令すること。
　③企業等は，第三者委員会の求めがある場合には，第三者委員会の調査を補助するために適切な人数の従業員等による事務局を設置すること。当該事務局は第三者委員会に直属するものとし，事務局担当者と企業等の間で，厳格な情報隔壁を設けること。

2．協力が得られない場合の対応
　企業等による十分な協力を得られない場合や調査に対する妨害行為があった場合には，第三者委員会は，その状況を調査報告書に記載することができる。

第4．公的機関とのコミュニケーションに関する指針
　第三者委員会は，調査の過程において必要と考えられる場合には，捜査機関，監督官庁，自主規制機関などの公的機関と，適切なコミュニケーションを行うことができる[11]。

---

10) 顧問弁護士は，「利害関係を有する者」に該当する。企業等の業務を受任したことがある弁護士や社外役員については，直ちに「利害関係を有する者」に該当するものではなく，ケース・バイ・ケースで判断されることになろう。なお，調査報告書には，委員の企業等との関係性を記載して，ステークホルダーによる評価の対象とすべきであろう。
11) たとえば，捜査，調査，審査などの対象者，関係者等を第三者委員会がヒアリングしようとする場合，第三者委員会が捜査機関，調査機関，自主規制機関などと適切なコミュニケーションをとることで，第三者委員会による調査の趣旨の理解を得て必要なヒアリングを可能にすると同時に，第三者委員会のヒアリングが捜査，調査，審査などに支障を及ぼさないように配慮することなどが考えられる。

第5．委員等についての指針
1．委員及び調査担当弁護士
(1) 委員の数
　第三者委員会の委員数は3名以上を原則とする。
(2) 委員の適格性
　第三者委員会の委員となる弁護士は，当該事案に関連する法令の素養があり，内部統制，コンプライアンス，ガバナンス等，企業組織論に精通した者でなければならない。

　第三者委員会の委員には，事案の性質により，学識経験者，ジャーナリスト，公認会計士などの有識者が委員として加わることが望ましい場合も多い。この場合，委員である弁護士は，これらの有識者と協力して，多様な視点で調査を行う。
(3) 調査担当弁護士
　第三者委員会は，調査担当弁護士を選任できる。調査担当弁護士は，第三者委員会に直属して調査活動を行う。

　調査担当弁護士は，法曹の基本的能力である事情聴取能力，証拠評価能力，事実認定能力等を十分に備えた者でなければならない。

2．調査を担当する専門家
　第三者委員会は，事案の性質により，公認会計士，税理士，デジタル調査の専門家等の各種専門家を選任できる。これらの専門家は，第三者委員会に直属して調査活動を行う[12]。

第6．その他
1．調査の手法など
　第三者委員会は，次に例示する各種の手法等を用いて，事実をより正確，多角的にとらえるための努力を尽くさなければならない。
（例示）
①関係者に対するヒアリング
　委員及び調査担当弁護士は，関係者に対するヒアリングが基本的かつ必要不可欠

---
[12] 第三者委員会は，これらの専門家が企業等と直接の契約関係に立つ場合においても，当該契約において，調査結果の報告等を第三者委員会のみに対して行うことの明記を求めるべきである。

な調査手法であることを認識し，十分なヒアリングを実施すべきである。
②書証の検証
　関係する文書を検証することは必要不可欠な調査手法であり，あるべき文書が存在するか否か，存在しない場合はその理由について検証する必要がある。なお，検証すべき書類は電子データで保存された文書も対象となる。その際には下記⑦（デジタル調査）に留意する必要がある。
③証拠保全
　第三者委員会は，調査開始に当たって，調査対象となる証拠を保全し，証拠の散逸，隠滅を防ぐ手立てを講じるべきである。企業等は，証拠の破棄，隠匿等に対する懲戒処分等を明示すべきである。
④統制環境等の調査
　統制環境，コンプライアンスに対する意識，ガバナンスの状況などを知るためには社員を対象としたアンケート調査が有益なことが多いので，第三者委員会はこの有用性を認識する必要がある。
⑤自主申告者に対する処置
　企業等は，第三者委員会に対する事案に関する従業員等の自主的な申告を促進する対応[13]をとることが望ましい。
⑥第三者委員会専用のホットライン
　第三者委員会は，必要に応じて，第三者委員会へのホットラインを設置することが望ましい。
⑦デジタル調査
　第三者委員会は，デジタル調査の必要性を認識し，必要に応じてデジタル調査の専門家に調査への参加を求めるべきである。

2．報酬

　弁護士である第三者委員会の委員及び調査担当弁護士に対する報酬は，時間制を原則とする[14]。

---

13) たとえば，行為者が積極的に自主申告して第三者委員会の調査に協力した場合の懲戒処分の減免など。
14) 委員の著名性を利用する「ハンコ代」的な報酬は不適切な場合が多い。成功報酬型の報酬体系も，企業等が期待する調査結果を導こうとする動機につながりうるので，不適切な場合が多い。

第三者委員会は，企業等に対して，その任務を全うするためには相応の人数の専門家が相当程度の時間を費やす調査が必要であり，それに応じた費用が発生することを，事前に説明しなければならない。

3．辞任
　委員は，第三者委員会に求められる任務を全うできない状況に至った場合，辞任することができる。

4．文書化
　第三者委員会は，第三者委員会の設置にあたって，企業等との間で，本ガイドラインに沿った事項を確認する文書を取り交わすものとする。

5．本ガイドラインの性質
　本ガイドラインは，第三者委員会の目的を達成するために必要と考えられる事項について，現時点におけるベスト・プラクティスを示したものであり，日本弁護士連合会の会員を拘束するものではない。
　なお，本ガイドラインの全部又は一部が，適宜，内部調査委員会に準用されることも期待される。

以　上

【資料4】 監査役監査基準

(日本監査役協会,平成23年3月10日改正)

第1章 本基準の目的

(目的)

第1条

1. 本基準は、監査役の職責とそれを果たすうえでの心構えを明らかにし、併せて、その職責を遂行するための監査体制のあり方と、監査にあたっての基準及び行動の指針を定めるものである。
2. 監査役は、企業規模、業種、経営上のリスクその他会社固有の監査環境にも配慮して本基準に則して行動するものとし、監査の実効性の確保に努めなければならない。

第2章 監査役の職責と心構え

(監査役の職責)

第2条

1. 監査役は、株主の負託を受けた独立の機関として取締役の職務の執行を監査することにより、企業の健全で持続的な成長を確保し、社会的信頼に応える良質な企業統治体制を確立する責務を負っている。
2. 前項の責務を果たすため、監査役は、取締役会その他重要な会議への出席、取締役、使用人及び会計監査人等から受領した報告内容の検証、会社の業務及び財産の状況に関する調査等を行い、取締役又は使用人に対する助言又は勧告等の意見の表明、取締役の行為の差止めなど、必要な措置を適時に講じなければならない。

(監査役の心構え)

第3条

1. 監査役は、独立の立場の保持に努めるとともに、常に公正不偏の態度を保持し、自らの信念に基づき行動しなければならない。

2．監査役は，監査品質の向上のため常に自己研鑽に努めなければならない。
3．監査役は，適正な監査視点の形成のため，経営全般の見地から経営課題についての認識を深め，経営状況の推移と企業をめぐる環境の変化を把握するよう努めなければならない。
4．監査役は，平素より会社及び子会社の取締役及び使用人等との意思疎通を図り，情報の収集及び監査の環境の整備に努めなければならない。
5．監査役は，監査意見を形成するにあたり，よく事実を確かめ，必要があると認めたときは，弁護士等外部専門家の意見を徴し，判断の合理的根拠を求め，その適正化に努めなければならない。
6．監査役は，その職務の遂行上知り得た情報の秘密保持に十分注意しなければならない。
7．監査役は，企業の健全で持続的な成長を確保し社会的信頼に応える良質な企業統治体制の確立と運用のために，監査役監査の環境整備が重要かつ必須であることを，代表取締役を含む取締役に理解し認識させるよう努めなければならない。

第3章　監査役及び監査役会

（常勤監査役）
第4条
1．監査役会は，監査役の中から常勤の監査役を選定しなければならない。
2．常勤監査役は，常勤者としての特性を踏まえ，監査の環境の整備及び社内の情報の収集に積極的に努め，かつ，内部統制システムの構築・運用の状況を日常的に監視し検証する。
3．常勤監査役は，その職務の遂行上知り得た情報を，他の監査役と共有するよう努めなければならない。

（社外監査役及び独立役員）
第5条
1．社外監査役は，監査体制の独立性及び中立性を一層高めるために法令上その選任が義務付けられていることを自覚し，積極的に監査に必要な情報の入手に心掛け，得られた情報を他の監査役と共有することに努めるとともに，他の監査役と

協力して監査の環境の整備に努めなければならない。また，他の監査役と協力して第34条第1項に定める内部監査部門等及び会計監査人との情報の共有に努めなければならない。
2．社外監査役は，その独立性，選任された理由等を踏まえ，中立の立場から客観的に監査意見を表明することが特に期待されていることを認識し，代表取締役及び取締役会に対して忌憚のない質問をし又は意見を述べなければならない。
3．社外監査役は，法令で定める一定の活動状況が事業報告における開示対象となることにも留意し，その職務を適切に遂行しなければならない。
4．独立役員に指定された社外監査役は，一般株主の利益ひいては会社の利益（本条において「一般株主の利益」という）を踏まえた公平で公正な経営の意思決定のために行動することが特に期待されていることを認識し，他の監査役と協力して一般株主との意見交換等を所管する部署と情報の交換を図り，必要があると認めたときは，一般株主の利益への配慮の観点から代表取締役及び取締役会に対して意見を述べる。

(監査役会の機能)
第6条
1．監査役会は，すべての監査役で組織する。
2．各監査役は，監査役会が監査に関する意見を形成するための唯一の協議機関かつ決議機関であることに鑑み，職務の遂行の状況を監査役会に報告するとともに，監査役会を活用して監査の実効性の確保に努めなければならない。ただし，監査役会の決議が各監査役の権限の行使を妨げるものではない。
3．監査役会は，必要に応じて取締役又は取締役会に対し監査役会の意見を表明する。
4．監査役会は，法令に定める事項のほか，取締役及び使用人が監査役会に報告すべき事項を取締役と協議して定め，その報告を受けるものとする。

(監査役会の職務)
第7条
　　監査役会は，次に掲げる職務を行う。ただし，第3号の決定は，各監査役の権限の行使を妨げることはできない。

一　監査報告の作成
二　常勤の監査役の選定及び解職
三　監査の方針，業務及び財産の状況の調査の方法その他の監査役の職務の執行に関する事項の決定

(監査役会の運営)
第8条
1．監査役会は，定期的に開催し，取締役会の開催日時，各監査役の出席可能性等にも配慮し，あらかじめ年間の開催日時を定めておくことが望ましい。ただし，必要があるときは随時開催するものとする。
2．監査役会は，その決議によって監査役の中から議長を定める。監査役会の議長は，監査役会を招集し運営するほか，監査役会の委嘱を受けた職務を遂行する。ただし，各監査役の権限の行使を妨げるものではない。
3．監査役会は，各監査役の報告に基づき審議をし，監査意見を形成する。
4．監査役会の決議を要する事項については，十分な資料に基づき審議しなければならない。
5．監査役は，監査役会議事録に議事の経過の要領及びその結果，その他法令で定める事項が適切に記載されているかを確かめ，出席した監査役は，これに署名又は記名押印しなければならない。

(監査役選任手続等への関与及び同意手続)
第9条
1．監査役会は，取締役が株主総会に提出する監査役の選任議案について，同意の当否を審議しなければならない。同意の判断に当たっては，第10条に定める選定基準等を考慮する。
2．監査役会は，監査役の候補者，監査役選任議案を決定する手続，補欠監査役の選任の要否等について，取締役との間であらかじめ協議の機会をもつことが望ましい。
3．監査役会は，必要があると認めたときは，取締役に対し，監査役の選任を株主総会の目的とすることを請求し，又は株主総会に提出する監査役の候補者を提案しなければならない。

4．監査役は，監査役の選任，解任，辞任，又は不再任について意見をもつに至ったときは，株主総会において意見を表明しなければならない。
5．補欠監査役の選任等についても，本条に定める手続に従うものとする。
6．監査役及び監査役会は，社外監査役選任議案において開示される不正な業務執行の発生の予防及び発生後の対応に関する事項について，適切に記載されているかにつき検討する。

（監査役候補者の選定基準等）
第10条
1．監査役会は，監査役の常勤・非常勤又は社内・社外の別及びその員数，現任監査役の任期，専門知識を有する者の有無，欠員が生じた場合の対応等を考慮し，監査役候補者の選定に関して一定の方針を定めるものとする。
2．監査役候補者の選定に際しては，監査役会は，任期を全うすることが可能か，業務執行者からの独立性が確保できるか，公正不偏の態度を保持できるか等を勘案して，監査役としての適格性を慎重に検討しなければならない。なお，監査役のうち最低1名は，財務及び会計に関して相当程度の知見を有する者であることが望ましい。
3．社外監査役候補者の選定に際しては，監査役会は，会社との関係，代表取締役その他の取締役及び主要な使用人との関係等を勘案して独立性に問題がないことを確認するとともに，取締役会及び監査役会等への出席可能性等を検討するものとする。
4．監査役会は，独立役員の指定に関する考え方を取締役等から聴取し，必要に応じて協議する。
5．監査役候補者及び社外監査役候補者の選定に際しては，監査役会は，前3項に定める事項のほか，法令の規定により監査役の選任議案に関して株主総会参考書類に記載すべきとされている事項についても，検討するものとする。

（監査役の報酬等）
第11条
1．各監査役が受けるべき報酬等の額について定款の定め又は株主総会の決議がない場合には，監査役は，常勤・非常勤の別，監査業務の分担の状況，取締役の報

酬等の内容及び水準等を考慮し、監査役の協議をもって各監査役が受ける報酬等の額を定めなければならない。
2. 監査役は、監査役の報酬等について意見をもつに至ったときは、必要に応じて取締役会又は株主総会において意見を述べる。

(監査費用)
第12条
1. 監査役会は、職務の執行上必要と認める費用について、あらかじめ予算を計上しておくことが望ましい。ただし、緊急又は臨時に支出した費用については、事後、会社に償還を請求することができる。
2. 監査費用の支出にあたっては、監査役は、その効率性及び適正性に留意しなければならない。

第4章　監査役監査の環境整備

(代表取締役との定期的会合)
第13条
　監査役は、代表取締役と定期的に会合をもち、代表取締役の経営方針を確かめるとともに、会社が対処すべき課題、会社を取り巻くリスクのほか、補助使用人の確保及び監査役への報告体制その他の監査役監査の環境整備の状況、監査上の重要課題等について意見を交換し、代表取締役との相互認識と信頼関係を深めるよう努めるものとする。

(監査役監査の実効性を確保するための体制)
第14条
1. 監査役は、監査の実効性を高め、かつ、監査職務を円滑に執行するための体制の確保に努めなければならない。
2. 前項の体制確保のため、監査役は、次に掲げる体制の内容について決定し、当該体制を整備するよう取締役又は取締役会に対して要請するものとする。
　一　監査役の職務を補助すべき使用人(本基準において「補助使用人」という)に関する事項

二　補助使用人の取締役からの独立性に関する事項
三　取締役及び使用人が監査役に報告をするための体制その他の監査役への報告に関する体制
四　その他監査役の監査が実効的に行われることを確保するための体制
3．監査役会は，社外取締役が選任されている場合，社外取締役との情報交換及び連係に関する事項について検討し，監査の実効性の確保に努めることが望ましい。

（補助使用人）
第15条
1．監査役は，企業規模，業種，経営上のリスクその他会社固有の事情を考慮し，監査の実効性の確保の観点から，補助使用人の体制の強化に努めるものとする。
2．監査役及び監査役会の事務局は，専任の補助使用人があたることが望ましい。

（補助使用人の独立性の確保）
第16条
1．監査役は，補助使用人の業務執行者からの独立性の確保に努めなければならない。
2．監査役は，以下の事項の明確化など，補助使用人の独立性の確保に必要な事項を検討するものとする。
　一　補助使用人の権限
　二　補助使用人の属する組織
　三　監査役の補助使用人に対する指揮命令権
　四　補助使用人の人事異動，人事評価，懲戒処分等に対する監査役の同意権

（監査役への報告に関する体制等）
第17条
1．監査役は，取締役及び使用人が監査役に報告をするための体制その他の監査役への報告に関する体制の強化に努めるものとする。
2．監査役は，取締役が会社に著しい損害を及ぼすおそれのある事実があることを発見したときは，これを直ちに監査役会に報告することが自らの義務であることを強く認識するよう，取締役に対し求めなければならない。

3．前項に定める事項のほか，監査役は，取締役との間で，監査役又は監査役会に対して定期的に報告を行う事項及び報告を行う者を，協議して決定するものとする。臨時的に報告を行うべき事項についても同様とする。
4．あらかじめ取締役と協議して定めた監査役又は監査役会に対する報告事項について実効的かつ機動的な報告がなされるよう，監査役は，社内規則の制定その他の社内体制の整備を代表取締役に求めなければならない。
5．会社に内部通報システムがおかれているときには，監査役は，その情報の受領先に加わるなど，その内部通報システムが有効に機能しているかを監視し検証するとともに，提供される情報を監査職務に活用するよう努める。
6．監査役は，第34条に定める内部監査部門等との連係体制が実効的に構築・運用されるよう，取締役又は取締役会に対して体制の整備を要請するものとする。

第5章　業務監査

(取締役の職務の執行の監査)
第18条
1．監査役は，取締役の職務の執行を監査する。
2．前項の職責を果たすため，監査役は，次の職務を行う。
　一　監査役は，取締役会決議その他における取締役の意思決定の状況及び取締役会の監督義務の履行状況を監視し検証する。
　二　監査役は，取締役が，内部統制システムを適切に構築・運用しているかを監視し検証する。
　三　監査役は，取締役が会社の目的外の行為その他法令もしくは定款に違反する行為をし，又はするおそれがあると認めたとき，会社に著しい損害又は重大な事故等を招くおそれがある事実を認めたとき，会社の業務に著しく不当な事実を認めたときは，取締役に対して助言又は勧告を行うなど，必要な措置を講じる。
　四　監査役又は監査役会は，取締役から会社に著しい損害が発生するおそれがある旨の報告を受けた場合には，必要な調査を行い，取締役に対して助言又は勧告を行うなど，状況に応じ適切な措置を講じる。
3．監査役は，前項に定める事項に関し，必要があると認めたときは，取締役会の招集又は取締役の行為の差止めを求めなければならない。

4．監査役は，取締役の職務の執行に関して不正の行為又は法令もしくは定款に違反する重大な事実があると認めたときは，その事実を監査報告に記載する。その他，株主に対する説明責任を果たす観点から適切と考えられる事項があれば監査報告に記載する。
5．監査役会は，各監査役の監査役監査報告に基づき審議を行い，監査役会としての監査意見を形成し監査役会監査報告に記載する。

（取締役会等の意思決定の監査）
第19条
1．監査役は，取締役会決議その他において行われる取締役の意思決定に関して，善管注意義務，忠実義務等の法的義務の履行状況を，以下の観点から監視し検証しなければならない。
　一　事実認識に重要かつ不注意な誤りがないこと
　二　意思決定過程が合理的であること
　三　意思決定内容が法令又は定款に違反していないこと
　四　意思決定内容が通常の企業経営者として明らかに不合理ではないこと
　五　意思決定が取締役の利益又は第三者の利益でなく会社の利益を第一に考えてなされていること
2．前項に関して必要があると認めたときは，監査役は，取締役に対し助言もしくは勧告をし，又は差止めの請求を行わなければならない。

（取締役会の監督義務の履行状況の監査）
第20条
　監査役は，代表取締役及び業務を執行する取締役がその職務の執行状況を適時かつ適切に取締役会に報告しているかを確認するとともに，取締役会が監督義務を適切に履行しているかを監視し検証しなければならない。

（内部統制システムに係る監査）
第21条
1．監査役は，会社の取締役会決議に基づいて整備される次の体制（本基準において「内部統制システム」という）に関して，当該取締役会決議の内容並びに取締役が行

う内部統制システムの構築・運用の状況を監視し検証しなければならない。
　一　取締役及び使用人の職務の執行が法令及び定款に適合することを確保するための体制
　二　取締役の職務の執行に係る情報の保存及び管理に関する体制
　三　損失の危険の管理に関する規程その他の体制
　四　取締役の職務の執行が効率的に行われることを確保するための体制
　五　会社並びにその親会社及び子会社から成る企業集団における業務の適正を確保するための体制
　六　第14条第2項に定める監査役監査の実効性を確保するための体制
2．監査役は，内部統制システムの構築・運用の状況についての報告を取締役に対し定期的に求めるほか，内部監査部門等との連係及び会計監査人からの報告等を通じて，内部統制システムの状況を監視し検証する。
3．監査役は，内部統制システムに関する監査の結果について，取締役又は取締役会に報告し，必要があると認めたときは，取締役又は取締役会に対し内部統制システムの改善を助言又は勧告しなければならない。
4．監査役は，監査役監査の実効性を確保するための体制に係る取締役会決議の状況及び関係する各取締役の当該体制の構築・運用の状況について監視し検証し，必要があると認めたときは，代表取締役その他の取締役との間で協議の機会をもたなければならない。
5．監査役は，取締役又は取締役会が監査役監査の実効性を確保するための体制の適切な構築・運用を怠っていると認められる場合には，取締役又は取締役会に対して，速やかにその改善を助言又は勧告しなければならない。
6．監査役は，内部統制システムに関する監査の結果について，監査役会に対し報告をする。
7．監査役は，内部統制システムに係る取締役会決議の内容が相当でないと認めたとき，内部統制システムに関する事業報告の記載内容が著しく不適切と認めたとき，及び内部統制システムの構築・運用の状況において取締役の善管注意義務に違反する重大な事実があると認めたときには，その旨を監査報告に記載する。その他，株主に対する説明責任を果たす観点から適切と考えられる事項があれば監査報告に記載する。
8．監査役会は，各監査役の監査役監査報告に基づき審議を行い，監査役会として

の監査意見を形成し監査役会監査報告に記載する。
9．内部統制システムに関する監査については，本基準に定める事項のほか，別に定める内部統制システムに係る監査の実施基準による。

(企業集団における監査)
第22条
1．子会社及び重要な関連会社（本基準において「子会社等」という）を有する会社の監査役は，連結経営の視点を踏まえ，取締役の子会社等の管理に関する職務の執行の状況を監視し検証する。
2．監査役は，子会社等において生じる不祥事等が会社に与える損害の重大性の程度を考慮して，内部統制システムが会社及び子会社等において適切に構築・運用されているかに留意してその職務を執行するとともに，企業集団全体における監査の環境の整備にも努める。

(競業取引及び利益相反取引等の監査)
第23条
1．監査役は，次の取引等について，取締役の義務に違反する事実がないかを監視し検証しなければならない。
　一　競業取引
　二　利益相反取引
　三　会社がする無償の財産上の利益供与（反対給付が著しく少ない財産上の利益供与を含む）
　四　親会社又は子会社もしくは株主等との通例的でない取引
　五　自己株式の取得及び処分又は消却の手続
2．前項各号に定める取引等について，社内部門等からの報告又は監査役の監査の結果，取締役の義務に違反し，又はするおそれがある事実を認めたときは，監査役は，取締役に対して助言又は勧告を行うなど，必要な措置を講じなければならない。
3．監査役は，第1項各号に掲げる事項以外の重要又は異常な取引等についても，法令又は定款に違反する事実がないかに留意し，併せて重大な損失の発生を未然に防止するよう取締役に対し助言又は勧告しなければならない。

(企業不祥事発生時の対応及び第三者委員会)
第24条

1. 監査役は，企業不祥事（法令又は定款に違反する行為その他社会的非難を招く不正又は不適切な行為をいう。以下本条において同じ）が発生した場合，直ちに取締役等から報告を求め，必要に応じて調査委員会の設置を求め調査委員会から説明を受け，当該企業不祥事の事実関係の把握に努めるとともに，原因究明，損害の拡大防止，早期収束，再発防止，対外的開示のあり方等に関する取締役及び調査委員会の対応の状況について監視し検証しなければならない。
2. 前項の取締役の対応が，独立性，中立性又は透明性等の観点から適切でないと認められる場合には，監査役は，監査役会における協議を経て，取締役に対して当該企業不祥事に対する原因究明及び再発防止策等の検討を外部の独立した弁護士等に依頼して行う第三者委員会（本条において「第三者委員会」という）の設置の勧告を行い，あるいは必要に応じて外部の独立した弁護士等に自ら依頼して第三者委員会を立ち上げるなど，適切な措置を講じる。
3. 監査役は，当該企業不祥事に対して明白な利害関係があると認められる者を除き，当該第三者委員会の委員に就任することが望ましく，第三者委員会の委員に就任しない場合にも，第三者委員会の設置の経緯及び対応の状況等について，早期の原因究明の要請や当局との関係等の観点から適切でないと認められる場合を除き，当該委員会から説明を受け，必要に応じて監査役会への出席を求める。監査役は，第三者委員会の委員に就任した場合，会社に対して負っている善管注意義務を前提に，他の弁護士等の委員と協働してその職務を適正に遂行するものとする。

(事業報告等の監査)
第25条

1. 監査役は，事業年度を通じて取締役の職務の執行を監視し検証することにより，当該事業年度に係る事業報告及びその附属明細書（本基準において「事業報告等」という）が適切に記載されているかについて監査意見を形成する。
2. 監査役は，特定取締役（会社法施行規則第132条第4項に定める取締役をいう。以下本条において同じ）から各事業年度における事業報告等を受領し，当該事業報告等が法令又は定款に従い，会社の状況を正しく示しているかどうかを監査しなければな

らない。
3．監査役は，前2項を踏まえ，事業報告等が法令又は定款に従い，会社の状況を正しく示しているかどうかについての意見を監査役監査報告に記載する。
4．監査役会は，各監査役の監査役監査報告に基づき，事業報告等が法令又は定款に従い，会社の状況を正しく示しているかどうかについての意見を監査役会監査報告に記載する。
5．監査役会は，その決議によって，特定取締役から事業報告等の通知を受ける職務を行う特定監査役（会社法施行規則第132条第5項に定める監査役をいう）を定めることができる。
6．事業報告等の監査にあたって，監査役及び監査役会は，必要に応じて，会計監査人との連係を図るものとする。

（事業報告における社外監査役の活動状況等）
第26条
　　監査役及び監査役会は，事業報告において開示される社外監査役の活動状況その他監査役に関する事項について，適切に記載されているかにつき検討しなければならない。

第6章　会計監査

（会計監査）
第27条
1．監査役及び監査役会は，事業年度を通じて取締役の職務の執行を監視し検証することにより，当該事業年度に係る計算関係書類（計算書類及びその附属明細書並びに連結計算書類等の会社計算規則第2条第3項第3号に規定するものをいう。以下本基準において同じ）が会社の財産及び損益の状況を適正に表示しているかどうかに関する会計監査人の監査の方法及び結果の相当性について監査意見を形成する。
2．監査役は，会計監査の適正性及び信頼性を確保するため，会計監査人が公正不偏の態度及び独立の立場を保持し，職業的専門家として適切な監査を実施しているかを監視し検証する。

(会計監査人の職務の遂行が適正に行われることを確保するための体制の確認)
第28条
　会計監査人の職務の遂行が適正に行われることを確保するため，監査役は，次に掲げる事項について会計監査人から通知を受け，会計監査人が会計監査を適正に行うために必要な品質管理の基準を遵守しているかどうか，会計監査人に対して適宜説明を求め確認を行う。
一　独立性に関する事項その他監査に関する法令及び規程の遵守に関する事項
二　監査，監査に準ずる業務及びこれらに関する業務の契約の受任及び継続の方針に関する事項
三　会計監査人の職務の遂行が適正に行われることを確保するための体制に関するその他の事項

(会計監査人の報酬等の同意手続)
第29条
1．監査役は，会社が会計監査人と監査契約を締結する場合には，取締役，社内関係部署及び会計監査人から必要な資料を入手しかつ報告を受け，また非監査業務の委託状況及びその報酬の妥当性を確認のうえ，会計監査人の報酬等の額，監査担当者その他監査契約の内容が適切であるかについて，契約毎に検証する。
2．監査役会は，会計監査人の報酬等の額の同意の判断にあたって，前項の検証を踏まえ，会計監査人の監査計画の内容，会計監査の職務遂行状況（従前の事業年度における職務遂行状況を含む）及び報酬見積りの算出根拠などが適切であるかについて，確認する。

(会計方針等の監査)
第30条
1．監査役は，会計方針（会計処理の原則及び手続並びに表示の方法その他計算関係書類作成のための基本となる事項）等が，会社財産の状況，計算関係書類に及ぼす影響，適用すべき会計基準及び公正な会計慣行等に照らして適正であるかについて，会計監査人の意見を徴して検証しなければならない。また，必要があると認めたときは，取締役に対し助言又は勧告をしなければならない。
2．会社が会計方針等を変更する場合には，監査役及び監査役会は，あらかじめ変

更の理由及びその影響について報告するよう取締役に求め，その変更の当否についての会計監査人の意見を徴し，その相当性について判断しなければならない。

（計算関係書類の監査）
第31条
1．監査役は，各事業年度における計算関係書類を特定取締役（計算関係書類の作成に関する職務を行った取締役等の会社計算規則第130条第4項に定める取締役をいう。以下本条において同じ）から受領する。監査役は，取締役及び使用人等に対し重要事項について説明を求め確認を行う。
2．監査役は，各事業年度における計算関係書類につき，会計監査人から会計監査報告及び監査に関する資料を受領する。監査役は，会計監査上の重要事項について説明を求め，会計監査報告の調査を行う。当該調査の結果，会計監査人の監査の方法又は結果を相当でないと認めたときは，監査役は，自ら監査を行い，相当でないと認めた旨及び理由を監査役監査報告に記載する。
3．監査役会は，各監査役の監査役監査報告に基づき，会計監査人の監査の方法及び結果の相当性について審議を行い，監査役会としての監査意見を形成する。当該審議の結果，会計監査人の監査の方法又は結果を相当でないと認めたときは，監査役会は，相当でないと認めた旨及び理由を監査役会監査報告に記載する。
4．監査役会は，その決議によって，特定取締役から計算関係書類の通知を受け，会計監査人から会計監査報告の通知を受ける職務を行う特定監査役（会社計算規則第130条第5項に定める監査役をいう）を定めることができる。

（会計監査人の選任等の同意手続）
第32条
1．監査役は，会計監査人の再任の適否について，取締役，社内関係部署及び会計監査人から必要な資料を入手しかつ報告を受け，毎期検討する。
2．監査役会は，会計監査人の再任の適否の判断（会計監査人の選任に関する議案を株主総会に提出すること又は会計監査人の解任もしくは不再任を株主総会の目的とすることの同意の判断を含む）にあたって，前項の検討を踏まえ，会計監査人の職務遂行状況（従前の事業年度における職務遂行状況を含む），監査体制及び独立性などが適切であるかについて，確認する。

3．監査役会は，取締役に対し，会計監査人の選任に関する議案を株主総会に提出することまたは会計監査人の解任もしくは不再任を株主総会の目的とすることを請求することができる。

第7章　監査の方法等

(監査計画及び業務の分担)
第33条
1．監査役会は，内部統制システムの構築・運用の状況にも留意のうえ，重要性，適時性その他必要な要素を考慮して監査方針をたて，監査対象，監査の方法及び実施時期を適切に選定し，監査計画を作成する。この場合，監査上の重要課題については，重点監査項目として設定するものとする。
2．監査役会は，効率的な監査を実施するため，適宜，会計監査人及び内部監査部門等と協議又は意見交換を行い，監査計画を作成する。
3．監査役会は，組織的かつ効率的に監査を実施するため，監査業務の分担を定める。
4．監査役会は，監査方針及び監査計画を代表取締役及び取締役会に説明する。
5．監査方針及び監査計画は，必要に応じ適宜修正する。

(内部監査部門等との連係による組織的かつ効率的監査)
第34条
1．監査役は，会社の業務及び財産の状況の調査その他の監査職務の執行にあたり，内部監査部門その他内部統制システムにおけるモニタリング機能を所管する部署（本基準において「内部監査部門等」という）と緊密な連係を保ち，組織的かつ効率的な監査を実施するよう努めなければならない。
2．監査役は，内部監査部門等からその監査計画と監査結果について定期的に報告を受け，必要に応じて調査を求めるものとする。監査役は，内部監査部門等の監査結果を内部統制システムに係る監査役監査に実効的に活用する。
3．監査役は，取締役のほか，コンプライアンス所管部門，リスク管理所管部門，経理部門，財務部門その他内部統制機能を所管する部署（本条において「内部統制部門」という）から内部統制システムの構築・運用の状況について定期的かつ随時に

報告を受け，必要に応じて説明を求めなければならない。
4．監査役会は，各監査役からの報告を受けて，取締役又は取締役会に対して助言又は勧告すべき事項を検討する。ただし，監査役会の決定は各監査役の権限の行使を妨げるものではない。

（企業集団における監査の方法）
第35条
1．監査役は，取締役及び使用人等から，子会社等の管理の状況について報告又は説明を受け，関係資料を閲覧する。
2．監査役は，その職務の執行にあたり，親会社及び子会社等の監査役，内部監査部門等及び会計監査人等と積極的に意思疎通及び情報の交換を図るよう努めなければならない。
3．監査役は，取締役の職務の執行を監査するため必要があるときは，子会社等に対し事業の報告を求め，又はその業務及び財産の状況を調査しなければならない。

（取締役会への出席・意見陳述）
第36条
1．監査役は，取締役会に出席し，かつ，必要があると認めたときは，意見を述べなければならない。
2．監査役は，取締役が不正の行為をし，もしくは当該行為をするおそれがあると認めたとき，又は法令もしくは定款に違反する事実もしくは著しく不当な事実があると認めたときは，遅滞なく，その旨を取締役会に報告しなければならない。
3．監査役は，取締役会に前項の報告をするため，必要があると認めたときは，取締役会の招集を請求しなければならない。また，請求後，一定期間内に招集の通知が発せられない場合は，自らが招集することができる。
4．監査役は，取締役会議事録に議事の経過の要領及びその結果，その他法令で定める事項が適切に記載されているかを確かめ，出席した監査役は，署名又は記名押印しなければならない。

(取締役会の書面決議)
第37条
　取締役が取締役会の決議の目的である事項について法令の規定に従い当該決議を省略しようとしている場合には，監査役は，その内容（取締役会の決議を省略することを含む）について検討し，必要があると認めたときは，異議を述べなければならない。

(特別取締役による取締役会への出席・意見陳述)
第38条
1．取締役会が特別取締役による取締役会の決議をすることができる旨を定めている場合には，監査役会は，その決議によって当該取締役会に出席する監査役をあらかじめ定めることができる。ただし，その他の監査役の当該取締役会への出席を妨げるものではない。
2．特別取締役による取締役会に出席した監査役は，必要があると認めたときは，意見を述べなければならない。
3．特別取締役による取締役会に出席した監査役は，特別取締役による取締役会の議事録に議事の経過の要領及びその結果，その他法令で定める事項が適切に記載されているかを確かめ，これに署名又は記名押印しなければならない。
4．特別取締役による取締役会に出席した監査役は，他の監査役に対して付議事項等について報告を行う。

(重要な会議等への出席)
第39条
1．監査役は，取締役会のほか，重要な意思決定の過程及び職務の執行状況を把握するため，経営会議，常務会，リスク管理委員会，コンプライアンス委員会その他の重要な会議又は委員会に出席し，必要があると認めたときは，意見を述べなければならない。
2．前項の監査役が出席する会議に関して，監査役の出席機会が確保されるよう，監査役は，取締役等に対して必要な要請を行うものとする。
3．第1項の会議又は委員会に出席しない監査役は，当該会議等に出席した監査役又は取締役もしくは使用人から，付議事項についての報告又は説明を受け，関係

資料を閲覧する。

（文書・情報管理の監査）
第40条
1．監査役は，主要な稟議書その他業務執行に関する重要な書類を閲覧し，必要があると認めたときは，取締役又は使用人に対しその説明を求め，又は意見を述べなければならない。
2．監査役は，所定の文書・規程類，重要な記録その他の重要な情報が適切に整備され，かつ，保存及び管理されているかを調査し，必要があると認めたときは，取締役又は使用人に対し説明を求め，又は意見を述べなければならない。

（法定開示情報等に関する監査）
第41条
1．監査役は，有価証券報告書その他会社が法令の規定に従い開示を求められる情報で会社に重大な影響のあるもの（本条において「法定開示情報等」という）に重要な誤りがなくかつ内容が重大な誤解を生ぜしめるものでないことを確保するための体制について，第21条に定めるところに従い，法定開示情報等の作成及び開示体制の構築・運用の状況を監視し検証する。
2．監査役は，継続企業の前提に係る事象又は状況，重大な事故又は災害，重大な係争事件など，企業の健全性に重大な影響のある事項について，取締役が情報開示を適時適切な方法により，かつ，十分に行っているかを監視し検証する。

（取締役及び使用人に対する調査等）
第42条
1．監査役は，取締役及び使用人に対し事業の報告を求め，又は会社の業務及び財産の状況を調査する。
2．監査役は，必要に応じ，ヒアリング，往査その他の方法により調査を実施し，十分に事実を確かめ，監査意見を形成するうえでの合理的根拠を求めなければならない。

（会社財産の調査）
第43条
1．監査役は，重要な会社財産の取得，保有及び処分の状況について調査しなければならない。
2．監査役は，取締役が会社の資産及び負債を適切に管理しているかを調査しなければならない。
3．監査役は，会社財産の実質価値の把握に努めるよう心掛ける。

（会計監査人との連係）
第44条
1．監査役及び監査役会は，会計監査人と定期的に会合をもつなど，緊密な連係を保ち，積極的に意見及び情報の交換を行い，効率的な監査を実施するよう努めなければならない。
2．監査役及び監査役会は，会計監査人から監査計画の概要を受領し，監査重点項目等について説明を受け，意見交換を行わなければならない。
3．監査役は，必要に応じて会計監査人の往査及び監査講評に立ち会うほか，会計監査人に対し監査の実施経過について，適宜報告を求めることができる。
4．監査役は，会計監査人から取締役の職務の執行に関して不正の行為又は法令もしくは定款に違反する重大な事実（財務計算に関する書類の適正性の確保に影響を及ぼすおそれがある事実を含む）がある旨の報告等を受けた場合には，監査役会において審議のうえ，必要な調査を行い，取締役に対して助言又は勧告を行うなど，必要な措置を講じなければならない。
5．監査役は，業務監査の過程において知り得た情報のうち，会計監査人の監査の参考となる情報又は会計監査人の監査に影響を及ぼすと認められる事項について会計監査人に情報を提供するなど，会計監査人との情報の共有に努める。

第8章　会社の支配に関する基本方針等及び第三者割当

（会社の支配に関する基本方針等）
第45条
1．監査役は，会社がその財務及び事業の方針の決定を支配する者の在り方に関す

る基本方針（本条において「基本方針」という）を定めている場合には，取締役会その他における審議の状況を踏まえ，次に掲げる事項について検討し，監査報告において意見を述べなければならない。

一　基本方針の内容の概要
二　次に掲げる取組みの具体的な内容の概要
　　イ　会社の財産の有効な活用，適切な企業集団の形成その他の基本方針の実現に資する特別な取組み
　　ロ　基本方針に照らして不適切な者によって会社の財務及び事業の方針の決定が支配されることを防止するための取組み（本条において「買収防衛策」という）

2．監査役は，前項第2号に定める各取組みの次に掲げる要件への該当性に関する取締役会の判断及びその判断に係る理由について，取締役会その他における審議の状況を踏まえて検討し，監査報告において意見を述べなければならない。
一　当該取組みが基本方針に沿うものであること。
二　当該取組みが会社の株主の共同の利益を損なうものではないこと。
三　当該取組みが会社の会社役員の地位の維持を目的とするものではないこと。

3．監査役は，買収防衛策の発動又は不発動に関する一定の判断を行う委員会の委員に就任した場合，会社に対して負っている善管注意義務を前提に，会社利益の最大化に沿って適正に当該判断を行うものとする。

（第三者割当の監査）
第46条
1．監査役は，会社が株式又は新株予約権（新株予約権付社債を含む）の第三者割当を行う場合，第19条及び第41条第1項に定める監査を行うほか，有利発行該当性に関する事項を検討し，法令又は金融商品取引所の上場規則等が求めるところに従い意見を述べる。
2．監査役は，株主総会決議を経ずに行われる大規模第三者割当（直近6ヶ月間における第三者割当による議決権の希薄化率が25％以上となる場合又は第三者割当によって支配株主となる者が生じる場合をいう。以下本条において同じ）について，会社役員の地位の維持を目的とするものではないか等を検討し，必要に応じて取締役に対して助言又は勧告を行う。監査役が当該大規模第三者割当に関し独立した者としての第三者意見を述べる場合には，会社に対する善管注意義務を前提に，その職務を適正に遂

行するものとする。

第9章　株主代表訴訟等への対応

(取締役と会社間の訴えの代表)
第47条
　　監査役は，会社が取締役に対し又は取締役が会社に対し訴えを提起する場合には，会社を代表する。

(取締役等の責任の一部免除に関する同意)
第48条
1．次に掲げる監査役の全員の同意は，監査役会における協議を経て行うことができる。
　一　取締役の責任の一部免除に関する議案を株主総会に提出することに対する同意
　二　取締役会決議によって取締役の責任の一部免除をすることができる旨の定款変更に関する議案を株主総会に提出することに対する同意
　三　定款の規定に基づき取締役の責任の一部免除に関する議案を取締役会に提出することに対する同意
　四　社外取締役との間で責任限定契約をすることができる旨の定款変更に関する議案を株主総会に提出することに対する同意
2．前項各号の同意を行うにあたり，監査役は，定款変更にかかる議案に対する同意については定款変更の当否や提案理由の適切さ等を，責任の一部免除にかかる議案に対する同意については免除の理由，監査役が行った調査結果，当該事案について判決が出されているときにはその内容等を十分に吟味し，かつ，必要に応じて外部専門家の意見も徴して判断を行うものとする。
3．第1項各号の同意の当否判断のために行った監査役の調査及び審議の過程と結果については，監査役は，記録を作成し保管するものとする。
4．法令の規定に基づいて会計監査人の責任の一部免除に関する議案 (責任限定契約に関する議案を含む) が株主総会又は取締役会に提出される場合についても，監査役及び監査役会は，本条の規定に準じるものとする。

（株主代表訴訟の提訴請求の受領及び不提訴理由の通知）
第49条
1. 監査役は，取締役に対しその責任を追及する訴えを提起するよう株主から請求を受けた場合には，速やかに他の監査役に通知するとともに，監査役会を招集してその対応を十分に審議のうえ，提訴の当否について判断しなければならない。
2. 前項の提訴の当否判断にあたって，監査役は，被提訴取締役のほか関係部署から状況の報告を求め，又は意見を徴するとともに，関係資料を収集し，外部専門家から意見を徴するなど，必要な調査を適時に実施しなければならない。
3. 監査役は，第1項の判断結果について，取締役会及び被提訴取締役に対して通知する。
4. 第1項の判断の結果，責任追及の訴えを提起しない場合において，提訴請求株主又は責任追及の対象となっている取締役から請求を受けたときは，監査役は，当該請求者に対し，遅滞なく，次に掲げる事項を記載した書面を提出し，責任追及の訴えを提起しない理由を通知しなければならない。この場合，監査役は，外部専門家の意見を徴したうえ，監査役会における審議を経て，当該通知の内容を検討する。
    一 監査役が行った調査の内容（次号の判断の基礎とした資料を含む）
    二 被提訴取締役の責任又は義務の有無についての判断及びその理由
    三 被提訴取締役に責任又は義務があると判断した場合において，責任追及の訴えを提起しないときは，その理由
5. 監査役は，提訴の当否判断のために行った調査及び審議の過程と結果について，記録を作成し保管するものとする。

（補助参加の同意）
第50条
1. 株主代表訴訟における会社の被告取締役側への補助参加について，監査役全員の同意は監査役会における協議を経て行うことができる。
2. 前項の補助参加への同意の当否判断にあたって，監査役は，代表取締役及び被告取締役のほか関係部署から状況の報告を求め，又は意見を徴し，必要に応じて外部専門家からも意見を徴するものとする。監査役は，補助参加への同意の当否判断の過程と結果について，記録を作成し保管する。

（訴訟上の和解）
第51条
1．監査役は，株主代表訴訟について原告株主と被告取締役との間で訴訟上の和解を行う旨の通知及び催告が裁判所からなされた場合には，速やかに監査役会等においてその対応を十分に審議し，和解に異議を述べるかどうかを判断しなければならない。
2．前項の訴訟上の和解の当否判断にあたって，監査役は，代表取締役及び被告取締役のほか関係部署から状況の報告を求め，又は意見を徴し，必要に応じて外部専門家からも意見を徴するものとする。監査役は，訴訟上の和解の当否判断の過程と結果について，記録を作成し保管する。

第10章　監査の報告

（監査内容等の報告・説明）
第52条
　　監査役は，監査活動及び監査結果に対する透明性と信頼性を確保するため，自らの職務遂行の状況や監査の内容を必要に応じて説明することが監査役の重要な責務であることを，自覚しなければならない。

（監査調書の作成）
第53条
　　監査役は，監査調書を作成し保管しなければならない。当該監査調書には，監査役が実施した監査方法及び監査結果，並びにその監査意見の形成に至った過程及び理由等を記録する。

（代表取締役及び取締役会への報告）
第54条
1．監査役及び監査役会は，監査の実施状況とその結果について，定期的に代表取締役及び取締役会に報告する。
2．監査役及び監査役会は，その期の重点監査項目に関する監査及び特別に実施した調査等の経過及び結果を代表取締役及び取締役会に報告し，必要があると認めたと

きは，助言又は勧告を行うほか，状況に応じ適切な措置を講じなければならない。

(監査報告の作成・通知)
第55条
1．監査役は，監査役監査報告を作成し，監査役会に提出する。
2．監査役会は，各監査役が作成した監査役監査報告に基づき，審議のうえ，正確かつ明瞭に監査役会監査報告を作成する。
3．監査役会は，特定取締役（第25条第2項及び第31条第1項に規定された特定取締役をいう。以下本条において同じ）から受領した事業報告，計算関係書類その他の書類について，法定記載事項のほか，開示すべき事項が適切に記載されているかを確かめ，必要に応じ取締役に対し説明を求め，又は意見を述べ，もしくは修正を求めなければならない。
4．監査役会は，監査役会監査報告を作成するにあたり，取締役の法令又は定款違反行為及び後発事象の有無等を確認するとともに，第41条第2項に掲げる事項にも留意のうえ，監査役会監査報告に記載すべき事項があるかを検討する。
5．監査役は，監査役会監査報告の内容と自己の監査報告の内容が異なる場合には，自己の監査役監査報告の内容を監査役会監査報告に付記することができる。
6．監査役は，自己の監査役監査報告及び監査役会監査報告に署名又は記名押印し，常勤の監査役及び社外監査役はその旨を記載する。また，監査役会監査報告には，作成年月日を記載しなければならない。
7．特定監査役（第25条第5項及び第31条第4項の規定により定められた特定監査役をいう。以下本条において同じ）は，事業報告等に係る監査役会監査報告の内容及び計算関係書類に係る監査役会監査報告の内容を特定取締役に通知し，計算関係書類に係る監査役会監査報告の内容を会計監査人に通知する。ただし，事業報告等に係る監査報告と計算関係書類に係る監査報告を一通にまとめて作成する場合には，当該監査報告の内容を会計監査人に通知する。
8．前項において，特定監査役は，必要に応じて，事業報告等に係る監査役会監査報告の内容を特定取締役に通知すべき日について特定取締役との間で合意し，計算関係書類に係る会計監査報告の内容を特定監査役に通知すべき日並びに計算関係書類に係る監査役会監査報告の内容を特定取締役及び会計監査人に通知すべき日について特定取締役及び会計監査人との間で合意して定めるものとする。

（電磁的方法による開示）

第56条

1．株主総会参考書類，事業報告，個別注記表又は連結計算書類（当該連結計算書類に係る会計監査報告及び監査役会監査報告を含む）に記載又は表示すべき事項の全部又は一部について，インターネットによる開示の措置をとることにより株主に対して提供したものとみなす旨の定款の定めがある会社において，取締役が当該措置をとろうとしている場合には，監査役は，当該措置をとることについて検討し，必要があると認めたときは，異議を述べなければならない。

2．取締役が前項の定款の定めに基づく措置をとる場合に，監査役は，現に株主に対して提供される事業報告又は計算書類もしくは連結計算書類が，監査報告を作成するに際して監査をした事業報告又は計算書類もしくは連結計算書類の一部であることを株主に対して通知すべき旨を取締役に請求することができる。

（株主総会への報告・説明等）

第57条

1．監査役は，株主総会に提出される議案及び書類について法令もしくは定款に違反し又は著しく不当な事項の有無を調査し，当該事実があると認めた場合には，株主総会において意見を報告しなければならない。また，監査役は，監査役の説明責任を果たす観点から，必要に応じて株主総会において自らの意見を述べるものとする。

2．監査役は，株主総会において株主が質問した事項については，議長の議事運営に従い説明する。

3．監査役は，株主総会議事録に議事の経過の要領及びその結果，その他法令で定める事項が適切に記載されているかを確かめる。

（附則）

　本基準において，「記載」には，その性質に反しない限り，電磁的記録を含むものとする。また，本基準において言及される各種書類には，電磁的記録により作成されたものを含むものとする。

以　上

【資料５】監査役会規則（ひな型）

（日本監査役協会，平成21年７月９日改正）

(目的)
第１条
　本規則は，法令及び定款に基づき，監査役会に関する事項を定める。

(組織)
第２条
１．監査役会は，すべての監査役で組織する。
２．監査役会は，常勤の監査役を置く。
３．前項のほか，監査役会は，監査役会の議長，第７条に定める特定監査役及び第８条に定める特別取締役による取締役会に出席する監査役を置く。**(注１)**

(監査役会の目的)
第３条
　監査役会は，監査に関する重要な事項について報告を受け，協議を行い，又は決議をする。ただし，各監査役の権限の行使を妨げることはできない。

(監査役会の職務)
第４条
　監査役会は，次に掲げる職務を行う。ただし，第３号の決定は，各監査役の権限の行使を妨げることはできない。
　一　監査報告の作成
　二　常勤の監査役の選定及び解職
　三　監査の方針，業務及び財産の状況の調査の方法その他の監査役の職務の執行に関する事項の決定

(常勤の選定及び解職)
第５条
　監査役会は，その決議によって監査役の中から常勤の監査役を選定し又は解職

する。

(議長)(注2)
第6条
1. 監査役会は，その決議によって監査役の中から議長を定める。
2. 監査役会の議長は，第10条第1項に定める職務のほか，監査役会の委嘱を受けた職務を遂行する。ただし，各監査役の権限の行使を妨げることはできない。

(特定監査役)(注3)
第7条
1. 監査役会は，その決議によって次に掲げる職務を行う者（以下，特定監査役という）を定める。
   一 各監査役が受領すべき事業報告及びその附属明細書並びに計算関係書類を取締役から受領し，それらを他の監査役に対し送付すること（注4）
   二 事業報告及びその附属明細書に関する監査役会の監査報告の内容を，その通知を受ける者として定められた取締役（以下，特定取締役という）に対し通知すること
   三 特定取締役との間で，前号の通知をすべき日について合意をすること
   四 会計監査人から会計監査報告の内容の通知を受け，当該監査報告の内容を他の監査役に対し通知すること（注5）
   五 特定取締役及び会計監査人との間で，前号の通知を受けるべき日について合意をすること
   六 計算関係書類に関する監査役会の監査報告の内容を特定取締役及び会計監査人に対し通知すること
   七 特定取締役との間で，前号の通知をすべき日について合意をすること
2. 特定監査役は，常勤の監査役とする。（注6）

(特別取締役による取締役会に出席する監査役)(注7)
第8条
　監査役会は，その決議によって特別取締役による取締役会に出席する監査役を定める。

(開催)
第9条
　監査役会は，定期に（**注8**）開催する。ただし，必要あるときは随時開催することができる。

(招集権者)
第10条
1．監査役会は，議長が招集し運営する。
2．各監査役は，議長に対し監査役会を招集するよう請求することができる。
3．前項の請求にもかかわらず，議長が監査役会を招集しない場合は，その請求をした監査役は，自らこれを招集し運営することができる。

(招集手続)
第11条
1．監査役会を招集するには，監査役会の日の1週間前（**注9**）までに，各監査役に対してその通知を発する。
2．監査役会は，監査役の全員の同意があるときは，招集の手続を経ることなく開催することができる。

(決議の方法)
第12条
1．監査役会の決議は，監査役の過半数をもって行う。
2．決議にあたっては，十分な資料に基づき審議しなければならない。

(監査の方針等の決議)
第13条
1．監査の方針，監査計画，監査の方法，監査業務の分担等は，監査役会において決議をもって策定する。
2．前項に定めるほか，監査役会は，監査費用の予算など監査役がその職務を遂行するうえで必要と認めた事項について決議する。
3．監査役会は，次に掲げる体制の内容について決議し，当該体制を整備するよう

取締役に対して要請するものとする。
一　監査役の職務を補助すべき使用人に関する事項
二　前号の使用人の取締役からの独立性に関する事項
三　取締役及び使用人が監査役に報告をするための体制その他の監査役への報告に関する体制
四　その他監査役の監査が実効的に行われることを確保するための体制

（代表取締役との定期的会合等）
第14条
1．監査役会は，代表取締役と定期的に会合をもち，会社が対処すべき課題，監査役監査の環境整備の状況，監査上の重要課題等について意見を交換し，併せて必要と判断される要請を行うなど，代表取締役との相互認識を深めるよう努めるものとする。
2．監査役会は，代表取締役及び取締役会に対して，監査方針及び監査計画並びに監査の実施状況及び結果について適宜説明する。
3．監査役会は，法律に定める事項のほか，前条第3項第3号に定める体制に基づき，取締役及び使用人が監査役会に報告すべき事項を取締役と協議して定め，その報告を受けるものとする。

（監査役会に対する報告）
第15条
1．監査役は，自らの職務の執行の状況を監査役会に定期かつ随時に報告するとともに，監査役会の求めがあるときはいつでも報告しなければならない。
2．会計監査人，取締役，内部監査部門等の使用人その他の者から報告を受けた監査役は，これを監査役会に報告しなければならない。
3．監査役会は，必要に応じて，会計監査人，取締役，内部監査部門等の使用人その他の者に対して報告を求める。
4．前3項に関して，監査役，会計監査人，取締役又は内部監査部門等の使用人その他の者が監査役の全員に対して監査役会に報告すべき事項を通知したときは，当該事項を監査役会へ報告することを要しない。

(報告に対する措置)
第16条
　監査役会は，次に掲げる報告を受けた場合には，必要な調査を行い，状況に応じ適切な措置を講じる。
一　会社に著しい損害を及ぼすおそれのある事実を発見した旨の取締役からの報告
二　取締役の職務の執行に関し不正の行為又は法令もしくは定款に違反する重大な事実があることを発見した旨の会計監査人からの報告
三　あらかじめ取締役と協議して定めた事項についての取締役又は使用人からの報告

(監査報告の作成)
第17条
1．監査役会は，各監査役が作成した監査報告に基づき，審議のうえ，監査役会の監査報告を作成する。(注10)
2．監査役会の監査報告の内容が各監査役の監査報告の内容と異なる場合であって，かつ，当該監査役の求めがあるときは，監査役会は，当該監査役の監査報告の内容を監査役会の監査報告に付記するものとする。
3．監査役会の監査報告には各監査役が署名又は記名押印（電子署名を含む）する。常勤の監査役及び社外監査役はその旨を記載又は記録する。(注11)
4．前3項の規定は，会社が臨時計算書類又は連結計算書類を作成する場合には，これを準用する。

(監査役の選任に関する同意等)
第18条
1．監査役の選任に関する次の事項については，監査役会の決議によって行う。
一　監査役の選任に関する議案を株主総会に提出することに対する同意
二　監査役の選任を株主総会の会議の目的とすることの請求
三　監査役の選任に関する議案を株主総会に提出することの請求
2．補欠の監査役の選任についても，前項に準じる。

(会計監査人の選任に関する同意等)(注12)
第19条
1. 会計監査人の選任、解任又は不再任に関する次の事項については、監査役会の決議によって行う。
    一 会計監査人の選任に関する議案を株主総会に提出することに対する同意
    二 会計監査人の解任又は不再任を株主総会の目的とすることに対する同意
    三 会計監査人の選任に関する議案を株主総会に提出することの請求
    四 会計監査人の選任、解任又は不再任を株主総会の目的とすることの請求
    五 会計監査人が欠けた場合の一時会計監査人の職務を行うべき者の選任
2. 会計監査人を法定の解任事由に基づき解任することに対する監査役の全員の同意は、監査役会における協議を経て行うことができる(注13)。この場合においては、監査役会が選定した監査役は、解任後最初の株主総会において、解任の旨及びその理由を報告しなければならない。
3. 前項の同意は、緊急の必要がある場合には、書面又は電磁的記録により行うことができる。

(会計監査人の報酬等に対する同意)
第20条
　　会計監査人又は一時会計監査人の職務を行うべき者の報酬等に対する同意は、監査役会の決議によって行う。

(取締役の責任の一部免除に関する同意)
第21条
1. 次に掲げる監査役の全員の同意は、監査役会における協議を経て行うことができる。(注14)
    一 取締役の責任の一部免除に関する議案を株主総会に提出することに対する同意
    二 取締役会決議によって取締役の責任の一部免除をすることができる旨の定款変更に関する議案を株主総会に提出することに対する同意
    三 定款の規定に基づき取締役の責任の一部免除に関する議案を取締役会に提出することに対する同意

四　社外取締役との間で責任の一部免除の契約をすることができる旨の定款変更に関する議案を株主総会に提出することに対する同意
2．前項の同意は，緊急の必要がある場合には，書面又は電磁的記録により行うことができる。

（補助参加の同意）
第22条
1．株主代表訴訟において会社が被告取締役側へ補助参加することに対する監査役の全員の同意は，監査役会における協議を経て行うことができる。(注15)
2．前項の同意は，緊急の必要がある場合には，書面又は電磁的記録により行うことができる。

（監査役の権限行使に関する協議）
第23条
　　監査役は，次の事項に関する権限を行使する場合又は義務を履行する場合には，事前に監査役会において協議をすることができる。
一　株主より株主総会前に通知された監査役に対する質問についての説明 (注16)
二　取締役会に対する報告及び取締役会の招集請求等
三　株主総会提出の議案及び書類その他のものに関する調査結果
四　取締役による会社の目的の範囲外の行為その他法令又は定款違反行為に対する差止め請求
五　監査役の選任，解任，辞任及び報酬等に関する株主総会での意見陳述
六　会社と取締役間の訴訟に関する事項
七　その他訴訟提起等に関する事項

（報酬等に関する協議）
第24条
　　監査役の報酬等の協議については，監査役の全員の同意がある場合には，監査役会において行うことができる。(注17)

（議事録）
第25条
1．監査役会は，次に掲げる事項を内容とする議事録を作成し，出席した監査役がこれに署名又は記名押印（電子署名を含む）する。
　一　開催の日時及び場所（当該場所に存しない監査役，取締役又は会計監査人が監査役会に出席した場合における当該出席の方法を含む）
　二　議事の経過の要領及びその結果
　三　次に掲げる事項につき監査役会において述べられた意見又は発言があるときは，その意見又は発言の内容の概要
　　イ　会社に著しい損害を及ぼすおそれのある事実を発見した旨の取締役からの報告
　　ロ　取締役の職務の執行に関し不正の行為又は法令もしくは定款に違反する重大な事実があることを発見した旨の会計監査人からの報告
　四　監査役会に出席した取締役又は会計監査人の氏名又は名称
　五　監査役会の議長の氏名
2．第15条第4項の規定により監査役会への報告を要しないものとされた場合には，次の各号に掲げる事項を内容とする議事録を作成する。
　一　監査役会への報告を要しないものとされた事項の内容
　二　監査役会への報告を要しないものとされた日
　三　議事録の作成に係る職務を行った監査役の氏名
3．会社は，前2項の議事録を10年間本店に備え置く。

（監査役会事務局）
第26条
　　監査役会の招集事務，議事録の作成，その他監査役会運営に関する事務は監査役スタッフ等の監査役の職務を補助すべき使用人がこれにあたる。

（監査役監査基準）
第27条
　　監査役会及び監査役の監査に関する事項は，法令又は定款もしくは本監査役会規則に定める事項のほか，監査役会において定める監査役監査基準による。

(本規則の改廃)
第28条
　　本規則の改廃は監査役会が行う。

(附則)
　　本規則は，平成〇年〇月〇日より実施する。

(注1) 監査役会の議長の設置及び特定監査役として特定の者を定めることは，各社の任意である。また，特別取締役による取締役会の制度(会社法373条)を採用する会社においては，監査役の互選により，当該取締役会に出席する監査役を定める(会社法383条1項)。
(注2) 法令上，監査役会の議長の選定手続については規定がないが，本ひな型では，監査役会の決議によって選定することとしている。
(注3) 法令上，事業報告及びその附属明細書並びに計算関係書類に係る監査役会監査報告の通知等の職務を行う者として，特定の監査役を定めた場合には，当該監査役が特定監査役となるが，特定の者を定めない場合には，すべての監査役が特定監査役となる(会社法施行規則132条5項2号，会社計算規則130条5項2号)。本条は，特定監査役として特定の者を定める場合の規定であるので，特定の者を定めることとしない場合には，本条を置くことを要しない。なお，法令上，特定監査役として特定の者を選定するための手続については規定がないが，本ひな型では，監査役会の決議によって選定することとしている。
(注4) 法令上，事業報告及びその附属明細書並びに計算関係書類を取締役から受領するのは，各監査役である。本ひな型では，実務の便利にかんがみ，これらを取締役から受領し，他の監査役に対し送付することについても，特定監査役の職務とすることとしている。
(注5) 法令上，特定監査役が会計監査人から通知を受けた会計監査報告の内容を他の監査役に対し通知することについては規定がないが，本ひな型では，特定監査役の職務を明確にするため，当該会計監査報告の内容を他の監査役に対し通知することについても，特定監査役の職務とすることとしている。
(注6) 法令上，特定監査役は，常勤の監査役であることを要しない。そのため，本規定の要否については，各社の実状に応じて検討されたい。
(注7) 特別取締役による取締役会の制度(会社法373条)を採用しない会社においては，本条を置くことを要しない。なお，法令上，特別取締役による取締役会に出席する監査役の選定は監査役の互選による旨定められているが(会社法383条1項)，本ひな型では，監査役会の決議によって選定することとしている。
(注8) 「定期に」との箇所については，例えば「月1回」など，各社の実状に応じて規定されたい。
(注9) これを下回る期間を定款で定めることができる(会社法392条1項)。この場合には，定款に定めた期間に従った規定とする。
(注10) 法令上，監査役会が監査報告を作成する場合には，監査役会は，1回以上，会議を開催す

る方法又は情報の送受信により同時に意見の交換をすることができる方法により，監査役会監査報告の内容を審議しなければならない（会社法施行規則130条3項，会社計算規則128条3項）。

(注11) 法令上，監査報告には，監査役の署名又は記名押印は求められていない。また，常勤の監査役及び社外監査役である旨の表示も求められていないが，監査報告の真実性を確保し，かつ，監査の信頼性を確保するためにも，各監査役は自署した上で押印することとし，常勤の監査役及び社外監査役にはその旨表示することが望ましい。

(注12) 法令上，会計監査人の任期については，定時株主総会において別段の決議がされなかったときは，当該定時株主総会において再任されたものとみなされる旨規定されているにとどまり（会社法338条2項），会計監査人の再任について監査役会が審議・決定等しなければならない旨の規定はない。ただし，監査役による会計監査人の解任権（会社法340条），会計監査人の選任に関する監査役の同意等（会社法344条）の規定趣旨にかんがみ，会計監査人の再任の適否を毎期検討する旨を規定する場合には，第1項として，「監査役会は，会計監査人の再任の適否を検討する。」と規定することも考えられる（この場合，これより下の項数を繰り下げる）。再任に関する規定の要否については，各社の実状に応じて検討されたい。

(注13) 法令上，会計監査人を法定の解任事由に基づき解任することに対する監査役の全員の同意，取締役の責任の一部免除に関する監査役の全員の同意及び株主代表訴訟において会社が被告取締役側へ補助参加することに対する監査役の全員の同意は，監査役会の決議を要しない（会社法340条，425条3項，426条2項，427条3項，849条2項）。ただし，本ひな型では，これらの重要性にかんがみ，監査役会における協議を経て同意することができる旨規定している。

(注14) 注13を参照のこと。

(注15) 注13を参照のこと。

(注16) いわゆる事前質問については，法令上，仮に株主が説明を求めた事項について説明をするために調査をすることが必要である場合であっても，当該株主が株主総会の日より「相当の期間前」に当該事項を会社に対して通知した場合には，説明することを要する（会社法314条，会社法施行規則71条1号）。ここでは，望ましい姿として，株主総会前に通知された事項については，原則として，監査役会において協議することとしている。

(注17) 各監査役の報酬等については，定款の定め又は株主総会の決議がないときは，株主総会の決議の範囲内において，監査役の協議によって定めることを要する（会社法387条1項及び2項）。ここでは，監査役会の場を活用して報酬等の協議を行うことができる旨定めている。なお，この場合であっても，当該協議は，監査役の全員の同意を要する。

以　上

条文索引

[会社法]
2条（定義）
　——3号の2 ……………………… 20
　——4号の2 ……………………… 20
　——5号 ………………………… 195
　——6号 …………………… 195, 261
　——9号 ………………………… 345
　——11号の2 …………………… 9, 168
　——12号 ………………………… 11, 24
　——15号 ……… 7, 8, 12, 19, 20, 33, 35, 86
　——16号 ……… 7, 8, 9, 12, 162, 184, 185,
　　　　　　　　　　189, 238, 283
108条（異なる種類の株式）
　——1項9号 ……………………… 180
　——2項9号 ……………………… 180
112条（取締役の選任等に関する種類株
　式の定款の定めの廃止の特則）
　——2項 ………………………… 180
120条（株主等の権利の行使に関する利
　益の供与）
　——1項 …………………………… 43
　——4項 …………………………… 43
124条（基準日）
　——2項 ………………………… 103
156条（株式の取得に関する事項の決定）
　　……………………………………… 207
　——1項 ……………………… 121, 302
157条（取得価格等の決定）
　——1項 ……………………… 121, 302
　——2項 ……………………… 121, 302
165条
　——3項 ……………………… 121, 302
199条（募集事項の決定）
　——2項 ………………………… 304
　——3項 ………………………… 304
200条（募集事項の決定の委任）
　——2項 ………………………… 304
201条（公開会社における募集事項の決

　定の特則）
　——1項 ………………………… 304
296条（株主総会の招集）
　——1項 ………………………… 103
298条（株主総会の招集の決定）…… 103
　——1項2号 …………………… 104
299条（株主総会の招集の通知）…… 103
309条（株主総会の決議）
　——1項 …………………… 29, 157, 177
　——2項5号 …………………… 305
　——2項7号 ……………… 10, 30, 157, 178
　——2項8号 …………………… 49, 216
　——2項11号 ……………………… 83
314条（取締役等の説明義務）
　　……………………………… 106, 152, 278, 330
315条（議長の権限）………………… 330
326条（株主総会以外の機関の設置）
　——1項 …………………………… 27
　——2項 ………………………… 167
327条（取締役会等の設置義務等）
　——1項3号 ……………… 9, 88, 169
　——2項 ………………………… 167
　——4項 …………………… 9, 168, 169
　——5項 ……………………… 9, 169
327条の2（社外取締役を置いていない
　場合の理由の開示）…… 6, 22, 23, 111, 115
328条（大会社における監査役会等の設
　置義務）
　——1項 ………………… 195, 202, 204, 336
329条（選任）
　——1項 …………………… 29, 177, 181, 212
　——2項 ………………………… 9, 29
　——3項 …………………… 28, 179, 180
330条（株式会社と役員等との関係）
　　…… 46, 96, 147, 159, 204, 207, 212, 321, 331
331条（取締役の資格等）
　——1項 …………………… 19, 20, 161, 163
　——1項1号 …………………… 20, 163

——1項2号················20, 163
　　——1項3号················20, 163
　　——1項4号················20, 163
　　——2項······················20, 163
　　——3項··············19, 21, 68, 169
　　——4項······························21
　　——5項······························26
　　——6項······10, 22, 23, 27, 68, 107, 169
332条（取締役の任期）
　　——1項··················27, 29, 155
　　——2項··············27, 28, 29, 155
　　——3項··················10, 28, 155
　　——4項··················10, 28, 155
　　——6項··················11, 27, 155
　　——7項····························29
333条（会計参与の資格等）
　　——1項··························167
　　——3項1号························21
335条（監査役の資格等）··············191
　　——1項······················161, 163
　　——2項···21, 162, 163, 165, 186, 187, 236
　　——3項······170, 176, 179, 181, 197, 214
336条（監査役の任期）
　　——1項··················10, 176, 177
　　——2項··························176
　　——3項······················176, 177
　　——4項··························177
339条（解任）····················29, 177
　　——1項··················29, 157, 178
　　——2項··················30, 158, 178
340条（監査役等による会計監査人の解任）
　　——1項··························282
　　——2項··························282
　　——3項··························282
　　——4項··························282
　　——5項··························282
　　——6項··························282
341条（役員の選任及び解任の株主総会
　　の決議）················29, 30, 177
342条（累積投票による取締役の選任）

　　——3項····························30
　　——5項····························30
342条の2（監査等委員である取締役等
　　の選任等についての意見の陳述）
　　——1項··························108
　　——2項··························108
　　——4項······················10, 108
343条（監査役の選任に関する監査役の
　　同意等）
　　——1項··················177, 280, 330
　　——2項······················177, 280
　　——3項······················177, 280
　　——4項··························178
344条（会計監査人の選任等に関する議
　　案の内容の決定）············281, 289
　　——1項··························198
　　——3項··························198
344条の2（監査等委員である取締役の
　　選任に関する監査等委員会の同意等）
　　——1項······················10, 107
　　——2項······················10, 107
　　——3項····························10
345条（会計参与等の選任等についての
　　意見の陳述）
　　——1項······················158, 280
　　——2項··························281
　　——4項··················158, 280, 281
346条（役員等に欠員を生じた場合の措置）
　　——1項······················159, 180
　　——2項··················28, 179, 181
　　——3項··························179
347条（種類株主総会における取締役又
　　は監査役の選任等）············29, 177
　　——2項··························180
348条（業務の執行）
　　——2項····························27
　　——3項4号······253, 254, 260, 298, 341
　　——4項······················253, 261
355条（忠実義務）··········46, 96, 147, 207
356条（競業及び利益相反取引の制限）

―― 1 項 ·················· 46, 207
　　―― 1 項 1 号 ············ 76, 98, 99
　　―― 1 項 2 号 ··········· 76, 99, 100
　　―― 1 項 3 号 ················ 99, 100
357条（取締役の報告義務） ······ 42, 141
　　―― 1 項 ············ 143, 200, 344
　　―― 2 項 ················· 143, 200
　　―― 3 項 ······················· 143
360条（株主による取締役の行為の差止め）
　　―― 1 項 ······················· 344
　　―― 2 項 ······················· 344
　　―― 3 項 ······················· 206
361条（取締役の報酬等） ········ 74, 237
　　―― 1 項 ··········· 66, 68, 104, 233
　　―― 2 項 ················ 10, 68, 233
　　―― 5 項 ························ 68
　　―― 6 項 ················ 10, 68, 108
362条（取締役会の権限等）
　　―― 2 項 ······················· 272
　　―― 2 項 1 号 ··················· 183
　　―― 4 項 1 号 ···················· 22
　　―― 4 項 2 号 ···················· 22
　　―― 4 項 6 号 ······ 192, 253, 254, 260, 295
　　―― 5 項 ··············· 253, 261, 340
363条（取締役会設置会社の取締役の権限）
　　―― 1 項 ························ 19
　　―― 2 項 ··················· 88, 272
365条（競業及取締役会設置会社との取引等の制限） ·············· 46, 207
　　―― 1 項 ············ 76, 98, 99, 100
　　―― 2 項 ······················· 101
366条（招集権者） ················· 88
367条（株主による招集の請求） ··· 206, 344
368条（招集手続）
　　―― 1 項 ························ 88
369条（取締役会の決議）
　　―― 1 項 ··················· 88, 200
　　―― 2 項 ············ 88, 99, 101, 200
　　―― 3 項 ··················· 93, 272
　　―― 5 項 ···················· 91, 93

370条（取締役会の決議の省略） ······ 88, 200
371条（議事録等）
　　―― 2 項 ······················· 206
372条（取締役会への報告の省略）
　　―― 2 項 ······················· 272
373条（特別取締役による取締役会の決議）
　　―― 1 項 ··················· 22, 24, 27
374条（会計参与の権限）
　　―― 1 項 ··················· 166, 167
375条（会計参与の報告義務）
　　―― 1 項 ················· 200, 344
　　―― 2 項 ······················· 200
381条（監査役の権限） ·········· 87, 343
　　―― 1 項 ······ 162, 166, 205, 209, 242, 278
　　―― 2 項 ········ 40, 166, 209, 275, 318
　　―― 3 項 ············ 168, 209, 211, 318
　　―― 4 項 ················· 211, 318
382条（取締役への報告義務）
　　············ 175, 207, 209, 210, 318, 319, 343
383条（取締役会への出席義務等） ······ 343
　　―― 1 項 ······ 166, 199, 205, 207, 268, 269, 270, 273
　　―― 2 項 ················· 210, 318
　　―― 3 項 ················· 210, 318
384条（株主総会に対する報告義務）
　　············ 207, 209, 239, 278, 329, 343
385条（監査役による取締役の行為の差止め） ······················· 343
　　―― 1 項 ······ 166, 205, 209, 210, 319
　　―― 2 項 ······················· 210
386条（監査役設置会社と取締役との間の訴えにおける会社の代表等） ······ 343
　　―― 1 項 ······················· 306
　　―― 1 項 1 号 ··················· 319
　　―― 2 項 1 号 ··················· 345
387条（監査役の報酬等）
　　―― 1 項 ··················· 104, 232
　　―― 2 項 ······················· 232
388条（費用等の請求） ············· 340
389条（定款の定めによる監査範囲の限

定）·····330
——1項·····166, 205, 343
——3項·····343
——4項·····343
——5項·····343
——7項·····205, 343
390条
——1項·····196
——2項·····196, 198, 322
——2項1号·····198
——2項2号·····197, 198
——2項3号·····198, 202, 215, 322
——3項·····173, 197, 214
——4項·····198
391条（招集権者）·····200
392条（招集手続）
——1項·····109, 200
——2項·····200
393条（監査役会の決議）
——1項·····200
——2項·····201
——4項·····201
395条（監査役会への報告の省略）·····201
397条（監査役に対する報告）
——1項·····200, 250, 289
——2項·····250
——3項·····200, 289
399条（会計監査人の報酬等の決定に関する監査役の関与）·····282, 289
第9節の2（監査等委員会）·····9
399条の2（監査等委員会の権限）·····168
——2項·····10
——3項·····108
——3項1号·····169, 195
——3項3号·····10
399条の3（監査等委員会による調査）·····10
——1項·····108
——2項·····108
399条の4（取締役会への報告義務）·····10
399条の5（株主総会に対する報告義務）·····10
399条の6（監査等委員による取締役の行為の差止め）·····10
399条の7（監査等委員会設置会社と取締役との間の訴えにおける会社の代表等）·····10, 108
399条の8（招集権者）·····109
399条の9（招集手続等）
——1項·····109
——2項·····109
——3項·····109
399条の10（監査等委員会の決議）
——1項·····109
——2項·····109
399条の13（監査等委員会設置会社の取締役会の権限）
——1項1号·····169, 253, 254, 260
——2項·····253, 255
——4項·····10, 169
——5項·····11, 27, 169
——6項·····11, 27, 169
399条の14（監査等委員会による取締役会の招集）·····109
400条（委員の選定等）·····69
——1項·····27
——2項·····27, 168
——3項·····11, 22, 27, 168
——4項·····168, 169
404条（指名委員会等の権限等）
——2項·····168, 169
——2項1号·····195
——3項·····69
409条（報酬委員会による報酬の決定の方法等）
——1項·····69
——2項·····69
412条（指名委員会等の決議）
——2項·····69

条文索引　425

416条（指名委員会等設置会社の取締役会の権限）
　——1項 ……… 11
　——1項1号 ……… 253, 254, 260
　——2項 ……… 253, 254
423条（役員等の株式会社に対する損害賠償責任） ……… 45, 294
　——1項 ……… 43, 46, 50, 60, 61, 65, 96, 147, 212, 217, 230, 319, 321
　——2項 ……… 101
　——3項 ……… 10, 47, 101
　——3項3号 ……… 101
　——4項 ……… 10, 47, 108
424条（株式会社に対する損害賠償責任の免除） ……… 49, 82, 216
425条（責任の一部免除） ……… 82
　——1項1号 ……… 49, 216
　——3項 ……… 330
426条（取締役等による免除に関する定款の定め） ……… 82
　——1項 ……… 50, 216
　——7項 ……… 50, 217
427条（責任限定契約）
　——1項 ……… 24, 50, 82, 167, 171, 217
428条（取締役が自己のためにした取引に関する特則） ……… 47
429条（役員等の第三者に対する損害賠償責任）
　——1項 ……… 50, 52, 160, 217, 218, 220
　——2項 ……… 53, 221, 231
　——2項1号 ……… 53
　——2項3号 ……… 53, 61, 65, 220, 231
430条（役員等の連帯責任） ……… 53, 221, 294
435条（計算書類等の作成及び保存）
　——1項 ……… 261
　——2項 ……… 103, 152, 328
436条（計算書類等の監査等） ……… 63, 228, 231
　——1項 ……… 191, 278, 328, 329
　——2項 ……… 260

　——2項1号 ……… 64, 103, 191, 192, 228
　——2項2号 ……… 103
　——3項 ……… 64, 103, 228
438条（計算書類等の定時株主総会への提出等）
　——1項 ……… 152, 328
　——3項 ……… 104
439条（会計監査人設置会社の特則） ……… 104, 261
441条（臨時計算書類）
　——2項 ……… 260
444条 ……… 63, 228
　——3項 ……… 103
　——4項 ……… 103, 260
　——5項 ……… 103
　——7項 ……… 104
454条（剰余金の配当に関する事項の決定）
　——1項 ……… 104
459条（剰余金の配当等を取締役会が決定する旨の定款の定め）
　——1項 ……… 27, 156
461条（配当等の制限） ……… 293
　——1項 ……… 44
462条（剰余金の配当等に関する責任）
　——1項 ……… 44, 294
　——3項 ……… 49
465条（欠損が生じた場合の責任）
　——1項 ……… 44
　——1項10号 ……… 294
466条 ……… 83
598条（法人が業務を執行する社員である場合の特則）
　——1項 ……… 256, 257
828条（会社の組織に関する行為の無効の訴え）
　——1項 ……… 319
　——2項1号 ……… 319
831条（株主総会等の決議の取消しの訴え）
　——1項 ……… 319
847条（株主による責任追及等の訴え）

―――― 45, 60, 65, 230
――1項 ―――― 44, 45, 213, 306, 345
――3項 ―――― 44, 45, 213
――5項 ―――― 45
847条の2（旧株主による責任追及等の訴え）―――― 43
――1項 ―――― 44
――3項 ―――― 44
――4項 ―――― 44
――5項 ―――― 44
――6項 ―――― 44
847条の3（最終完全親会社等の株主による特定責任追及の訴え）―――― 45
――1項 ―――― 43, 44
――4項 ―――― 49, 216
――7項 ―――― 44
847条の4（責任追及等の訴えに係る訴訟費用等）
――1項 ―――― 45
848条（訴えの管轄）―――― 45
849条（訴訟参加）―――― 45
852条（費用等の請求）
――1項 ―――― 45
――2項 ―――― 45
854条（株式会社の役員の解任の訴え）―――― 30, 178
――1項 ―――― 157
870条（陳述の聴取）
――1項1号 ―――― 179
908条（登記の効力）
――1項 ―――― 159, 332
911条（株式会社の設立の登記）
――1項 ―――― 171
――3項 ―――― 171
――3項13号 ―――― 159
――3項17号 ―――― 171, 205, 332, 345
――3項18号 ―――― 171, 332
――3項21号 ―――― 24, 28
――3項22号 ―――― 24, 28
――3項23号 ―――― 24, 28

915条（変更の登記）
――1項 ―――― 171
960条（取締役等の特別背任罪）―――― 56, 224
――1項3号 ―――― 56, 224
963条（会社財産を危うくする罪）―――― 56, 224
965条（預合いの罪）―――― 56, 224
966条（株式の超過発行の罪）―――― 56
967条（取締役等の贈収賄罪）―――― 56, 224
968条（株主等の権利の行使に関する贈収賄罪）―――― 56, 224
973条（業務停止命令違反の罪）―――― 56, 224
974条（虚偽届出の罪）―――― 56, 224
976条（過料に処すべき行為）
――1号 ―――― 57
――2号 ―――― 57
――7号 ―――― 57, 225
――9号 ―――― 57, 225
――20号 ―――― 181
――22号 ―――― 181
――23号 ―――― 101

[会社法（平成26年法律第90号による改正前のもの）]
2条
――12号 ―――― 9
――15号 ―――― 19, 35, 110
――16号 ―――― 162
335条
――3項 ―――― 9
344条
――1項 ―――― 281
――1項1号 ―――― 198
――1項2号 ―――― 198
――2項 ―――― 281
――3項 ―――― 198, 281
400条
――3項 ―――― 9
427条
――1項 ―――― 166

911条
——3項22号 ……………………………… 24
——3項25号 ……………………………… 24
——3項26号 ……………………………… 171

[会社法の一部を改正する法律
（平成26年法律第90号）]
附則22条（監査役の監査の範囲の限定等
　に係る登記に関する経過措置）……… 346
——1項 …………………………………… 171
——2項 …………………………………… 171
附則25条（検討）…………………………… 6

[会社法施行規則]
2条（定義）
——3項5号 ………………………… 12, 176
——3項19号 ……………………………… 13
3条の2（子会社等及び親会社等）
——1項 …………………………………… 20
——2項 …………………………………… 20
16条（創立総会の議事録）………………… 11
18条（累積投票による設立時取締役の選
　任）………………………………………… 11
19条（種類株主総会における取締役又は
　監査役の選任）…………………………… 11
——2号 …………………………………… 180
20条（種類株主の内容）…………………… 11
71条（取締役等の説明義務）…………… 329
73条
——1項3号 ………………………… 278, 329
74条（取締役の選任に関する議案）
——1項 …………………………………… 112
——2項 …………………………………… 35
——3項 …………………………………… 112
——4項 ……………………………… 29, 35, 112
——4項6号 ……………………………… 13
74条の2（社外取締役を置いていない場
　合等の特則）
——第1項 …………………………… 7, 116
——第3項 …………………………… 7, 116

74条の3（監査等委員である取締役の選
　任に関する議案）………………………… 114
76条（監査役の選任に関する議案）
——1項 …………………………………… 284
——2項 …………………………………… 284
——3項 …………………………………… 284
——4項 ……………………………… 177, 284
——4項6号 ……………………………… 14
77条（会計監査人の選任に関する議案）
——3号 …………………………………… 278
78条（取締役の解任に関する議案）
——2号 …………………………………… 157
81条（会計監査人の解任又は不再任に関
　する議案）
——2号 …………………………………… 278
96条（補欠の会社役員の選任）
——2項2号 ……………………………… 180
——2項5号 ……………………………… 180
98条 ………………………………… 254, 298, 341
——1項5号 ……………………………… 295
——4項 ……………………………… 255, 262
——4項1号 ……………………………… 40
100条（業務の適正を確保するための体
　制）……………………………………… 254, 260
——1項 …………………………………… 337
——3項 ……………………………… 255, 262, 337
——3項1号 ……………………………… 192
——3項6号 ……………………………… 340
101条（取締役会の議事録）
——3項 …………………………………… 93
——3項4号 ……………………………… 93
——4項 …………………………………… 93
106条（監査役の調査の対象）…………… 277
108条（監査の範囲が限定されている監
　査役の調査の対象）……………………… 343
110条の3（監査等委員会の議事録）…… 11
110条の4（業務の適正を確保するため
　の体制）……………………………… 11, 254
112条（業務の適正を確保するための体
　制）……………………………………… 254

113条（報酬等の額の算定方法）……49, 216
114条（特に有利な条件で引き受けた職務執行の対価以外の新株予約権）
…………………………………………49, 216
118条…………………………………287, 309
　——2号……………………………265, 329
　——3号……………………………309, 329
120条（株式会社の現況に関する事項）
　——1項4号………………………152, 328
　——1項8号………………………152, 328
　——1項9号………………………152, 328
121条（株式会社の会社役員に関する事項）
　——10号…………………………………109
124条（社外役員等に関する特則）
　………………………………35, 114, 286
　——1項4号…………………152, 183, 328
　——2項………………………………7, 116
　——3項………………………………7, 116
126条……………………………………287
　——2号…………………………………278
128条……………………………………287
129条（監査役の監査報告の内容）
　——1項…………………278, 287, 328, 335, 336
　——1項2号……………………………328
　——1項3号……………………………329
　——1項4号……………………………329
　——1項5号………………………265, 329
　——1項6号………………………309, 329
130条（監査役会の監査報告の内容等）
　…………………………………278, 336
　——1項……………………………287, 336
　——2項…………………………………339
　——2項2号………………………265, 309

　——2項3号……………………………339
130条の2（監査等委員会の監査報告の内容等）……………………………108
　——1項2号……………………………265
217条（株主による責任追及等の訴えの提起の請求方法）……………………306
218条（株式会社が責任追及等の訴えを提起しない理由の通知方法）……307

[会社計算規則]
114条（重要な後発事象に関する注記）
　…………………………………………339
121条
　——2項…………………………………191
122条（監査役の監査報告の内容）……278
123条（監査役会の監査報告の内容等）
　…………………………………………278
127条（会計監査人設置会社の監査役の監査報告の内容）
　…………………231, 278, 329, 335, 336
　——2号…………………………………192
　——3号…………………………………329
　——5号…………………………………329
128条（会計監査人設置会社の監査役会の監査報告の内容等）………231, 278
　——1項…………………………………336
　——2項…………………………………339
　——2項2号……………………………192
　——2項3号……………………………339
159条（剰余金の配当等に関して責任をとるべき取締役等）
　——8号…………………………………294

判例索引

[最高裁判所判例]

最二小判昭39・12・11民集18巻10号2143頁 ……………………………………… 237
最大判昭44・11・26民集23巻11号2150頁［菊水工業事件］……………………… 52
最一小判昭45・4・23民集24巻4号364頁 ………………………………………… 101
最大判昭45・6・24民集24巻6号625頁 ……………………………………… 46, 147
最二小判昭48・11・26判時722号94頁［関西電力事件］…………………………… 74
最三小判昭55・3・18判時971号101頁 …………………………………………… 39
最一小判昭57・1・21判時1037号129頁［福岡小型陸運事件］……………… 30, 158
最三小判昭58・2・22判時1076号140頁［味の素事件］…………………………… 74
最三小判昭60・3・26判時1159号150頁 …………………………………………… 66
最二小判平12・7・7民集54巻6号1767頁［野村證券事件］……………………… 47
最一小判平21・7・9判時2055号147頁［日本システム技術事件］………… 144, 145
最三小決平21・11・9刑集63巻9号1117頁 ………………………………………… 57

[高等裁判所判例]

東京高判昭59・11・13判時1138号147頁［アサヒハウジング事件］……………… 29
東京高判昭61・6・26判時1200号154頁 ………………………………………… 165
大阪高判昭61・10・24金法1158号33頁 ………………………………………… 187
大阪高判平10・1・20判タ981号238頁 …………………………………………… 147
東京高判平17・1・18金判1209号10頁［雪印食品損害賠償請求事件控訴審判決］……… 52
東京高決平17・3・23判時1899号56頁［ニッポン放送事件］………………… 136, 137
大阪高判平18・6・9判タ1214号115頁［ダスキン株主代表訴訟事件］
……………………………………………………………………… 145, 148, 316, 320, 323
大阪高決平20・3・25判タ1269号257頁 ………………………………………… 181
東京高判平23・11・30判時2152号116頁［ライブドア株式一般投資家集団訴訟控訴審判決］………………………………………………………………… 54, 222
東京高判平25・4・17金判1420号20頁［レックス・ホールディングス損害賠償請求事件］…………………………………………………………………………… 130

[地方裁判所判例]

札幌地判昭51・7・30判タ348号303頁 ………………………………………… 148
東京地判平4・11・27判時1466号146頁 ………………………………………… 322
東京地判平8・6・20判時1572号27頁 …………………………………………… 148
大阪地判平12・9・20判時1721号3頁［大和銀行株主代表訴訟事件］…… 144, 254, 258

東京地判平14・4・25判タ1098号84頁	47, 96, 97
東京地判平14・7・18判タ1105号194頁	97
東京地判平16・3・25判タ1149号120頁	97
大阪地判平16・12・22判タ1172号271頁	320
東京地判平17・3・3判タ1256号179頁	97
東京地判平19・10・1判タ1263号331頁	62
東京地判平21・5・21判時2047号36頁	59, 227
東京地判平23・10・18金判1421号60頁	41
東京地判平24・6・22金法1968号87頁［アーバンコーポレイション役員責任追及訴訟第一審判決］	55, 223
東京地判平25・2・22金法1976号113頁［シニアコミュニケーション株主損害賠償請求訴訟判決］	55
東京地判平25・10・15	323
大阪地判平25・12・26金判1435号42頁［セイクレスト監査役責任追及事件］	217, 323
神戸地判平26・10・16金判1456号15頁［MBO株主代表訴訟事件］	129

事項索引

[あ]
アーバンコーポレイション役員責任追及訴訟第一審判決 ……………… 54, 223
アサヒハウジング事件 ……………… 29
味の素事件 ……………… 74

[い]
委員会設置会社 ……………… 9, 169
一時監査役 ……………… 179, 181
一時取締役 ……………… 28
インサイダー取引 ……………… 79, 118, 119, 121, 123, 300, 302
──規制に関するQ&A ……………… 122, 303

[え]
M&A ……………… 124, 131
MBO ……………… 127
MBO株主代表訴訟事件 ……………… 129

[か]
海外子会社 ……………… 298
会計監査 ……………… 205, 206, 208, 242, 250, 289, 343
会計監査人
　──との連携 ……………… 39, 42, 85, 250, 289
　──の解任権 ……………… 282
　──の選任・解任・不再任に関する議案の決定権 ……………… 281
　──の報酬 ……………… 282
会計基準 ……………… 291
会計参与 ……………… 20, 165, 166
会計帳簿等の閲覧謄写請求権 ……………… 41
会計不祥事 ……………… 140
会社役員賠償責任保険　→D&O保険
外部調査委員会 ……………… 149
貸倒引当金 ……………… 291
課徴金 ……………… 153
　──納付命令 ……………… 60, 65, 119, 230, 301

株主総会 ……………… 6, 110
　──における説明義務 ……………… 57, 106, 110, 152, 225, 278, 329
株主総会参考書類 ……………… 7, 29, 35, 112, 158, 177, 277, 283, 284
株主代表訴訟　→代表訴訟
株主の権利行使に関する利益供与 ……………… 43
空売り ……………… 119, 301
過　料 ……………… 57, 181, 225
カルテル ……………… 153
監査委員会 ……………… 9, 11, 168, 195
関西電力事件 ……………… 74
監査基準 ……………… 182, 203, 243, 250, 270, 273, 275, 295, 299, 317, 326, 334, 342, 384
監査計画 ……………… 251, 296, 340
監査実施要領 ……………… 250, 270, 288, 296
監査証明 ……………… 260
監査等委員 ……………… 9, 27, 68, 107, 155, 231
　──の選任・解任・辞任に関する株主総会での意見陳述権 ……………… 108
　──の選任議題・議案の提案権 ……………… 107
　──の選任に関する同意権 ……………… 107
　──の独立性 ……………… 9, 68
監査等委員会 ……………… 10, 27, 107
　──の運営 ……………… 109
　──の権限 ……………… 108
　──の職務 ……………… 108
監査等委員会設置会社 ……………… 9, 19, 23, 24, 26, 29, 49, 53, 68, 107, 155, 169, 195, 216, 231, 253, 262, 282
監査費用 ……………… 340
監査報告 ……………… 208, 209, 220, 225, 231, 277, 287, 309, 328
監査報告書 ……………… 53, 267, 335
監査役
　──との連携 ……………… 39, 42, 84, 244
　──に対する責任免除 ……………… 216
　──に対する罰則 ……………… 224

──による取締役の行為の差止め
……………………………………… 209, 210
──の員数 ……………………………… 176
──の英文呼称 ………………………… 163
──の会社に対する責任 ……………… 212
──の解任 ……………………………… 178
──の監査範囲に関する登記 ………… 345
──の監査範囲の限定 …………… 343, 345
──の欠格事由 ………………………… 161
──の権限 ………………………… 205, 209
──の職務分担 ……………… 202, 204, 246
──の選任・解任・辞任に関する株
　主総会での意見陳述権 ……………… 280
──の選任議題・議案の提出権 ……… 280
──の選任に関する同意権 …………… 280
──の第三者に対する責任 ……… 217, 220
──の任期 ………………………… 10, 176
──の報酬 ……………………………… 232
──の役割 ………………………………… 4
監査役会
　──と各監査役の関係 ……………… 196
　──の運営 …………………………… 200
　──の開催時期 ……………………… 199
　──の構成 …………………………… 197
　──の職務 …………………………… 198
監査役会設置会社 ………………… 9, 195
監査役監査規程 ……………………… 218
監査役スタッフ ……………………… 333
間接取引 ………………………………… 99

[き]
企業価値・株主共同の利益の確保又は
　向上のための買収防衛策に関する指
　針 ……………………… 131, 132, 308
企業価値委員会 ………………… 134, 138
企業価値の向上及び公正な手続確保の
　ための経営者による企業買収（MB
　O）に関する指針 …………………… 127
企業等所属の会員を対象とする規則
　……………………………………………… 81

企業内容等の開示に関する留意事項に
　ついて ………………………………… 14
企業不祥事 ……………… 85, 142, 147, 249,
　　　　　　　　　　　　　 279, 316, 321
議決権行使ガイドライン ……………… 15
議事録
　監査役会── ………………………… 201
　取締役会── …………………… 91, 93
競業取引 ………………… 46, 76, 98, 337
業績連動報酬 ………………… 67, 72, 234
業務監査 ………… 205, 207, 208, 250, 260
業務財産調査権 ………………………… 40
業務執行取締役 ………… 8, 19, 49, 83, 161
近時の諸環境の変化を踏まえた買収防
　衛策の在り方 …………………… 133, 308

[く]
クラスアクション …………………… 153
グリーンメイラー ……………… 136, 137
クロクロ取引 …………………… 122, 123, 303

[け]
経営判断の原則 …… 3, 4, 47, 57, 96, 97, 273
計算書類 ……………… 53, 57, 63, 77, 103, 167,
　　　　　　　　 228, 260, 267, 277, 329, 335
継続審議 ………………………………… 91
刑　罰 …………………………… 56, 224
欠　損 ………………………………… 293
決定事実 ……………………………… 120
限定監査役設置会社 ………… 206, 343, 345

[こ]
公開買付け ………… 119, 120, 121, 300, 302
高裁四類型 ……………………… 136, 137
公認会計士 ……………………………… 32
──の社外取締役への就任 ………… 81
公認会計士法 …………………………… 81
後発事象 ……………………………… 153
コーポレート・ガバナンス
　………………………………… 1, 5, 32, 248

事項索引　433

——に関する報告書 ……… 14, 117
コーポレートガバナンス・コード … 1, 17
子会社監査 ……… 295
子会社調査権 ……… 209, 211
顧問弁護士 ……… 33, 186
　——の社外監査役への就任 ……… 186
　——の社外取締役への就任 ……… 33
Comply or Explain ……… 17

[さ]
サーベンス・オクスリー法 ……… 14
最低責任限度額 ……… 49, 216
三様監査 ……… 248

[し]
J-SOX　→内部統制報告制度
事業報告 ……… 7, 35, 53, 57, 63, 77, 103, 112, 152, 182, 228, 277, 283, 284, 309, 328, 335
　——の監査 ……… 287
自己株式の取得 ……… 121, 302
自己監査 ……… 165
自己取引 ……… 76
シニアコミュニケーション株主損害賠
　償請求訴訟判決 ……… 55
辞　任 ……… 159
四半期報告書 ……… 54, 62, 222, 226
指名委員会 ……… 9, 11, 168
指名委員会等設置会社
　……… 9, 11, 21, 22, 24, 26, 49, 53, 68, 71, 155, 168, 195, 216, 231, 253, 262, 282
社外監査役
　——就任時の留意点 ……… 238
　——と財務・会計に関する知見 ……… 191
　——との連携 ……… 246
　——にふさわしい人物 ……… 182
　——による株式取引 ……… 300
　——の意義 ……… 161
　——の員数 ……… 176, 181
　——の員数が欠けた場合 ……… 179
　——の株主総会での役割 ……… 277
　——の監視義務 ……… 147
　——の金融商品取引法上の責任 ……… 226
　——の資質 ……… 184
　——の終任 ……… 177
　——の職務 ……… 202, 204
　——の設置義務 ……… 170
　——の選任 ……… 3, 177, 283, 312
　——の退任 ……… 331
　——の登記 ……… 171
　——の任期 ……… 176
　——の報酬 ……… 232, 234, 236
　——の役割 ……… 182, 193
　——の要件 ……… 7, 161
社外取締役
　——就任時の留意点 ……… 76
　——との連携 ……… 42
　——にふさわしい人物 ……… 31
　——による株式取引 ……… 118
　——の意義 ……… 19
　——の員数が欠けた場合 ……… 26
　——の解任 ……… 29, 157
　——の株主総会での役割 ……… 103
　——の金融商品取引法上の責任 ……… 58, 62
　——の資格 ……… 19
　——の終任 ……… 29
　——の情報収集 ……… 40, 87
　——の職務 ……… 38
　——の設置義務 ……… 6, 22
　——の選任 ……… 1, 3, 29, 110
　——の専門性 ……… 35
　——の退任 ……… 159
　——の登記 ……… 24, 159
　——の独立性 ……… 35, 70
　——の任期 ……… 26, 155
　——の報酬 ……… 70, 72
　——の要件 ……… 7, 19
　——を置くことが相当でない理由
　　……… 6, 22, 110, 115
社外取締役ガイドライン ……… 35, 84, 86, 89, 95, 104, 127, 142, 147, 156, 160, 347

社外役員 ―― 3
社外役員等に関するガイドライン
　―― 5, 156, 366
重大な過失 ―― 52, 218, 220
重要事実 ―― 118, 119, 120, 121, 300, 302
主要な取引先 ―― 13, 189
常勤監査役 ―― 173, 174, 193, 197, 214
上場管理等に関するガイドライン
　―― 35, 77
剰余金の配当 ―― 43, 104, 293
　――等に関する責任 ―― 44
書面決議 ―― 88, 200
新株発行 ―― 304
新任監査役ガイド ―― 243, 251
信頼の原則 ―― 3, 41, 47

[す]
（日本版）スチュワードシップ・コード
　―― 16, 18
ストック・オプション ―― 73, 232

[せ]
セイクレスト監査役責任追及事件
　―― 217, 323
責任限定契約
　―― 24, 49, 78, 82, 166, 171, 216, 217, 240
善管注意義務 ―― 3, 32, 36, 38, 46, 56, 76,
　86, 96, 97, 129, 147, 159, 174, 204, 207,
　208, 212, 217, 224, 239, 245, 254, 258, 261,
　270, 289, 299, 316, 320, 321, 331, 341

[た]
大会社 ―― 261
第三者委員会
　―― 85, 141, 143, 149, 317, 325
第三者委員会ガイドライン
　―― 141, 149, 326, 376
第三者割当 ―― 304
退職慰労金
　社外監査役の―― ―― 237

社外取締役の―― ―― 74
退任登記 ―― 159, 332
ダイバーシティー・マネジメント ―― 34
代表訴訟 ―― 44, 45, 51, 52, 60, 64, 78,
　87, 91, 93, 130, 213, 219,
　229, 238, 240, 258, 306, 320
多重―― ―― 45
大和銀行株主代表訴訟事件
　―― 144, 254, 258
ダスキン株主代表訴訟事件
　―― 145, 148, 316, 320, 323
妥当性監査 ―― 4, 207, 208
談　合 ―― 153

[ち]
チャイニーズウォール（企業内部の情
　報障壁）―― 118, 300
中間配当 ―― 293
忠実義務 ―― 38, 46, 96, 147, 207, 208,
　218, 254, 258, 270
中小規模会社の内部統制 ―― 341
調査委員会 ―― 317, 325
直接取引 ―― 99

[て]
Ｄ＆Ｏ保険 ―― 51, 78, 219, 240
適時開示 ―― 305
敵対的買収 ―― 279
敵対的買収防衛策 ―― 131, 134, 136, 138,
　309, 312, 313, 314
　――の導入 ―― 132, 133, 308
適法性監査 ―― 4, 207, 208
デューデリジェンス ―― 124, 126

[と]
独占禁止法 ―― 153, 242
独任制 ―― 196, 202, 204, 246,
　258, 279, 290, 322
特別委員会 ―― 134, 138
特別調査委員会 ―― 149

特別背任罪 56, 224
特別利害関係人 99, 101, 200
独立委員会
　　　　134, 135, 136, 138, 312, 315
独立役員 12, 23, 77, 170, 187, 189
　――の確保に係る実務上の留意事項
　について 13
　――の独立性基準 13, 77
独立役員届出書 12, 14
取締役
　――に対する責任免除 49
　――に対する罰則 56
　――の員数 26
　――の会社に対する責任 43
　――の解任 29
　――の欠格事由 20
　――の第三者に対する責任 50, 52
　――の任期 10, 26
　――の報酬 66, 68
　――の役割 4
取締役会
　――での審議 89
　――における意見陳述 273
　――における監査 270
　――の運営 88
　――への出席 86, 268
取締役会規則における独立取締役の選
　任基準 14

[な]
内部監査部門
　――との連携 248
　――の監査 247
内部調査委員会 150
内部通報制度 140
内部統制システム 11, 60, 64, 146, 148,
　　　192, 208, 229, 241, 248, 253, 259,
　　　261, 287, 295, 298, 329, 335, 340
　――の監査 265
内部統制部門 39, 42, 84, 265, 333

　――との連携 39, 42, 84
内部統制報告書 59, 259, 267
内部統制報告制度 259

[に]
ニッポン放送事件 136
日本システム技術事件 144
任務懈怠 43, 46, 60, 101, 214, 230

[は]
買収監査　→デューデリジェンス
発生事実 120

[ひ]
非常勤監査役 173, 193, 197, 202, 214

[ふ]
付議基準 271
付議事項 86, 268, 273
福岡小型陸運事件 30, 158
プリンシプルベース・アプローチ
　（原則主義） 18
分配可能額 43, 293

[へ]
弁護士 3, 32, 186
　――の社外取締役への就任 80
　――の守秘義務 239
弁護士職務基本規程 80
弁護士法 80

[ほ]
報酬委員会 9, 11, 168
訪問実地調査 295
補欠監査役 179, 180
補欠取締役 28

[も]
モニタリング・モデル 11, 163

[や]
役員報酬 104

[ゆ]
有価証券届出書 54, 58, 62, 222, 226

有価証券報告書 35, 54, 62, 116, 222, 226, 243, 259
　——等の不実記載 54, 222

[ら]
ライブドア株式一般投資家集団訴訟控訴審判決 54, 222

[り]
（株主と経営陣との）利益相反 31, 127

利益相反取引 10, 46, 76, 98, 102, 108, 337
リスク管理体制構築義務 218
リニエンシー制度 153
両罰規定 119, 301
臨時報告書 54, 222
倫理規則 81

[る]
ルールベース・アプローチ（細則主義） 18

[れ]
レックス・ホールディングス損害賠償請求事件 130

[岩田合同法律事務所]

1902年，故岩田宙造弁護士により創立された我が国において最も歴史ある法律事務所の一つ。設立以来一貫して企業法務の分野を歩み，金融機関・エネルギー・各種製造業・不動産・建設・食品・運送・IT等幅広い業界に属する顧問先に対し，経営法務から紛争解決，海外法務に至るまで多様な法的ソリューションを提供している。現在，日本法弁護士約50名，米国弁護士経験を有する米国人，中国法律師，フランス法弁護士が所属する。URL　http://www.iwatagodo.com

編著者

田子　真也（たご　しんや）　弁護士（1993年登録）・ニューヨーク州弁護士（2002年登録）
2001年コーネル大学ロースクール（LL.M.）修了。2010年から2013年まで最高裁判所司法研修所民事弁護教官。2014年法務省司法試験考査委員（民法）。上場企業，非上場企業の経営法務やコンプライアンス，コーポレートガバナンスに関する法律問題を多数取り扱っている。大手資産運用会社の社外監査役，投資顧問会社のコンプライアンス委員会外部委員，製造業者等の社内調査委員会委員としての実務経験を有する。

執筆者

坂本　倫子（さかもと　ともこ）　弁護士（2000年登録）
大手信託銀行への出向経験があり，金融法務のほか，一般企業法務（会社法一般，法務，コンプライアンス等に関するアドバイス，株主総会対応等）を多く取り扱っている。また，多数の企業の訴訟，紛争案件を手掛けている。

鈴木　正人　弁護士（2002年登録）・ニューヨーク州弁護士（2010年登録）

日弁連民事介入暴力対策委員会幹事。2010年4月から2011年12月まで金融庁・証券取引等監視委員会事務局証券検査課課長補佐，専門検査官。金融規制法，コンプライアンス，検査・行政調査対応その他一般企業法務を取り扱う。主な著書として，『FATCA対応の実務』（共著，中央経済社，2012年），『Q&Aインターネットバンキング』（共編著，きんざい，2014年），『IPOと戦略的法務──会計士の視点もふまえて』（共編著，商事法務，2015年）ほか多数。

村上　雅哉　弁護士（2003年登録）

破産手続，民事再生や会社更生などの法的整理（債権者側及び債務者側の双方から関与）や私的整理などの倒産案件や債権回収案件を中心に，上場企業，非上場企業のほか地方公共団体などを依頼者とし，契約書作成や紛争事案における訴訟対応も含めた多種多様な案件について幅広い経験を有する。

政本　裕哉　弁護士（2005年登録）

2009年2月から2010年3月まで米系金融コンサルティングファームであるプロモントリー・フィナンシャル・ジャパンに出向。メガバンクから地銀・信金等の地域金融機関や証券会社に至るまで，様々な金融機関に対して法務・コンプライアンスやファイナンスに関するアドバイスを提供するとともに，紛争案件も数多く手掛けている。

臼井　幸治　弁護士（2006年登録）

大手銀行及び大手商社に出向し，企業内弁護士としての業務の経験も豊富。再生可能エネルギー分野，保険法分野に関わる案件に注力しつつ，会社法，金融関連業務，紛争解決案件その他企業法務全般における様々な分野に取り組む。

岡　香里　弁護士（2006年登録）

クロスボーダー性の高い反トラスト法・競争法案件を中心に複数年にわたり上場企業の不祥事案件への対応を担当。グローバルな観点からの内部統制システムの構築を始め，会社法，訴訟，契約等の企業法務を広く行う。2014年4月から香港国際仲裁センター（HKIAC）での出向を経て，現在，ステップトゥ・アンド・ジョンソン法律事務所（Steptoe & Johnson LLP, Washington D.C.）で外国カウンセルとして勤務。

大櫛　健一　弁護士（2006年登録）

銀行，証券会社，投資顧問会社などの金融関連企業を始めとした多数の企業に対して会社法に関する助言を行うほか，投資顧問会社におけるコンプライアンス委員としての実務経験も有する。会社法関連の著作として，「オール・アバウト地域金融機関の株主総会対策」（共著，金融法務事情1919号，2011年），「改正会社法と実務対応Q&A」（共著,金融法務事情2002号，2014年）など多数。

土門　高志　弁護士（2006年登録）・ニューヨーク州弁護士（2014年登録）

2012年ノースウエスタン大学ロースクール（LL.M.）修了。国際的案件を含む独禁案件を始め，会社法，金融関連業務，紛争解決案件を含む企業法務全般についてアドバイスを行っている。

柏木　健佑　弁護士（2007年登録）

ストラクチャードファイナンスやファンド組成等，数多くのファイナンス関連案件に携わるほか，上場会社・非上場会社の各種コーポレートアクションに関するアドバイス，各種契約書の作成業務，訴訟対応業務等幅広く一般企業法務を取り扱う。

永口　学　弁護士（2007年登録）

2011年5月から2013年7月まで上場企業において企業内弁護士を務めるなど，会社法務全般において豊富な経験を有する。また，独占禁止法や下請代金支払遅延防止法といった競争法関係の案件も数多く取り扱っている。『IPOと戦略的法務─会計士の視点もふまえて』（共著，商事法務，2015年）ほか多数の著作も手掛けている。

伊藤　広樹　弁護士（2007年登録）

主にM＆A取引，会社法・金融商品取引法を始めとするコーポレート分野に関するアドバイスを行う。上場会社・金融機関のみならず，中小企業・ベンチャー企業に対しても，幅広くリーガルサービスを提供している。著作には，『会社法実務解説』（共著，有斐閣，2011年）ほか多数。

青木　晋治　弁護士（2008年登録）

顧問先企業を中心に会社法務全般についてリーガルサービスの提供を行っている。その他各種訴訟案件，行政処分に対する不服申立事件，M＆A，危機管理対応等の業務を幅広く取り扱っている。事業会社に2年の出向経験があり取締役会規程等各種社内規程を整備した経験を有する。著作として，連載『新商事判例便覧』（共著，旬刊商事法務，毎月25日号に掲載）などがある。

武藤　雄木　弁護士（2009年登録）・公認会計士・公認不正検査士

大手監査法人において上場会社を中心とした監査業務，株式公開支援に従事。公認会計士としての実務経験も踏まえ，企業法務全般（M＆A取引，各種訴訟案件）を取り扱うほか，税務訴訟及び税法に関連するリーガルオピニオンの提供，税務調査対応等も行う。

鬼丸　のぞみ　弁護士（2013年登録）

2010年に判事補任官し，東京地方裁判所民事通常部にて3年余り勤務。2013年「判事補及び検事の弁護士職務経験に関する法律」に基づき弁護士登録。上場会社・非上場会社の各種コーポレートアクションに関するアドバイス，各種契約書の作成業務，訴訟対応業務等幅広く一般企業法務を取り扱う。

深沢　篤嗣（ふかさわ　あつし）　弁護士（2009年登録）

2013年4月より2014年3月まで金融庁・証券取引等監視委員会事務局取引調査課に証券調査官として勤務。現在は，銀行法・金融商品取引法を始めとする金融規制法分野に関するアドバイスを中心に，ファイナンス，会社法，訴訟，契約等の企業法務を広く行う。第一東京弁護士会民事介入暴力対策委員会，金融商品取引法研究部会所属。

冨田　雄介（とみた　ゆうすけ）　弁護士（2010年登録）

上場会社・非上場会社を問わず，会社法・金融商品取引法を含むコーポレート分野，競争法分野，契約等の企業法務に関するアドバイスを広く行う。また，取締役会決議取消訴訟等の商事訴訟の経験も豊富。2014年10月から大手信託銀行法務部に出向。

佐藤　喬城（さとう　たかき）　弁護士（2010年登録）

第一東京弁護士会民事介入暴力対策委員会委員。
上場会社・非上場会社のM＆A取引，会社法，独禁法，各種業法に関する法的助言，訴訟対応業務を取り扱う。

上西　拓也（うえにし　たくや）　弁護士（2011年登録）

会社法・労働法分野を中心に，訴訟対応を含む企業法務を幅広く取り扱う。2014年9月から大手金融機関法務部に出向。著作に，『Q＆A家事事件と銀行実務』（共著，日本加除出版，2013年），『Q＆Aインターネットバンキング』（共著，きんざい，2014年），「各業務における反社勢力対応のポイント」（共著，銀行実務658号，2014年）ほか。

工藤　良平（くどう　りょうへい）　弁護士（2011年登録）・ニューヨーク州弁護士（2007年登録）

2002年から2006年まで防衛庁（現・防衛省）勤務。2006年コロンビア大学ロースクール（LL.M.）修了。国内外の上場会社・非上場会社のM＆A取引，会社法，各種業法に関する法的助言業務を取り扱う。2013年シンガポール国際仲裁センター（SIAC），ロダイク・デビッドソン法律事務所（Rodyk & Davidson, LLP）出向。

別府　文弥　弁護士（2011年登録）

上場会社・非上場会社のM＆A取引，会社法，各種業法に関する法的助言，訴訟対応業務を取り扱う。著作に，『法務担当者のための民事訴訟対応マニュアル〔第2版〕』（共著，商事法務，2014年），『IPOと戦略的法務──会計士の視点もふまえて』（共著，商事法務，2015年）等がある。

唐澤　新　弁護士（2013年登録）

多数の訴訟事件（金融商品に関する損害賠償請求訴訟，労働訴訟，特許侵害訴訟等）における訴訟代理（いずれも企業側）及び経済法（独占禁止法，下請法等）に関する法的助言，当局対応を取り扱う。スポーツ選手のエージェント業務やスポーツ団体に対する法的助言も行っている。

芳賀　良　弁護士（2010年登録）・横浜国立大学教授

【論文】

川村正幸編『金融商品取引法〔第5版〕』（共著，中央経済社，2014年）

「高頻度取引と相場操縦規制」横浜法学22巻3号171頁（2014年）（単著）

「相場操縦規制と株式会社の内部統制──欧州における規制に関する若干の考察」横浜国際経済法学雑誌21巻3号109頁（2013年）（単著）

「金融商品取引法160条に関する若干の考察」（岡山大学創立60周年記念論文集）『法学と政治学の新たなる展開』所収（有斐閣，2010年）（単著）

Q&A社外取締役・社外監査役ハンドブック

定価：本体4,000円（税別）

平成27年3月27日 初版発行

編　者	岩田合同法律事務所
編著者	田　子　真　也
発行者	尾　中　哲　夫

発行所　日本加除出版株式会社

本　社　郵便番号 171-8516
　　　　東京都豊島区南長崎3丁目16番6号
　　　　TEL （03）3953-5757（代表）
　　　　　　 （03）3952-5759（編集）
　　　　FAX （03）3953-5772
　　　　URL http://www.kajo.co.jp/

営業部　郵便番号 171-8516
　　　　東京都豊島区南長崎3丁目16番6号
　　　　TEL （03）3953-5642
　　　　FAX （03）3953-2061

組版・印刷・製本 ㈱倉田印刷

落丁本・乱丁本は本社でお取替えいたします。
© 2015
Printed in Japan
ISBN978-4-8178-4217-6 C2032 ¥4000E

JCOPY 〈㈳出版者著作権管理機構 委託出版物〉

本書を無断で複写複製（電子化を含む）することは、著作権法上の例外を除き、禁じられています。複写される場合は、そのつど事前に㈳出版者著作権管理機構（JCOPY）の許諾を得てください。
また本書を代行業者等の第三者に依頼してスキャンやデジタル化することは、たとえ個人や家庭内での利用であっても一切認められておりません。

〈JCOPY〉 HP：http://www.jcopy.or.jp/, e-mail：info@jcopy.or.jp
電話：03-3513-6969, FAX：03-3513-6979

顧客やその親族・代理人等からの請求に対して
銀行はどのようなロジックで対応しているのか？

Q&A 家事事件と銀行実務

成年後見・高齢者・相続・遺言・離婚・未成年

明治大学法科大学院特任教授・弁護士
斎藤輝夫

岩田合同法律事務所・弁護士
田子真也

監修

2013年9月刊 A5判 344頁 定価3,348円(本体3,100円) ISBN978-4-8178-4113-1
商品番号：40520 略号：家事銀

- ●総勢35名の大手銀行の法務担当者、銀行実務に携わる弁護士らが執筆。
- ●預金払戻請求・取引経過開示請求等に対する銀行の対応とその論理を解説。
- ●「日々対応すべき事例から対応に苦慮する事例までを精選した」実践的なQ&Aを78問収録。
- ●「根拠が明確」かつ「銀行実務の運用に配慮した」回答を提示。

【設問例】

- Q: 成年被後見人の親族から、成年後見人による使い込みが疑われるとして、成年被後見人のための預金口座の取引経過の開示を求められた場合、銀行はこれに応じることはできるか。
- Q: 相続人Aから、被相続人名義の預金口座から、法定相続分の範囲で払戻をしてほしいとの申出があった。銀行は他の共同相続人に遺言の有無等について確認せずに払戻しに応じて差し支えないか。
  また、相続人Bが特別受益や寄与分の存在を主張し、相続人Aに対して法定相続分の範囲で銀行が払戻しに応じることに反対している場合、銀行はどう対応すればよいか。
  相続人Bから、法定相続分を上回る払戻請求がされた場合はどうか。
- Q: 国際離婚した夫婦の子ども（韓国籍）が口座を開設しようとする場合、銀行は親権者をどのように確認すればよいか？

日本加除出版
〒171-8516 東京都豊島区南長崎3丁目16番6号
TEL (03)3953-5642 FAX (03)3953-2061 （営業部）
http://www.kajo.co.jp/